Joachim Goller

Die Brixner Richtungen

Joachim Goller

Die Brixner Richtungen

Die Südtiroler Volkspartei, das katholische Lager und der Klerus

StudienVerlag
Innsbruck
Wien
Bozen

Deutsche Kultur und Familie

BRIXEN BRESSANONE
STADTGEMEINDE BRIXEN · CITTÀ DI BRESSANONE

STIFTUNG SÜDTIROLER SPARKASSE
FONDAZIONE CASSA DI RISPARMIO DI BOLZANO
1854

REGIONE AUTONOMA TRENTINO-ALTO ADIGE
AUTONOME REGION TRENTINO-SÜDTIROL
REGION AUTONÓMA TRENTIN-SÜDTIROL

universität innsbruck

Gedruckt mit Unterstützung durch die Südtiroler Landesregierung/Abteilung Deutsche Kultur und Familie, die Stadt Brixen, die Stiftung Südtiroler Sparkasse, sowie die Autonome Region Trentino-Südtirol und die Universität Innsbruck.
Dank an die Michael-Gaismair-Gesellschaft.

E-Mail: order@studienverlag.at
Internet: www.studienverlag.at

Buchgestaltung nach Entwürfen von Kurt Höretzeder
Satz: Studienverlag/Valentin Sysel
Umschlag: Studienverlag/Vanessa Sonnewend
Bilder Innenteil und Umschlag: Südtiroler Landesarchiv (Bestand Planinschek)
Bild S. 173: Ingo Dejaco, Brixen (Familienarchiv Dejaco)

Gedruckt auf umweltfreundlichem, chlor- und säurefrei gebleichtem Papier.

Bibliografische Information Der Deutschen Bibliothek
Die Deutsche Bibliothek verzeichnet diese Publikation in der Deutschen Nationalbibliografie; detaillierte bibliografische Daten sind im Internet über <http://dnb.ddb.de> abrufbar.

ISBN 978-3-7065-4230-2

Es heißt die Einheit der Welt zu verkennen, wenn man Religion und Politik für grundverschiedene Dinge hält, die nichts miteinander zu schaffen hätten noch haben dürften, sodass das Eine entwertet und als unecht dargestellt wäre, wenn ihm ein Anschlag vom anderen nachgewiesen würde. In Wahrheit tauschen sie das Gewand, […] und das Weltganze ist es, das redet, wenn eines des anderen Sprache spricht.

Thomas Mann

Inhalt

Ein Wort des Dankes

Die vorliegende Arbeit ist eine gekürzte und überarbeitete Version meiner Dissertation „Die Brixner Richtungen. Die Südtiroler Volkspartei, das katholische Lager und der Klerus", die ich im Juni 2005 an der Fakultät für Politikwissenschaften und Soziologie an der Universität Innsbruck eingereicht habe. Ich bin vielen zu Dank verpflichtet, die am Entstehen dieser Arbeit mitgewirkt haben. Am wichtigsten waren dabei Univ.-Doz. Dr. Hans Heiss und Univ.-Prof. DDr. Günther Pallaver, die meine Dissertation wissenschaftlich betreut haben. Beide haben sich trotz ihrer umfangreichen Verpflichtungen viel Zeit für mich genommen und so manche Überstunde geleistet, was ich sehr zu schätzen weiß. Durch ihre Hilfe habe ich sehr viel gelernt. Herzlich gedankt sei meinem Onkel, Dr. Paul Rainer, der mir ebenfalls viele Ratschläge gegeben hat.

Danke auch den Mitarbeitern im Südtiroler Landesarchiv, besonders Dr. Christine Roilo und Dr. Gerald Steinacher, für die vielen informativen Gespräche und die Hilfe bei der Aufarbeitung der Akten. Auch die Mitarbeiter im Tiroler Landesarchiv und im Ferdinandeum Innsbruck waren immer hilfsbereit.

Für die Fotos möchte ich mich ebenfalls beim Südtiroler Landesarchiv und bei Ingo Dejaco bedanken.

Für die Genehmigung zur Benützung der SVP-Akten möchte ich mich bei Mag. Harald Plieger und Margareth Greif von der Südtiroler Volkspartei bedanken.

Weiters möchte ich mich bei meinen Geschwistern Barbara und Markus und meinen Eltern bedanken, die mich während des Studiums immer unterstützt und aufgemuntert haben, wo sie nur konnten.

Außerdem sind mir immer meine Freunde zur Seite gestanden, vor allem Roland, Helmut, Werner, Veit, Gerold, Manfred und Andreas. In den USA war Krista immer für mich da.Vielen Dank an euch alle.

Joachim Goller
Innsbruck/Ithaca, New York
Januar 2007

Einleitung

> „Tief eingewurzelte katholische Gläubigkeit war stets dem Volke von Tirol, das deshalb auch das ‚heilige Land von Tirol' genannt wurde, zu eigen. Seine Priester stammten in den Zeiten der Blüte des Landes aus dem Volke und das Volk verlangte auch in Zeiten des Niedergangs nach seinen Priestern."[1]

So beschrieb der Kammerabgeordnete Toni Ebner 1954 Südtirol. Das Land galt immer schon als sehr katholisch, z.B. wurde 1796 bei Kämpfen gegen die Franzosen und Bayern erstmals ein „Bündnis mit Gott" geschlossen. 1809 kämpfte das katholische Tirol wiederum gegen Franzosen und Bayern, die die Gedanken der Aufklärung nach Tirol brachten. Aus Tiroler Sicht waren solche Gedanken schlicht ketzerisch. In der Mitte des 19. Jahrhunderts kämpfte man in Tirol gegen die Gleichberechtigung von anderen Religionen. Im 20. Jahrhundert setzte die Katholizität Tirols, als weltanschauliche Haltung und Institution, dem Nationalsozialismus und den politischen Bedingungen in der Nachkriegszeit spezifische Rahmenbedingungen.

Heute ist die Diözese Bozen-Brixen eine „normale" Diözese unter vielen anderen. Nur die wenigsten wissen aber, dass dies nicht immer so war: Das Bistum Brixen war eines der wesentlichen Grenzbistümer des Heiligen Römischen Reiches. Der Dom zu Brixen und die Schätze des Diözesanmuseums zeugen heute noch davon. Der Fürstbischof von Brixen war früher Reichsfürst, der sich mitunter in die Politik Europas einschaltete. Im 15. Jahrhundert kam es wegen der Reformbestrebungen des legendären Nikolaus von Kues (Cusanus) sogar zu Glaubenskämpfen. Er sprach in Zusammenhang mit der Erkenntnis Gottes von der Fähigkeit des Menschen, „nur zu begreifen, dass es im Zusammenhang mit Gott nur ein Nichtbegreifen" gebe. Im Jahr 1899 führte ein Hirtenwort des Erzbischofs Simon von Brixen „wider den heidnischen Brauch der Sonnenwendfeuer" zu Massenprotesten und zu einem Kulturkampf in Innsbruck.

Als Südtirol zu Italien kam, erkannte der Vatikan die neuen Staatsgrenzen vorläufig nicht an, da er die Diözese Brixen, deren Territorium sich in österreichischen und italienischen Gebieten befand, de jure nicht antastete. Es wurde nur ein Apostolischer Administrator für Nordtirol ernannt. Unter dem Faschismus profilierte sich die Kirche zunächst als Schutzmacht der deutschen Sprache und Kultur, in diesem Zusammenhang war

Kanonikus Michael Gamper sehr wichtig, der maßgeblich an der Organisation der Katakombenschule mitwirkte. Fatal wirkte sich in den 1930er Jahren aus, dass Bischof Geisler und sein Generalvikar Pompanin mit dem Nationalsozialismus sympathisierten. Dies führte zur Spaltung des Klerus in der Optionsfrage: Während die meisten Geistlichen fürs Bleiben waren, optierten Geisler und Pompanin. In der Zeit von 1943–45 gab es eine vorsichtige Zusammenarbeit zwischen der Kirche und den deutschen Behörden.

Nach dem zweiten Weltkrieg wurde die SVP als neue Sammelpartei der Südtiroler gegründet. Ohne die Kirche wäre der schnelle Erfolg der SVP wohl nicht möglich gewesen. Wer die Verdienste der SVP lobt, müsste in diesem Zusammenhang auch die Südtiroler Kirche nennen, die den Aufstieg der SVP gefördert hatte. Man muss aber einschränken, dass offene politische Interventionen der Kirche in das politische Tagesgeschäft den Südtirolern schadeten. Die beiden politischen Geistlichen, Generalvikar Pompanin und Kanonikus Gamper, schätzten die politische Lage nie richtig ein und sprachen sich erst viel zu spät für eine Autonomielösung aus. Der liberale SVP-Obmann Erich Amonn, später oft zu nachgiebig, hätte in dieser Situation mit Autonomieverhandlungen das Richtige getan. Nach dem Pariser Vertrag musste Südtirol froh sein, überhaupt eine Autonomie zu erhalten. Dass Pompanin nun vorschlug, mittels Autonomiekompetenzen die meisten Italiener aus Südtirol zu vertreiben (er sagte es nicht so direkt, es war aber so gemeint), zeigt, dass er nie realisierte, was politisch möglich ist und was nicht.

Bis zum Rücktritt von Bischof Geisler bestand zwischen Kirche und SVP eine Art „partnerschaftliche Aktionsgemeinschaft", von der beide Seiten profitierten. Die Kurie vermittelte der Partei zu einem großen Teil die ideologische Grundlage; die SVP setzte sich im Gegenzug in Staat und Gesellschaft für die Belange der Kirche und des Katholizismus ein. Zwischen Kurie und (zumindest dem katholisch-konservativen Teil) der SVP herrschte in den wichtigsten weltanschaulichen und politischen Fragen Übereinstimmung. Geisler und Pompanin betrachteten die SVP als notwendige Sachverwalterin des Katholizismus; die SVP brauchte hingegen die Legitimation der Kirche für ihre politische Tätigkeit. So bildeten bis 1952 Amtskirche, Verbände und SVP eine verhältnismäßig enge, wenn auch informelle, Interessengemeinschaft.

1952, unmittelbar nach dem Tod Geislers, lag folgende Situation vor: Die Kirche hatte in der SVP zwar ihre innerparteilichen Gegner ausgeschaltet, aber das Südtirolproblem nicht gelöst, da Südtirol nur eine

Scheinautonomie bekommen hatte. An dieser Fehlentwicklung trug auch die Kirche Schuld. Als Bischof Gargitter 1952 Bischof von Brixen wurde, änderte er radikal die Position der Kirche in der Südtirolfrage. Während Bischof Geisler auf den Volkstumskampf setzte, wollte sein Nachfolger einen Ausgleich der Sprachgruppen. Für ihn gab es einen größeren Feind, gegen den sich die katholischen Südtiroler mit den katholischen Italienern verbünden müssten: den Kommunismus, den Gargitter stets massiv ablehnte. Eine seiner ersten Amtshandlungen war die Abberufung von Generalvikar Pompanin, der bereits genügend politisches Porzellan zerschlagen hatte.

Gargitter kam lange Zeit bei der Südtiroler Bevölkerung nicht richtig an, da er sich uneingeschränkt für die Rechte der Südtiroler einsetzen wollte. Gargitter wollte auch ein Bischof für die Italiener sein, was ihm auf Südtiroler Seite den Namen „walscher Seppl" einbrachte. Trotzdem aber setzte sich Gargitter in langen Gesprächen mit vielen Politikern für eine gerechte Autonomie für Südtirol ein, dies wurde damals allerdings nicht erkannt.

Der KVW spielte damals in der Politik eine unselige Rolle. Die katholische Organisation war in den 1950er Jahren zur mächtigsten Lobby in Südtirol herangewachsen und diese Machtposition nutzte sie auch aus. Der KVW suchte immer die Zusammenarbeit mit den Italienern, auch wenn die Regierung und Parteivertreter oft bewiesen hatten, dass sie Südtirol keine bessere Autonomie verleihen wollten.

Der Höhepunkt des Machtkampfes zwischen dem KVW und den Hardlinern in der SVP waren die Parlamentswahlen in Südtirol, als der KVW mit unfairen Mitteln seine Kandidaten auf der SVP-Liste durchbrachte. Die Realität zeigte, dass Gargitters Nachgiebigkeit in der Politik falsch war. Zu jener Zeit brauchte es eine „härtere" Politik der SVP, sonst hätte Südtirol nie das Zweite Autonomiestatut erzielt. Der Kommunismus stellte für Südtirol nie ein Problem dar, nur eine verschwindend kleine Minderheit bekannte sich dazu.

Gargitter setzte eine verstärkte Trennung von Kirche und Politik in Südtirol durch, da die Kirche nicht mehr wie noch unter Geisler die SVP unterstützte. Dies brachte einen politischen Machtverlust der Kirche mit sich. Der Rückzug der Kirche aus der Politik lag allerdings nicht nur an der Politik Gargitters. Die Südtiroler waren nun weniger bereit, der Kirche in politischen Dingen zu folgen und trennten klar kirchliche und weltliche Dinge. Dies zeigte sich auch bei den Gemeinderatswahlen in Brixen 1956: Obwohl Gargitter die „Weiße-Turm-Liste" zumindest indirekt unterstützte, gewann die SVP die Wahlen.

In die Amtszeit Gargitters fiel auch die Änderung der Bistumsgrenzen in Südtirol. Es war keine Selbstverständlichkeit, dass Südtirol zu einer einzigen Diözese verschmolz, dies zeigen die Quellen aus jener Zeit. Zunächst war geplant, in Südtirol zwei Diözesen zu schaffen: eine Diözese Brixen und eine (mehrheitlich italienische) Diözese Bozen, obwohl in den Lateranverträgen festgehalten wurde, dass Provinz- und Diözesangrenzen identisch sein sollen. Nun, Südtirol war eben keine „normale" Provinz und italienische Politiker wehrten sich lange Zeit gegen eine „Diözese Südtirol". Erst das Zusammenspiel zwischen SVP, Nordtiroler Politikern, der Kurie und der italienischen Regierung ermöglichte eine Lösung. Der Vatikan erkannte Südtirol als eigenständiges Territorium an und leistete damit seinen Beitrag zur Lösung der Südtirolfrage.

Die Hauptfragestellung der vorliegenden Arbeit ist die folgende: Heute verfügt die Kirche in Südtirol praktisch über keine politische Macht mehr, aber auch keine diesbezüglichen Ambitionen. Wie kam es zur Trennung von Staat und Kirche in der politischen Kultur Südtirols? Warum verlor die Kirche bereits ab den 1950er Jahren viel von ihrer früheren politischen Macht?

Weiters beschäftige ich mich mit folgenden Fragen:

In Südtirol war die SVP nach dem Zweiten Weltkrieg die dominierende Partei, die bei allen Wahlen absolute Mehrheiten einfuhr. Eigentlich müsste es schwer sein, auf so eine erfolgreiche Partei von außen Einfluss zu nehmen. Trotzdem schaffte dies die Kirche. Ich möchte die SVP untersuchen und aufzeigen, warum diese Partei trotz ihrer dominierenden Stellung in der Südtiroler Politik lange nur eine schwache Organisation hatte und warum es für die Kirche relativ leicht war, die Partei nach ihren Wünschen zu beeinflussen. Es ist mir wichtig zu zeigen, dass die SVP zwar eine Sammelpartei war, aber in ihrem Innenleben verschiedene Strömungen (Lager) vorhanden waren, die die Macht an sich reißen wollten.

Wie waren die historischen Ausgangsbedingungen in Südtirol 1945? Eigentlich hatte sich die Kirche bei der Option selbst unglaubwürdig gemacht und viel von ihrem Ansehen verloren. Wie kam es dazu, dass sie trotzdem nach 1945 eine dominierende Rolle in der Südtiroler Politik einnehmen konnte? Welche spezifischen Rahmenbedingungen bestanden in der Bischofsstadt Brixen 1945?

Ein wichtiger Grund für die große Macht der Kirche war, dass sie die deutschsprachigen Printmedien in Südtirol praktisch allein kontrollierte. Auch die SVP war von ihr abhängig. Wie kam die Kurie zu ihrer Medienmacht in Südtirol? Wie wirkte sich diese Medienmacht aus?

Warum verlor die Kurie ihr Pressemonopol in den späten 1950er Jahren?

Besonders umstritten ist in Südtirol immer noch die unmittelbare Nachkriegszeit: Gab es eine Chance, dass Südtirol wieder österreichisch wird? Hätte Südtirol eine bessere Autonomie bekommen können? An diesen Themen scheiden sich die Geister. Ich möchte aufzeigen, dass sich der Einfluss von Gamper, Geisler und Pompanin überwiegend negativ auf Südtirol ausgewirkt hat.

In Südtirol gab es nach 1945 auch soziale Organisationen, die von der Kirche initiiert wurden, z.B. die Caritas und den KVW. Welche Rolle spielten diese Organisationen in der Politik? Besonders der KVW soll näher untersucht werden, da er in den 1950er Jahren zu einem der wichtigsten Machtfaktoren in Südtirol wurde und seine eigene Politik verfolgte.

1952 wurde Joseph Gargitter Bischof von Brixen, was eine große Zäsur für den politischen Katholizismus in Südtirol darstellte. Die Kirche war politisch nicht mehr vereint: Gamper plädierte weiterhin für einen Volkstumskampf, Gargitter für einen Ausgleich. Außerdem unterstützte Gargitter nicht mehr uneingeschränkt die SVP. Von Bedeutung ist hier der Fall „Weißen-Turm-Liste“ bei den Gemeinderatswahlen in Brixen 1956, der näher untersucht werden soll.

Zu Beginn der 1960er Jahre war Südtirol kirchlich immer noch geteilt. Da der Vatikan bei der Anerkennung von neuen Staatsgrenzen immer sehr vorsichtig war, war es von großer Bedeutung, ob und wie die Frage der Diözesangrenzen in Südtirol endlich geregelt werden sollte. Wie kam es zur Lösung im Jahr 1964, als Südtirol zu einer Diözese vereint wurde?

Heute stellt der ehemals katholische Verlag „Athesia“ einen bedeutenden Machtfaktor in Südtirol dar. Betrachtet man die frühere politische Stellung der Kirche, könnte man sagen, dass die „Athesia“ der Nachfolger der Kirche als „Schattenmacht“ in Südtirol darstellt. Wie kam es zu dieser Entwicklung?

Über den Brixner Klerus im 20. Jahrhundert ist relativ wenig geschrieben worden, nur der Kirchenhistoriker Josef Gelmi hat sich in vielen Aufsätzen und einer Monographie mit den Bischöfen Geisler und Gargitter beschäftigt. Hervorheben möchte ich die neue Monographie von Josef Gelmi: „Fürstbischof Johannes Geisler. Eines der dramatischsten Kapitel der Südtiroler Geschichte“ (Brixen 2003).

Sehr aufschlussreich ist auch eine 2002 erschienene Ausgabe der Tirolensie „Der Schlern“, die Bischof Gargitter gewidmet wurde. Eine interessante Quelle über Gargitter ist auch das Buch von Alfred Frenes „Dienst am Glauben. Bischof Joseph Gargitter“ (Bozen 1995). Diese Untersuchungen sind allerdings sehr „kirchennahe“ geschrieben, mit (berechtigter) Kritik wird oft gespart. Interessant für die Rolle der Kirche in der Politik ist die Studie von Leo Hillebrand: „Medienmacht & Volkstumspolitik. Michael Gamper und der Athesia-Verlag“ (Innsbruck 1996). Tendenziös ist hingegen die zweite Gamper-Monographie von Walter Marzari: „Kanonikus Michael Gamper. Ein Kämpfer für Glauben und Heimat gegen Faschistenbeil und Hakenkreuz in Südtirol“ (Wien 1974). Der Hauptgrund für die wenigen Publikationen über die Kirche ist wohl die mangelnde Bereitschaft der Diözese Bozen-Brixen, ihre Archive Historikern zugänglich zu machen.

Ich habe in meiner Dissertation versucht, den politischen Katholizismus in Südtirol näher zu beleuchten. Ich habe die Akten der Landesleitung der SVP und jene des Bezirkes Brixen untersuchen können, wofür ich mich herzlich bei der Südtiroler Volkspartei bedanken möchte. Außerdem konnte ich die Handakten der Nordtiroler Landeshauptmänner Tschiggfrey und Wallnöfer verwenden. Die meisten dieser Dokumente wurden bis jetzt noch nie ausgewertet; aus ihren Wortprotokollen und Briefen habe ich ausführlich zitiert. Meines Erachtens macht nichts Geschichte so spannend und lebendig und die Atmosphäre so anschaulich wie Äußerungen von Politikern in geheimer Runde, wo sie unter sich waren und sich kein Blatt vor dem Mund nahmen. Die Erkenntnisse sind oft aufregend und erstaunlich, manchmal aber auch deprimierend. Wichtig waren für meine Untersuchung auch die Tageszeitungen, besonders die „Dolomiten“ und der „Alto Adige“; ebenso die Handakten der Nordtiroler Landeshauptmänner Hans Tschiggfrey und Eduard Wallnöfer über die Änderung der Diözesangrenzen.

Das Bild muss allerdings schon wegen der schlechten Quellenlage unvollständig bleiben. Für diese Arbeit konnten nämlich wegen einer 70-Jahr-Sperre keine Quellen aus kirchlichem Besitz verwendet werden.

Teil 1 – Aufstieg

Die 1. Brixner Richtung: Religiöser Frühling und gesellschaftlicher Wiederaufbau (1945–52)

I. Die Voraussetzungen für die Situation im Jahr 1945

1. Der Topos „Heiliges Land Tirol"

Brixen hatte im 20. Jahrhundert bereits eine über tausend Jahre alte Tradition als Bischofssitz. Die Siedlung Prihsna wurde um 970 Bischofssitz, als der Bischof vom unwegsamen Säben nach Brixen zog. In einer Urkunde aus dem Jahr 1189 wurde der Bischof zum ersten Mal mit Fürst angesprochen. Die römisch-deutschen Kaiser hatten großes Interesse daran, die Verbindung über den Brenner mit verlässlichen Lehensleuten zu besetzen, und diese fanden sie in den Bischöfen. Im Jahr 1027 verlieh Konrad II. dem Brixner Bischof Hartwig die Grafschaft am Eisack und Inn und damit wurde die Territorialherrschaft der Brixner Bischöfe begründet.[2] Das Bistum Brixen gehörte bald zu den bedeutendsten deutschen Bistümern und stieg in der Konfessionalisierung zu einem wichtigen Grenzbistum auf.

Über die Religiosität des Tiroler Volkes ist erst ab dem 16. Jahrhundert genaueres bekannt. Davor befand sich Tirol in einer Glaubenskrise; es war die Zeit der Reformation, des Bauernaufstandes und von Sekten wie z.B. den Wiedertäufern. Gründe für diesen Glaubensabfall waren zum einen der Wohlstand des hohen Klerus, während es im niederen Klerus und bei den Bauern Armut gab, zum anderen die Orientierungslosigkeit und Sinnsuche der Gläubigen. Die Bischöfe der Diözese Brixen verurteilten während der Reformation die lutherischen Lehren sehr scharf.[3] Kaiser Ferdinand I. förderte in Brixen die innere Erneuerung der Kirche.[4] Die Gegenreformation veränderte die Kirche in Tirol: Es bildete sich einheimischer Klerus, der sich mehr um die Seelsorge kümmerte. Im 18. Jahrhundert kam es zu mehreren Jesuitenmissionen und Tirol erhielt den Beinamen „heiliges Land".[5]

Der Begriff „Heiliges Land Tirol" kommt zum ersten Mal im 18. Jahrhundert vor. Er findet sich in einem Brief der Dichterin Bettina von Arnim (1785–1859). 1732 erschien in Tirol eine Sammlung der Legenden der Heiligen und Seligen von Tirol unter dem Titel „Heiliger Ehrenglanz der Gefürsten Grafschaft Tirol".[6] Das zeitgenössische „heilig" bedeutete eine sehr intensive Religiosität. Er erschien als Gegenbegriff zu „aufgeklärt" und „säkular", nicht nur zum Protestantismus. Der Begriff „Heiliges Land" hatte eine Leitbildfunktion und verlangte eine enge Verbindung zwischen Kirche und Landesfürsten. Mit „Land" wurde ein geschlossenes Territorium mit seiner Ständerepräsentation angesprochen, wie es Tirol seit dem Spätmittelalter war.[7] Es gehörte zum Selbstverständnis Tirols, von Gott erwählt worden zu sein. Tirol war deshalb dazu bestimmt, gegen seine Nachbarländer seine religiöse und politische Eigenart zu behaupten.

Die Vorstellung, dass es auserwählte Völker gäbe, die von Gott mehr geliebt werden als andere, widersprach zwar dem christlichen Universalismus, der keine Unterscheidung zwischen den Völkern zuließ, war aber trotzdem nicht nur in Tirol verbreitet, sondern auch in der Schweiz im 15. Jahrhundert, in England zur Zeit Cromwells, in Deutschland im Dreißigjährigen Krieg und in den USA seit ihrer Staatsgründung.[8] Es gibt auch Verbindungen zum Gelobten oder Heiligen Land Palästina, an das Künstler und Autoren des 18. Jahrhunderts anknüpften.[9]

Ein wichtiges Ereignis für die Allianz zwischen Religion und Politik in Tirol war das Herz-Jesu-Gelöbnis im Jahr 1796. Das Singspiel auf den Kampf Tirols von 1796 „Das äußerst gestürmte, doch wundersam gerettete Tyrol" ließ den „Schutzgeist des Heiligen Tyrol" der „Madame Aufklärung und Unglauben" entgegentreten.[10] Bei diesem Ereignis steigerten die Stände Tirols ältere Gelöbnisse zu einem Gelöbnis an Jesus Christus, wobei sie an das Vorbild des Alten Testamentes anknüpften, nämlich an das Bündnis Jahwes mit Israel. Seither wurde es üblich, von einem Bund Tirols mit dem Herzen Jesu zu sprechen. Die Wirkung dieses Gelöbnisses war groß und der neue Kult verbreitete sich schnell in ganz Tirol.[11]

Die äußere Bedrohung Tirols seit 1796 hat die Verbindung zwischen Religion und Politik in Tirol noch gestärkt. Die Gedanken der Aufklärung und die Ideen von Freiheit und Gleichheit setzten sich in Tirol nicht durch.[12] Im heiligen Land Tirol begünstigte die posttridentinische Verbindung von Land – Ikonen – Glaube – Herrscher – Staat die römisch-katholische Kirche gegenüber dem neumodischen Begriff einer deutschen, österreichischen oder sonst einer „Nation". Die Tiroler Bauern erhoben sich 1809 ja primär gegen die bayerischen Nachbarn und nicht gegen die Franzosen. Egal, ob nun „das Volk des heiligen Landes" mit der späteren Nation gleichgesetzt werden kann, der Begriff ist zeitlich weit voraus.

In den schriftlichen Aufrufen von Andreas Hofer an die Gottesmutter findet man nicht den Ausdruck „heiliges Land Tirol", der Begriff wurde im 19. Jahrhundert aber von auswärtigen Dichtern geprägt, z.B. heißt es im Original des Andreas-Hofer-Liedes von Julius Mosen: „Im heil'gen Land Tirol"[13]. Außerdem wurde der Begriff von den vielen Reisenden geprägt, die Südtirol als Durchzugsland durchquerten. Auf der Reise vom

Die Brixner Hofburg

protestantischen und urbanisierten Deutschland in das ebenfalls dicht bevölkerte Italien erschien Tirol als besonders religiös, sodass der Begriff ab Mitte des 19. Jahrhunderts sehr oft verwendet wurde.[14]

Der Historiker Heinz Noflatscher ist der Meinung, dass der Topos „heiliges Land Tirol" nicht zutrifft, da der Katholizismus und die Volksreligion in anderen Regionen Europas nicht minder ausgeprägt waren.[15]

2. Der Kulturkampf und der „Bruderzwist" in Tirol

1803 wurden infolge des Reichsdeputationshauptschlusses die geistlichen Fürstentümer Trient und Brixen aufgelöst und mit Tirol vereinigt, womit die Tiroler Kirche ihre weltliche Macht de facto abgeben musste. Brixen verlor nun seinen Status als Hauptstadt des Reichsfürstentums Brixen.[16] Brixen blieb aber geistiger Mittelpunkt Tirols: Man kann von einer Brixner Schule im geistigen Sinne sprechen, wie es sie vom 14. bis zum 16. Jahrhundert in der Malerei gab.[17]

Unter der bayerischen Herrschaft wurden einige Klöster aufgehoben und deren Kunstschätze nach Innsbruck und München gebracht, was neben einer traditionellen Auslegung des Katholizismus und der Ablehnung der bayerischen Herrschaft einer der Gründe für den Aufstand der Tiroler gegen Napoleon war.[18] Nun begann auch in Tirol ein neues Verhältnis zwischen Staat und Kirche und infolge der Mediatisierung entstand ein neuer, pastoraler Bischofstyp. Im 19. Jahrhundert emanzipierte sich nicht nur der Staatsbürger, sondern auch der Kirchenbürger; die Beziehung „Kirche und Staat“ erweiterte sich auf „Kirche und Gesellschaft“.[19]

Auch nach Napoleon wurden die geistlichen Fürstentümer nicht mehr hergestellt, aber die katholische Religion blieb trotzdem ein wichtiger Machtfaktor in Tirol. Auch der Zeitgeist der Revolution von 1848 konnte die gemeinsame Herrschaft von Thron und Altar nicht beenden.[20] Konservative Politik war in Tirol damals immer mit klerikaler Politik gleichzusetzen, die hinter den Kulissen von den Bischöfen gemacht wurde.[21] 1855 wurden mit dem neuen Konkordat zwischen Österreich und dem Heiligen Stuhl die josephinischen Reformen endgültig beseitigt.[22]

Die Vorstellung des katholischen Vordenkers Joseph Görres, dass die Tiroler ein besonderes Gottesvolk seien, war der Grundantrieb der konservativen Tiroler Politiker und des hohen Klerus des Landes. Immer wieder wurden die Sonderrolle Tirols und dessen Einheit im katholischen Glauben betont.[23]

Ab 1859 änderte sich die Politik, als Österreich ein konstitutioneller Staat wurde.[24] Es verstärkte sich nun ein Konflikt zwischen Staat und Kirche im „Heiligen Land“ Tirol. Die Wiener Regierung strebte eine Beschränkung der Macht der Kirche an, was aber in Tirol nicht so leicht durchzusetzen war. Die geistliche Schulaufsicht sollte zugunsten der staatlichen Autorität zurückgedrängt werden.

Außerdem sollten neben der römisch-katholischen auch andere Konfessionen zur öffentlichen Kultausübung zugelassen werden.[25] Im Sommer 1870 wurde sogar das Konkordat für „abgeschafft“ erklärt, während das erste Vatikanum das Unfehlbarkeitsdogma des Papstes verkündete.[26] Die konservativen Führer Tirols kämpften gegen eine Preisgabe der Sonderrolle ihres Landes.[27]

Dieser Konflikt war eine tiefere Auseinandersetzung zwischen der klerikal-konservativen Tiroler Fundamentalopposition gegen den Wiener Liberalismus und Zentralismus, die zwischen 1861 und 1892 die politische Landschaft Tirols unter dem Begriff „Kulturkampf“ kennzeichnete.[28]

Von 1856 bis 1879 war Vinzenz Gasser Bischof von Brixen. Er war sehr konservativ und äußerst kämpferisch eingestellt. Gasser wandte sich immer wieder gegen die Religionsfreiheit, die von der liberalen Wiener Regierung beschlossen worden war und wurde dabei von Papst Pius IX. (1846–1878) unterstützt, der beteuerte, immer für die Einheit des katholischen Glaubens in Tirol zu beten.[29]

Der Tiroler Landtag beschloss 1861, dass die Bildung nichtkatholischer Gemeinden in Tirol unzulässig sei. Nach längerem Hin und Her zwischen Innsbruck und Wien einigte man sich, dass der Tiroler Landtag die Bildung von protestantischen Gemeinden in Tirol verbieten konnte.[30] Auch in den folgenden Jahren gab es immer wieder Probleme, weil protestantische Gemeinden gebildet wurden oder die Ehe staatlich wurde.[31] Der Kulturkampf weitete sich zu einem Verfassungskampf aus und führte zu einer Staatskrise. 1874 kommt es zur Aufhebung des Konkordates und zur Neuregelung des Verhältnisses zwischen Staat und Kirche. Die Tiroler Konservativen hatten vergeblich dagegen gekämpft.[32] Durch die verschiedenen religiösen Auseinandersetzungen im 19. Jahrhundert war die Tiroler Volkskultur durch und durch katholisch. Sogar Antiklerikale konnten sich ihrem Bann kaum entziehen. Der Katholizismus hatte sich gegen Ende des 19. Jahrhunderts als Schutzschild gegen die Moderne etabliert. Ab 1850 herrschte der antirevolutionäre und gegenaufklärerische Geist in der Kirche.[33]

In diesem geschlossenen System der Werthaltungen gliederten die Glocken der Dorfkirche den Lebensrhythmus des Tages wie des Jahres, von der Taufe bis zum Begräbnis. Dieses System beruhte auf der „ewigen Ordnung des Himmels der Natur, der Gesellschaft". Grundlage war die heilige Trias: Gottvater-Landesvater-Hausvater. Diesen Autoritäten musste sich jeder Mensch fügen; Rebellen drohte die Hölle.[34]

Anfang der 1890er Jahre wurde auch die klerikale und konservative Elite des Landes für den Nationalismus empfänglich, der bis dahin nur von deutschnationalen und liberalen Gruppen getragen wurde. Die Voraussetzung für einen deutschtiroler Nationalismus war damit geschaffen.[35] Nun bahnte sich der nächste Konflikt an: Die Konservative Partei, seit 1861 die dominierende Kraft im Tiroler Landtag, geriet ab den 1880er Jahren in eine Krise. Sie trug die Züge einer Honoratiorenpartei, die nur mehr eine Vorfeldorganisation der Kirche war: Innerhalb der Partei hatten der Bischof und der hohe Klerus das Sagen. Die Partei fand keine Antwort auf die Wirtschaftskrise in Tirol, die viele Menschen in den Konkurs trieb. Ende der 1880er Jahre entstand eine neue, anfangs sozialreformerische, katholische Massenbewegung. Bei den Landtagswahlen 1895 kam es erstmals zur Spaltung des katholischen Lagers in Tirol und 1898 zur Gründung der Christlichsozialen Partei durch Aemilian Schöpfer, den Gründer der Verlagsanstalt Tyrolia.[36] Er hatte bereits 1888 die „Brixner Chronik" gegründet, die seine sozialpolitischen Ideen verbreitete. Dem Brixner Fürstbischof Simon Aichner gefiel dies nicht, aber er verbot Schöpfer die politische Betätigung nicht.[37]

Wie heute wurden auch damals Parteigründungen durch soziale und wirtschaftliche Umbrüche getragen. Nur die Akteure waren andere als heute: Bischöfe, Pfarrer, Barone und Großgrundbesitzer. Die Christlichsoziale Partei war die erste moderne Massenpartei des Landes neben den Sozialdemokraten.[38] Nun vollzog sich ein grundlegender Wandel im politischen System Tirols: Die Parteien buhlten mehr und mehr um die Gunst des Volkes. Bis etwa 1905–1907 kann die neue christlichsoziale Bewegung als antiautoritäre Modernisierungsbewegung verstanden werden. In der Partei findet sich vor allem der niedere Klerus, der die absolute Autorität der Bischöfe und des höheren Klerus in politischen Fragen anzweifelt.[39] Sie traten auch im Gegensatz zur konservativen Partei für mehr sozialreformerische Bestrebungen ein. Außerdem war es ein Konflikt zwischen einer kleinbürgerlichen Massenbewegung und konservativ-elitären Honoratioren. Die Christlichsozialen wollten das Volk mehr in die politische Entscheidungsfindung einbeziehen, während die Konservativen die Autorität des Bischofs auch in politischen Fragen nicht antasten wollten.[40] Das Wort des Bischofs war damals noch politisches Kapital, für den einfachen Bauern mit der Bibel gleichwertig.[41] Nicht vergessen darf man auch den deutschen Nationalismus und Antisemitismus der Christlichsozialen.[42]

Nun vollzog sich von 1900 bis 1910 eine erstaunliche politische Entwicklung: Binnen eines Jahrzehnts wurden die vom hohen Klerus unterstützten Konservativen von der neuen christlichsozialen Bewegung weggefegt – der „Bruderzwist" im katholischen Lager wurde durch die totale Niederlage der Konservativen beendet.[43] Die Christlichsozialen wurden ab 1907 zur dominierenden Partei in Tirol und etablierten sich auf allen Ebenen: im Landtag, im Reichsrat, in den Vereinen, in den Gemeinden, in den Genossenschaften, in der Presse, in den Bischofspalästen. Zu Hilfe kam ihnen dabei die Einführung des allgemeinen Wahlrechtes 1907.[44] 1904 reichte Fürstbischof Simon Aichner angesichts der drohenden Niederlage seiner Konservativen seinen Rücktritt ein. Danach akzeptierte die kirchliche Hierarchie die christlichsoziale Partei und wurde auch von ihr unterstützt.

Die Macht der Kirche stützte sich nun nicht mehr auf ihre geistliche Autorität, ihren Einfluss beim Adel, auf ihren Grundbesitz und ihre Privilegien, sondern auf die Macht einer großen Organisation, auf die Meinungsmacht durch die katholische Presse und darauf, dass die Massen die Kirche als ihre Bundesgenossin gegen die Autoritäten betrachteten.[45]

Der offizielle Zusammenschluss der beiden Parteien erfolgte erst 1918.[46] Am 27. Oktober 1918 schlossen sich die beiden Parteien zur „Tiroler Volkspartei" zusammen und bildeten eine einheitliche Parteileitung.

Angesichts der politischen Umbrüche am Ende des Ersten Weltkrieges wurde der alte ideologische Streit um das Verhältnis zwischen Katholizismus und Politik nicht mehr weitergeführt.[47]

Der Bruderzwist hatte dem Land Tirol einerseits geschadet, weil viel Energie in den Streitereien verschwendet wurde, statt Politik für die Bevölkerung zu machen. Andererseits stellte er einen notwendigen emanzipatorischen Prozess des katholischen Volkes gegen die überlebte Vorstellung der Einheit von Thron und Altar dar.

Der antiklerikale Liberalismus hatte in Tirol hingegen nur wenig Einfluss. Die Tiroler pflegten ein besonderes Verhältnis zu ihrer Geistlichkeit, das seinesgleichen suchte. Der Priester hatte eine sehr hohe Stellung im Tiroler Volk. Das Vertrauensverhältnis der Tiroler zu ihren Priestern gründet vor allem in deren Volksverbundenheit. Die Priester stammten vielfach selbst aus dem einfachen Volk, konnten sich gut in die Bauern hineinversetzen und die Menschen fühlten sich von ihnen verstanden. Diese Eigenschaft zu erkennen ist sehr wichtig, um den großen Einfluss der Geistlichen zu begreifen.[48]

3. Tirol, geteiltes Glaubensland

Während die Kirche Tirols bis 1918 über die christlich-soziale und die konservative Partei im Lande wie selbstverständlich eminenten politischen Einfluss wahrgenommen hatte, lagen auf italienischer Ebene die Dinge deutlich anders. Seit der Besetzung des Kirchenstaats durch das Königreich Italien 1870 hatte sich die katholische Kirche lange Zeit demonstrativ aus der Politik zurückgezogen und ihren Gläubigen politische Abstinenz nahegelegt. Im Gegenzug wollte der italienische Staat keine starke Kirche, da der junge Staat noch immer innerlich schwach war.

Noch während des Ersten Weltkrieges bemühte sich der damalige Brixner Weihbischof und Generalvikar von Vorarlberg, Sigismund Waitz, um einen Friedenschluss. Besondere Anliegen waren ihm die Erhaltung der Einheit Tirols und die Belange der Diözese Brixen. Er wollte ein unabhängiges Tirol errichten und damit die Monarchie erhalten.[49] Kapitelvikar Franz Schmid übernahm nach dem plötzlichen Tod von Fürstbischof Franz Egger im Mai 1918 die Bistumsleitung von Brixen. Er errichtete am 15. Dezember 1918 in Innsbruck eine Filiale des Ordinariates von Brixen, nachdem italienische Truppen Tirol bis zum Arlberg besetzt hatten.[50] Die Einheit von Nord- und Südtirol war seit Kriegsende im November 1918 bis zum Jänner

1920 unterbrochen, weil die italienischen Besatzungstruppen den Verkehr über den Brenner stark behinderten. Der Vatikan war nun gezwungen, für Vorarlberg, Nord- und Osttirol einen Generalvikar zu bestellen, da diese Gebiete von Brixen aus nicht mehr gut betreut werden konnten.[51]

Der Hauptteil der Diözese Brixen lag nördlich des Brenners, der seit Kriegsende 1918 hermetisch abgeriegelt war. Mit der Teilung Tirols wurde auch die Diözese Brixen endgültig zerrissen. In der Rumpfdiözese Brixen lebte vorerst nur eine verschwindend kleine italienische Minderheit. Die Annexion Südtirols durch Italien war mehr noch als für die Bevölkerung ein Schockerlebnis für Südtirols Kirche und Klerus, da es sich um eine Angliederung an einen Staat handelte, der nicht nur als historischer Erbfeind galt, sondern in der katholischen Presse Tirols immer als ein von Kirchenfeinden, Freimaurern und Liberalen beherrschter Staat dargestellt wurde. Die Abschaffung des verpflichtenden Religionsunterrichts im Jänner 1919 schien diese Befürchtungen sofort zu bestätigen.[52]

Der Vatikan befand sich nun, wie immer bei der Änderung der politischen Grenzen, in Schwierigkeiten hinsichtlich der Bistumsgrenzen. Die Grenzziehung von Kirchenprovinzen und Diözesandistrikten hatte immer den Ausdruck einer „Endgültigkeit" gegenüber der politischen Raumordnung im Staat und in den Regionen. Die seelsorglichen Kompetenzen folgen vor allem der Macht politischer Fakten.

Vom Jahre 798 bis zum Beginn des 19. Jahrhunderts hatte die Bistumseinteilung des Raumes, der später die „Gefürstete Grafschaft Tirol" darstellte, keine wichtige Änderung erfahren. Erst in der Restaurationsepoche kam es auch hier zu einer Neuregelung. Seit 1818 gehörten Tirol, Vorarlberg, Tirol vom Arlberg bis zum Zillertal und Osttirol sowie der nördliche Teil des heutigen Südtirol zum Bistum Brixen, während Bozen und Meran zum Bistum Trient gehörten.[53] Auf dem Stuhl dieses Bistums saßen bis ins Spätmittelalter deutsche Bischöfe.[54]

Am 17. Jänner 1919 wurde Waitz vom Heiligen Stuhl zum „Delegatus Sanctae Sedis" für jenen Teil der Diözese Brixen ernannt, der nicht von den italienischen Truppen besetzt worden war. Waitz übte das Amt aus, bis am 8. Jänner 1920 der Bistumsteil nördlich des Brenners und östlich von Winnebach wieder dem Brixner Kapitelvikar unterstellt wurde, der in Innsbruck seinen Sitz hatte.[55] Die Loslösung von Brixen wurde zwar nicht verfügt, aber die in Österreich liegenden Gebiete wurden am 9. April 1921 einem Apostolischen Administrator unterstellt. Obwohl der Vatikan eine Neueinteilung der Diözesangrenzen nach den neuen Staatsgrenzen erwog, konnte Waitz dies durch persönliche Intervention bei Papst Benedikt XV.

verhindern. Dieser erklärte ausdrücklich, dass er die Bistumsgrenzen nicht den politischen Grenzen anpassen wollte: Aus der Sicht der Kirche war eine Grenzänderung kein hinreichender Anlass, um jahrhundertealte Bistumsgrenzen rasch zu verschieben. Er wurde mit Dekret der Konsistorialkongregation vom 9. April 1921 zum Apostolischen Administrator des österreichisch gebliebenen Teils der Diözese Brixen ernannt, wobei er aber nicht alle Rechte eines Residentialbischofs hatte, sondern weiterhin Brixen unterstellt blieb. Am 12. Dezember 1925 wurde Waitz zum Apostolischen Administrator von Innsbruck-Feldkirch mit allen Rechten und Pflichten eines Residentialbischofs bestellt, womit die von ihm entschieden abgelehnte Teilung der Diözese Brixen zwar de facto, aber noch nicht de jure vollzogen wurde.[56] Nordtirol war nun direkt von Rom abhängig.[57]

Die in St. Germain gezogenen Grenzen gingen völlig willkürlich über alte kirchliche Territorialordnungen hinweg. Die Brennergrenze zerriss die Diözese Brixen in vier Teile: Das Eisacktal zwischen Klausen und Brenner, das Pustertal zwischen Mühlbach und der Staatsgrenze bei Winnebach sowie die ladinischen Dekanate Cortina d'Ampezzo und Buchenstein bildeten eine territoriale Einheit innerhalb Italiens. Der oberste Vinschgau

Die Brixner Hofburg um 1945

zwischen Schluderns und Reschen (Dekanat Mals) gehörte zu Italien, grenzte aber nirgends an das andere italienisch gewordene Diözesangebiet. Nordtirol und Vorarlberg blieben österreichisch. Auch Osttirol blieb österreichisch, hatte aber ebenfalls keine Verbindung zum größeren österreichischen Teil der Diözese.[58]

In Brixen waren die Verhältnisse für die neue Rumpfdiözese nicht leicht. 1919 waren ihr nur noch 90.000 Diözesanangehörige verblieben, während auf dem Gebiet der Apostolischen Administratur Innsbruck-Feldkirch 170.000 Menschen lebten.[59] 1921 wurde das Bistum Brixen aus dem Metropolitanverband von Salzburg, dem bereits Säben seit 798 angehörte, ausgegliedert und dem Heiligen Stuhl direkt unterstellt.[60] Im August 1922 hatte man in Brixen einen kurzen Hoffnungsschimmer, die amputierte Diözese um zehn deutschsprachige Dekanate der Diözese Trient zu vergrößern: Papst Pius XI., der Nachfolger von Benedikt XV., stimmte einem Dekret der Konsistorialkongregation am 5. August 1922 zu.[61] Johannes Raffl wurde zum Apostolischen Administrator der zehn deutschsprachigen Dekanate von Trient ernannt.[62] Der Papst musste aber seine Entscheidung auf massiven Druck der italienischen Regierung (noch waren die Liberalen und nicht die Faschisten an der Macht) bereits nach zehn Tagen zurücknehmen. Die grundsätzliche Entscheidung vom 5. August 1922 wurde jedoch nicht aufgehoben; weitere Verhandlungen zwischen den Diözesen Brixen und Trient scheiterten an den Forderungen der Trientner: Diese wollten zwar nur das Unterland behalten, verlangten aber Ladinien dafür.[63]

Die Hauptanliegen der Kirche unter den neuen Verhältnissen waren folgende: die Erhaltung der deutschsprachigen katholischen Presse (diese hatte vor 1914 die Konkurrenz der liberalen und sozialdemokratischen Presse weitgehend ausgeschaltet und war zum dominierenden öffentlichen Meinungsführer aufgerückt)[64], der verpflichtende Religionsunterricht in der Muttersprache[65] sowie ein genereller Einfluss auf Schule, Familie und Jugenderziehung.[66]

Größere Schwierigkeiten gab es bei den Bischofsernennungen, obwohl durch das Ende der österreichischen Monarchie das Nominationsrecht des Kaisers weggefallen war und der Papst nun frei entscheiden konnte. Am 29. April 1921 wurde der Mensalverwalter Johannes Raffl von Papst Benedikt XV. zum Bischof ernannt und am 19. Juni 1921 in Rom von Kardinal Merry Del Val konsekriert. Ab 23. Mai 1921 wurde Johannes Raffl offiziell Fürstbischof der Diözese Brixen[67], allerdings wurde dieses neue Gebiet nicht selbstständiges Bistum, sondern nur einem Residentialbischof unterstellt.[68]

Nach dem Tod von Bischof Raffl wurde Generalvikar Josef Mutschlechner faktisch für drei Jahre Oberhaupt der Diözese Brixen. Die italienische Regierung wünschte sich einen italienischen Bischof in Brixen: Rocco Beltrami[69], den allerdings der Heilige Stuhl abgelehnte, da er einen Tiroler auf dem Bischofssitz wollte.[70] Für die italienische Regierung waren hingegen Johannes Geisler und der Ladiner Felix Roilo unannehmbar. Der Vatikan reagierte, indem er den Brixner Bischofsstuhl vorerst unbesetzt ließ: Josef Mutschlechner wurde 1928 zum Apostolischen Administrator ernannt. Erst das Konkordat von 1929, das in Art. 22 nicht mehr die italienische Muttersprache für Diözesanbischöfe zur Bedingung machte, sondern nur italienische Sprachkenntnisse voraussetzte, machte die Ernennung eines deutschsprachigen Bischofs möglich.[71] Im Jänner 1930 drängte der italienische Justizminister Alfredo Rocco den Außenminister Dino Grandi, schnellstens einen neuen Bischof zu ernennen, da die feindselige Haltung von Mutschlechner die Politik der Italianisierung in Südtirol verhindere. Ende Februar brachte die italienische Botschaft im Vatikan in Erfahrung, dass Papst Pius XI. plane, Johannes Geisler zum neuen Bischof zu ernennen.[72] Im April 1930 einigten sich der Vatikan und die italienische Regierung schließlich auf Geisler.[73] Dieser, bis dahin Professor für Kirchengeschichte am Priesterseminar in Brixen,[74] war zwar den Faschisten nicht wirklich genehm,[75] aber offensichtlich hatte die Regierung den Abschluss des italienischen Freundschaftsvertrages vom 6. Februar 1930 zum Anlass genommen, um in der Bischofsfrage guten Willen zu zeigen.[76] Nur der entspannten innenpolitischen Lage durch die Lateranverträge und der außenpolitischen Freundschaft Mussolinis mit dem rechtsgerichteten österreichischen Bundeskanzler Johann Schober hatte es die Südtiroler Kirche zu verdanken, dass sie – im Gegensatz zur Kirche der Aostaner und der slowenischen und kroatischen Minderheit in Italien – noch einen deutschsprachigen Bischof erhielt.[77]

Der Deutsche Anteil der Diözese Trient hatte in dieser Zeit eine ziemlich weit reichende Selbstverwaltung. Als der für den deutschen Anteil zuständige Provikar Balthasar Rimbl 1929 in den Ruhestand trat, übernahm Josef Kögl dessen Aufgaben.[78]

4. Das zwiespältige Verhältnis zum Faschismus und Nationalsozialismus

Ab 1923 mussten sich auch die katholischen Schulen dem faschistischen Italianisierungsprogramm unterwerfen. Von den elf höheren Schulen in Südtirol wurden sechs von der Kirche geführt, wovon einige Schulen wegen Schikanen geschlossen werden mussten.[79] Wenigstens der Pfarrunterricht konnte weiterhin in deutscher Sprache erteilt werden.[80] 1925 wurden bis auf den PNF alle politischen Parteien verboten und das vielfältige Südtiroler Vereinswesen wurde zerschlagen. Durch das plötzliche Fehlen der traditionellen politischen Strukturen wurde Politik nach 1926 zunehmend eine Frage von starken Einzelpersonen. In dieser Situation rückte der 1885 in Prissian bei Tisens geborene Kanonikus Michael Gamper zu einer der führenden politischen Persönlichkeiten Südtirols auf. 1919 hatte er seine ersten Kontakte zum Journalismus gemacht: Der Gründer des Athesia-Verlags Aemilian Schöpfer brachte ihn in die Redaktion des „Volksboten". 1920 wurde er bereits Präsident der Verlagsanstalt Tyrolia.[81] Sein großer Vorteil war, dass er als Priester auf den Rückhalt der „Katholischen Aktion" zählen konnte. Häufig dienten die Aktivitäten der „Katholischen Aktion" als Tarnung für den verbotenen Deutschunterricht.[82]

Ab 1922 bildete sich auf dem Pressesektor ein immer stärker werdendes katholisch-konservatives Zeitungsmonopol heraus: Die katholischen Blätter profitierten durch faschistische Verbote von anderen Verlagen und Übernahme kleinerer Konkurrenten. Bis Mitte der 1920er Jahre fiel außerdem die sozialdemokratische und liberale Presse dem faschistischen Regime zum Opfer und wurde infolge finanzieller Schwierigkeiten aufgekauft.[83] Das De-facto-Monopol der katholischen Verlagsanstalt „Tyrolia" – der von Schöpfer gegründete Katholisch-Politische Preßverein Brixen erhielt um 1900 den Namen „Tyrolia"; die Generalversammlung des Verlags beschloss am 10.3.1922 aufgrund der Teilung Tirols die Trennung des Verlags in einen Nordtiroler und einen Südtiroler Verlag – wurde durch den Erlass der faschistischen Pressebestimmungen ab 1925 vollendet: Die Kooperation von Vatikan und Faschismus stellte das weitere Erscheinen der beiden katholischen Zeitungen „Volksbote" und „Dolomiten" sicher.[84]

In dieser Zeit wurde Kanonikus Michael Gamper innerhalb des Athesia-Verlags immer mächtiger. 1921 war er Redakteur bei der Tyrolia geworden. Da er sich als tüchtig erwies, konnte er seinen Wirkungskreis im Verlag schnell erweitern; förderlich waren dabei die guten Beziehungen zu Bischof Sigismund Waitz. Bald wurde er geistlicher Berater für die gesamte Tyrolia-

Presse und 1923 wurde er zum Präsidenten der Tyrolia GmbH gewählt. Sitz der GmbH wurde übrigens Brixen, weil dort der Bischof residierte.[85] Nicht von Haus aus vermögend, reichte sein Gehalt als Kanonikus und als Athesiamitarbeiter nicht, selbst größere Verlagsanteile zu kaufen. Trotzdem konnte er im Laufe der Jahre auf folgende Weise große Quoten erwerben.

Die „Tyrolia"-Gründung sollte unter anderem liberalen Strömungen im Pressewesen entgegentreten. Während des Faschismus musste sich die „Tyrolia" in „Vogelweider" umbenennen, dann firmierte sie als Athesia.[86] Als der Name „Tyrolia" das letzte Mal verwendet wurde, schrieb Gamper einen Artikel über die Bedeutung dieses Namens:

> „Die Männer, die dem Unternehmen mit der Existenz auch den Namen gegeben, waren Führer des katholischen Volkes, der Mehrzahl nach Priester, unter ihnen Theologen von Namen. Was sie in der ‚Tyrolia' schaffen wollten und auch tatsächlich schufen, war vor allem ein k a t h o l i s c h e s Verlagsunternehmen. Gewiss hatte es solche bereits früher im Lande gegeben, wenigstens im bescheidenen Rahmen. Es waren katholische Unternehmen in unserem Lande, die aber zu einer inneren Lebensverbindung mit dem Lande und der Wesensart seines Volkes nur in weit geringerem Maße gelangen konnten, als es im neuen Unternehmen dann Wirklichkeit geworden. [...] Katholisches Glaubensleben und bodenständiges Volkstum sollten in dem neuen Unternehmen eine Ehe eingehen [...]."[87]

Da es damals selten große Geldgeber gab, wandten sich die Schöpfer des Verlages notgedrungen an Kleinanleger. Außerdem wurde im Statut der Tyrolia eine Sperrklausel eingebaut, damit niemand zu viel Macht erlangen konnte. Von der Gründung an waren neu ausgegebene Anteile meistens in der Hand von Pfarrern, Kooperatoren, Häuserinnen und anderen der Kirche nahe stehenden Personen.

Im Winter 1926 schien sich aufgrund der totalitären Gleichschaltungsmaßnahmen des faschistischen Regimes auch das Ende der deutschsprachigen katholischen Presse abzuzeichnen, aber es gelang Kanonikus Gamper, diese Gefahr abzuwenden. Er intervenierte bei verschiedenen vatikanischen Stellen und durch die Unterstützung durch die Bischöfe Raffl und Endrici wurde der faschistischen Regierung das Zugeständnis zum weiteren Erscheinen der katholischen Presse abgerungen.

Da die wirtschaftliche Situation aber so schlecht war, mussten Gamper und die Athesia-Führung immer wieder neue Anteile ausgeben, die vor

vor allem vom niederen Klerus gekauft wurden. Diese Anteile stellten allerdings meistens einen zu geringen Wert dar, als dass die Besitzer ein Mitspracherecht im Verlag hatten. Außerdem waren sie in den ersten Nachkriegsjahren nicht profitabel. Deshalb war es für Gamper nicht schwer, viele Teilhaber zu überreden, ihm – der Leitfigur katholisch-konservativer Presse in Südtirol – die Anteile zu vermachen. Auf testamentarischem Wege kam Gamper dann tatsächlich zu vielen Anteilen.[88]

Die Beziehungen der Brixner Kurie zum Regime waren überwiegend gestört. Fürstbischof Raffl konnte zwar noch manches für die katholische Presse und den Religionsunterricht erreichen. 1927 aber ordnete die Schulbehörde an, dass der Religionsunterricht an allen Schulen künftig in italienischer Sprache erfolgen müsse. Mutschlechner zog daraufhin nach Abstimmung mit der römischen Kurie 1928 den Klerus aus den öffentlichen Schulen zurück und organisierte den Religionsunterricht in Pfarrschulen. Er teilte der Bevölkerung mit, dass die Kirche gewillt sei, den Religionsunterricht auch weiterhin in der Muttersprache zu erteilen.[89]

Ab 1929 vergrößerte sich der Einfluss der Kirche in Südtirol, da sie nach dem Abschluss der Lateranverträge von den faschistischen Machthabern als Machtfaktor anerkannt wurde und ihre Eigenständigkeit behielt. Der Preis für die Eigenständigkeit der Kirche war, dass sich die Kirche offiziell aus der Politik zurückzog. Nun kamen sich Faschismus und Kirche oft bedenklich nahe: Nicht wenige Gläubige und Priester in Südtirol waren vom „Duce“ Benito Mussolini fasziniert.[90] Zu den Gründen des Sinneswandels zählten die pastorale Verantwortung einer Volkskirche mit Massenklientel, die das Regime zu ihrem Vorteil nutzen konnte, und die starke Furcht vor dem Bolschewismus. Nicht wenige Bischöfe in Deutschland waren sogar der Meinung, dass nur Hitler dem Bolschewismus entschieden entgegentreten würde.[91] Ausschlaggebend für das Streben um Koexistenz aber waren wohl die religiösen Freiheiten der katholischen Kirche im faschistischen Staat.[92] Bei den plebiszitären Scheinwahlen zur faschistischen Ständekammer sprachen sich 1929 auch die Wähler in Südtirol mit einem fast gleich hohen Prozentsatz wie das restliche Italien für das Regime aus. Obwohl diese Wahlen natürlich nicht als frei und demokratisch zu bezeichnen sind, zeigt es trotzdem, dass das faschistische Regime durch das Konkordat die Möglichkeit hatte, sich als kirchenfreundliches und katholisches Regime zu präsentieren, was auch in Südtirol einige Wirkung hatte.[93] So war die Inthronisationsrede von Bischof Geisler vom 3. Juni 1930 geradezu von einem Geist der Unterwürfigkeit bestimmt. Gamper und der Mehrheit des deutschsprachigen Klerus in Südtirol ging dies zu weit, da der bisherige

Administrator Mutschlechner dem Regime immer mit großer Zivilcourage entgegengetreten war. Bereits bei seiner Inthronisation zeigte sich die geringe politische Standfestigkeit von Geisler, die ihn später in ein Naheverhältnis zum Nationalsozialismus brachte.[94] In dieser Phase wurde Kanonikus Michael Gamper beinahe unangreifbar. Er galt damals als „heimlicher Landeshauptmann" der deutschsprachigen Südtiroler und seine Wohnung im Bozner Marieninternat galt als Zentrum der Südtiroler Politik.[95]

Die Macht des Klerus beruhte auf mehreren Säulen: dem dicht organisierten organisatorischen Netz mit den Pfarreien, der Möglichkeit, politisches Personal zu rekrutieren und auszubilden, der unter dem Schutz der „Katholischen Aktion" stehenden Presse und schulischen Infrastrukturen.[96]

Auf diese Weise entstand in den 1920er Jahren ein deutsches Geheimschulsystem, das zwar nicht mit einer regulären Schule zu vergleichen war. Trotzdem erfuhr annähernd die Hälfte aller schulpflichtigen Kinder die Sozialisation durch das katholisch-konservative Weltbild der Südtiroler Kirche.[97] Außerdem wuchs der klerikale Einfluss durch die Einrichtung von Pfarrschulen ab 1928, die im Rahmen des Konkordats weiterhin bestehen konnten. Weiters ist hervorzuheben, dass die bischöflichen Seminare Vinzentinum und Johanneum sowie die Mittelschulen der Franziskaner in Bozen und der Augustinerchorherren in Brixen als einzige offiziell zugelassene Schulen mit deutscher Unterrichtssprache weiterhin bestehen konnten. Durch diese Schulen ging ein großer Teil der Südtiroler Nachkriegspolitiker.[98]

Unter Bischof Geisler verschlechterten sich 1934/35 die Beziehungen mit den faschistischen Machthabern. Zu dieser Entwicklung trug vor allem der aus Cortina stammende Generalvikar Alois Pompanin bei. Pompanin (1889–1966) prägte bis 1952 maßgeblich die Politik der Kirche in Südtirol.[99] Ein Mann mit großen intellektuellen Fähigkeiten, verkörperte Pompanin jenen Typ des zum Deutschtum „konvertierten" Ladiners, der in seiner deutschnationalen Begeisterung zum Schluss nur mehr geringe Differenzen zwischen dem Nationalsozialismus und dem Katholizismus erkannte. Er war antiitalienisch und philonazistisch, bei seinem Studium in Rom an der Anima, der deutschen Nationalstiftung, wurde er von der Gedankenwelt des Rektors, Bischof Alois Hudal, beeinflusst. Dieser sah in der politisch-geistigen Verschmelzung und Zusammenarbeit von Nationalsozialismus und Christentum die einzig mögliche „Rettung des Abendlandes" vor dem Bolschewismus, verkörperte damit aber nur eine kleine Minderheit im Vatikan.[100]

Als bald nach 1930 immer mehr italienische Priester nach Südtirol geschleust wurden und einzelne Geistliche von den Machthabern verhaftet worden waren, schrieb Geisler am 25. April 1935 dem Bozner Präfekten Giuseppe Mastromattei, er sei nicht gewillt, bei der Italianisierung Südtirols mitzuhelfen. Ab 1936 gab es sogar Befürchtungen, dass Geisler selbst verhaftet werden könnte. Geisler orientierte sich auf den Rat Pompanins hin von nun stärker am nationalsozialistischen Deutschland.[101]

Den Nazis in Südtirol ging die vorsichtige Öffnung des Klerus an die Nazis nicht weit genug und so bekam die Kirche durch die Aktivitäten des Südtiroler NS-Ablegers Völkischer Kampfring Südtirol (VKS) interne Konkurrenz im Geheimschulwesen. Bis 1937 bewegte sich der VKS allerdings meist innerhalb der Kirche, die über mehr Geld verfügte.[102]

Innerhalb des VKS wurden vor allem dank Peter Hofer, der aus dem katholischen Jugendbund kam, scharfe Auseinandersetzungen zwischen konfessionell gebundenen und antiklerikalen Nationalsozialisten vermieden.[103] Die Konkurrenz durch den VKS schwächte die Stellung des Südtiroler Klerus und spaltete ihn: auf der einen Seite Michael Gamper und der Großteil des niederen Klerus, der sich ab etwa 1935 verstärkt vom VKS

Bischof Johannes Geisler

distanzierte, und auf der anderen Seite Bischof Johannes Geisler sowie sein engster Mitarbeiterkreis um Generalvikar Alois Pompanin.[104]

Gamper distanzierte sich vom VKS wegen des beginnenden Gegensatzes hinsichtlich Katakombenschule und Jugenderziehung; Geisler hingegen behielt gute Beziehungen zum VKS bei.[105] Vom faschistischen Regime distanzierte sich der Bischof zunehmend: 1935 forderte das faschistische Regime, dass sich die Kirche gegen die Sanktionen aussprechen solle, die der Völkerbund gegen Italien wegen seines Angriffskrieg verhängt hatte. Die Auseinandersetzungen drehten sich vor allem um die Verwaltung der Notschule und die Jugenderziehung.[106] Der niedere Klerus und Gamper orientierten sich vor allem an Österreich, das es ab 1938 aber nicht mehr gab. Geisler und Pompanin blickten immer mehr nach Deutschland. 1937 verbot Geisler sogar den Südtiroler Pfarrern die Verlesung der antinazistischen Enzyklika „Mit brennender Sorge".[107] Auch dies ist dem Einfluss Pompanins zuzuschreiben, denn der Großteil des Klerus und die katholische Laienbewegung hatten sich für die Bekanntmachung der Enzyklika stark gemacht. Die von Gamper geleitete katholische Presse befasste sich hingegen ausführlich mit der Enzyklika. Er fand vor allem in den Gruppen der Katholischen Aktion und der Katholischen Jugend Unterstützung, der Jugendführer Josef Mayr-Nusser spielte hier eine wichtige Rolle.[108]

Die Gegensätze zwischen VKS und Kirche verschärften sich nach dem Anschluss Österreichs an das Deutsche Reich 1938: Freute sich der „Kampfring" einerseits über das Ende des „volksverräterischen Schuschnigg-Regimes" und sah er darin einen weiteren Schritt zur Befreiung Südtirols durch Hitler, so bekannten sich weite Teile des Klerus und des Adels hingegen zum unabhängigen Österreich.[109]

Die Spaltung innerhalb des Klerus verstärkte sich durch die Option von 1939: Gamper und ein großer Teil des niederen Klerus waren auf der Seite der Dableiber, während Geisler für die Option war[110] und eine geschlossene Ansiedlung der Südtiroler im Deutschen Reich befürwortete.[111] Geisler und Pompanin machten aus ihren Sympathien für den Nationalsozialismus keinen Hehl.[112] Ironischerweise lautete der Wappenspruch von Pompanin „Non habemus hic manentem civitatem" (Wir haben hier keine bleibende Stätte).[113] Er lebte auch in weltlicher Hinsicht nach diesem Motto.

Seit Herbst 1939 war es in Südtirol kein Geheimnis mehr, dass der Bischof optieren würde, falls sich die Mehrheit der Südtiroler fürs Gehen entscheiden sollte.[114] Gamper befürwortete hingegen einen tirolerisch-österreichischen Patriotismus und kritisierte das Dritte Reich als einen preußisch-protestantischen und antichristlichen Staat. Außerdem gab es

Hinweise auf die Existenz von Konzentrationslagern und auf die im Herbst begonnene Ermordung von Geisteskranken (es gibt keine verlässlichen Zahlen, wie viele Südtiroler Geisteskranke, alte und kranke Menschen dem Regime zum Opfer fielen, vermutlich waren es mehr als 350[115]), die in der Dableiberpropaganda immer wieder auftauchten, ein Beweis dafür, wie gut das Informationsnetz der Kirche selbst im Totalitarismus noch funktionierte.[116] Geisler hingegen schätzte die Gefahr eines Kirchenkampfes in Deutschland immer gering ein.[117] Der in Bozen lebende Gamper hatte die Unterstützung seines eigentlichen Vorgesetzten, des Trentiner Fürstbischofs Celestino Endrici.[118] Die Meinung des italienischsprachigen Endrici beeinflusste die Menschen in Südtirol jedoch nicht, Geislers Meinung hingegen war für viele Südtiroler wichtig.[119]

Ab September 1939 wurde Geisler von der deutschen Parallelverwaltung unterstützt. Am 27. November 1939 erließ Geisler eine Weisung an den gesamten Klerus der Diözese Brixen, die besagte, dass der Klerus sich in der Frage der Option neutral zu verhalten habe und keine Propaganda betreiben solle. Der größte Teil des Klerus mit Gamper an der Spitze hielt sich aber nicht daran.[120]

Der Vatikan hatte dem italienischen Außenminister Galeazzo Ciano versichert, dass er sich dem „staatspolitischen Interesse" Italiens unterwerfen werde und das Umsiedlungsabkommen bejahe.[121] Folglich erschien am 25. Oktober 1939 im „Osservatore Romano" ein Artikel, der für die Option war. Nun schwanden die letzten Hoffnungen der Südtiroler, dass sich der Vatikan den Plänen entgegensetzen würde.

Geisler fürchtete sich vor einer Umsiedlung nach Süditalien, dies würde sich jedoch bald als haltlos herausstellen. Als einige Bauern Generalvikar Pompanin diesbezüglich um Rat fragten, sagte dieser, dass die Italiener einen weiteren Aufenthalt in Südtirol versprochen hätten, aber man wisse nicht, ob man den Italienern trauen könne.[122] Ab Dezember wurde auch diese Angst haltlos, was mit dem Umschwenken des Vatikans in der Optionsfrage zusammenhängt: Am 1. Dezember 1939 veröffentlichte der Trientner Bischof Endrici eine Stellungnahme im Trientner Diözesanblatt, wonach die italienische Regierung dem Vatikan versichert habe, dass die Dableiber in Südtirol bleiben können. Dies war eine offene Aufforderung zum Bleiben. Geisler aber weigerte sich, die Stellungnahme von Endrici zu unterzeichnen und Pompanin verbot sogar deren Veröffentlichung im „Katholischen Sonntagsblatt". Dies ist als eindeutige Zustimmung für die Auswanderung zu werten. Gamper hingegen veröffentlichte Endricis Aufruf im „Volksbote" am 7. Dezember 1939.[123]

Da Priestern im Gegensatz zu den Laien in Südtirol eine Frist bis zum 30. Juni 1940 für die Option eingeräumt wurde, hatten Geisler und Pompanin länger Zeit zum Überlegen. Als die Optionsergebnisse der Bevölkerung Anfang Jänner 1940 bekannt wurden, blieben die Dableiber unter den Priestern trotzdem bei ihrer Meinung. Der Dableiberklerus versuchte nun erst recht, auf Geisler und Pompanin Druck auszuüben, und wies sie in zwei Schreiben auf die religiösen Gefahren im Dritten Reich hin, aber die Interventionen hatten keinen Erfolg.[124]

Im Juni 1940 versuchte der Vatikan eindringlich, den Südtiroler Klerus zum Bleiben zu veranlassen. Mitte Juni wollte Monsignore Misuraca, ein Gesandter des Heiligen Stuhls, Geisler zum Dableiben oder zum Rücktritt bewegen.[125] Der Bischof lehnte beides ab und optierte am 25. Juni 1940 mit Pompanin und Hofkaplan Johann Untergasser in Brixen für Deutschland. Die Arbeitsgemeinschaft der Optanten für Deutschland (AdO, so nannte sich jetzt der VKS) machte aus der Unterzeichnung ein Volksfest. Die Konsequenz war, dass die Südtiroler Kirche bis zum Kriegsende gespalten sein sollte. Geisler betonte, dass er als Privatperson und nicht als Bischof optiere. Er glaubte auch, als Dableiber seines Bischofsamtes enthoben zu werden und durch einen Italiener ersetzt zu werden.[126]

Schließlich optierten im deutschen Anteil der Diözese Trient von 300 Priestern 10% für Deutschland, in Brixen 20% von 242. Für die Bevölkerung Südtirols gibt es keine genauen Zahlen, ca. 86% entschieden sich fürs Auswandern, 14% fürs Bleiben. In erster Linie war es wohl die Sorge um eine „feste Existenz" – zumal „niemand ins Ungewisse gehen wollte" –, die den Klerus auch in der Diözese Brixen von der Linie des Bischofs abweichen ließ. Den niederen Klerus schreckte aber auch der antiklerikale Charakter des NS-Regimes ab; in Nordtirol gab es unter Gauleiter Franz Hofer einen regelrechten Kirchenkampf.[127]

Die Kluft zwischen Bischof und Klerus wurde so immer größer.[128] Die Haltung der Kirche zur Option machte die Spaltung der Kirche offensichtlich. Die Konsequenz war eine gewisse Vertrauenseinbuße von Seiten der Bevölkerung: Die Gottesdienste waren nicht mehr so gut besucht und es gab einen Rückgang bei der Osterbeichte.

Im Gegensatz zur Diözese Trient war die Diözese Brixen während der deutschen Besetzung 1943–45 zu einer begrenzten Zusammenarbeit mit den NS-Behörden bereit, besonders Generalvikar Alois Pompanin arbeitete mit den deutschen Behörden zusammen.[129] Gleich nach der Nominierung Franz Hofers zum Obersten Kommissar erfolgte eine Aussprache mit Bischof Geisler, an der auch Pompanin teilnahm.[130]

Diese Unterredung bildete die Grundlage für die Beziehungen der Brixner Kurie mit den neuen Machthabern.[131] Der Trientner Bischof Carlo de Ferrari, dessen Diözese ebenfalls von den Nationalsozialisten verwaltet wurde, hatte keinen Kontakt zu den deutschen Behörden. Zwar äußerte er sich öfters kritisch zum Nationalsozialismus, den Faschismus hatte er jedoch nie kritisiert.[132]

Geisler setzte sich für die verhafteten Priester Josef Ferrari und Rudolf Posch ein, bemühte sich aber, die neuen Machthaber nicht zu reizen. Bitten wurden stets mit Loyalitätsbekundungen begleitet.[133] Das „Brixner Diözesanblatt" 1944/45 veröffentlichte sogar einen Appell an den Klerus, dem politischen System gegenüber eine loyale Haltung einzunehmen.

Währenddessen wurden öfters Priester der Diözesen Trient und Brixen verhaftet. In Südtirol wurden ca. 20 Priester wegen ihrer antinazistischen Einstellung und/oder Kritik verhaftet, die meisten davon von 1943–45.[134] Dass es in Südtirol zu keinem Kirchenkampf wie in Nordtirol kam, dürfte wohl dem taktischen und diplomatischen Geschick von Geisler zu verdanken sein. Außerdem wollte der Oberste Kommissar Hofer durch eine konziliante Haltung die Südtiroler Bevölkerung für sich einnehmen.[135]

Probleme zwischen der Kurie und den NS-Behörden ergaben sich durch die Anmeldepflicht von Veranstaltungen, darunter auch für Priesterkonferenzen, Exerzitien und Prozessionen. Weiters musste die Kirche eine Reihe von Schikanen hinnehmen: Der Religionsunterricht wurde verboten (dass in vielen Klassenzimmern das Kruzifix abgenommen und durch ein Hitler-Bild ersetzt wurde, ging auf die Initiative von einzelnen Lehrern zurück[136]), liturgische Veranstaltungen überwacht bzw. eingeschränkt und Priester wurden verfolgt. Die NS-Behörden bemühten sich, durch pseudoreligiöse Kultformen wie Heldenverehrungen der Kirche Konkurrenz zu machen.[137] Keine Gnade kannten die Behörden auch bezüglich der Wiedereröffnung des Vinzentinums,[138] das Geisler besonders am Herz lag, da dort der Nachwuchs des Klerus ausgebildet wurde. Seit Jänner 1943 diente das Vinzentinum als Lazarett. Inzwischen hatte auch die Schulbehörde bestimmt, dass das Vinzentinum nicht mehr geöffnet werden sollte. Auch die Öffentlichkeitsarbeit der Kirche wurde getroffen: Ihre Medien („Katholisches Sonntagsblatt", „Jugendwacht", „Priesterkonferenzblatt") wurden geschlossen. Im „Bozner Tagblatt", dem Nachfolgeprodukt der „Dolomiten", durften keine religiösen Artikel erscheinen. Nur im Brixner Diözesanblatt durfte die Kirche veröffentlichen.[139]

Im Dezember 1943 starb der Südtiroler Präfekt Peter Hofer bei einem Bombenangriff. Zu seinem Nachfolger wurde der christlich-soziale Karl

Tinzl ernannt. Geisler und Pompanin hofften nun auf mehr Freiraum für die Kirche. Geisler erstellte eine Promemoria mit den dringendsten Problemen der Südtiroler Kirche (die Frage des Vinzentinums, des Kirchenblattes, die Verhaftung von Priestern, die Zuteilung von Hostienmehl und Olivenöl, die Druckerlaubnis für den Kassianskalender, die Anmeldung von kirchlichen Veranstaltungen und der Lebensunterhalt des Klerus).

Bischof Geisler wollte allerdings nicht den Bau der Alpenfestung unterstützen, die zur letzten Bastion der Nazis werden sollte.[140] Er wollte nicht, dass Südtirol in der Endphase des Krieges noch zum Kriegsschauplatz würde.[141]

Insgesamt also blieben die Beziehungen der Brixner Kurie zu den nationalsozialistischen Machthabern sicher nicht konfliktfrei, aber durch die vorsichtige Kooperation wurde das Schlimmste verhindert. Trotzdem stand vor allem Pompanin dem Nationalsozialismus zu unkritisch gegenüber und verkannte, dass Katholizismus und Nationalsozialismus nicht vereinbar waren.

II. Die Kirche und die „Stunde Null" 1945

1. Die Katholizität der Stadt und Diözese Brixen 1945

Brixen war bei Kriegsende ein wichtiger Testfall für das Verhältnis zwischen Katholizismus und Moderne und für die Beziehung zwischen Katholizismus und Urbanität. In der Bischofsstadt war ein katholisches Milieu stark entwickelt, das – nach der klassischen Definition des Politologen M. Rainer Lepsius – nach einer klassen- und schichtenübergreifenden Vergesellschaftung zu einer relativ homogenen Einheit strebte.[142] In diesem Milieu kamen Religion, soziale Normen und kulturelle Orientierungen auf der Grundlage der örtlichen wirtschaftlichen Struktur zu einer Einheit zusammen. Dieses Milieu, das sozial und kulturell streng katholisch war, verband „materielle und ideelle Interessen, Weltdeutungsmuster und eine Lebensweise mit effektiver Gemeinschaftsbildung und Verbindlichkeit im Rahmen einer autoritativen öffentlichen Kommunikation".[143]

Seit dem Hochmittelalter dominierte die säkulare Bedeutung als Bischofsstadt den Charakter Brixens, das an der Vereinigung von Eisack- und Pustertal am Südabhang des Brenners eine verkehrsgeographische Schlüsselstellung im zentralen Alpenraum einnahm. Das mittelalterlich-frühneuzeitliche Brixen kann man typologisch als Residenz- und Verwaltungsstadt und wirtschaftliche als „Konsumentenstadt" bezeichnen. Ökonomisch hatte die Stadt vor allem die Funktion, sich selbst und vor allem die zahlreichen Angehörigen der Beamtenschaft, des Klerus und des Hofes mit allen möglichen Konsumgütern zu versorgen.[144]

Brixen war durch die fürstbischöfliche Hofburg, das Priesterseminar, das Vinzentinum, das Kloster Neustift, mehrere Orden, das Diözesanmuseum und zwei Missionshäuser der Mittelpunkt des religiösen Lebens in Tirol. Allein in den fünf Frauenklöstern in Brixen lebten 1932 250 Ordensfrauen, [145] 1945 lebten 54 Weltpriester, 55 Ordenspriester und 12 Kooperatoren im Gebiet des Dekanats Brixen, das ca. 13.800 Einwohner zählte. Die Anzahl der Priester im Verhältnis zur Bevölkerung war im Vergleich mit den anderen Dekanaten in Südtirol zwei- bis drei Mal so hoch.[146] Die umfassenden zentralörtlichen Funktionen der Bischofsresidenz wirkten sich stark auf die Mentalität der geistlichen Führung und die Stadtbevölkerung aus.[147] Der

Klerus prägte das kulturelle, soziale und oft auch das politische Leben der Stadt.[148] Domkapital, Bischöfe und Kurie sahen sich seit dem 17. Jahrhundert als Wächter des streng katholischen Charakters des Landes Tirol. Die Bischofsresidenz Brixen sollte ein Exempel eines strikt glaubenstreuen und den Werten christlicher Ordnung verpflichteten Gemeinwesens sein.[149]

Die Religion war für den Großteil der Bewohner ein alltäglicher Bestandteil des Lebens (wenige liberale Bürger ausgenommen). Während des Ersten Weltkrieges waren Staat und Armee auf die Unterstützung der Kirche zur moralischen Unterstützung des Hinterlandes angewiesen. In dieser schweren Zeit boten die Feldkuraten den Soldaten an der Front religiösen Halt. Ihr Einsatz sollte der Bevölkerung zeigen, dass die Kirche dem Krieg nicht gleichgültig gegenüberstand, sondern die Leiden der Bevölkerung teilte. In der Heimat sprachen die Geistlichen den Gläubigen in der Predigt Mut zu.[150] Trotzdem litt der Glaube durch den Ersten Weltkrieg stark. Auch danach gab es eine „Vergnügungssucht", vor allem in bäuerlichen Kreisen, wie der Theologe Anselm Sparber schrieb. Dies hörte mit dem Beginn der Wirtschaftskrise um 1930 auf.[151]

Auch in den ländlichen Gebieten um Brixen war die religiöse Intensität hoch. In Gottesdiensten, durch Ermahnung und Verehrung, mit Sündenerlass und Fürbitten bot die katholische Kirche den Gläubigen Orientierung, sie stiftete Daseinsvertrauen und Gemeinschaft über die sozialen Grenzen hinweg, Letzteres sogar über den Tod hinaus. Ihre Türen standen für jedermann offen, ihre Angebote konnte jeder in Anspruch nehmen.[152]

Neben dem Klerus lebten auch viele Laien in religiösen Vereinen den Menschen den Glauben vor. In Vereinen mit spätmittelalterlicher oder barocker Wurzel und in Vereinen des späten 19. Jahrhunderts waren die Kerngruppen der Pfarreien einander durch häufige Gottesdienstteilnahme und eigene Andachten verbunden. Die Verbreitung solch hoch ritualisierter Religiosität wurde im ersten Drittel des 20. Jahrhunderts immer größer.[153] Die Freiräume des Konkordates schützten religiöse Vereine, z.B. konnte die Katholische Aktion verschiedene Verbände für Jugend, Männer, Frauen und Arbeiter organisieren, durfte jedoch nicht politisch tätig sein.[154]

Für alle sichtbar wurde die feierliche Selbstdarstellung des Klerus bei den vielen Prozessionen mit zahlreicher Teilnahme, z.B. die Kassiansprozession.[155] Ein solches „Schauspiel" wie die Kassiansprozession 1946 hatte Brixen schon lange nicht mehr erlebt: Zwanzig Kreuze wurden betend durch die Bischofsstadt getragen, und als der Gottesdienst um 8.00 Uhr morgens begann, war der Dom zum Bersten voll. Viele Menschen fanden keinen Platz mehr. Joseph Gargitter predigte, dass Tirol den Herz-Jesu-Bund erneuern müsse. Nach dem feierlichen Hochamt unter Fürstbischof Geisler begann die Prozession. Der Domplatz war ein einziges Menschenmeer. Insgesamt nahmen an der Prozession ca. 10.000 Menschen teil[156], wie vieles andere damals hatte sie eine politische Färbung.[157] Auch die Karfreitagsprozessionen waren sehr beeindruckend. Weiters gab es den Brauch, bei Trockenheit die „Heiligen Leiber" herumzutragen. Alle Jahre im September gab es eine Wallfahrt zu den Sieben Kirchen, die das Kirchlein St. Cyrill bei Tils zum Ziel hatten. Bei der Markusprozession wurde eine Markusreliquie mitgetragen, die aus dem Domschatz stammte und angeblich von Domprobst Georg Angerer aus Venedig nach Brixen übertragen wurde. Außerdem gab es wie überall im Lande eine Fronleichnamsprozession sowie die Bittgänge vor Christi Himmelfahrt, die sich neben der Kassiansprozession als einzige bis heute erhalten haben.[158]

Daneben gab es die 1440 gegründete „Sakramentsbruderschaft" in Brixen, die die Anbetungsstunden beim vierzigstündigen Gebet in der Pfarrkirche, im Dom und bei den Englischen Fräulein gestaltete. Sie wurden wegen ihrer roten Kutte „Rotkuttler" oder „Rote Brüder" genannt. Sie trugen bei der Kassiansprozession die Büsten der Diözesanheiligen und bei der Fronleichnamsprozession Fahnen und Kreuze. Die Sakramentsbruderschaft gibt es bis heute in Brixen. Sie hatte immer 56 Mitglieder; ein neues Mitglied konnte nur aufgenommen werden, wenn ein anderes starb.[159]

Brixen um 1945

Die gesellschaftliche Macht der Kirche war vor allem in der Stadt Brixen sichtbar. Der Dom war unangefochten das Zentrum der Stadt mit zahlreichen weiteren Kirchen und Kapellen. Die Staatsbehörden, wie etwa das Gericht oder die unteren Stellen von Justiz, Bildung, Verwaltung und Militär hatten viel weniger Gewicht. Auch das Vinzentinum überragte die meisten weltlichen Gebäude an Größe. Die Autorität der Geistlichen übertraf jene der Beamten, die entweder zugewanderte Italiener waren oder sich in der Zeit der deutschen Besetzung desavouiert hatten. Der Einfluss der Kirche war weit größer als jener der schmalen Schicht des Wirtschaftsbürgertums: Weder Fabriken oder Banken noch Unternehmervillen prägten das Bild Brixens.

Der wichtigste Bezugspunkt für die Mehrheit der Einwohner Brixens war der Dom, der zusammen mit der Hofburg den geistlichen Bezirk Brixens bildete. In der Hofburg und im Dom traf sich der hohe Klerus, während der Domplatz vom Kirchenvolk für Kundgebungen benutzt wurde. Wichtig für das Ansehen des Klerus waren auch das Priesterseminar und das Knabenseminar, genannt Vinzentinum.[160] Außerdem fanden auch Frauen ein Bildungsangebot bei den Instituten der Englischen Fräulein und bei den Tertianerinnen. Die Professoren waren geistige Autoritäten und die Studenten bildeten die Elite von morgen. Das Priesterseminar litt unter den schweren Zeiten: 1934 waren noch 204 Theologiestudenten im Priesterseminar, was einen Höchststand bedeutete. 1938 fiel die Zahl bereits auf 90, weil Nord- und Osttiroler ihre Studien in Brixen nicht beenden konnten. 1940 gab es nur mehr 38 Studenten. Am 23. Mai 1944 mussten die meisten Theologen zur Deutschen Wehrmacht einrücken, die meisten von ihnen arbeiteten als Sanitäter.[161] Ab September 1944 war das Seminar von deutschen Truppen besetzt, nach Kriegsende bis September 1945 von der Sanitätsabteilung der „Folgore". Ab Herbst 1945 stand das Seminar wieder den Theologen zur Verfügung: Nur 18 Theologen inskribierten sich.[162] Nach 1945 war auch das Priesterseminar von Laibach im Brixner Priesterseminar integriert, die Professoren und Studenten waren vor Tito geflohen. Später wanderten sie nach Südamerika aus. In den 1950er Jahren stieg die Zahl der Studenten wieder auf den Höchststand von 51 Studenten, danach ging es bergab (1963: 33 Theologen, 1973: 18 Theologen).[163] Ein weiteres Aushängeschild der Kirche waren die Klöster mit ihren karitativen und pädagogischen Leistungen.

Die weit verbreitete Kirchlichkeit vermittelte auch ein charakteristisches Welt- und Umgangsbild. Staatliche Ordnung galt wohl oft noch als gottgegeben. Geprägt durch die negativen Erfahrungen im Faschismus und

Nationalsozialismus war für die ältere Generation Österreich-Ungarn die beste Verfassung eines christlichen Gemeinwesens, zudem gab es damals in Brixen noch keine Nationalitätenkonflikte. Vor allem der Nationalsozialismus hatte die christlichen Werte bedroht. Die Kirche vermittelte zwar Achtung vor dem Staat, hatte aber in den italienischen Staat kein Vertrauen mehr.

Wichtig für die Gläubigen war auch die privat praktizierte Religiosität, die sich vor allem durch Ritualismus auszeichnete. Die religiösen Grundvorgänge Verehrung, Heilsverlangen und Leidbewältigung waren eine Frömmigkeitshaltung, die sowohl im Gottesdienst als auch in Gebet daheim vorkam. Das Gebet war als „natürliche Praxis" vor allem am Land wie selbstverständlich in den Tagesablauf eingegliedert und gab den Menschen Verhaltenssicherheit. Rational geprägte Industriewelten, wo sich die Religion schlechter in den Tagesablauf integrieren lässt, gab es ja in Brixen kaum. Der andächtige Blick auf Kreuze und Kirchenfahnen bedeutete noch durch alle sozialen Schichten hindurch Lebenshilfe und soziale Identität.[164] Diese Durchdringung des Alltages mit religiösen Symbolen und Riten, mit der Bildhaftigkeit des Katholizismus, der Ritualisierung des Alltagslebens und der emotional ansprechenden Festtagskultur gewann im Katholizismus deutlich an Stabilität.[165] Nicht-religiöse Lebensformen fanden vor allem auf dem Land kaum Akzeptanz. Die Bevölkerung verfügte auf diese Weise über Daseinsvertrauen, starke Verhaltenssicherheit und neigte zur Verschlossenheit gegenüber allem Fremden. Kompromiss- und Konsensbereitschaft gegenüber „Anderen" waren hingegen gering. Die Stärke des politischen Katholizismus in der Nachkriegszeit war ein Ergebnis dieser Grundeinstellung.[166]

Einen sehr wichtigen Beitrag zur Bewahrung der katholischen Identität lieferten die Frauen. Sie blieben meist zu Hause und kümmerten sich um die Kinder. Ihre Situation war durch die einer doppelten Minderheit gekennzeichnet: Minderheit im Staat Italien und Minderheit in einer patriarchalisch dominierten katholischen Gesellschaft. Vor diesem Hintergrund ist es verständlich, dass sich die katholischen Frauen erst sehr spät emanzipierten.

Im Frühjahr 1945 ergab sich eine vollkommen neue Situation: Der Zusammenbruch des NS-Regimes hinterließ auch in Südtirol ein politisches Vakuum. Reste deutscher Einheiten flohen nach Norden. Kreis- und Ortsgruppenleiter setzten sich ab. Die Staatsautorität brach also zusammen und ihre bis vor kurzem gefürchteten Träger verschwanden. Manchmal gab es auch Racheakte an ihnen, wie zum Beispiel in Gröden. Der Feind in Gestalt

Die Domkirche

der US-Amerikaner, aber auch in jener der italienischen Partisanen, war nun ganz nahe. Zwischen Panik und Ungewissheit wurde aber das religiöse Ritual in selbstverständlicher Kontinuität vollzogen. Trotz ihrer teilweisen Kompromittierung mit dem Nationalsozialismus und dem Faschismus schien die Kirche durch das Scheitern der nationalsozialistischen Südtirol-Politik neu legitimiert. Außerdem bedeutete auch das „ventennio fascista" eine Abwehr des Laizismus und die Rekatholisierung Italiens, die in der Exkommunizierung der Kommunisten 1949 und in der Moralisierungskampagne Pius' XII. in den ersten Nachkriegsjahren ihren Höhepunkt fand und auch Auswirkungen auf Südtirol hatte.[167] Der Widerstandskämpfer Hans Egarter drückte diese Stimmung in einem Büchlein zum 150-jährigen Herz-Jesu-Jubiläum von 1946 aus:

> „Solange das Volk treu zum Bundesherren stand, ihm immer wieder seine Liebe, seine Treue und seine Verehrung bekundete, konnte es allen Stürmen trotzen. Im Kampf um seinen Glauben, seine Freiheit und seine Rechte hatte es im Herzen Jesu den mächtigen Schutzherrn, Helfer und Retter, und die Lorbeeren des Sieges hefteten sich an seine Fahnen. Der moderne Zeitgeist, der um die Mitte des vorigen Jahrhunderts auch in unserem Lande sich immer mehr

bemerkbar machte und dem es dabei gelang, festen Fuss zu fassen, nahm besonders in den letzten Jahrzehnten in erschreckenden Ausmaßen zu; den eifrigen Bemühungen seiner Agenten gelang es, den Großteil des Volkes in diesen unheilvollen Strudel hineinzuziehen, seinen Glauben zu erschüttern, seine Einheit zu zerstören, es zum willenlosen Werkzeug seiner Feinde zu machen und damit seinen endgültigen Untergang zuzuführen.
Der Bund der Väter, die stärkste Waffe in diesem unseligen Kampf, wurde vernachlässigt, man baute nicht mehr auf die göttliche, sondern auf menschliche Hilfe, und darin liegt die Ursache des trostlosen Versagens unseres Volkes in entscheidender Stunde. Nur ein letztes Besinnen, nur eine radikale Umkehr, ein neues Sichanschließen an den Bundesherrn bietet uns die einzige Gewähr für die Rettung des Volkes und des Landes, des Bestehenbleibens vor dem Richterstuhle Gottes und der Geschichte. [...]
Wie weit wir ohne Herrgott gekommen sind, dafür sind uns die Ereignisse der letzten Jahre mehr als Beweis genug. Darum, wollen wir unser Volk und unsere Heimat retten, gibt es nur eine Parole:
‚Zurück zum Bundesherren!‘"[168]

Die Auferstehung der Kirche hat mit der Renaissance der ethnisch-nationalen Frage zu tun: Unter dem Faschismus konnte sich der Ethno-Nationa-

Der Brixner Domplatz

lismus nur illegal entfalten und während der deutschen Besetzung 1943–45 waren abweichende Haltungen vom Nationalsozialismus nicht geduldet. Wie vierzig Jahre später auch auf dem Balkan und im Kaukasus zu beobachten war, kann sich Religion mit ethnischem Nationalismus verbinden und damit bestehende Gegensätze noch verschärfen. Der religiöse Faktor entfaltet sich am besten, wenn die Kirche zum Schutzort der kulturellen Identität wird. Religion und Politik stigmatisieren beide das Fremde: die Religion die Andersgläubigen, der Ethno-Nationalismus die anderen Nationalitäten.

Eine Entfaltung des kirchlichen Einflusses in allen Bereichen wurde durch den Rückgriff auf traditionelle Werte und strukturelle Voraussetzungen begünstigt.[169] Die antiklerikale Welle der NS-Besetzung verschwand nun total. Diese Umorientierung fiel deshalb nicht schwer, weil die Identität des Tirolertums, das sich auf den Freiheitskampf von 1809 und den Landespatriotismus des 19. Jahrhunderts gründet, zwei, wiewohl unterschiedlich ausgeprägte Wege offen hält: zum einen den antiklerikalen, antihabsburgischen und deutschnationalen Weg – als Symbolgestalt gilt hier Josef Speckbacher (in der NS-Zeit wurde Speckbacher mehr verherrlicht als Andreas Hofer) – und zum anderen den klerikalen, „tirolerischen", habsburg- und österreichnostalgischen Weg – als Symbolgestalt gilt Andreas Hofer.[170]

Aus Angst vor der Moderne und einer ungewissen Zukunft suchten die Menschen neue Sicherheiten im Rückgriff auf teilweise verlorene religiöse Gewissheiten. Dieser sozialpsychologische Mechanismus wirkt vor allem in Krisen- und Übergangszeiten, in denen tiefgehende Transformationsprozesse ablaufen[171], in unserem Fall die „Umerziehung" vom Faschismus/Nationalsozialismus zur Demokratie.

Gegen Kriegsende wurde die Bindung zwischen Kirche und Gläubigen in Brixen wieder stärker. Nach den enttäuschten Hoffnungen des Nationalsozialismus entstand eine geistige Suchbewegung, die teilweise eine Spiritualität gewann, die sich vom Materialismus und Rationalismus stark unterschied.[172] Die gewohnte Abfolge der Gottesdienste, Andachten und Beichtgelegenheiten wurde ungeachtet der politischen Umstände stets eingehalten. Priester stellten eine konstante Bezugsgröße in der Öffentlichkeit dar: Uniformen und Fahnen, Formulare und Gesetze wechselten – Messgewänder, Kultgeräte und Gebete blieben. In einer sich rasch wandelnden Welt blieb die Kirche eine Konstante, die in der langsam entstehenden Nachkriegsordnung praktisch automatisch an Gewicht gewann.[173]

Religiöses Brauchtum wurde nun wiederbelebt und Gebet und Sakramentempfang nahmen stark zu. Nun gewann die Kirche wieder das

Der Kreuzgang

Vertrauen, das sie in der Option verloren hatte.[174] Die Südtiroler hatten weiterhin das Verlangen nach einem geschlossenen Lebensbild und einer ebesolchen Lebensform. Wichtig für die Kirche war auch, dass die meisten Hemmnisse für Seelsorge und Brauchtum nach der NS-Zeit wieder fielen. Feiertage wurden wieder eingeführt, Prozessionen ermöglicht und Symbole und Riten wieder zugelassen, kirchliche Feiern aller Art waren nun wieder freigegeben.

Groß war beispielsweise die Freude, als in Brixen nach fünfjähriger Unterbrechung die Weihnachtsmette wieder feierlich durchgeführt werden konnte:

> „Um 10.15 riefen die Glocken zur feierlichen Mette im Dom, die, wie üblich, um halb 11 ihren Anfang nahm. Nach ihrem Abschluss erklang vom Chor unser Weihnachtslied: ‚Stille Nacht, heilige Nacht'. Dann folgte das hochfeierliche Bischofsamt. Als die letzten Besucher die Kirche verließen, war es gegen halb 3 Uhr früh. Der Dom war zum Bersten voll und erlebte wohl die erhabenste Stunde des ganzen Jahres. Über die Stadt hin trug ein sanfter Wind die trauten Weisen altbekannter Weihnachtslieder, vorgetragen von einem Bläserquartett auf dem Domturm. Das Innere des Domes bot das gewohnte Festbild."[175]

Der Klerus konnte nun wieder trotz der Besatzung weitgehend nach den kirchenimmanenten Regeln wirken, wie sie Kirchenrecht, oberhirtliche Weisungen, das im Priesterseminar vermittelte Leitbild und die lokalen Verhaltenstraditionen festlegten, da er nun nicht mehr von der politischen Macht behindert wurde.[176]

Zugute kam der Kirche auch, dass sich in Südtirol während des Faschismus paradoxerweise gerade durch die faschistische Unterdrückung eine „Südtiroler Nation" gebildet hat. Laut dem Historiker Urs Altermatt steigerte dies die Macht der Kirche:

> „Die europäische Geschichte zeigt, dass religiöse Werte beim Nationenbildungsprozess hauptsächlich dann eine Rolle spielen, wenn sie von den Eliten als Basiselemente der nationalen Kultur angesehen werden. Wo ein Volk oder eine Ethnie keinen Staat besitzt, erhalten Religion und Sprache eine größere Bedeutung. In solchen Ländern konnte die Kirche eine Kompensations- oder Substitutionsrolle für den fehlenden Staat übernehmen. Wenn die Religion zum Hauptmerkmal der kulturellen Identität heranwuchs, entwickelte sich zwischen Nation und Konfession eine eigentliche Kultursymbiose."[177]

Es wäre aber zu einfach, das „Comeback" der Religion nur mit gesellschaftlichen Rahmenbedingungen zu erklären. Im Katholizismus stellen die integralen Strömungen auch Reaktionen auf innerkirchliche Vorgänge dar. In den westeuropäischen Staaten bildete sich der „Durchschnittstyp" eines Christentums, das sich vor allem am Alltagsweltbild ausrichtet. Nun gewann die Tradition wieder stärker an Bedeutung.[178]

Die hohe religiöse Aktivität der Katholiken in Südtirol beruhte außerdem darauf, dass die katholische Subkultur eine enge Verbindung mit anderen Lebensbereichen einging: Bildung und Erziehung, Geselligkeit und ökonomische Interessen. Religiöse, politische, erzieherische, wissenschaftliche und kulturelle Institutionen waren durch ihre funktionale Orientierung nicht immer streng voneinander getrennt, sondern eng miteinander verbunden. Als inhaltliche und soziale Klammer fungierte die katholische Kirche. Beim Kirchgang konnte man Wählerkontakte herstellen und die politische Arbeit konnte man religiös begründen.[179]

Einen breiten Einfluss gewann die Kirche auch wieder zurück, als das „Katholische Sonntagsblatt im Herbst 1945 wieder erscheinen konnte. Nach vier Jahren Unterbrechung hatte die Kirche wieder ein publizistisches Mittel der Information und Anleitung, das freilich durch die allgemeine

Notlage nach dem Krieg noch recht knapp ausgestattet war. Die erste Ausgabe des Katholischen Sonntagsblatt erschien am 16. September erstmals wieder, als verantwortlicher Direktor des achtseitigen Blattes scheint Josef Steger auf. Auf der ersten Seite schreibt Geisler zum Geleit, dass das Sonntagsblatt Aufbauarbeit leisten und den religiösen Gedanken dorthin tragen wolle, wo er bis jetzt noch nicht sei. Gerade im Krieg sehe man, wohin der Mensch ohne Religion steuere.[180] Das Blatt sah sich als unpolitisch an, sprach sich aber für die Demokratie aus.[181] Zusammenfassend gesagt, wolle die Kirche aber überall mitreden, wo in Politik und Wirtschaft religiöse Fragen eine Rolle spielen.[182]

Der Brixner Klerus wurde nun nicht mehr von einer staatlichen Macht kollektiv behindert und wirkte wieder weitgehend nach kircheninternen Regeln, wie es das Kirchenrecht, Weisungen des Bischofs, das im Priesterseminar vermittelte Leitbild und örtliche Verhaltenstraditionen festlegten. Exerzitien sollten den Geistlichen dieses Weltbild wieder näher bringen, das durch die Erfahrungen des Krieges nachhaltig gestört war. Bei der Priesterweihe am 29. Juni 1946 in Brixen und Trient wurden insgesamt 14 Neupriester geweiht. Von 1944 bis Mitte Juni 1946 waren allerdings 26 Priester verstorben – Priestermangel gab es also schon damals. Dem „Katholischen Sonntagsblatt" war die Priesterweihe allerdings nur eine Notiz wert – die Erneuerung des Herz-Jesu-Bundes überstrahlte alles.[183]

Die unumstrittene Leitfigur für das Kirchenvolk blieb trotz seiner manchmal unglücklichen Rolle im Nationalsozialismus Fürstbischof Johannes Geisler. In der Not und politischen Unsicherheit 1945 fand er zur Rolle seines Lebens. Auch die Gläubigen im deutschen Anteil der Diözese Trient orientierten sich am Brixner Bischof.[184]

Da zwischen Geisler und den wichtigsten Geistlichen des deutschen Anteils der Diözese Trient freundschaftliche Kontakte bestanden, respektierte der Trentiner Erzbischof Carlo de Ferrari, dass Geisler als Sprecher für alle Südtiroler auftrat.[185] So gewann Geisler im staatlichen Vakuum trotz aller Belastungen der Options- und der NS-Zeit als maßgeblicher Repräsentant einer stabilen Institution durch psychische und materielle Hilfe die Autorität einer regionalen Leitfigur.

Das Prestige des Bischofs erreichte nun den Höhepunkt. Er hatte drei große Sorgen, wie er immer wieder betonte: die Sorge um die Heimkehrer, um die Jugend und jene um die Armen und Kriegsgeschädigten. Vor allem die Jugend war laut Geisler von den Schrecken des Krieges betroffen. Sie hatte oft keinen regelmäßigen Unterricht und durch den Krieg waren auch regelmäßige religiöse Übungen nicht möglich. Da die Jugend die Zukunft

Der Brixner Dom

des Volkes sei, müsse sich die Kirche ganz besonders um sie kümmern. Deshalb brauche es nun drei Stunden Religionsunterricht pro Woche, um die Jugend wieder auf den richtigen Weg zu bringen.[186]

In dieser Situation fiel es der Kirche leichter, ihre Botschaft zu vermitteln: Die gestärkte Brixner Diözese setzte nun im Gegensatz zur Trientner Kurie ihren volkstumspolitischen Einsatz fort. Bischof Geisler mischte sich zwar nicht in politische Detailfragen ein, bewies aber in politischen Grundsatzanliegen sehr wohl seinen Einfluss.[187]

Auch nach dem Krieg blieb Generalvikar Alois Pompanin in politischen Angelegenheiten die wichtigste Persönlichkeit des Klerus. Im Gegensatz zu Geisler sah er das unmittelbar politische Engagement der Kirche nicht problematisch, er war Politiker mit Leib und Seele.[188] Der erste SVP-Generalsekretär Josef Raffeiner charakterisierte ihn folgendermaßen:

> „Monsignore Pompanin ist der Herr, der in Brixen ‚gut und schlecht Wetter macht' und der großen politischen Einfluss auf einen Teil der Bevölkerung und durch Dr. von Guggenberg, der nach meiner Ansicht sein Werkzeug ist, auch auf die Südtiroler Volkspartei ausübt. […] Im Übrigen gewann ich von ihm den besten Eindruck. Er ist jedenfalls der bedeutendste Kopf, über den die Brixner verfügen und überragt die anderen Brixner Herren (Bischof, Dr. von Guggenberg, Dr. Prey) haushoch.

Auch fand ich, dass er über alle Dinge sehr klare und, wenn auch etwas schroffe, so doch recht vernünftige Ansichten hat."[189]

Zweifellos war Pompanin sehr intelligent, er verfügte über drei Doktordiplome (Kirchenrecht, Theologie und Philosophie). Zudem galt er als universell gebildete Persönlichkeit, auch in der Mathematik und in der Biologie war er beschlagen.[190]

Die Kirche konnte vor allem die inneren Folgen des Krieges direkt beeinflussen. Sie spendete Hinterbliebenen Zuspruch und gedachte der Kriegsopfer mit Gottesdiensten, so wurde am 25. November 1945 in Brixen ein feierliches Requiem unter der Leitung von Fürstbischof Geisler gehalten. Dabei sollte für alle toten Soldaten gebetet werden, vor allem aber für die gefallenen Südtiroler, die für die Verteidigung des katholischen Glaubens ihr Leben lassen mussten.[191] Die Kirche bekannte sich also zu den Soldaten und stellte sich damit dem Vorwurf der Kollektivschuld entgegen. Natürlich wird Geisler gewusst haben, dass die Soldaten für alles andere als die Verteidigung des katholischen Glaubens gefallen sind, aber indem die Kirche dem Tod der Soldaten einen Sinn gab, wurde es für die Angehörigen leichter. Außerdem findet man noch mehrere Jahre nach Kriegsende Vermisstenanzeigen im „Katholischen Sonntagsblatt". Auch für die Toten der Via Rasella (bei einem Anschlag auf das Polizeiregiment Brixen im Jahr 1944 wurden 32 Südtiroler in der Via Rasella in Rom getötet) fand in Rom eine Trauerfeier statt, und der Soldatenfriedhof wurde verschönert.[192]

Ein Wermutstropfen blieb für die Südtiroler Kirche allerdings: Zwar dokumentieren überfüllte Kirchen, endlose Prozessionen und viele begangene kirchliche Feiern eine hohe Attraktivität der Kirche, aber auch während des „religiösen Frühlings" in Südtirol erreichte die Anzahl der Priester nie mehr den Stand von 1940, dem Jahr der Option.

Diese niedrigen Zahlen zeigen, dass die Komplizenschaft der katholischen Kirche mit dem Faschismus, die Rolle der Kurie bei der Option, der Werteverfall im Krieg und die antikirchlichen Maßnahmen der deutschen Besatzer von 1943–45 nie mehr vollständig rückgängig gemacht werden konnten.[193]

Man kann also die Schlussfolgerung ziehen, dass die große Belebung der Religiosität nach Kriegsende mehr in die Breite als in die Tiefe ging (die tiefste Form der Religiosität besteht darin, den Priesterberuf zu ergreifen). Indifferente und Menschen mit schwacher Kirchlichkeit wurden zwar religiöser, aber in erster Linie erfasste die Religiosität die ohnehin Kirchenverbundenen. Deren kirchliches Engagement entfaltete sich vor allem in der Expressivität brauchhaft-liturgischer und festlicher Formen, im suggestiven, vom Brauchtum getragenen Gemeinschaftserlebnis der Wallfahrten und in großen Feiern.[194]

Tabelle 1: Priester in der Diözese Brixen

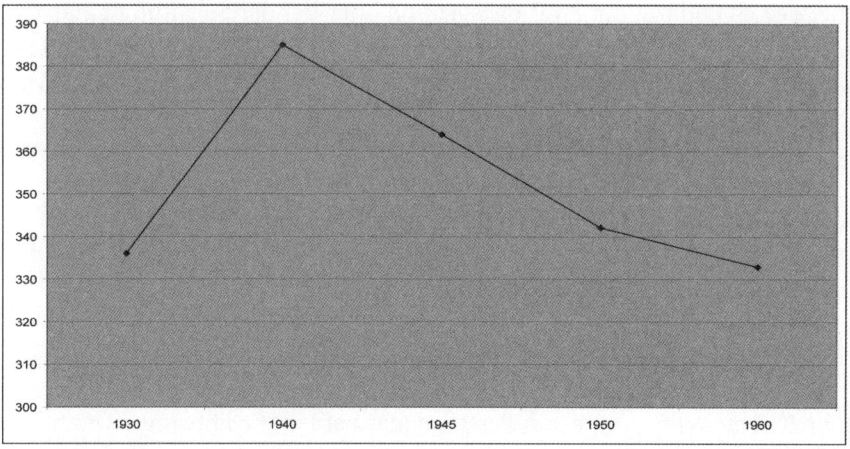

Quelle: Gelmi, Kirchengeschichte, 326 und Schematismus 1945, 69.

2. Treffpunkt Brixen – die Klerikalen und die Athesia organisieren sich

Seit 1926 waren alle politischen Parteien in Italien verboten. Der Vatikan hatte sogar seine katholische Partei, den „Partito Popolare", fallen lassen. Die Kirche versprach, sich nicht in die Politik einzumischen, bekam aber dafür vom faschistischen Regime relativ viel Freiraum. Nach dem Ende des Faschismus entstanden wieder politische Parteien, darunter auch die christdemokratische DC. In Südtirol äußerte sich der religiöse Frühling im Jahr 1945 gleich nach Kriegsende.

Bischof Geisler unterstützte die neu gegründete SVP auf drei Arten: Er leistete finanzielle Hilfe zum Aufbau der Strukturen. Diese wurde dringend benötigt: Ohne den Bischof wäre die SVP wohl nicht so schnell gewachsen. Wie notwendig die Hilfe der Kurie war, zeigt sich am besten an scheinbar banalen Details:

Hätte der Bischof der SVP einmal kein Auto geliehen, so hätte sie nicht an einem wichtigen politischen Treffen teilnehmen können, wie Generalsekretär Josef Raffeiner in seinem Tagebuch schrieb.[195]

Außerdem waren viele Südtiroler Priester seit der Zeit des Faschismus „parapolitisch“ tätig. Für sie war es nun nicht immer leicht, die schwer zu bestimmende Grenze zwischen karitativer staatsbürgerlicher Assistenzleistung und politischer Aktivität einzuhalten. Die politischen Dienste der Priester reichten von Dolmetscherdiensten bis zur beratenden Teilnahme bei der Gründung der SVP-Ortsgruppe oder bei der Schaffung einer Genossenschaft. Die Geistlichen waren in den Dörfern eine Autorität und bei der Meinungsbildung und Organisation behilflich. Alois Euler beschrieb das Phänomen der politischen Priester folgendermaßen:

> „Der politische Priester oder der priesterliche Politiker – darin lag kein Gegensatz, da trafen nicht unvereinbare Welten und Gesinnungen aufeinander, sondern in diesem Leben erfüllte sich die einzig gültige Wahrheit eines als Mission verstandenen Auftrages im Zeichen eines ewigen Gottes und einer zeitlichen Weltgeschichte.“[196]

Die Kirche stellte politisches Personal, das bald in die Führungsschicht der Partei aufsteigen sollte. Ohne Übertreibung kann man feststellen, dass die Kirche für den Aufbau der SVP unerlässlich war. Bischof Geisler war sich über die Nachteile der Situation bewusst: Sie brachte der Kirche zwar Ansehen und Geltung, aber er wusste, dass eine zu enge Verbindung von Religion und Politik Gefahren in sich barg. Er hoffte deshalb, dass die Priester die vielen Funktionen, die sie aus Notwendigkeit pflichtbewusst übernommen hatten, möglichst bald wieder abgeben konnten.[197] Abgesehen von wenigen Sonderfällen wie Kanonikus Michael Gamper, der jedoch nie ein Mandat innehatte, zogen sich die Priester schnell wieder aus der Politik zurück, als sich die neu gegründete Südtiroler Volkspartei etabliert hatte.

Die Art und Weise, wie katholische Anliegen in der Politik vertreten wurden, änderte sich allerdings: Vor dem Faschismus gab es zuerst die Katholisch-Konservativen und die Christlich-Sozialen, dann die Tiroler Volkspartei. All diese Parteien waren ausdrücklich katholische Parteien. Früher hatte es also Konfessionsparteien in Tirol bzw. Südtirol mit einer ausdrücklichen Präsenz der Kirche gegeben. Nun hingegen gingen die katholischen Interessen in einer „Sammelpartei“ ohne direkte Präsenz der Kirche auf. Der politische Katholizismus formierte sich nicht mehr als „Bollwerk“ der Kirche und trug damit wesentlich dazu bei, dass es auf den ersten Blick nicht zur Lagerbildung in der Gesellschaft kam. Wichtig war zunächst, dass alle Südtiroler sich in einer Partei vereinen, die Spaltung der Bevölkerung bei der Option war eine Lehre für die Südtiroler.

Innerhalb der neuen Sammelpartei kam es auf einer unteren Ebene zu einer Lagerbildung. In dieser Zeit war die Bozner SVP-Spitze nicht allmächtig: Im Gegensatz zum loyalen Bezirk Meran entwickelte sich in Brixen ein eigenes Machtzentrum gegenüber der Landeshauptstadt. Auch der Bezirk Bruneck fühlte sich eher mit Brixen als mit der liberalen Landesleitung in Bozen verbunden.[198] Interessant ist, dass auch der Bezirk Schlanders zur „radikaleren Richtung" innerhalb der SVP tendierte.[199] Die Bezirke Brixen, Bruneck und Schlanders umfassten (zusammen mit dem kleinen Bezirk Sterzing) ungefähr das Territorium des Bistums Brixen. Es gab also nicht nur innerhalb der Mitglieder der SVP die zwei Richtungen, sondern auch territorial: Bozen und Meran (städtische Bezirke) bildeten den liberalen Pol, während Brixen, Bruneck und Schlanders (ländlich) den katholisch-konservativen Pol bildeten.

Der Brixner SVP-Exponent Otto von Guggenberg war „in gewisser Weise der Gegenspieler von Erich Amonn".[200] Dieses Urteil war nicht unzutreffend, überschätzte aber dessen Akzeptanz bei breiten Bevölkerungsschichten, urteilt der Historiker Hans Heiss.[201] Von Guggenberg galt als zwielichtige Figur, die sich in der Zwischenkriegszeit zu sehr mit den Faschisten kompromittiert habe. Er bildete den Mittelpunkt eines lokalen Machtdreiecks, das aus dem SVP-Bezirk Brixen, der Brixner Kurie und der Tageszeitung „Dolomiten" bestand und versuchte, zumindest auf Bezirksebene eine herausragende Rolle zu spielen. Von Guggenberg zeigte gegen die liberale Bozner Spitze um Amonn und Raffeiner ähnliche Vorbehalte wie die Kurie um Geisler, seinen Sekretär Johann Untergasser und Generalvikar Pompanin. Letzterer war der Hauptakteur im „katholischen" SVP-Flügel Brixens. Er setzte nun auf einen politischen Katholizismus nationalkonservativer Prägung und ein Nahverhältnis von Kirche und Politik. Obwohl er während der deutschen Besetzung 1943–45 immer wieder Kontakt zu den deutschen Behörden gepflegt hatte, blieb er in seiner Position unangefochten.[202]

Der wichtigste italienischsprachige Geistliche in der Diözese Brixen war Don Giuseppe Franco. Er steht beispielhaft für die Bedeutung der Kirche für die italienische Volksgruppe nach dem Krieg. Da die italienische Glaubensgemeinde in Südtirol in der Zwischenkriegszeit durch die Zuwanderung stark gestiegen war, ernannte ihn Bischof Geisler 1940 zum Kanonikus am Brixner Dom. Während des Zweiten Weltkrieges zeichnete er sich durch seine karitative Tätigkeit aus, danach begründete er die Brixner ACLI. Zudem war er der Herausgeber des katholischen Mitteilungsblattes „L'Angelo della Parrocchia", Verfasser von Gedichten und liturgischen Gesängen, Beichtvater und Jugendseelsorger.[203] Außerdem organisierte er Vorträge und gründete die Vereinigung „Gruppo uomini cattolici italiani". Er bemühte sich, die oft gerade erst zugewanderten Italiener mit Gottesdiensten und auch außerkirchlichen religiösen Veranstaltungen zu integrieren.[204] Der Geistliche half auch bei sozialen Anliegen und unterstützte die Gründung von Vereinen wie „Corale S. Michele", zu denen weitere kirchennahe Vereine dazukommen sollten.[205] Man kann Don Franco als den wichtigsten Bezugspunkt der italienischen Gläubigen in der Diözese Brixen sehen. Er hatte zwar keinen politischen Einfluss, aber er pflog den interethnischen Dialog und gute Kontakte zu deutschsprachigen Südtirolern.[206]

Auch der Papst war nach dem Kriegsende ein zentraler Punkt katholischer Identität. Sein Prestige strahlte weit über die katholische Welt hinaus und erhob die Stellung eines jeden Priesters. Papst Pius XII. galt als deutschfreundlich[207] – was umso wichtiger war, da die Deutschen im Jahr 1945 nicht viele Freunde hatten –, als enger Verbündeter des deutschen Katholizismus und als Gegner des Nationalsozialismus. Schon in seiner ersten Ansprache an die Kardinäle nach dem Krieg am 2. Juni 1945 betonte er die Figur des „guten Deutschen"; dies galt als die erste weltöffentliche Äußerung gegen die Kollektivschuld.[208] Außerdem setzte er sich für die Kriegsgefangenen ein, worauf im „Katholischen Sonntagsblatt" immer wieder hingewiesen wurde.

Pompanin war der Meinung, dass für den Vatikan das Südtirolproblem eine „ganz kleine Frage" sei, deshalb würde der Vatikan der DC keine Schwierigkeiten machen. Einem größeren Einfluss der Südtiroler Kirche im Vatikan stand auch die Diözesaneinteilung entgegen. Auf den Vatikan ließe sich leichter einwirken, wenn die Ordinariate Brixen und Trient dieselben Informationen und Wünsche hätten. Da Kögl eine Änderung der Diözesangrenzen ablehnte, folgerte Pompanin, dass dieser auch gegen eine Sonderautonomie für Südtirol wäre. Der Trientner Erzbischof holte sich seine politischen Ansichten wahrscheinlich von der DC.[209]

Auch der katholische Verlag Athesia organisierte sich nach dem Krieg neu: Der Klerus hielt auch nach 1945 große Anteile am Athesia-Verlag, bei dessen Vorstand scheint die Anhäufung der Athesia-Anteile in Gampers Hand auf Zustimmung gestoßen zu sein, denn der Vorstand war immer darum bemüht, dass die Anteile in klerikalen Händen bleiben. Er vergab neue Anteile immer nach weltanschaulichen Kriterien, aber auf den Erbweg hatte der Vorstand natürlich keinen Einfluss.[210]

Vor allem Geistliche und kirchliche Einrichtungen aus Brixen und Umgebung waren beteiligt, da das Unternehmen die Fusion einer Brixner und einer Bozner Druckerei war.[211]

Der Geistliche Josef Ferrari war maßgeblich daran beteiligt, dass die „Dolomiten" bald nach Kriegsende wieder erscheinen konnten. Er holte sich zusammen mit Erich Amonn die Druckerlaubnis für die „Dolomiten". Die Tageszeitung des Athesia-Verlags erschien am 19. Mai 1945 erstmals nach dem Krieg. Nach dem deutschen Einmarsch im September 1943 war sie durch das NS-Blatt „Bozner Tagblatt" ersetzt worden, das die Druckmaschinen des beschlagnahmten Athesia-Verlags verwendet hatte. Wegen der Bombengefahr war die Druckerei in die Kleinstadt Brixen verlegt worden und deshalb hatte auch die Redaktion dort vorläufig ihren Sitz.[212] Die Redaktion der „Dolomiten" blieb bis Herbst 1945 in Brixen. Schriftleiter Rudolf Posch, dazu die Redakteure Johann Tschurtschenthaler und Anton Heiss beeinflussten nun maßgeblich die öffentliche Meinung im Sinne der Brixner SVP-Exponenten. Die Italiener wollten die erste Ausgabe der „Dolomiten" gleich beschlagnahmen, weil darin das Parteiprogramm der SVP abgedruckt war und diese eine ihnen nicht genehme politische Stimmung machte, doch die Amerikaner erlaubten die Zeitung.[213] Mit der Rückkehr der Redaktion nach Bozen und dem Wiedereintritt Gampers verlor Von Guggenberg die „Dolomiten" als direkten Ansprechpartner.[214]

Obwohl die „Dolomiten" der SVP sehr nahe standen, erkannte die SVP, dass es besser wäre, wenn die Partei zusätzlich ein von der Athesia unabhängiges Parteiblatt herausgeben könnte. Im September 1945 erzielte die SVP mit den Alliierten eine Übereinkunft, anstelle des „Volksboten" nun das SVP-Blatt „Südtiroler Stimmen" herauszugeben, das aber immer noch bei der Athesia gedruckt werden sollte. Die Athesia wollte das Konkurrenzblatt verhindern, da es ihren Einfluss in der Politik geschmälert hätte. Kanonikus Michael Gamper bemühte sich noch in seinem römischen Exil um die Verhinderung der „Südtiroler Stimmen".[215]

Schließlich erzielte der Verlag mit der SVP am 31. Oktober 1945 folgende Übereinkunft: Die SVP kann über den politischen Teil des „Volksboten", mindestens zwei Seiten, frei verfügen. Der verantwortliche Redakteur wird in Einvernehmen zwischen Athesia und SVP bestimmt. Er handelt unter der Verpflichtung, das Blatt so zu führen, dass Gegensätze zu den weltanschaulichen Grundsätzen und Zielen des „Volksboten" bzw. der Athesia vermieden werden sollen. Der „Volksbote" muss seinen Charakter als katholisches Blatt wahren. Für die Athesia unterschrieb Kanonikus Gamper, für die „Tiroler Volkspartei" (sic!) Walther Amonn.[216] Der offizielle Vorwand für das Übereinkommen war, dass die Athesia nicht auf ein traditionsreiches Blatt wie den „Volksboten" verzichten könne.[217] Gamper sicherte auf diese Weise dem Verlag Athesia und indirekt dem fürstbischöflichen

Brixner Ordinariat von Anfang an großen Einfluss auf die neu gegründete SVP.

Gamper kehrte im Oktober 1945 aus seinem Exil in Rom nach Südtirol zurück. Auch in der Hauptstadt hatte er sich immer für die Sache Südtirols eingesetzt: Im August hatte er bereits eine Petition der SVP für die Selbstbestimmung Südtirols im August unterschrieben.[218] Schon im März/April hatte er eine zweite Denkschrift für die Alliierten ausgearbeitet mit dem Titel: „Südtirol – ein Problem des Friedens". Sie wurde ins Englische und Französische übersetzt und den alliierten Stellen in Rom übergeben (als Ort und Datum der Entstehung der Denkschrift wurden aber „Bozen, Weihnachten 1944" genannt, als Verfasser „Die heimattreuen Südtiroler"). Diese Denkschrift ist das eindrucksvollste Dokument für die Forderung nach Wiederherstellung der Einheit Tirols. Für den Fall, dass eine Wiederherstellung Österreichs nicht erfolgen würde, sollte Südtirol ein Freistaat nach Art der Schweiz werden.[219] Im August 1945 übergaben Gamper und Volgger dem Papst, der Alliierten Kontrollkommission und allen in Rom akkreditierten Vertretern der ausländischen Mächte eine Petition, in der noch einmal auf das Problem Südtirol hingewiesen wurde.[220]

Volgger begleitete Gamper oft bei seinen zahlreichen Besuchen in Rom, z.B. beim Prälaten Ludwig Kaas, dem ehemaligen Führer der von den Nazis aufgelösten katholischen Zentrumspartei in Deutschland. Diese Partei hatte 1930–32 mit Heinrich Brüning den Reichskanzler gestellt, der aber keine demokratische Mehrheit vorweisen konnte. Der Prälat hatte es vorgezogen, von einer Romreise nicht mehr nach Deutschland zurückzukehren. Er besaß ein Haus in Sterzing (das „Löwenegg") und kannte die politischen Verhältnisse in Südtirol, wollte sich aber nicht für die Südtiroler einsetzen. Das Gegenteil von Kaas war der ehemalige Bischof von Triest Luigi Fogar. Er hatte die slowenische Minderheit in Triest immer unterstützt und wollte nun auch den Südtirolern helfen. Gleichfalls für Südtirol aufgeschlossen war der Jesuitenpater Robert Leiber, der Privatsekretär von Pius XII. Der irische Monsignore Hugh O'Flaherty hatte bereits eine Denkschrift über Südtirol an den inzwischen verstorbenen US-Präsidenten Franklin D. Roosevelt weitergeleitet, glaubte nun aber nicht mehr an eine Rückkehr Südtirols zu Österreich (diese Botschaft wagte Volgger nicht für Gamper zu übersetzen).[221]

Gamper glaubte an eine Zukunft Südtirols in Österreich und an ein wiedervereintes Tirol. Seiner Meinung nach würden die Alliierten dieser Forderung entsprechen, weil es um die Wiederherstellung eines Naturrechtes ging.[222]

Er übernahm nun wieder die Leitung des Athesia-Verlags und kontrollierte damit die beiden wichtigsten deutschsprachigen Zeitungen des Landes: die neue Tageszeitung „Dolomiten“ und das auflagenstarke Wochenblatt „Volksbote“. Obwohl Gamper durch seine Interventionen in Rom den „Volksboten“ retten konnte, wurde die Tageszeitung „Dolomiten“ nunmehr sein wichtigstes Medium. Ende 1947 war „Dolomiten“ die einzige deutschsprachige Tageszeitung in Südtirol und befand sich damit in einer Monopolstellung. Die Auflage betrug ca. 15.000 Stück.[223] Gamper kontrollierte nun allein das wichtigste Medium in Südtirol, entzog es sowohl der Kurie als auch der SVP und spielte von nun an seine eigene Rolle in der Südtiroler Politik.[224]

Der „Volksbote“ sollte sich bald durch seine ethno-nationale Richtung auszeichnen. Generalvikar Pompanin gefiel die Ausrichtung des Blattes. Er bevorzugte diese „Linie der offenen Sprache“, wie er sie nannte. Seiner Meinung nach war sie in drei Gesichtspunkten nützlich:

> „1. Gegenüber den Italienern: Die Gutgesinnten werden auf diese Weise erst auf all das Unrecht aufmerksam gemacht, das uns angetan worden ist und noch immer angetan wird und das sie in seiner ganzen Größe noch nicht kennen, aufmerksam gemacht. Die Schlechtgesinnten, und es dürfte weitaus die Mehrzahl sein, werden merken, dass die Südtiroler nicht mehr gewillt sind, sich alles gefallen zu lassen und werden gern oder ungern allmählich von ihren Methoden ablassen müssen.
> 2. Für die Südtiroler selbst: Es wird ihnen erst so richtig zum Bewusstsein gebracht werden, in welcher Situation wir uns befinden, wenn von allen Seiten die Einzelheiten bekannt werden, die bisher wegen des Schweigen unserer Zeitungen eben nicht bekannt sind und dieses Bewusstsein wird die Eifrigen weiter ermuntern und die Lässigen aufrütteln und mit der Zeit werden auch die Feigen wieder Mut bekommen, wenn sie sehen, dass man etwas tut und auch etwas erreicht. Die Verräter unter uns werden aber aufgedeckt und werden [sich, Anm. J.G.] noch schwerer tun, Anhänger zu finden, als sie es [sich] bis jetzt getan haben.
> 3. Für das Ausland, das uns liebt, aber unsere Frage noch viel zu wenig kennt: Man wird im Ausland nie glauben, dass es uns so schlecht geht, solange unsere Presse so lammfromm schreibt, wie sie es bisher meist getan hat und alles Unrecht verschweigt, um die Italiener ja nicht zu reizen.“[225]

1947 wollte die SVP ein italienisches Blatt herausbringen. Als Gamper davon erfuhr, warf er Volgger vor, keine Rücksprache mit ihm gesucht zu haben. Er erklärte Volgger, dass die SVP immer schon ein katholisches Blatt, das auch einen politischen Teil enthält, in italienischer Sprache herausbringen wollte. Danach drohte er der SVP:

> „Falls Sie tatsächlich an die Herausgabe eines eigenen Parteiorganes in italienischer Sprache gehen, [sollen] Sie sich bewusst sein, dass die Herausgabe des von uns geplanten christlichen Wochenblattes in derselben Sprache keineswegs als eine Gegen- oder Konkurrenzgründung betrachtet werden kann.“[226]

Nach 1945 suchte Gamper seine wichtigsten Mitarbeiter in seiner Verwandtschaft. Da er als Priester selbst natürlich keine Familie hatte, pflegte er enge Beziehungen zu seinen Verwandten. Ein Glücksfall für ihn war die Heirat seiner Nichte Martha Flies mit dem jungen Juristen Toni Ebner 1944. In den 1950er Jahren betraute Gamper den Jungparlamentarier Ebner zunehmend mit wichtigen Aufgaben.[227]

Die Unabhängigkeit von Gamper war aber kein großes Problem für die Kurie, da Geisler, Pompanin und Gamper ihre Differenzen aus der Optionszeit beilegten. In der Südtirolfrage lagen sie nun alle auf derselben politischen Linie: Selbstbestimmung für Südtirol. Zusammen mit Friedl Volgger, dem jungen Organisationsleiter der SVP, und mit fast allen Vertretern der Bezirke wurden sie zu Vertretern der harten Linie in der SVP, der so genannten „Brixner Richtung“.[228] Differenzen gab es nur noch im Temperament: Geisler war zurückhaltend, Gamper und Pompanin hingegen entschieden, impulsiv und der politischen Intrige mächtig.[229]

Gampers Vorgesetzter, Bischof Carlo de Ferrari in Trient, sah Gampers politische Aktivitäten nicht gerne. Er wagte es aber nicht, Maßnahmen gegen ihn zu ergreifen. Bei ihm wurde mehrmals interveniert, er solle sich im Vatikan dafür einsetzen, dass Gamper nicht mehr als Journalist arbeiten dürfe. Kögl konnte dies verhindern.[230] Geisler hingegen sprach Gamper zum 40-jährigen Priesterjubiläum im Jahre 1948 für seine „vorbildliche Pressetätigkeit“ seine „vorbehaltslose Anerkennung“ und seinen Dank aus:

> „Durch Ihre vielfache Tätigkeit, besonders aber durch Ihre erfolgreiche Journalistik, die Sie durch unbestechlichen Gerechtigkeitssinn, heiße Liebe zum Volke und persönlichen Mut auszeichnet, haben Sie

unter anderem auch dem ganzen Lande unschätzbare Dienste erwiesen. Die katholische Luft, die in unserem Lande weht, kommt zum Teil auch aus Ihrem katholischen Blatt ‚Dolomiten'."[231]

Weiters geht Geisler auch auf die Schwierigkeit der Trennung zwischen Journalismus und Kirche ein und würdigt die heikle Lage der Kirche:

> „Sie haben sich auch in sehr abgewogener Weise für unsere Heimatbelange eingesetzt und in dieser schwierigen Zeit die Fahne unserer Heimat stets hochgehalten. Und wenn es auch manchmal wünschenswert erschienen wäre, eine offenere Sprache zu reden, so würdige ich doch voll und ganz die heikle Lage, in der wir uns befinden und die Ihnen als Zeitungsredakteur manchmal eine Reserve auferlegt hat, welche Ihnen selbst wohl schwer genug gewesen sein wird. Ein unabhängiges Tagblatt darf nie ein reines Parteiblatt werden, wenn es auch Programm und Ziel einer politischen Partei teilt, sondern muss über der Partei stehen und sich auch die Freiheit behalten, die Tätigkeit der Partei und ihrer Leiter zu prüfen und zu kritisieren. Denn nur so ist es möglich, das Fehlerhafte, das jeder menschlichen Tätigkeit anhaftet, zu verbessern."[232]

Differenzen zwischen Gamper und der SVP sollten aber bald auftauchen, da Gamper gegenüber Italien eine strikt ablehnende Haltung einnahm und ein sehr patriarchalisches Verständnis von Macht hatte; die neuen demokratischen Regeln waren ihm eher zuwider.[233]

Doch selbst die Vertreter der „Brixner Richtung" wagten es nicht, gewisse Schranken zu überschreiten, um nicht die notwendige Zusammenarbeit mit dem CLN und die Auflagen der alliierten Militärregierung (z.B. das Demonstrationsverbot) zu durchbrechen.[234] Neben der unklaren Lage in Südtirol war vor allem die ungeklärte Optantenfrage ein Damoklesschwert für die Südtiroler. Die Vertreter der neuen, härteren Linie der SVP ließen erstmals mit einem Interview von Friedl Volgger im „Gazettino" im Oktober 1945 aufhorchen: Sie forderten die Rückkehr Südtirols zu Österreichs und begründeten dies mit der schlechten Behandlung durch den italienischen Staat. Allerdings schwächte Volgger die Forderung ab: Falls eine Rückkehr zu Österreich nicht möglich sein sollte, würde man sich mit einer Autonomie – notfalls sogar mit dem Trentino – begnügen. Ein „Alles oder nichts" zog also nicht einmal bei den Radikalen innerhalb der SVP, die faschistische Ära hatte den Obrigkeitsgedanken bei den Südtirolern noch verstärkt.[235] Trotzdem blieb es ein Kennzeichen der „Brixner Richtung", zunächst nicht mit dem italienischen Staat zu verhandeln.

Provikar Josef Kögl trat in der unmittelbaren Nachkriegszeit als einziger hoher Geistlicher in Südtirol gegen den Volkstumskampf der Brixner Kurie ein. Dies lag wohl vor allem daran, dass er ein gemischtsprachiges Gebiet betreuen musste und Rücksicht auf seinen Bischof Carlo de Ferrari nehmen musste, der gegen den Ethno-Nationalismus der Brixner Kurie war. Kögl und de Ferrari befürworteten ein Bündnis zwischen DC und SVP, das ein antikommunistisches Bollwerk sein sollte. Die Brixner Kurie betrieb eine ambivalente Politik gegenüber den Italienern in ihrer Diözese: Zwar sorgte sich Bischof Geisler sehr um die italienischsprachige Seelsorge, doch zugleich fuhr sein Ordinariat damals die ethno-nationale Linie als die SVP.[236]

Ein Informant der Tiroler Landesregierung beschrieb die politische Macht des Klerus in einem geheimen Lagebericht am 1. Juli 1945 folgendermaßen:

> „Die ‚Dolomiten' werden vom klerikalen Athenia-Verlag [sic!] herausgegeben und zeigen daher stark katholischen Charakter, was jedoch weitgehend noch darauf zurückzuführen ist, dass die große Mehrheit der deutschsprachigen Südtiroler streng katholische Bauern sind und dass sich gerade die führenden Persönlichkeiten des Südtirolertums zu einem beträchtlichen Teil aus den Reihen des Klerus rekrutieren. (Dr. Tschurtschenthaler, Brixen, Redakteur der Dolomiten. Kaplan Rudolf Posch, Brixen, Chefredakteur der ‚Dolomiten', Kanonikus Gamper, Rom, Vorkämpfer des Südtirolertums im Vatikan. Kaplan Sternbach, Sekretär des Bischofs von Innsbruck, Exponent der Südtiroler Idee in Nordtirol.)
> Es ist überhaupt festzustellen, dass der katholische Klerus in Südtirol, soweit er nicht italienisch ist, einen Eckpfeiler des Südtiroler Kampfes um den Anschluss an Österreich darstellt. Der Bischof von Brixen, Geissler [sic!], ist ebenfalls ein Hauptträger der Südtiroler Idee."[237]

In der italienischen Presse („Il resto del Carlino", Bologna) wurde der Südtiroler Klerus folgendermaßen gesehen:

> „Kanonikus Gamper ist wahrscheinlich der einzige Österreicher, der 1918 nicht kapituliert hat, die Annexion des Oberetsch an Italien

nicht anerkannt hat. Italien, das Österreich Südtirol weggenommen hat, wird von ihm nie die Absolution bekommen. [...]
Es sind die Geistlichen die Gebieter der SVP, die wirklichen Herren einer katholischen konservativen Bauerngemeinschaft, für welche sie zugleich Beichtväter und Berater sind. Sie wählen die Jungen, die dann dem Studium zuzuführen sind, sie schreiben dem Wähler bei den Wahlen vor, welchen Kandidaten die Vorzugsstimme zu geben sind. Im konfessionellen und nationalen Untergrund verlieren sich die Tendenzen der SVP, und es scheitert so der liberale Flügel und es triumphieren die Klerikalen. Von diesen gibt es zwei Arten: die authentischen, welche die Partei im Dienste des Klerus wollen, und jene anderen, welche die Geistlichkeit im Dienste der lokalen Politik wollen."[238]

3. Entnazifizierungsverzicht als moralische Stabilisierung

Der Wiederaufbau und die Selbstbestimmung, wie sie die Kirche anstrebte, erforderten die Versöhnung zwischen Optanten und Dableibern. Abgesehen vom harten Kern der Nationalsozialisten, die man dämonisierte, sollte den Mitläufern verziehen werden. Ein Aufruf zu scharfer Abrechnung hätte die Bevölkerung erneut geteilt und einen Teil kriminalisiert. Auch Opfer der Nazis wie Kanonikus Michael Gamper waren für diese Strategie; Gegner wie Hans Egarter blieben Außenseiter. Pompanin trat schon Mitte Mai 1945 für die weitgehende Integration der Optanten in die SVP ein, wie er in einem Schreiben an Erich Amonn und Karl Tinzl mitteilte. Alle Südtiroler seien gleich zu behandeln, es gäbe nun keine Optanten und Dableiber mehr. Dies ermöglichte zwar den politischen Neubeginn, verdrängte aber die Verstrickung zahlreicher Südtiroler in das NS-Regime. Folgerichtig argumentierte Pompanin daher, dass nur sehr wenige Südtiroler NS-Sympathisanten waren:

„Und im Zusammenhange damit möchte ich auf das Unzulässige hinweisen, [...] die [sic] in der Bezeichnung aller Optanten als ‚Nazis' besteht. Diese Bezeichnung ist objektiv unrichtig; denn formelle Parteigenossen gab es unter den Südtirolern, soviel ich weiss, überhaupt keine [...]. Aber auch innerlich hatte sich nur ein verhältnismässig sehr kleiner Teil der Optanten die nationalsozialistischen Grundsätze angenommen [...]. Diese Bezeichnung ist auch politisch

> verhängnisvoll; denn sie liefert den Italienern eine furchtbare Waffe gegen die Deutschen, die ihnen gestattet, den Grossteil der Südtiroler Bevölkerung als Nazis auszuschalten. Wir müssen deswegen schon aus politischen Erwägungen bei der Wahrheit bleiben, dass Nationalsozialist nur jener war, der in aller Form als Parteigenosse aufgenommen war."[239]

Hinzuzufügen bleibt, dass in der Operationszone Alpenvorland aus Rücksicht auf Mussolini alle Parteien verboten waren, die NSDAP eingeschlossen. Deshalb gab es in Südtirol nur sehr wenige Parteimitglieder, wohl aber viele Sympathisanten.

Der Klerus trat sogar für ehemalige Nazis und Kollaborateure ein. Am 18. Juni 1948 schrieb Bischof Geisler an den Papst, er möge sich bei De Gasperi für den Rechtsanwalt und SVP-Politiker Karl Tinzl einsetzen. Dieser hatte wegen seiner Zeit als NS-Präfekt von Bozen die italienische Staatsbürgerschaft noch nicht bekommen.

Geisler schrieb, dass Tinzl der Politiker mit dem größten Vertrauen in der Südtiroler Bevölkerung sei. Er vertrete die katholischen Ideale und sei eine integre Person, von denen es nur wenige in Südtirol gäbe.[240] Weit bedenklicher ist die Ehrenerklärung von Pompanin für den ehemaligen Gauleiter von Tirol und Obersten Kommissar der Operationszone Alpenvorland Franz Hofer aus dem Jahr 1951:

> „Herr Franz Hofer hat schon vor seiner Einsetzung in Südtirol als Gauleiter und Reichsstatthalter von Tirol, uns Südtirolern im Allgemeinen und dem Fürstbischöflichen Ordinariat gegenüber faschistischen Willkürakten Schutz und Hilfe angedeihen lassen […] Es ist eine Tatsache, dass Herr Hofer sofort nach seiner Einsetzung – gemeint ist als Oberster Kommissar – die faschistische Partei verboten hat und alle namhaften Faschisten aus den Ämtern entfernte. Er hat auch der NSDAP jede Betätigung in Südtirol untersagt. Es war zweifellos Hofers Verdienst, wenn die Wogen politischer Unduldsamkeit sich glätteten und vor allem von ihm jede Radikalisierung verhindert wurde. So hat er unter anderem den gewaltigen Gegensatz zwischen den Optanten und den Bleibern mühsam überbrückt, denn nach dem Einmarsch der deutschen Truppen war die akute Gefahr vorhanden, dass der lange aufgespeicherte Hass gegenüber den Bleibern sich entladen würde. Zweifellos war die Lage der Bleiber in Südtirol mit der der NS-Gegner im Reich vergleichbar. Herr Hofer hatte da-

mals einen schweren Stand, seine Schutzmaßnahmen für die Bleiber der übrigen Bevölkerung verständlich zu machen.“[241]

Dass Pompanin noch im Jahr 1951 (!) eine Ehrenerklärung für Hofer abgab, beweist dessen Sympathien für den Nationalsozialismus. In der Zeit von 1943–45 konnte man noch argumentieren, dass die Kirche eine beschränkte Zusammenarbeit brauchte, um wirken zu können. 1951 hätte sich Pompanin jedoch entschieden von Hofer und seiner NS-Verwaltung distanzieren müssen. Außerdem war er schlicht und einfach blind dafür, dass der Nationalsozialismus letzten Ende auch die katholische Kirche ausrotten wollte. Hofer hatte zwar in Südtirol auf einen Kirchenkampf wie in Nordtirol verzichtet[242], aber zwischen dem Klerus und den deutschen Behörden gab es dennoch zahlreiche Konflikte (u.a. die Wiedereröffnung des Vinzentinums, Wiedereinführung des Religionsunterrichts in den Volksschulen, Herausgabe des Kirchenblatts, Beschlagnahme des Kassianskalenders), die nicht gelöst wurden.[243] Außerdem war Hofer ein Kirchenfeind.

Dass katholische Geistliche 1945 flüchtende Nazis auf ihrem Weg nach Südamerika unterstützten, ist bekannt.[244] Der NS-treue Bischof (und Professor von Pompanin) Alois Hudal half dem Lagerkommandanten von Treblinka Franz Stangl mit falschen Papieren und einem Versteck in Rom. Allerdings wäre es einseitig zu behaupten, dass es offizielle Politik der katholischen Kirche war den Nazis zu helfen.[245]

Auch in Südtirol deckte die Kirche hohe Nazis, wie das Beispiel Erich Priebke zeigt. SS-Hauptsturmführer Priebke, der auch im persönlichen Stab von Heinrich Himmler war, besaß ab 1943 eine Wohnung in Sterzing. Am 13. September 1948 wurde er – bis jetzt evangelisch – von Pfarrer Johann Corradini auf Anweisung von Fürstbischof Geisler getauft.[246] Das Franziskanerkloster in Bozen gehörte ebenfalls zu der „Klosterroute“, dem Fluchtweg für Nationalsozialisten. Priebke wurde auch hier geholfen.[247] Neben höchsten kirchlichen Stellen haben auch viele einfache Priester Nationalsozialisten unterstützt, meistens auf eigene Faust, ohne Weisungen von Vorgesetzten bekommen zu haben. Im Sinne der christlichen Nächstenliebe halfen sie einfach allen Flüchtenden, egal, ob es ehemalige KZ-Insassen oder Nationalsozialisten waren. Nazis genossen die „rührende, selbstlose Mithilfe italienischer Ordensbrüder“ (so der NS-treue Bischof Alois Hudal) vor allem, weil sie den Kommunismus bekämpft hatten.

Als der „Alto Adige“ im Februar 1946 die Vergangenheit Geislers überprüfte, gab dieser der „Dolomiten“-Redaktion eine Rechtfertigung, wie es

zu seiner Optionsentscheidung gekommen war: Er habe ein halbes Jahr nach der Bevölkerung entscheiden können und deshalb habe er sich für seine „Herde" entschieden. Die Propaganda bei der Unterzeichnung schloss er „auf die natürliche Lügenhaftigkeit der Italiener".[248]
Charakteristisch war auch ein Text über die Südtiroler Strategien der „Vergangenheitsbewältigung" des „Dolomiten"-Redakteurs Johann Augustin:

> „Die Südtiroler sind schuldlose Opfer politischer und weltanschaulicher Systeme, die mit dem Systemwechsel auch schon ‚überwunden' sind; die Manifestation christlicher Grundsätze wäscht automatisch die Weste von braunen Flecken in der Vergangenheit sauber."[249]

Dass Kanonikus Michael Gamper gegenüber ehemaligen Nazis sehr nachsichtig war, wurde oft als „menschliche Größe" interpretiert. Josef Rampold, ehemaliger „Dolomiten"-Chefredakteur, bemerkte über Gamper:

> „In der Ära Gamper war vor allem eines: Der Kanonikus war ein Mensch, der das Nachtragen, wie man bei uns sagt, nicht kannte; keinen Hass. Man darf nicht vergessen, der Kanonikus hat jene Leute, die auf der Seite derer waren, die ihn damals verhaften wollten, bald wieder für seine Redaktion angenommen. Ein Gunther Langes, der Chefredakteur […] des ‚Bozner Tagblattes', also der Nazi-Zeitung, war, der ist später Verlagsautor bei ‚Athesia' geworden. […] Dass man da gesagt hat, wenn er wertvolle Beiträge bringt, dann Schwamm darüber, wo er früher war und was er getan hat. Es ist ein Gewinn für die Zeitung. Der Kanonikus, der war damals […] derjenige, der einfach nur – nicht nur ausschließlich, aber halt in erster Linie – auf Qualität geschaut hat. Wenn der Betreffende sich irgendwie der Linie der ‚Dolomiten' untergeordnet hat […] und vor alllem wertvolle Beiträge für die deutsche Sprache geliefert [hat], war das für Gamper kein Problem. Das ist meiner Meinung nach […] die ganz große, bewundernswerte Leistung gerade des Gamper gewesen, dass er sich damals gesagt hat, wenn wir die Feindschaft aus der Optantenzeit weitertragen, pflegen und hegen, dann wird nie was aus uns. Er war derjenige, der den entscheidenden Schritt auch seinen Quälgeistern gegenüber getan hat, und sie eingebunden hat, wenn man gemerkt hat, sie tun mit, sie haben ihre Ziele vielleicht nicht einmal geändert, aber sie haben ihre Ziele so gesetzt, dass man sie als Mitarbeiter verwenden kann."[250]

Das Bild von der intakten Gegenkraft der katholischen Kirche versteckte den Dauerzwang zum Kompromiss, dem der Brixner Klerus von 1943–45 ausgesetzt gewesen war. Der Klerus erachtete die Frage nach der Vorbelastung des Südtiroler Katholizismus als nicht zulässig. Die Frage, ob der Selbstfreispruch von der Mitverantwortung der Kirchenführung an der Option nur Institutionsinteressen diente, muss offen bleiben. Entscheidend war aber wohl auch die Absicht, eine Situation materiellen und geistigen Kahlschlags durch die Orientierung auf eine unanzweifelbare Institution zu schaffen. Der Verzicht auf eine tiefergehende Vergangenheitsbewältigung entsprach auch den Interessen der katholischen Bevölkerung, die ja jetzt vereint um das Selbstbestimmungsrecht kämpfen sollte. Trotzdem blieb das Schweigen aber die bequemste Lösung für die Kirche, schließlich waren Geisler und Pompanin selbst mit dem Nationalsozialismus verstrickt. Andererseits war es auch darauf zurückzuführen, dass die Kirche dann ihre innere Zerrissenheit, die von der kollaborierenden Kirchenspitze bis zu Priestern im Widerstand reichte, hätte thematisieren müssen.[251]

Außerdem behauptete die Kirche, sie habe zur nationalsozialistischen Vergangenheit in Südtirol geschwiegen, weil es auf der Position des christlichen Verzeihens beruhte. Kanonikus Michael Gamper sagte dazu: „Wir wollen nicht auf Erden richten, was Gott richten wird."[252]

Kritik wegen der religiösen Rehabilitierung der „Ehemaligen" aus den Reihen der Dableiber kam nur vereinzelt. Der Pfarrer Anton Schwingshackl beklagte sich beispielsweise bei Gamper, dass dieser „propagandistische Zwecklügen" mache. Geisler und Pompanin hätten bis zum Schluss am Nazitum festgehalten und Pompanin war ohnehin „der vielleicht überzeugteste Nazi in Südtirol und [jener, der; Anm. J.G.] es bis zuletzt geblieben ist". Auch nach dem Kriegsende bedauerte Pompanin oft die Niederlage des Dritten Reiches.[253]

Fakt ist, dass Südtirol durch die mangelnde Entnazifizierung und Entfaschisierung rasch zu einem Aufenthaltsort für viele „Ehemalige" wurde. Bereits im Februar verwies die zweisprachige Zeitung „Erneuerung Rinnovamento" auf diesen Umstand:

> „Seit Monaten weist unser Blatt auf die skandalösen Verhältnisse in Südtirol in politischer Hinsicht hin. Es gibt wohl, außer in Österreich, keinen zweiten Tummelplatz für die verbrecherischen Nazisten und Faschisten, wie es in Südtirol ist. Würden die Behörden schon jene regelrechten Säuberungsaktionen durchführen, wie man sie seitens der SS gegen die Patrioten aller Herren Länder

durchführte, so würde die Welt mit Entsetzen aufhorchen, was in Südtirol alles zu finden ist."[254]

Die kirchliche Rehabilitierung wirkte in einer materiell und psychologisch schwierigen Situation stabilisierend für die Bevölkerung. Sie kräftigte ihre Identität als „katholischer Südtiroler" und schuf ein „Wir-Gefühl". Die mangelhafte Bereitschaft zur Aufarbeitung der Vergangenheit wurde kirchlich „bestätigt". Dies stärkte das Ansehen der Kirche.[255] Die Hilfe für ehemalige NS-Täter ist hingegen nicht in dieses Schema einzuordnen, es bildet eines der dunkelsten Kapitel in der Geschichte der katholischen Kirche.

Eine Ausnahme bildeten die Widerstandskämpfer des „Andreas-Hofer-Bundes": Die Gruppe war von Hans Egarter zusammen mit Friedl Volgger, Josef Ferrari, Josef Nock, Michael Gamper und Vinzenz Oberhollenzer im Jahr 1939 gegründet worden[256] und betrieb hauptsächlich Propaganda gegen die Option, indem sie Flugzettel verteilte und die Menschen zuhause besuchte, um sie vom Auswandern abzuhalten.[257] Die Gruppe war bäuerlich-konservativ, „Tirol-patriotisch" und religiös. Die späteren SVP-Politiker Erich Amonn und Josef Raffeiner bildeten den städtisch-bürgerlichen Teil der Gruppe. Ideologische Differenzen gab es vor dem Hintergrund des Krieges kaum. Die Widerstandskämpfer der Egarter-Gruppe blieben aber „Fremde im eigenen Volk". Auch nach der deutschen Besetzung blieb der Andreas-Hofer-Bund die einzige Widerstandsgruppe auf Südtiroler Seite. Das Ziel blieb ein wiedervereinigtes Tirol unter Österreich. Die Haupttätigkeit der Gruppe bestand darin, Kontakt zu alliierten Stellen und zu einigen Personen der NS-Verwaltung zu pflegen, um dadurch nach dem erwarteten Sieg der Alliierten bei der Nachkriegsordnung mitreden zu können. Egarter war der einzige Südtiroler, der offiziell bei alliierten Stellen eingetragen war und als solcher als Vertrauensperson galt.[258] Vorzügliche Kontakte zu den Alliierten waren nach dem Krieg immens wichtig. Als das Dritte Reich im Mai 1945 zusammenbrach, war allerdings das italienische Comitato di liberazione nazionale (CLN) schneller und übernahm die Macht in der Provinz Bozen.[259]

Die Tätigkeit des AHB im Widerstand war im Mai 1945 eine Voraussetzung dafür, dass die SVP überhaupt so schnell von der alliierten Militärregierung genehmigt wurde (Egarter hatte seit Sommer 1944 mit den alliierten Stellen in der Schweiz Kontakt gehabt). Egarter selbst gehörte zu den Gründungsmitgliedern der Partei.[260] Die Parteileitung hat es aber nie für wert befunden, ihm den Parteiausweis zu geben, wie er sich 1948 beklagte.[261]

Auch die Südtiroler Volkspartei wollte nach außen als eine von Dableibern gegründete Partei erscheinen, was nicht ganz der Realität entsprach. In ihrem ersten Aufruf an die Bevölkerung vom 12. Mai 1945 verlangte sie neben der Gewährung des Selbstbestimmungsrechtes: „Faschismus und Nazismus müssen überwunden werden, gründlich, gänzlich und für immer!“[262]

Die Anfänge für eine politische Zusammenarbeit von Südtirolern und Italienern bei der Aufarbeitung von Nationalsozialismus und Faschismus waren nicht schlecht. In die neu gebildete „Säuberungskommission“ wurden sehr wohl Südtiroler (z.B. Josef Raffeiner) berufen. Bald schon zeigte sich allerdings, dass ihr Einfluss nicht groß war. Außerdem hatte es den radikalen Neofaschismus von Salò in Südtirol nicht gegeben, weshalb sich zahlreiche Altfaschisten einer Säuberung durch Flucht entziehen konnten.[263] Die politische Einigkeit sollte deshalb nicht lange dauern. Bald überwogen wieder Konflikte zwischen den Sprachgruppen und Volkstumsideologie. Die Südtiroler sahen bei den Italienern, dass sie es bei der Entfaschisierung nicht so genau nahmen, was wiederum zur Folge hatte, dass die Südtiroler nicht über ihre eigene Rolle nachdenken wollten. Diese Tendenz wurde dadurch verstärkt, dass in der Operationszone Alpenvorland keine Parteien zugelassen waren, also weder die NSDAP noch der PNF. Dies bot die bequeme Möglichkeit zu behaupten, es habe damals weder Nationalsozialisten noch Faschisten gegeben. Nach Kriegsende beschuldigte der CLN unter dessen Leiter Bruno de Angelis die Südtiroler, „bis zur letzten Stunde solidarisch mit dem Nazismus“ gewesen zu sein.[264]

Von Mai bis zum Oktober 1945 wurden die Partisanen des AHB von der alliierten Militärregierung zur Gefangennahme von flüchtigen SS-Angehörigen und Wehrmachtsoffizieren eingesetzt.[265] Zuvor war die SVP von den Alliierten gefragt worden, ob sie diese Tätigkeit selbst ausüben oder den italienischen Partisanen überlassen wollte. Egarter wurde von der Partei ersucht, diese undankbare Aufgabe zu übernehmen. Die SVP und Egarter wussten, dass diese Aufgabe nicht im Namen der Partei durchgeführt werden konnte, weil der Aufbau der Südtiroler zur Einheitsfront gerade begann und eine Verfolgung von NS-Belasteten die Einheit schwer gestört hätte. Egarter kam der Arbeit also außerhalb der Partei nach. Es gab aber immer die Genehmigung der Parteileitung. Laut eigenen Angaben verhaftete der Andreas-Hofer-Bund 465 Kriegsverbrecher, SS-Offiziere, SD- und Gestapoagenten. Außerdem übergaben sie den Alliierten ca. 350 Millionen Lire Kriegsbeute.[266] Diese Zahlen sind allerdings mit Vorsicht zu bewerten, andere Quellen sprechen von ca. 100 Festnahmen.[267]

Da ihre Tätigkeit als „sehr nützlich“ für den erfolgreichen Abschluss der militärischen Aktionen in diesem Lande eingeschätzt wurde, regte der alliierte Militärgouverneur William McBratney die Auszeichnung der ca. 300 Mitglieder mit dem Alexanderpatent an. Die gleiche Auszeichnung hatten die italienischen Partisanen für ihren Einsatz bei der Befreiung Italiens bekommen. Da die Auszeichnung nur in italienischer Sprache abgefasst war, nahm sie der Andreas-Hofer-Bund nicht an.[268] Viele Südtiroler verziehen dem Andreas-Hofer-Bund und vor allem Egarter nie, dass sie deutschsprachige Südtiroler verhaftet hatten. Für die nationalistische Rechte war der Südtiroler Widerstand, und hier vor allem der Andreas-Hofer-Bund, ein Haufen Krimineller, die sich persönlich bereichern wollten. Egarter meinte zu seiner Arbeit:

> „Jeder Stallknecht, der zum Ausmisten bestimmt ist, stinkt – das war und bin ich mir stets bewusst gewesen, wenn man heute aber hergeht und sagt [...] diese Aussprüche von Männern getan werden, die seinerzeit froh waren, dass ich die Sache übernahm, so muss ich dies als eine Beleidigung meiner Person sehen, denn gerade sie hatten die Aufgabe Zweiflern gegenüber die Dinge aufzuklären, wie sie sich in Wahrheit verhielten und dass für uns nur dieser Weg gangbar war. Wenn ich Leute verhaftete [...], so ist das Verhältnis ein kleiner Prozentsatz gegenüber den Südtirolern, wo ich die Verhaftung verhinderte, ihnen dadurch Gefängnis und Lager ersparte. Ich habe genügend Dokumente in der Hand, die ich zur gegebenen Zeit vorlegen werde und damit manchen sogenannten ‚Ehrenmann‘ die Larve vom Gesicht herunterreißen werde. [...] Wieviel Arbeit, wieviel Undank, wie viel Bitterkeit und wie wenig Freude diese Tätigkeit mit sich brachte, kann nur der ermessen, der sie durchführte. Man sieht nur das Negative, aber das Positive übersieht man bei der Person, die es durchgeführt, aber man bucht es doch als Leistung der Partei und damit komme ich zum zweiten Vorwurf, den man mir macht: Ich habe alles eher als für die Interessen der Partei gearbeitet.“[269]

Die Verdrängung der Vergangenheit war für die SVP unbedingt nötig, um die Südtiroler politisch zu einen. Nur wenige waren gegen diesen Kurs, unter ihnen vor allem Hans Egarter: Sein „Andreas-Hofer-Bund“ hatte angesichts der weit reichenden Integration ehemaliger Nationalsozialisten in die SVP schon bald ein gestörtes Verhältnis zur Partei. Obwohl auch Amonn, Volgger und Gamper aus dem antinazistischen Widerstand kamen, war es innerhalb der SVP immer wieder Egarter allein, der in zahlreichen Artikeln im „Volksboten“ und in den „Dolomiten“ eine Bestrafung der Kriegsverbrecher verlangte. Die Opfer sollten die vom Nazifaschismus erlittenen persönlichen Schäden bei der Zentralleitung des „Andreas-Hofer-Bundes“ im Filippinum in Meran melden.[270] Sogar Friedl Volgger, der selbst im KZ gesessen hatte, bagatellisierte die nationalsozialistische Vergangenheit vieler Südtiroler.[271]

Von italienischer Seite wurde nun versucht, Egarter gegen die SVP zu instrumentalisieren: Die italienische Nachrichtenagentur ANSA verbreitete während der Pariser Friedensverhandlungen eine Nachricht, dass der „Andreas-Hofer-Bund“ gegen österreichische Ansprüche auf Südtirol protestiere. Das Telegramm war eine Fälschung, ebenso wie ein gleichzeitig veröffentlichtes „Pressegespräch“ Egarters mit dem Alto Adige, um Gegensätze zwischen der SVP und dem „Andreas-Hofer-Bund“ in der Frage der Selbstbestimmung vorzutäuschen.[272] Die Vereinnahmung durch die Italiener schwächte Egarters Position. Um weiteren Spekulationen vorzubeugen, trat der AHB am 26. Jänner 1947 geschlossen in die SVP ein. Der AHB betonte zwar, dass er sich nicht auflöse, sondern sein Wirken nur auf innerhalb der SVP verlagere. Sein Motto bleibe „Glaube und Heimat“ und führende Mitglieder des AHB sollten Rechtsmitglieder der Parteileitung der SVP werden.[273] Egarter verlor mit diesem Schritt jedoch seine Unabhängigkeit und trug dazu bei, freilich ohne es zu wollen, dass Vergangenheitsbewältigung weiterhin „klein geschrieben“ wurde.

Diese veränderte Haltung bekam die Egarter-Gruppe schnell zu spüren: 1947 standen sogar Widerstandskämpfer (und nicht Nationalsozialisten) vor Gericht. 1946/47 wurden drei ehemalige Widerstandskämpfer unter nie geklärten Umständen von Carabinieri erschossen.[274]

Besonders schmerzhaft muss für Egarter gewesen sein, dass sich der Südtiroler Klerus öfters für ehemalige Nationalsozialisten einsetze und gegen eine Aufarbeitung der Vergangenheit war. Egarter war nämlich tief gläubig.[275]

Nach dem Krieg arbeitete er als Journalist bei den „Dolomiten“ unter Gamper. Dort wurde er allerdings schnell zu einer nicht erwünschten Person, als er einige ehemalige Nationalsozialisten anzeigte.[276] Er musste die Redaktion der „Dolomiten“ verlassen, während seine Rolle bei der „Befreiung“ Südtirols vom Nationalsozialismus von nun an durch das Blatt verschwiegen wurde.

Gamper stellte sich nun nachträglich als wichtigster Führer des AHB dar und vereinnahmte die Organisation zu seinem Vorteil.[277] Nun wurde der AHB nur noch als Beleg herangezogen, wenn es darum ging, die antinazistischen Wurzeln der SVP zu beweisen.[278]

Der bedeutendste Südtiroler Widerstandskämpfer Hans Egarter starb völlig vergessen im Juni 1966 in Brixen, wo er die letzten Jahre seines Lebens verbracht hatte.[279]

Neben Hans Egarter zeigt auch das Beispiel August Pichler, dass nicht alle Katholiken bereit waren, dem Weg der Amtskirche zu folgen. Pichler (1898–1963) war ein Rechtsanwalt aus Branzoll und ein Gegner des Nationalsozialismus, gehörte dem engen Kreis der Dableiber an und musste 1943 in die Schweiz flüchten, um den Nazis zu entwischen. Als er aus der Schweiz nach Südtirol zurückgekehrt war, kontaktierte ihn sein Freund Erich Amonn. Beide hatten sich ab 1939 gegen die Option eingesetzt.[280]

Pichler war überzeugt, dass Südtirol nach dem Krieg wieder an Österreich rückgegliedert werden würde, da das neue Europa nur auf christlichen Grundsätzen und Schutz des Schwächern aufgebaut werden konnte. Die Alliierten müssten Südtirol an Österreich zurückgliedern, wenn sie auf die Botschaften des Papstes hörten.

SVP-Gründer Amonn wollte auch Pichler zur Mitarbeit in der neuen Partei ermutigen. Dieser wollte allerdings nicht in einer Partei mitarbeiten, in der Optanten integriert wurden. Im Sommer 1945 trafen sich beide in Maria Himmelfahrt (Ritten) zu einer Aussprache. Pichler wollte Amonn von der Notwendigkeit einer neuen christlichsozialen Partei überzeugen, der Obmann aber sprach sich dagegen aus und bat Pichler von seinem Vorhaben abzusehen.[281]

Pichler lehnte es ab, die Unterdrückung der Dableiber einfach zu vergessen und zur Tagesordnung überzugehen. Er wollte seinen Prinzipien treu bleiben und dachte nicht an eine neue Einheitspartei, sondern an einen neuen Zusammenschluss von Parteien nach Art des Deutschen Verbandes von 1919. Pichler wollte sich klar von ehemaligen Nazis unterscheiden, was in einer Sammelpartei nicht möglich gewesen, in einem Dachverband schon eher.[282]

Außerdem hatte Pichler seine eigenen politischen Vorstellungen für Südtirol: Er trat für einen politischen Katholizismus ein, wie er ihn von der alten Donaumonarchie her kannte. Nur dadurch könne der Friede in Europa gesichert werden. So wie in Österreich-Ungarn müssten auch die Sprachgruppen aufeinander zugehen.[283]

Außerdem gab es das Gerücht, dass der alliierte Militärgouverneur William McBratney Pichler im Juli 1945 angeboten habe, eine Autonomistenpartei aus Dableibern zu gründen und mit den Italienern zusammenzugehen. Pichler sei auf das Angebot auch eingegangen, nachdem andere Südtiroler abgelehnt hatten.[284] Davon war zwar keine Rede, aber Pichler näherte sich nun der DC an.

In dieser Situation war es wohl kein Zufall, dass eines Tages Lino Ziller im Sommer 1945 vor Pichlers Haustür stand. Ziller war einer der führenden Vertreter der DC im lokalen CLN und der erste Direktor des „Alto Adige". Er kannte die politische Haltung Pichlers. Pichler war streng katholisch und trat für eine Zusammenarbeit der Provinzen Bozen und Trient ein. Außerdem lehnte er einen Anschluss von Südtirol an Österreich ab, weil es 1945 noch möglich schien, dass auch Österreich dauerhaft unter dem Einflussbereich der Sowjets bleiben könnte. Davor hatte der überzeugte Katholik Pichler große Angst (im Gegensatz zu Geisler, Gamper und Pompanin). Pichler vertrat damit genau die Positionen der DC und war Pichler ein großer Bewunderer von Alcide De Gasperi, der wie Pichler „Altösterreicher" und überzeugter Katholik war.[285]

Pichler war nicht der einzige deutschsprachige Südtiroler, der sich der DC annäherte. Auch andere engagierten sich in der DC aus weltanschaulichen Gründen und weil sie die Integrationsstrategie von Amonn innerhalb der SVP nicht teilten. Die deutschsprachigen Mitglieder der DC traten nach außen als „Deutsche Gruppe" in der DC auf, sie bildeten allerdings keine eigene Sektionen innerhalb der Partei. In der unmittelbaren Nachkriegszeit bestanden einige Ortsgruppen sogar ausschließlich aus deutschsprachigen Südtirolern, z.B. in Sexten und im Vinschgau. Bald nach den ersten Wahlen von 1948 existierten sie allerdings nicht mehr.[286]

Für die DC waren diese deutschsprachigen Mitglieder besonders wichtig. Die Partei konnte damit zeigen, dass nicht alle Südtiroler in der SVP waren und den Anschluss an Österreich wollten. Trotz ihrer deutschsprachigen Mitglieder vollzog die DC aber keine wirkliche Öffnung, sondern benutzte sie als Alibi. Pichler ließ sich auf diese politischen Spielchen nicht ein. Er fühlte sich als katholischer Politiker in der DC wohler als in der SVP, die vor allem in ihrer Anfangszeit einen bedeutenden liberalen Flügel hatte. Trotzdem wollte er nicht die Ansprüche der Südtiroler nach einer angemessenen Autonomie verwässern und arbeitete deshalb auch mit der SVP zusammen. Da diese offiziell noch für die Selbstbestimmung kämpfte, lehnte sie 1945 noch jede Mitarbeit im italienischen Staat ab. Pichler fungierte nun als Verbindungsmann zwischen den römischen Stellen und der DC. Er hatte regen Kontakt zu Raffeiner. Besonders wichtig war dies, als Pichler als einziger deutschsprachiger Südtiroler in die römische „Consulta", die verfassungsgebende Versammlung, berufen wurde.

Weltanschaulich gab es keine großen Differenzen zwischen der SVP und der DC, wie auch das Provinzialsekretariat zugeben musste. Trotzdem hoben DC-Vertreter einen großen Unterschied hervor:

> „Wir sind der Ansicht, dass eine absolutistische Partei wie die SVP, welche in ihren Reihen alle politischen und sozialen Strömungen aufweist, nicht in der Lage sei, irgend ein klares politisches Programm, auch nicht das unsrige, durchführen zu können. [...] Die Gründung einer einheitlichen, totalitären Partei [war] ein politischer Fehler [...] und führte zum einzigen Endergebnis, die Bevölkerung des Landes in zwei völkische, ständig sich bekämpfende Lager zu teilen."[287]

Außerdem könnten die Interessen der Südtiroler international besser von eigenen Politikern vertreten werden, die in gesamtstaatlichen Parteien organisiert seien.[288]

Bei den Parlamentswahlen von 1948 kehrte August Pichler wieder auf die politische Bühne zurück. Der überzeugte Katholik war wie viele andere tief besorgt, dass die atheistische Volksfront die Macht in Italien übernehmen könnte. Nun wollte Pichler ein politisches Einvernehmen zwischen der SVP und der DC herbeiführen, denn bei dieser Wahl kam es auf jede einzelne Stimme an, um einen Sieg der Volksfront zu verhindern. Jedes Votum außerhalb der DC sei eine verlorene Stimme.[289] Pichler scheint sich nun aktiv in der DC engagiert zu haben.

Nach den Parlamentswahlen von 1948 zog sich Pichler aus der aktiven Politik zurück. Er hatte von 1945 bis 1948 versucht, einen Beitrag zum friedlichen Zusammenleben der Sprachgruppen zu leisten, auch wenn seine Bemühungen nicht immer von Erfolg gekrönt waren. Als die DC gegen die Volksfront bei den Parlamentswahlen gewonnen hatte, war für ihn die Ausnahmesituation vorbei, in der er sich in der Politik engagieren wollte. Nun waren andere am Zug. In der SVP wurde der Volkstumskampf immer stärker und auch die Politik der DC immer nationalistischer. Seine Vorstellungen von der Autonomie hatten nun keinen Platz mehr in der Politik.

Das Beispiel von August Pichler zeigt, dass vor allem der katholische Glaube einige Südtiroler gehindert hatte, in die SVP einzutreten, weil es dort liberale Elemente gab und mit ehemaligen Nazis zusammengearbeitet wurde. Die meisten Katholiken Südtirols hatten damit zwar keine Probleme, hätte es aber mehrere Menschen vom Schlage August Pichler gegeben, so wäre die Integrationsstrategie der SVP aufgrund religiöser Differenzen gefährdet worden.

4. Joseph Gargitter – Priester-Bürgermeister von Lüsen

Bis zum Ende des Zweiten Weltkrieges trieben einzelne Kleriker als freie Persönlichkeiten mit demokratischer Legitimation Politik (nicht aber als kirchliche Beauftragte), schließlich seien auch Priester Staatsbürger mit Rechten und Pflichten. Das Kirchengesetz schloss politische Tätigkeiten von Priestern ebenfalls nicht aus, sondern überließ diese Entscheidung dem jeweiligen Bischof.[290] Nach 1945 setzte sich aber auch in der Kirche zunehmend die Meinung durch, dass politische Arbeit von katholischen Laien ausgeführt werden solle; eine Ausnahme bildete hier der Fall von Lüsen, einem kleinen Dorf in der Nähe von Brixen.

Nach dem Ende des Zweiten Weltkrieges sollten die kommissarischen Bürgermeister abgesetzt werden, die die nationalsozialistischen Behörden eingesetzt hatten. Außerdem wollte die ländliche Bevölkerung keine Italiener mehr als Bürgermeister, da in den meisten Dörfern kaum Italiener lebten. Der Kandidat sollte auch nichts mit der ehemaligen faschistischen Partei zu tun haben.[291] Die Konflikte zwischen „Dableibern" und „Deutschland-Optanten" seit 1939, verschärft jedoch durch die Erfahrungen 1943–45, erforderten meistens die Einsetzung respektierter Kompromisskandidaten, die jedoch keineswegs leicht zu finden waren.[292]

In Lüsen wirkten die Konfrontationslinien zwischen „Deutschland-Optanten" und „Dableibern" über den Krieg stark nach. Dem SVP-Ortsausschuss Lüsen gelang es, seine Schlüsselfunktion bei der Besetzung des Bürgermeisteramtes eindrucksvoll hervorzukehren. Mitte Juni 1945 brachten der Brixner Bezirksobmann Hans Kofler und sein Stellvertreter Richard Holzeis einen neuen Mann ins Spiel, der zwar aus Lüsen stammte, aber „durch jahrelange Abwesenheit infolge seiner Studien über den streitenden Parteien stand".[293] Der neue Kandidat war der 28-jährige Priester Joseph Gargitter. (Gargitter kam nach der Matura ins Germanicum nach Rom. Dort wurde er 1942 zum Priester geweiht und kehrte zwei Jahre später mit dem Doktorat in Theologie nach Südtirol zurück. Er wurde Kooperator in Brixen, dann Regens im Schülerheim Kassianeum und Religionsprofessor am städtischen Lyzeum.[294]) Schließlich wurde den Lüsnern die Wahl zwischen Gargitter und einem Italiener gelassen, der die Aufgabe haben sollte, das Dorf gründlich vom Geist des Nationalsozialismus zu befreien. Die Bevölkerung entschied sich für den Dableiber Gargitter. Die „Dableiber" waren mit dieser Wahl sehr zufrieden, hielten sich aber zurück, um die „Optanten" nicht zu demütigen.[295] Auch dem alliierten Kommandanten gefiel der Vorschlag und er nahm ihn an.[296]

Gargitters Nominierung war weit mehr als ein Ausweg aus einer lokalpolitischen Zwickmühle: Seine Ernennung wirft ein bezeichnendes Licht auf neue politische Kräfteverhältnisse, die sich in Südtirol abzuzeichnen begannen. Zum einen bedeutete die Bereitschaft Gargitters den Beginn einer engen Kooperation zwischen der Diözesankirche und der neuen Partei. Die Brixner Kurie – mit der die SVP die Kandidatur gewiss abgesprochen hatte – signalisierte durch die „Abkommandierung“ eines profilierten Nachwuchsmannes ihre volle Akzeptanz der neuen Partei und erteilte der politischen Repräsentanz der Südtiroler die offizielle Akkreditierung.[297] Mehr noch: Bischof Geisler gab mit seinem Einstieg in die Sphäre der Politik zu verstehen, dass ihre jahrzehntelange offizielle Abstinenz nun ein Ende hatte.

Die Entscheidung der römisch-katholischen Kirche, die 1943 gegründete, von ihr zwar unabhängige, aber in ihren Werten nahe stehende Democrazia Christiana zu unterstützen, wirkte wiederum auf Südtirol zurück. Hier entschied sich die Kirche für einen Wiedereinstieg in die Politik, wobei sie zwar ein erhebliches Verständnis für die Anliegen der deutschen Sprachgruppe bewies, sich zugleich aber auch zunehmend als ausgleichender Faktor zwischen den ethnischen Gruppen bewährte, wobei sich der seit Ende 1945 rasch wachsende Antikommunismus als wichtiger Kitt zum Ausgleich nationaler Interessen erwies. Ausgleich und Versöhnung waren dann auch die Leitmotive der Ansprache, die in Lüsen der neu ernannte Lüsener Bürgermeister Joseph Gargitter anlässlich seiner Einsetzung am 24. Juni an die Gemeinde richtete. Er betonte, dass er das Amt nicht gesucht habe, sondern dieses aus Überzeugung übernehme.[298] Der Augenzeuge Richard Holzeis berichtete:

> „Herr Bürgermeister Dr. Gargitter begrüsste dann als neues Oberhaupt der Gemeinde seine Landsleute mit herzlichen, aber nicht minder mahnenden Worten, sich der Schwere der Zeit, die über unserem Volk lastet, bewusst zu sein, den Zwist in der Gemeinde radikal abzubauen, wenn es nicht möglich sein sollte ihn radikal auszulöschen. […] Es war ein erhebender Augenblick, als die Männer die Knie beugten, und der Priester-Bürgermeister den Segen des Himmels herabflehte auf seine Arbeit zum Wohle seiner Landsleute.“[299]

Gargitter lud bald den amerikanischen Besatzungskommandanten, Hauptmann Jackson, nach Lüsen ein. Er hielt eine Ansprache auf Englisch und danach wurden dem Hauptmann die Anliegen der Bevölkerung vorgetragen, darunter die Errichtung einer Stromleitung von Viums nach Lüsen, die Abgabe von Lebensmitteln und die Frage der Fraktionswälder. Der Kommandant hörte sich alles geduldig an und versprach zu tun, was in seiner Macht liege.[300] Tatsächlich gelang es Gargitter, die Abgaben der Bevölkerung zu mildern.[301]

Ende September 1945 legte Gargitter sein Amt zurück, als er zum Regens des Studentenkonvikts im Kassianeum ernannt worden war.[302]

III. Religiöser Aufbruch und soziale Hilfe

1. Im Einsatz für Südtiroler Kriegsopfer

Die Kirche wollte den Südtirolern nicht durch Strafe, sondern durch innere Umkehr im christlichen Sinn eine bessere Zukunft sichern. Der theologische Grundsatz von der Macht des Glaubens über die Wirklichkeit sollte eine Situationsbeschreibung und Verhaltensanleitung für einen religiösen Aufbruch sichern. Die Macht des Glaubens sollte besonders die harte Wirklichkeit erhellen. Die Kirche bewertete den Verfall der individuellen Tugenden seit 1914 nicht als Versagen, sondern als „Schicksal" der Zeitgeschichte.[303] Bischof Geisler ordnete im Hirtenbrief vom 22. Oktober 1945 eine monatliche Kirchensammlung an, damit jenen geholfen werden könne, die sich in allergrößter Not befinden.[304]

Nach dem Zusammenbruch der kirchenfeindlichen NS-Herrschaft erhoffte sich die Kirche aus der Verbindung von religiösem Heil und historischer „Heilung" breites Echo. Da die ehemals privilegierte Stellung unter Österreich im Bund von „Thron und Altar" längst verloren war und die Kirche im Verlaufe der Option an Rückhalt verloren hatte, musste sie nun mit einem Schub „christlicher Vitalität" ihre institutionelle Position und ihren Wirkungsgrad stärken. Dem kam entgegen, dass die Kirche selbst immer bruchlos handlungsfähig blieb, während ihre weltlichen Konkurrenzorganisationen (Parteien, Vereine) erst mit der Zeit wieder zugelassen wurden. Im Sinne der Verkirchlichung sollten die zeitlosen „Naturstände" als Gliederung der Gesellschaft wieder Vorrang haben.[305]

Dringendste soziale Aufgabe der Kurie war es, auf Mäßigung der italienischen Truppen hinzuarbeiten und die Südtiroler Kriegsgefangenen heimzuholen. Die Beziehungen zwischen der SVP, den italienischen Parteien und der Präfektur waren im Sommer 1945 durch die antideutsche Stimmung in Italien belastet. Der in Italien seit 1943 vorherrschende Hass auf alles Deutsche erklärt sich durch die oft brutale Besetzung Italiens und war durch das Kriegsende nur kurz überlagert worden. Im Juni 1945 kursierte auch in Südtirol die Parole von der „Austreibung alles Deutschen" nach dem „Vorbild" der osteuropäischen Staaten. Besonders die Potsdamer Konferenz verstärkte die Stigmatisierung alles Deutschen. Ein Grund des Hasses gegen die Südtiroler war deren vielfache Kollaboration mit den deutschen Besatzern. Viele Südtiroler NS-Ortsgruppenleiter und kommissarischen Bürgermeister hatten die Italiener schikaniert. Die Vertreibung der Deutschen aus Südtirol war für manchen italienischen Politiker eine reizvolle Vorstellung.[306] Am 28. Mai 1945 verkündete der Bozner Präfekt Bruno de Angelis, dass die italienische Regierung ein Dekret über die Ausweisung aller Deutschen aus Südtirol ausarbeite. Zwei Tage später revidierte er die Aussage; die Optantenfrage würde im Sinne der Südtiroler gelöst werden.[307] Aus diesem Blickwinkel schienen die Spielräume für die SVP-Führer im Sommer 1945 noch geringer als bislang angenommen; jedenfalls waren deren antinazistischen Biographien sehr wichtig für Südtirol, um die politische Handlungsfähigkeit der SVP zu legitimieren.

Noch war offen, ob Südtirol wieder zu Österreich kommen oder bei Italien verbleiben würde, was den Druck auf die Bevölkerung erhöhte. Diese sollte maßgeblich eingeschüchtert werden, dadurch sollten außenpolitisch wirksame Demonstrationen verhindert und sogar manche Einheimische zur Emigration veranlasst werden. Die Eskalation der Gewalt hinterließ mehrere Opfer. Besonders die im Sommer 1945 im Lande stationierten Infanteriedivisionen „Folgore" und „Nembo" gingen brutal gegen die Südtiroler vor und verhielten sich wie in einem besetzten Land, was zu einer Eskalation der Gewalt führte: Am 8. Juli 1945 wurde in Toblach der Familienvater Albuin Kofler in seinem Schlafzimmer von Soldaten der Folgore-Fallschirmspringereinheit erschossen und seine Frau durch Schüsse verletzt. Italienische Soldaten erschossen in Bozen in der Nacht vom 1. zum 2. September ein Mädchen. Danach wurde ein Trentiner auf der Talferpromenade ermordet. Anfang Oktober 1945 wurden zahlreiche Männer aus Auer in Rimini aus unbekannten Gründen interniert. Auch italienische Partisanenverbände mit Fällen von Raub, Vergewaltigung und Mord bedrohten die Südtiroler Bevölkerung. Dazu kamen noch zahlreiche Beschimpfungen, das Überschreiben deutschsprachiger Aufschriften und der vielfache Zwang zur Verwendung der italienischen Sprache. Die Quästur sah sich sogar genötigt, vor der Wohnung von Erich Amonn eine Polizeiwache aufzustellen.[308]

In karitativer und vermittelnder Hinsicht gab es für Bischof Geisler also viel zu tun. Nachdem ihm Klagen der Bevölkerung zu Ohren gekommen waren, wandte er sich am 17. Juli 1945 schriftlich an den Oberkommandierenden der alliierten Truppen im Mittelmeer, Feldmarschall Alexander, mit der Bitte, die Division „Folgore" durch alliierte Truppen zu ersetzen; ob der Brief allerdings abgeschickt wurde, ist ungewiss.[309] Dafür ersuchte er im September 1945 den alliierten Militärgouverneur in Bozen, William McBratney, die italienischen „Besatzungstruppen“ (!) abzuziehen.[310] Bezeichnenderweise war die liberale SVP-Führung gegen diese Intervention, da Raffeiner befürchtete, dass die Italiener dies zweifellos als Beleidigung ihrer Armee und Nation auffassen würden.[311]

Geisler setzte sich auch besonders für die Südtiroler Auswanderer ein, versuchte ihre Not zu lindern und außerdem ihre Rückkehr nach Südtirol zu ermöglichen. Am 28. Juli 1945 wandte er sich sogar an Papst Pius XII.: 10.000 Südtiroler warteten laut Geisler in Innsbruck, Salzburg und München auf ihre Rückkehr nach Südtirol. In seinem Hirtenbrief vom 22. Oktober 1945 forderte Geisler die Gläubigen auf, Kriegsgeschädigte zu unterstützen, und ordnete eine monatliche Kirchensammlung an. Er selbst spendete 100.000 Lire. So wurden bis zum Oktober 1946 2,5 Millionen Lire von der Diözese an die Kriegsgeschädigten ausbezahlt.[312] Am 4. Jänner 1946 setzte sich Geisler in einem Brief an De Gasperi für die Optanten ein. Er wünschte sich eine Annullierung des Hitler-Mussolini-Abkommens von 1939 und seiner „traurigen Konsequenzen“: Alle Optanten sollten die italienische Staatsbürgerschaft wieder erhalten und, falls sie ausgewandert waren, wieder nach Südtirol zurückkehren dürfen.[313] Außerdem setzte sich die Kurie auch für die Kriegsgefangenen ein und bemühte sich bei den britischen und amerikanischen Truppen um eine baldige Freilassung der Kriegsgefangenen, was laut eigenen Angaben auch oft von Erfolg gekrönt war. Geisler sagte, dass es noch viel Geduld brauchen und die Kirche sich auch weiterhin bemühen werde[314], indem sie den alliierten Kommandos Namenslisten schickte, damit diese bald freikommen.[315] Sobald die Gefangenen heimkehren, müsse man laut Geisler jedoch aufpassen, da sie eventuell antichristliche Propaganda in sich aufgenommen hatten.[316]

Im November 1945 besuchte ein Südtiroler Priester auf Vermittlung des Päpstlichen Hilfswerkes ein Kriegsgefangenenlager in Süditalien. Wie sehr die Kriegsgefangenen auf die Hilfe Geislers hofften, zeigt die Tatsache, dass 3.000 Gefangene an einem Gottesdienst teilnahmen. Es gab eine unfassbare Freude über den Besuch des Geistlichen und der Dank war groß.[317] Im April 1946 fuhr Friedl Volgger, mittlerweile der engste Mitarbeiter von Kanonikus Gamper, nach Belgrad. Er versuchte, vorerst ergebnislos, die Heimkehr der Südtiroler Kriegsgefangenen zu erwirken.[318] Am 12. Mai 1946 besuchte der Bischof zusammen mit Friedl Volgger über 300 Südtiroler im Gefangenenlager von Pisa.[319] 1947 dankte Toni Ebner Fürstbischof Geisler für seinen Einsatz für die Befreiung und Repatriierung von Südtiroler Flüchtlingen und Internierten.[320]

Immer wieder übernahm das fürstbischöfliche Ordinariat Aufgaben, die eigentlich die Landesregierung und die SVP übernehmen hätten müssen. Als etwa 1948 die Jahrgänge 1921–27 einberufen wurden, schickte die Brixner Kurie einen Aufruf an alle Seelsorger ihrer Diözese. Diese sollten in den Gottesdiensten darauf aufmerksam machen, dass alle Optanten oder jene, für die die Eltern optiert haben, vom Militärdienst befreit wurden, wenn sie ein entsprechendes Gesuch einreichen. Es hieß im Wortlaut:

> „[...] Die Hochw. Herren Seelsorger werden ersucht, die Betreffenden auf diese Möglichkeit aufmerksam zu machen und zwar, wegen der Kürze der Zeit, möglichst schnell und persönlich. Jene, die sich nicht auskennen, können sich auch an die Bezirksleitung der Volkspartei wenden, ebenso wie an die Landesleitung [...].“[321]

2. Die Caritas: „Leibsorge“ als Seelsorge

Da es auf Südtiroler Gebiet bis 1964 zwei Diözesen gab, gibt es auch zwei Gründungsdaten für die Diözesancaritas: Im Dezember 1946 gründete Geisler die Brixner Diözesancaritas. In Bozen wurde sie am 31. März 1950 eingerichtet. In Brixen war der Direktor das einzige Organ; in Bozen stand dem Direktor ein Ausschuss zur Seite, der aus Priestern und Laien bestand.[322] Deren primäres Ziel war die zentrale Koordinierung des kirchlichen „Liebeswerkes“. Die Not war in der unmittelbaren Nachkriegszeit besonders groß. Die Caritas half immer dort, wo die staatliche Hilfe nicht reichte: Bedürftige bekamen Kleidung, Lebensmittel und Geld und auch Kriegsgeschädigte wurden betreut. Die Caritas organisierte Schulausspeisungen und Familienhelferinnen und betreute alte Menschen. „Kriegsgeschädigte“ Kinder, vor allem von Optanten, bekamen Ferienaufenthalte in Südtiroler Familien und sogar die ersten Ferienkolonien an der Adria entstanden nun. Die Caritas förderte Wohnbaugenossenschaften und bot Wohnungssuchenden Hilfe bei den Ansuchen um Baugenehmigungen.[323]

Die Diözesancaritas sollte es der Kirche in Südtirol ermöglichen, ihre Aufgaben den Verhältnissen der Zeit entsprechend zu erledigen, denn die katholische Wohlfahrtspflege war zuvor stark zersplittert. Zwar gab es in Südtirol schon vor der Gründung der Diözesancaritas das Päpstliche Hilfswerk, das jedoch vor allem die Italiener in den Städten erreichte. Die Diözesancaritas sollte sich um die bisher wenig beachtete deutsche Volksgruppe kümmern.[324]

Die Caritas war eine kirchliche Dachorganisation in sozialen Fragen, daneben gab es noch die Vinzenzkonferenzen und die karitativen Frauengruppen, denen hohe Bedeutung in der sozialen Fürsorge zukam. Auch diese ehrenamtlichen Organisationen betrieben individuelle Armenunterstützung, waren für die Führung von Altersheimen und Waisenhäusern zuständig, betreuten alleinstehende Frauen und kümmerten sich um Mädchen, die keine Familie hatten.[325] Die Diözesancaritas entlastete teilweise die Vinzenzverbände, ihr einheitliches Auftreten stärkte die Stellung gegenüber den staatlichen Behörden.[326] Die Bewältigung der materiellen Not durch die Diözesancaritas blieb immer dem Hauptziel einer inneren Wende zugeordnet. Nach der weltanschaulichen „Verirrung" sollten christliche Werte auch Impulse für eine geistige Erneuerung geben. Die Kirche wirkte für dieses Ziel nicht nur während des Sonntagsgottesdienstes, sondern auch außerhalb der Kirchenmauern.[327]

3. Der KVW: Katholische Soziallehre in der Praxis

Nach 1945 wurde auch Sozialpolitik vielfach ethnisiert. Wirtschaftliche, soziale und politische Konflikte wurden in der Geschichte immer wieder mit ethnischen und sprachlichen, religiösen und kulturellen Gegensätzen überlagert. Als neues Phänomen kann man es deshalb nicht bezeichnen.[328]

Aus der Sicht der SVP dienten Vereine überwiegend als Hilfsorganisationen, die Leute zur Partei bringen sollten, die mit der Tagespolitik nichts zu tun hatten. Die Aktivität in den katholischen Vereinen führte meistens irgendwie zur katholischen Kirche bzw. zur SVP.[329]

Die Arbeitervereine in Südtirol waren um 1945 nur in den größeren Orten Südtirols präsent, nicht aber auf dem Land. Die großen sozialen Problematiken überforderten sie. Außerdem arbeiteten sie zu stark mitgliederbezogen, während mehr Gesellschaftsorientierung notwendig gewesen wäre. In dieser Situation brauchte es eine neue Massenbewegung, die überall in Südtirol vertreten sein sollte. Wenigstens konnte man aus den alten Vereinen das Führungspersonal für eine neue Organisation rekrutieren.

Für die Brixner Kurie war die Lösung der sozialen Frage ein großes Anliegen. Sie forderte eine christlich ausgerichtete Politik und dass Politiker die Grundsätze christlichen Glaubens respektierten. Katholische Verbände sollten die gerechten Anliegen der Politik unterstützen, damit alle wüssten, dass die Katholiken und ihre Verbände treu zur Heimat stünden. Verbände sollten nach dem Wunsch der Kirche aber nie gegenüber politischen

Parteien hörig werden. Sie dürften nicht vorgeben, sich für christliche Anliegen einzusetzen, wenn es um politische ging.[330]

Eine Organisation für die Arbeiter war anfangs gesellschaftspolitisch sehr umstritten: Bauern, Unternehmer und weite Kreise der SVP waren dagegen, da sie eine stark links orientierte Kraft in Südtirol fürchteten. So sagte der Brixner Generalvikar Johann Untergasser zu einem späteren KVW-Funktionär: „… Lassen Sie die Hände weg von den Arbeitern, die [sind] eh alle Kommunisten.“[331]

Die dominierende Gewerkschaft in Italien war die kommunistische CGIL. Trotzdem brachte die Kirche Südtirols zunächst keine Einwände gegen die CGIL vor. Sie verlangte jedoch, dass sie von allen politischen Parteien unabhängig sein und auf den Grundsätzen der Demokratie aufgebaut sein sollte. Trotzdem wünschte sich die Kirche von Anfang an, dass die Mitglieder in der CGIL eigene katholische Arbeiterorganisationen bilden sollten, um die christlichen Werte pflegen zu können.[332]

Bei der Kirche überwog jedoch bald die Angst, wenn man nichts täte, würde man die Arbeiter verlieren, denn die kommunistische Landarbeitergewerkschaft „Federterra“ hatte in Südtirol 1949 ca. 8.000 Mitglieder innerhalb der deutschen Sprachgruppe.[333] Viele von ihnen waren SVP-Anhänger, hatten aber zunächst auf Gewerkschaftsebene keine Alternative.[334] Die SVP selbst war nämlich in ihrer Anfangszeit bis 1947 an Sozialpolitik wenig interessiert, wichtig waren nur die Frage der Selbstbestimmung, ab 1946 die Optantenfrage und die Autonomieverhandlungen.[335] Leute mit Gespür für gesellschaftliche Fragen fragten sich nun, wer in Zukunft die Südtiroler Arbeiter vertreten würde. Die Ortskirche konnte nicht mehr gleichgültig bleiben, da man die Kommunisten immer mehr fürchtete.[336]

Zudem schienen Entchristlichung und Demoralisierung hauptsächlich Männer zwischen dem 25. und dem 50. Lebensjahr zu belasten. Die traditionell verlässlichen Männer aus ländlichen Gegenden waren durch den Krieg nach kirchlichem Urteil besonders oft mit verderblichen Verhaltensmethoden konfrontiert worden und schienen erstmals religiös-sittlich besonders gefährdet. Die Zukunft hing von einer Veränderung dieser Generationshaltung ab, mit ihr war eine neue Sozialpolitik entschieden gefordert.[337]

Die soziale Situation in Südtirol war nach 20 Jahren Faschismus verheerend:

- Ein Großteil der Südtiroler hatte nur einen Pflichtschulabschluss.
- Es gab sehr wenig Jungakademiker (die Tiroler „Laien-Intelligenz“

war durch die Unterdrückungspolitik der Faschisten fast völlig verdrängt worden, die Geistlichen in Südtirol waren fast die Einzigen, die studieren und sich der Pflege der deutschen Sprache annehmen konnten).[338]

- Es gab praktisch kein deutsches Beamtentum mehr.
- Die Arbeitslosenrate war hoch.
- Die Sozialversicherung der Werktätigen war sehr dürftig, für Bauern, Handwerker und Kaufleute gab es sie noch gar nicht.
- Die deutsch- und ladinischsprachigen Südtiroler arbeiteten vorwiegend in der Landwirtschaft.[339]

Die Gründung einer neuen Organisation war eine Schwergeburt, da es Schwierigkeiten gab, denen praktisch alle sozialreformerischen Kräfte in der Kirche begegneten. Die christliche Soziallehre, in der Naturrechtstradition begründet und in den Enzyklen „Rerum novarum" und „Quadragesimo anno" von der höchsten kirchlichen Autorität ausformuliert, stellte zwar die Hauptantwort der katholischen Kirche auf die Herausforderung der Industriegesellschaft dar, war allerdings in der praktischen Anwendung stets umstritten.

Nicht alle Geistlichen glaubten, dass auf kirchlichem Boden ein gesellschaftlicher Ausgleich in christlicher Solidarität durch eine kollektive Interessenvertretung gelöst werden sollte, da diese nicht im Einklang mit der gesamtgesellschaftlichen Verantwortung der Kirche war. Nach 1945 standen sich somit zwei Richtungen gegenüber: Eine Richtung vertrat einen gestärkten Spiritualismus, der in der praktizierten Glaubensgemeinschaft eine Lösung der sozialen Frage sah. Die andere Richtung vertrat einen gekräftigten Willen zur Gesellschaftsreform „nach der beispiellosen Zerstörung der menschlichen Lebensordnung auf allen Gebieten".[340] In Südtirol überwog eindeutig die zweite Richtung. Außerdem hatte der Papst bereits 1945 seine Zustimmung zur Gründung von Arbeitervereinen gegeben, da sie sich bereits früher bestens bewährt hatten.[341]

Einer der Beweggründe zur Gründung des KVW war, dass im Bozner Sozialfürsorgeinstitut ca. 3.000 Akten über Altersrenten unerledigt liegen geblieben waren, da viele Bezugsberechtigte teils ihre Rechte nicht kannten oder ohne geeignete Hilfeleistung nicht imstande waren, die ihnen zustehenden Renten zu fordern. Die Südtiroler waren zur Zeit des Faschismus in das soziale Netz kaum eingegliedert worden. Dies war für den Bischofssekretär und späteren Generalvikar Johannes Untergasser ein konkreter Anlass, über das Brixner Ordinariat eine KVW-Sozialfürsorge nach italienischem Muster aufzubauen.[342] Generalvikar Pompanin rief Luigi Covo und Sandro Panizza nach Brixen. Auch der spätere Bischof Joseph Gargitter war dabei, da er in Rom war und die Meinung des Papstes über die ACLI („Associazioni Cristiane Lavoratori Italiani") kannte.[343]

Die ACLI war das Modell, an dem sich die Südtiroler orientierten. Sie war 1944 als christliche Fraktion der Einheitsgewerkschaft CGIL („Confederazione Generale Italiana del Lavoro") und gleichzeitig als vorgewerkschaftliche Organisation der katholischen Arbeiter gegründet worden. Die Entstehung der ACLI stand also mit der Gründung der Einheitsgewerkschaft („Patto di Roma", 1944) durch die christliche, sozialistische und kommunistische Richtung in engem Zusammenhang.[344]

Auch in Südtirol wurde sofort nach dem Krieg mit dem Aufbau der ACLI begonnen, die deutschsprachige Bevölkerung wurde von der italienisch dominierten Organisation allerdings kaum angesprochen. Es brauchte eine deutschsprachige Organisation, die gegenüber den italienischsprachigen sozialen Institutionen als Vermittler auftreten konnte und soziale Dienste anbot.[345]

Weltanschaulich galt die ACLI immer als „richtig"; sie stand unter kirchlichem Einfluss. Der spätere Papst Paul VI. war ein Mitbegründer.[346] Auch Papst Pius XII. förderte die ACLI und gab ihren Vertretern immer wieder Audienzen. Am 11. März 1945 äußerte er sich zu den Aufgaben der neuen Organisation:

> „Sie sind vor allen Zellen des christlichen Apostolates in unserer Zeit […] Tragt also mit Hilfe Eurer Vereine die Grundsätze des Glaubens und einer christlichen Bildung in das sittliche und religiöse Leben des Arbeiters und seiner Familie hinein […]
> Auf diesem Fundament aufbauend wird der christliche Arbeiter gleichzeitig in den Vereinen die Möglichkeit finden, sein Wissen und Können auf den anderen Gebieten des privaten und öffentlichen Lebens zu erweitern […]
> Wir denken hier nicht nur an die Organisationen der Selbsthilfe, z.B. Konsumgenossenschaften, sondern auch an die öffentlichen Einrichtungen der Sozialversicherung, bei denen die Mitwirkung der Arbeiterschaft notwendig ist. […]
> Ihr seht also, welch wichtige Pflicht und Aufgabe des Ansporns, der Wachsamkeit, der Vorbereitung und der Vervollkommung die christlichen Arbeitervereine der gewerkschaftlichen Arbeit gegenüber haben."[347]

Die päpstlichen Stellungnahmen wurden auch in Südtirol aufgenommen und dürften maßgeblich für die Gründung einer neuen Organisation gewesen sein. Besonders in kirchlichen Kreisen galt Pius XII. nicht nur als religiöse, sondern auch als gesellschaftliche Führungspersönlichkeit.[348] Trotzdem gab es ein Problem: In Südtirol galt die ACLI nicht nur als katholisch, sondern auch als Vorfeldorganisation italienischer Interessen. Deshalb schlugen ACLI-Politiker der SVP 1947 vor, eine deutsche Zweigstelle in Südtirol zu errichten.[349] Gargitter sprach sich dafür aus.[350] Nun begannen die Vorarbeiten zur Gründung eines deutschsprachigen Pendants zur ACLI; ein erster Schritt war die Übersetzung des „Manuale per l'addetto sociale", eines Handbuchs für Sozialfürsorger.[351]

Ab Mitte 1947 dachte die SVP zunehmend an eine eigene Gewerkschaftsorganisation, da die CGIL zu 90% italienisch war. Sie wollte eine eigene Gewerkschaft gründen, außerdem war ihr nicht entgangen, dass sich die CISL von der CGIL bald abspalten würde. Die von Christdemokraten gegründete CISL stand der Kirche nahe.[352] Am 7. November 1947 forderten Vizeschulamtsleiter Josef Ferrari, Kolpingpräses Hugo Nicolussi und Manfred Adler das Ordinariat Trient auf, einen geeigneten Priester für soziale Anliegen zur Verfügung zu stellen. Am 8. Dezember fand in Bozen ein Provinzialkongress der ACLI statt, an dem unter anderem der Sekretär der Katholischen Aktion Brixen, Ordinariatssekretär Johannes Untergasser, und der spätere Weihbischof Heinrich Forer teilnahmen. Bei diesem Kongress wurde festgelegt, dass ein deutschsprachiges Pendant zur ACLI unbedingt notwendig sei, das die gleichen Statuten wie die ACLI haben sollte. Erstmals fiel der Name „Katholischer Verband der Werktätigen". Die wichtigsten Statuten der ACLI wurden nun in die deutsche Sprache übersetzt. Ordinariatssekretär Untergasser berichtete Geisler und Pompanin von der Versammlung und erhielt die kirchliche Genehmigung zur Gründung des KVW, des „Katholischen Verbandes der Werktätigen".[353]

Entscheidend war das Jahr 1948. Im Jänner kündigte das Brixner Diözesanblatt die Gründung des KVW mit folgender Erklärung an:

> „Für die deutsche Volksgruppe Südtirols ist im Einvernehmen mit der Kurie von Brixen und Trient eine ähnlich aufgebaute, den besonderen Erfordernissen unseres Landes angepasste Organisation geplant [gemeint ist die ACLI, Anm. J.G.], die auf dem leider allzu vernachlässigten, heutzutage aber ausschlaggebenden Gebiet der Arbeit die sozialen Rechte aller Südtiroler in Zusammenarbeit mit der italienischen ACLI verteidigt."[354]

Im Februar wurden die Statuten des KVW im Ordinariat in Brixen registriert und von den Bischöfen von Brixen und Trient unterschrieben. So wurde Brixen zur eigentlichen Geburtsstätte des KVW.[355] Der KVW wurde nach dem Vorbild der ACLI konzipiert, aber es wurde gleichzeitig auch auf dessen Eigenständigkeit bestanden. Die nötigen Abänderungen am ACLI-Statut nahm Untergasser vor.[356]

Anfang 1948 wurde der KVW der Öffentlichkeit vorgestellt. In Bozen fand eine Versammlung vor einer größeren Gruppe Geistlicher und Laien statt. Unter den Teilnehmern waren unter anderem der damalige Theologieprofessor Joseph Gargitter, der Sekretär der Katholischen Aktion Heinrich Forer, Johannes Untergasser und der Trientner Generalvikar Josef Kögl. Im Vordergrund der Diskussion stand die Gefahr des Kommunismus. Während der Veranstaltung kam es zu Meinungsverschiedenheiten zwischen Geistlichen aus Brixen und Kögl bei der Interpretation der von den Bischöfen unterschriebenen Erklärung. Es ging um die Frage, ob die bischöfliche Note nur eine Stellungnahme sei, die besagte, dass in den Statuten nichts gegen Glaube und Sitte sein dürfe (so interpretierte es Kögl), oder ob die bischöfliche Note eine Aufforderung zur Gründung des KVW war (so interpretierten es die Brixner Geistlichen). Untergasser sprach sich für eine schnelle Gründung aus.[357]

Am 8. Februar 1948 wurde eine Kirchensammlung veranstaltet, um die finanzielle Grundlage der neuen sozialen Organisation zu sichern. Der KVW erhielt somit von Anfang an finanzielle Hilfe durch die Diözesen Brixen und Trient; weitere Geldquellen waren Spenden von Mitgliedern, Freunden und öffentliche Beiträge.[358]

Das Brixner Diözesanblatt kündigte im Jänner 1948 die Gründung des KVW an:

> „Für die deutsche Volksgruppe Südtirols ist im Einvernehmen mit der Kurie von Brixen und Trient eine ähnlich aufgebaute, den besonderen Erfordernissen unseres Landes angepasste Organisation geplant, die auf den leider allzu vernachlässigten, heutzutage aber ausschlaggebenden Gebiet der Arbeit die sozialen Rechte aller Südtiroler in Zusammenarbeit mit den italienischen ACLI […] gegen alle ‚Mächte der Finsternis' kraftvoll verteidigt."[359]

Auch das „Katholische Sonntagsblatt" unterstützte die Gründung des KVW. Am 8. Jänner erschien ein Artikel unter dem Titel „Arbeiter und Angestellte Südtirols vereinigt euch im Katholischen Verband der Werktätigen

(KVW)".[360] Ebenfalls im „Katholischen Sonntagsblatt" wurde am 5. Juni das Programm des KVWs veröffentlicht, das aus drei Zielen bestand:

1. Christliches Leben soll in die Welt der Arbeit hineingebracht werden
2. Gesunde und glückliche Familien
3. Ordnung und Frieden in Staat und Gesellschaft.[361]

Kurz gesagt, der KVW bemüht sich um die Verbesserung der Lage der Arbeiter in allen Bereichen und geht damit über die christliche Soziallehre hinaus.[362]

Einen äußeren Impuls gab schließlich den unmittelbaren Anlass für die Gründung des KVW: Als am 14. Juli 1948 ein Attentat auf den Führer der italienischen Kommunisten, Palmiro Togliatti, verübt wurde, rief die Gewerkschaft CGIL zum Streik auf. Da die Einheitsgewerkschaft kommunistisch ausgerichtet schien, trat die ACLI aus der Gewerkschaft aus.[363]

Auch in Brixen überschlugen sich nun die Ereignisse. Am 15. Juli, einem Tag äußerster politischer Spannung, wurde Pius Holzknecht geistlicher Berater des KVW. Nun begann die systematische Aufbauarbeit des KVW.[364] Beim Aufbau der Organisation kopierte man das erfolgreiche kommunistische Vorbild: Mit Hilfe der Katholischen Bewegung wurden Ortsgruppen errichtet, dann die Bezirksstellen und schließlich die Landesleitung (allerdings hatte die KPI auch eine funktionale Organisation mit Betriebszellen, was in Südtirol nicht vorhanden war).

Die christliche Fraktion der CGIL errichtete bereits einen Tag nach dem Attentat auf Togliatti eine eigene Organisationsstruktur und einen Sitz in Bozen. Drei Wochen später, am 11. August 1948, wurde dann der KVW offiziell gegründet. Auf dem Gründungsdokument unterschrieben für den KVW Alfons Benedikter und Pius Lafogler sowie die Diözesanberater Heinrich Forer und Pius Holzknecht, für die ACLI Luigi Covi, Lino Ziller und die Diözesanberater Don Angelo Cazzetta und Giuseppe Tonetta.[365]

Art. 1 des Statutes legte fest:

> „Der KVW umfasst all jene Arbeiter, die in der Anwendung der christlichen Soziallehre, gemäß den Weisungen der Kirche, die Grundlage sowie die Vorbedingung einer erneuerten Gesellschaftsordnung sehen."[366]

Der KVW erhielt nun kirchlichen Segen, blieb aber eine Laienorganisation, die nicht der direkten Kontrolle der Kirche unterstand. Heinrich Forer wurde erster geistlicher Assistent des KVW.[367]

Für den neu gegründeten KVW war es zunächst wichtig, sein Verhältnis zur ACLI zu klären. Im ersten Statut des KVW hieß es: „Der Katholische Verband der Werktätigen ist die katholische Arbeiterbewegung der deutschen Volksgruppe in der Provinz Bozen-Südtirol."[368] Die Satzungen waren keine genaue Übersetzung der Satzungen der ACLI, sondern betonten die Eigenständigkeit des KVW. Diese Forderung, die besonders Geisler und Gamper wichtig war, konnten die Südtiroler in Rom durchsetzen. Der KVW wurde der einzige Landesverband in Italien, der zwar Sitz und Stimme im Nationalkongress der ACLI hatte, aber nicht weisungsgebunden war. Der KVW erhielt jedoch kein eigenes Patronat, sondern aus juridischen Gründen wurde nur ein gemeinsam mit der ACLI geführtes Patronat zugelassen. Auch dies war ein Grund, dass ihm oft Italienfreundlichkeit vorgeworfen wurde.[369]

Auf der interregionalen Tagung in Bologna am 10./11. Dezember 1950 wurde das spezielle Verhältnis des Patronates ACLI-KVW besprochen. Auf der nächsten Tagung in Padua am 17./18. Februar 1951 wurde in Anwesenheit des Bozner ACLI-Vertreters Alcide Berloffa auch über das Sonderstatut des KVW verhandelt, und schließlich kam man auch überein: Der KVW sollte das ACLI-Statut übersetzen und ein paar Südtirol-spezifische Bedingungen einfügen. Diese Änderungen sollten danach mit der ACLI-Bozen besprochen und danach nach Rom zur Genehmigung geschickt werden.[370] Die ACLI hat die Autonomie des KVW schon in den frühen 1950er Jahren anerkannt.[371]

Der KVW versuchte nun, die soziale Situation in Südtirol zu verbessern. Am wichtigsten war in den 1940er und 1950er Jahren seine Beratungstätigkeit zu Problemen bei Renten und Pensionen. Interessanterweise trat der KVW schon in den 1950er Jahren für die Industrialisierung Südtirols ein, als Kurie und SVP noch dagegen waren.[372] Das Tätigkeitsfeld des KVW kannte keine Beschränkung: Es reichte von der gewerkschaftlichen Hilfe bis zu offener Teilnahme an der Politik, Beschaffung von Arbeitsplätzen und Betreuung der Südtiroler im Ausland. Im Gegensatz zur ACLI war der KVW deutlich konservativ orientiert.[373]

Ein „geistlicher Assistent" sicherte die kirchliche Präsenz im KVW; es ergibt sich von selbst, dass im KVW nichts geschah, was der Kirche missfiel.[374] Hinter jedem Veto des KVW zu Beschlüssen der Landesregierung stand möglicherweise ein Veto des Bischofs.[375] Im Statut des KVWs stand

„die Verwirklichung der christlichen Grundsätze im täglichen Leben, in der Verwaltung, in der Gesetzgebung".[376]

Auch die SVP förderte den KVW und äußerte sich positiv zur katholischen Soziallehre. Am 25. März 1948 schrieb Friedl Volgger an den Kooperator August Oberhofer:

> „Ich versichere Ihnen, dass sämtliche Kandidaten der Edelweißliste in den religiös-sozialen Fragen vollkommen auf dem Standpunkt der päpstlichen Rundschreiben stehen und Sie dürfen sich darauf verlassen, dass diese unsere Einstellung nicht nur der gegenwärtigen Lage vor der Wahl entspricht. Ich bin ebenso der Auffassung wie Sie, dass unser katholisches Südtiroler Volk auch wirklich katholische Führer braucht, dementsprechend wurde auch das christliche Menschen- und Gesellschaftsbild im SVP-Statut verankert."[377]

Nach dem Attentat auf Togliatti und dem darauf folgenden Austritt der christlichen Fraktion aus der CGIL wurde am 17. Oktober 1948 die LCGIL gegründet, aus der am 1. Mai 1950 die CISL hervorging. Die ACLI sprach sich für die neue Gewerkschaft aus und auch die Kirche trat für die Entwicklung ein.

In Südtirol wurde der Südtiroler Gewerkschaftsbund (SGB) gegründet, der innerhalb der CISL tätig wurde. Die Gründung des SGB ging primär auf den KVW und die ACLI zurück.[378] Der Klerus unterstützte den SGB auch finanziell. Wer Mitglied beim KVW war, wurde automatisch auch Mitglied des SGB.[379] Der SGB-CISL lehnte den Klassenkampf strikt ab. Das von Alfons Benedikter ausgearbeitete Statut des SGB sah einen ethnischen Proporz und einen zweisprachigen Gewerkschaftsapparat vor.[380] Wie beim KVW trat auch das Amtsblatt der Diözese für den SGB-CISL ein.[381]

Bis zur ersten Landesversammlung des KVW am 27. November 1949 war Alfons Benedikter provisorischer Obmann (er gab dann das Amt an Franz Fuchs ab). Aufgrund der Bemerkung, dass Benedikter 2.500 Mitglieder des KVWs hinter sich habe, sollte er für die Landtagswahlen 1948 kandidieren. Die Tätigkeit beim KVW war ein ideales Sprungbrett für Benedikter, nun wurde er einer der wichtigsten Südtiroler Politiker der Nachkriegszeit.[382]

Wie sehr die Kirche auch weiterhin am Aufbau des Verbandes interessiert war, zeigt auch der häufige Briefwechsel mit der Trientner Kurie. In den Diözesanblättern von Bozen und Trient bekam der Verband viel Platz. Im Trientner Diözesanblatt wurde sogar geschrieben, dass der KVW

„in allen Belangen der weltanschaulichen Schulung und Erziehung unter direkter Obhut des Seelsorgers" stehe.[383] Wichtig für das Diözesanblatt war auch die Gewinnung geeigneter Mitarbeiter:

> „Jeder Pfarrer, besonders größere Pfarreien, sehe schon jetzt zu, eine geeignete, opferfreudige, gut katholische Vertrauensperson ausfindig zu machen, die bereit ist, diesen wichtigen und nicht allzu schweren Sozialfürsorgedienst zu übernehmen. Vor allem weibliche Kräfte eignen sich dazu.
> Es ist auf jeden Fall ratsam, diese Tätigkeit Laien anzuvertrauen, die eine gewisse Vorbildung haben. (Gemeindeangestellten, Lehrern, Mitgliedern der Katholischen Aktion oder anderer Vereine)."[384]

Insgesamt wurde die SVP durch den KVW zu einer pluralistischen katholischen Volkspartei: Der hohe Klerus vertrat ethno-nationale Positionen, während die katholische Basis durch den KVW soziale Impulse in die SVP trug.[385]

4. Religiöse Jugenderziehung: Erfolge und Schwierigkeiten

Die Teilung der politischen Kultur Südtirols in eine deutsche und eine italienische Subkultur erleichterte die Sozialisation der Kinder. Die Existenz der beiden Subkulturen führte dazu, dass Individuen politisch nur innerhalb dieser Lager sozialisiert wurden. Die Zugehörigkeit zur deutschen oder italienischen Volksgruppe war eine Selbstverständlichkeit, die keiner besonderen prinzipiellen Reflexion und Rechtfertigung bedurfte.

Obwohl also alle deutschsprachigen Kinder zu „guten Tirolern" erzogen werden sollten, gab es innerhalb der deutschen Subkultur größere Konflikte, wie die Sozialisation der Jugend genau erfolgen sollte, vor allem im Bereich der Schule. Das katholisch-konservative Lager tendierte in diesem Bereich dazu, die Moderne möglichst zu korrigieren. Bestimmte Werte und Traditionen wie Ehe und Familie sollen erhalten werden.

Der Faschismus hatte das legale deutsche Schulwesen im öffentlichen Bereich vollständig vernichtet. Ab 1940 gab es für Optanten wieder deutsche Sprachkurse, die nationalsozialistisch ausgerichtet waren. Ab Herbst 1943 gab es wieder eine reguläre deutsche Schule für alle Südtiroler Kinder. Schon im Mai 1945 trafen sich Vertreter der Südtiroler und der italienischen Volksgruppe, um über ein neues Schulsystem zu beraten.[386] Die

Grundschule sollte auf „religiös-sittlicher Grundlage“ wieder aufgebaut werden.[387] Landesschulinspektor Heinz Deluggi, trotz seiner NS-Vergangenheit (1943–45 referierte Deluggi zu Südtirolern Lehrern zu Themen wie beispielsweise „Reichsrichtlinie und Lehreraufgaben der nationalsozialistischen Schule“[388]) zunächst noch in Amt und Würden, sagte in einem Interview mit den „Dolomiten“:

> „[...] Das Kind in religiöser Ethik zu erziehen [...] ist eine heilige Aufgabe und des höchsten Einsatzes wert. [...] Heute sind Faschismus und Nationalsozialismus überwunden, und wir gehen wieder ans Werk, unserer Jugend die Ehrfurcht vor Gott, seiner Schöpfung [...] und die Liebe zur Heimat zu vermitteln.“[389]

Der 38-jährige Priester Josef Ferrari löste Deluggi bald ab. Der sehr weltoffene Priester war weder den Klerikalen vollkommen recht noch den Lehrern, da er keiner der Ihren war. Trotzdem besaß er das Vertrauen der SVP und der Brixner Kurie.[390]

Neben Josef Ferrari war ein weiterer Priester maßgeblich für die Südtiroler Schule: Fritz Ebner. Ferrari war 1945 zum Vize-Schulamtsleiter der deutschen Schulen in Südtirol bestellt worden und wirkte maßgeblich am Aufbau der deutschen Schule mit. Dem Schulamt war es zu verdanken, dass bald nach dem Krieg in ganz Südtirol deutsche Volks- und Mittelschulen entstanden. Dabei hatte das Schulamt von der SVP kaum eine Unterstützung erhalten.[391]

Ferrari war Gründer der deutschen Schulhilfe, die sich die Unterstützung minderbemittelter Jugendlicher zur Aufgabe machte und den Lehrernachwuchs sichern sollte. Ferrari war außerdem Mitarbeiter bei der Gründung des Südtiroler Kulturinstitutes, der Südtiroler Hochschülerschaft und des Michael-Gamper-Werks.[392] Er war auch ein wichtiger Förderer des „Katholischen Lehrerbund Südtirols“, der 1953 gegründet wurde. Dieser Verband „[...] vereinte die Lehrpersonen Südtirols auf katholischer Grundlage im Dienste der deutschsprachigen Schule.“[393]

Hinter Ferrari und Ebner stand Kanonikus Michael Gamper, der sich besonders für den Wiederaufbau des deutschsprachigen Schulsystems einsetzte. Er hatte Erfahrungen aus der Katakombenschule der Zwischenkriegszeit und hielt sich deshalb auf diesem Gebiet für kompetent; trotzdem wirkte er vor allem im Hintergrund und überließ Ferrari und Ebner die Detailarbeit. Gamper ging es vor allem um die richtige Weltanschauung der Schule und um eine strikte ethnische Teilung im Bildungswesen. Während Ferrari immer versuchte, zumindest ein bisschen Handlungsfreiheit gegenüber Gamper zu haben, wirkte Ebner oft wie der verlängerte Arm des Kanonikus in der Politik.[394]

Die SVP und der Klerus wachten aufmerksam über die Südtiroler Lehrerschaft: Nahm ein Lehrer an religiösen Übungen nicht teil, konnte es Probleme für den Betreffenden geben. Erziehung zu einer demokratischen Mitbestimmung war noch kein Thema, hingegen wurde großer Wert auf die Tiroler katholisch-konservative Tradition und die Liebe zur Heimat gelegt,[395] dazu gehörte natürlich auch das Bekenntnis zur SVP.[396]

Neben der Schule interessierte sich der Klerus auch für die Jugendarbeit; alle Jugendorganisationen blieben in Südtirol lange Zeit eine kirchliche Domäne. Die kirchliche Jugendarbeit begann Anfang des 20. Jahrhunderts mit ersten Jugendgruppen. 1922 gründete Papst Pius XI. die „Katholische Aktion", einen Dachverband für alle katholischen Laienbewegungen. Ziel der „Katholischen Aktion" war es, die Jugendlichen religiös zu erziehen und den Glauben der Erwachsenen zu pflegen.[397] Auch in Südtirol war die „Katholische Aktion" vorhanden, hier wirkte sie im „Deutschen Anteil" der Diözese Trient zusätzlich als „Schutzschild" gegen den Faschismus. Die Jugendseelsorge in der Diözese Brixen blieb aber schwach, dieses Vakuum sollte der Nationalsozialismus zu einem großen Teil besetzen.[398]

Nach dem Zweiten Weltkrieg nahm der Klerus die katholische Jugendarbeit wieder auf: Im deutschsprachigen Teil der Diözese Trient wurde 1947 die „Katholische Laienbewegung" gegründet. Die Standesbündnisse der Jungen und Mädchen waren im „Bund der katholischen Jugend" zusammengeschlossen. Die Jugend sollte gläubig, „sittlich rein", verantwortungsbewusst, berufstüchtig und heimatbewusst sein.[399] In der Diözese Brixen nahm die Jugendarbeit eine ähnliche Entwicklung.[400]

Der Klerus wollte auch nach dem Zweiten Weltkrieg sein Monopol in der Jugendarbeit verteidigen und wehrte sich gegen die Gründung einer Jugendorganisation innerhalb der SVP oder in den Verbänden. Trotzdem wurde bereits im November 1946 der „Südtiroler Jugendverband" unter der Patenschaft der SVP gegründet.

Mit dem Aufbau dieses Verbandes fingen die Schwierigkeiten mit der Kirche an, auch wenn Teile der Kirche dies durchaus positiv sahen. Für die Kirche kam die religiöse Erziehung der Jugendlichen zu kurz und außerdem waren laizistische Jugendorganisationen nach der Erfahrung der Hitler-Jugend sowieso verpönt. Interessanterweise kamen die Bedenken vor allem aus dem deutschen Anteil der Diözese Trient, aus Brixen hingegen kamen keine Klagen.[401]

Auch sonst bekam die SVP viele Beschwerdebriefe, meistens ging es darum, dass Buben und Mädchen gemeinsame Turnübungen machten.[402]

Amonn und Raffeiner rechtfertigen sich in einem Schreiben an Provikar Kögl: Der Südtiroler Jugendverband habe einzig und allein den Zweck, die Südtiroler Jugend im „Südtiroler Geist" zusammenzufassen. Die Pfarrjugend lehnte es ja ab, sich mit politischen Fragen zu beschäftigen. Falls nicht die SVP eine Jugendorganisation gründen würde, würden dies andere Parteien machen. Dann kamen sie auf die kirchliche Kritik:

> „Von kirchlicher Seite wird bemängelt, dass der Südtiroler Jugendverband sich kein religiöses Programm gestellt habe. Wir waren der Meinung, dass die religiöse kirchliche Erziehung der Jugend niemals Sache einer politischen Partei, sondern nur der zuständigen kirchlichen Behörden sein kann. Deswegen wurde absichtlich jede Erwähnung eines weltanschaulichen Programmpunktes übergangen. Das soll natürlich aber in keiner Weise heißen, dass wir eine Jugend heranziehen wollen, die sowohl der Religion, wie der Kirche entweder passiv oder gar ablehnend gegenübersteht. Wir glauben uns nur nicht berechtigt, die Jugend auch in religiös-kirchlicher Beziehung zu bilden, weil wir die Auffassung sind, dass das ausschließlich eine Angelegenheit der Seelsorger und der kath. Jugend-Fürsorge ist. Dass letztere vom J.V. nicht behindert, sondern gefördert wird, halten wir für selbstverständlich."[403]

Kanonikus Michael Gamper verteidigte den Jugendverband. Für ihn hatte jede Partei die Notwendigkeit, für jugendlichen Nachwuchs zu sorgen. Für ihn waren eine katholische und eine nationale Jugendarbeit notwendig. Letztere sollte sich aber auf Erziehungsarbeit beschränken. Einen modus vivendi zu finden war seiner Meinung nach nicht schwer, da es sich bei SVP und Klerus nicht um gegnerische Parteien handelte, der allergrößte Teil der SVP bestand ja aus gläubigen Katholiken.[404]

Um das Verhältnis zwischen Klerus und Partei zu klären, schlug Gamper folgende Grundsätze vor:

> „1. So wie in England die heranwachsende Jugend, ohne Parteimitglied zu sein, in politischen Jugendklubs von den einzelnen Parteien (Konservativen, Labour Party usw.) geschult werden, so ähnlich will sich auch die Südtirolerpartei die heranwachsende Jugend, aus der

> sich später ihre Wähler, ihre Leiter usw. rekrutieren werden, schulen. Infolgedessen nimmt die SVP die politische Führung dieser Jugendklubs in die Hand.
> 2. Da die SVP in ihrem Programmpunkt der katholischen Religion ihren gebührenden Platz anweist, so will sie auch gewisse Normen sittlicher und religiöser Art für diese Jugendklubs respektieren. Diese Normen sollen im Verein mit beauftragten Vertretern der Diözesanbehörde der zuständigen kirchlichen Diözesanbehörden ausgearbeitet werden.
> 3. Um die Durchführung dieser Normen zu sichern, kann die Diözesanbehörde auch zwei Vertreter in den Provinzial-Jugendausschuss entsenden.
> 4. Wenn die Diözesanbehörden eine katholische Jugendbewegung ins Leben rufen oder schon gerufen haben, so soll die Mitgliedschaft bei der katholischen Jugendbewegung nicht die Mitgliedschaft beim politischen Jugendklub der SVP ausschließen."[405]

Die anderen Klerikalen in der SVP lehnten den Jugendverband von Anfang an ab. Otto von Guggenberg warnte beispielsweise am 21. Juni 1947 in einer streng vertraulichen Mitteilung an die Bezirksobmänner der SVP vor dem Jugendverband.[406]

Der „Südtiroler Jugendverband" blieb eine Episode: Bis 1950 hörte man vereinzelt von ihm, dann scheint sich die Organisation aufgelöst zu haben.[407]

IV. Die Kirche und der Weg zum Ersten Autonomiestatut

1. Die Selbstbestimmung als politisches Leitbild Geislers

Bischof Geisler tat nach Kriegsende alles, was in seiner Macht stand, um die Selbstbestimmung für Südtirol zu erreichen. Er sprach sich oft mit der liberalen SVP-Spitze ab[408], unternahm aber immer wieder Initiativen auf eigene Faust: Bereits im August 1945 schickte er eine Note an die Alliierten, damit Südtirol das Selbstbestimmungsrecht gewährt werde. Dieser Bitte schloss sich auch der Nord- und Osttiroler Klerus an. Am 20. Oktober übermittelte er dasselbe Ansinnen dem US-Präsidenten Harry S. Truman.[409]

Auch über die geplante Unterschriftensammlung für die Rückkehr Südtirols zu Österreich war der Klerus im Voraus informiert und gab seine Zustimmung.[410] Friedl Volgger erinnerte sich, dass viele Priester tatkräftig mitgeholfen haben.[411] In einem Brief zur Unterschriftensammlung an die Alliierten schrieb Geisler:

> „Vertreter der Südtiroler Geistlichkeit überreichten mir die beiliegende Sammlung von Unterschriften, wodurch die Gesamtheit der Südtiroler Seelsorger bezeugt, dass es der brennendste Wunsch der Südtiroler ist, dass ihr Land mit den übrigen Teilen Tirols und mit Österreich wiedervereinigt wird. Sie baten mich, dieses ihr Verlangen Eurer Exzellenz zu unterbreiten …“[412]

Sie ließen sich auch nicht davon abhalten, dass in vielen Orten SVP-Mitarbeiter von den italienischen Polizeiorganen eingeschüchtert wurden. Die SVP-Vertreter von Brixen mussten sogar zu Präfekt Innocenti nach Bozen kommen. Dieser sagte ihnen, dass er dieses Mal noch ein Auge zudrücken werde, das nächste Mal wurden sie allerdings eine Anklage wegen Hochverrat bekommen.[413] Bei der Unterschriftensammlung kamen im Bezirk Brixen 17.351 Unterschriften[414] zusammen (der Bezirk hatte damals 29.322 deutschsprachige Einwohner[415]).

Am 11. Jänner 1946 suchte die SVP wieder Hilfe im Vatikan: Amonn, Von Guggenberg, Raffeiner, Tinzl und Volgger waren bei Jesuitenpater Robert Leiber zu Besuch (der Kontakt war über Gamper hergestellt worden).

Leiber sagte, dass der Papst sich zurückhalten müsse, aber er werde ihm die Bitten sicher vortragen. Ob und inwieweit Papst Pius XII. eingegriffen hat, ist unbekannt. Gamper war über diese Initiativen immer auf den Laufenden, er war mit Volgger täglich in telefonischem Kontakt.[416]

Am 1. Februar 1946 wandte er sich mit seinem Anliegen an Karl Renner, den Bundespräsidenten der Republik Österreich, und an Ludwig Figl, Bundeskanzler von Österreich.[417]

Italienische Medien kämpften energisch gegen die Politik des Bischofs. Vor allem der „Alto Adige" sprach von Separatismus. Die „Dolomiten" stärkten Geisler: „Nicht wer zum Beten auffordert, stört den Frieden, sondern wer es am Beten hindern will und das Volk in die Verzweiflung treibt."[418] Auch die SVP half dem Bischof: Sie veröffentlichte eine „Ergebenheitskundgebung" an Bischof Geisler.[419] Laut Raffeiner ließ sich Amonn zu dieser Erklärung verleiten. In der Notiz stand, dass die Landesleitung aus allen Teilen des Landes Zuschriften zugunsten des Bischofs erhalten habe, was allerdings nicht stimmte. Gamper ließ es trotzdem in den „Dolomiten" drucken.[420]

Eine Zusammenarbeit zwischen Bischof Geisler und der liberalen SVP-Führung gab es zu dieser Zeit praktisch nicht. Raffeiner schrieb beispielsweise am 6. März in sein Tagebuch:

> „Im ‚Alto Adige' wurden wieder einmal der Fürstbischof von Brixen und sein Generalvikar heftig angegriffen, aber die beiden begehen eine politische Unklugheit nach der anderen, so dass es nicht zu wundern ist, wenn sie wieder einmal eins aufs Dach bekommen. Gamper verlangt, dass morgen der Aktionsausschuss zusammentrete. Sollen wir etwa wieder genötigt werden, uns für den Bischof öffentlich einzusetzen?"[421]

Im Sommer 1946 setzte sich die SVP bei den Alliierten mit einem Memorandum ein, dem Lande das Selbstbestimmungsrecht zu gewähren. Auch Geisler legte ein Dokument im Namen der Südtiroler Geistlichkeit bei. Dieses enthielt die eindringliche Bitte, den Beschluss der Außenministerkonferenz vom 30. April 1946 zu revidieren, der die Rückgliederung von Südtirol an Österreich endgültig abgelehnt hatte.[422] Am 20. Mai fuhr Geisler zusammen mit Friedl Volgger zu Myron Taylor, dem US-Botschafter im Vatikan, nach Florenz. Das Ziel war, die USA zu einer Revision ihrer Haltung zu bewegen.[423] Raffeiner versprach sich davon, wie bei allen kirchlichen Initiativen, keinen Erfolg. Der SVP und der Kürie war inzwischen klar geworden, dass die Amerikaner über die größte Macht verfügten. Zudem setzten sich die Italoamerikaner in den USA massiv für die Beibehaltung der Brennergrenze ein. Taylor bewunderte den Brixner Bischof, der trotz seines hohen Alters die Strapazen der weiten Reise auf sich genommen habe. Er versprach, sich beim US-Präsidenten Harry Truman für Südtirol einzusetzen.[424] Am 22. Mai 1946 schickten Geisler und Friedl Volgger „als Vertreter des Volkes" von Rom aus ein Schreiben an die Außenminister der Siegermächte mit der Bitte, sich für das Selbstbestimmungsrecht der Südtiroler einzusetzen.[425]

Nachdem sich der Oppositionsführer im britischen Unterhaus, Winston Churchill, am 5. Juni für eine Rückkehr Südtirols zu Österreich eingesetzt hatte, dankte ihm Geisler am 11. Juni 1946 schriftlich für sein Eintreten für Südtirol. Das Schreiben sollte Churchill durch den ehemaligen österreichischen Botschafter in London, Sir George Frankenstein, übergeben werden.[426]

Der Einsatz des Brixner Bischofs wurde auch im Ausland beachtet: Die renommierte „Neue Zürcher Zeitung" berichtete bereits am 28. Mai 1946, dass Fürstbischof Geisler und SVP-Obmann Amonn an die Außenminister Bevin, Byrnes, Molotow und Bidault ein Gesuch mit der Bitte um die Entsendung einer Untersuchungskommission nach Südtirol gerichtet hatten. Am 9. August 1946 veröffentlichte dieselbe Zeitung einen Brief Geislers an den britischen Außenminister Ernest Bevin, dass dieser sich der Sache Südtirols annehmen solle, „bevor es zu spät sei". Interessant ist, dass Geisler im Schreiben darauf hinwies, dass die demokratische Regierung Italiens nach dem Krieg zahlreiche Faschisten nach Südtirol kommen ließ, die sich immer noch in Amt und Würden befänden. Über die ehemaligen Nazis in Südtirol schrieb er jedoch kein Wort. Außerdem betonte er, Italien wolle Südtirol nun „kapitalistisch" ausbeuten.

Am 25. April führte Geisler in der Hofburg ein Gespräch mit mehreren Journalisten, u.a. von der „New York Times", der „Herald Tribune" und der sowjetischen Nachrichtenagentur TASS. Geisler beschwerte sich wieder über den Wiederaufstieg der Faschisten in Südtirol und erwähnte dabei den Gemeindesekretär von Brixen, Massari. Außerdem sei in Italien ein Gesetz erlassen worden, dass alle vor 1943 fest eingestellten und nach dem 8. September entlassenen Beamten nun wieder eingestellt werden müssen. Außerdem beklagte er sich darüber, dass im Ausland alles Deutsche als nationalsozialistisch gälte und alles Italienische als faschistisch. Geisler bemerkte, die Italiener in Südtirol wären „so fein" geworden, und erzählte von einer Sammlung von Unterschriften für die Selbstbestimmung. Der

Präfekt habe aber noch einmal ein Auge zugedrückt, obwohl es sich um Hochverrat handelte.[427]

Der Einsatz für das Selbstbestimmungsrecht für Südtirol brachte Bischof Geisler wieder viel Kritik von italienischer Seite: Der „Alto Adige" warf ihm am 2. Juni 1946 vor, dass er in seinen öffentlichen Auftritten Geradlinigkeit vermissen ließe. Sein Sekretär Johann Untergasser antwortete in den „Dolomiten": Die Linie des Fürstbischofs wäre stets die gleiche gewesen, „nämlich ein Freund und Schützer seines Volkes zu sein".[428] Die Dolomiten verteidigten Geisler und schrieben unter anderem, dass die SVP viel Zustimmung zur Politik des Bischofs bekäme. Josef Raffeiner freute sich heimlich über die Angriffe auf den Bischof und bemerkte in seinem Tagebuch bissig, dass dies nicht stimmte: „Bemerkenswert aber ist, wie leicht es dem geistlichen Herrn Gamper gefallen ist, eine solche Lüge unters Volk zu bringen."[429]

Geislers italienischer Nachbarbischof de Ferrari verhielt sich hingegen solidarisch zu seinem Amtsbruder Geisler, zumindest kritisierte er ihn nie öffentlich. Nachdem Geisler schließlich erfahren hatte, dass die Außenministerkonferenz den Verbleib Südtirols bei Italien festgelegt habe, schrieb er am 20. Juli 1946 folgendes Memorandum:

> „Im Namen des Klerus von Südtirol und der Südtiroler Bevölkerung appelliert der […] Fürstbischof von Brixen an die Friedenskonferenz [diese] Entscheidung […] zu revidieren und der Bevölkerung Südtirols das Selbstbestimmungsrecht zu sichern. Dies ist der einzige Weg, um dieses Volk und sein Land vor der Zerstörung zu bewahren, der sie entgegengehen, sofern sie weiter unter fremder Herrschaft und Unterdrückung bleiben, […] die eine latente Bedrohung des Friedens in Europa darstellen würde."[430]

Als Geisler den Appell unterschrieb, war die Unterschriftensammlung der SVP für das Selbstbestimmungsrecht bereits abgeschlossen. Auch diese war vom katholisch-konservativen Flügel organisiert worden, Amonn und Raffeiner waren diesbezüglich skeptisch. Raffeiner gab sogar dem Klerus die Schuld an der Enttäuschung des Volkes über den Verbleib Südtirols bei Italien, denn die Geistlichen hatten dem Volk große Hoffnungen auf eine Rückkehr Südtirols zu Österreich gemacht.[431]

Die Position der SVP wurde also immer wieder durch die Unstimmigkeiten zwischen der liberalen Parteiführung und den „Brixnern" geschwächt, besonders zwischen Von Guggenberg, dem Schützling von Pompanin, und

Raffeiner entwickelte sich eine Rivalität, wie man dem Tagebuch von Raffeiner entnehmen kann: Der Brixner Generalvikar Pompanin meinte beispielsweise, dass von Guggenberg der Einzige sei, der in der Kommission zur Beratung des Optantengesetzes eine starke Haltung zeige. Raffeiner behauptete allerdings, dass er gehört habe, dass von Guggenberg dort noch nie ein Wort gesagt habe.[432]

Vom Vatikan erfuhr Geisler übrigens in dieser Zeit weder Verständnis noch Unterstützung. Der Heilige Stuhl wollte an der Brennergrenze festhalten, wie Unterstaatssekretär Domenico Tardini und Substitut Giovanni Battista Montini, der spätere Papst Paul VI., den Italienern versicherten. Tardini fragte den italienischen Botschafter Diana beispielsweise, warum die italienischen Politiker nicht Fotos von der Option Geislers veröffentlichten, um diesen zu diskreditieren.[433]

Geislers Wunsch, dass Südtirol wieder österreichisch werden sollte, war auch wichtiger als die Abwehr gegen den gottlosen Kommunismus, denn im Gegensatz zu Italien war eine kommunistische Machtübernahme in Österreich im Jahr 1945 möglich. In Südtirol selbst war die Vorstellung stark verwurzelt, das Land sei wegen seiner überwiegend bäuerlichen Bevölkerung und dessen tiefen katholischen Glaubens gegen den Kommunismus gefeit.[434] Der Kampf gegen den Kommunismus war seit der Gründung der SVP für die Partei wichtig. Obwohl sich die Partei als Sammelpartei für alle autonomiefreundlichen Kräfte in Südtirol begriff, waren Kommunisten in der SVP undenkbar.

Wir wissen heute, dass die Chancen Südtirols, zu Österreich zurückzukehren, schon im Sommer 1945 sehr schlecht standen.[435] Der Kommunismus spielte dabei eine große Rolle: Die österreichische Regierung war von den Sowjets eingesetzt worden, und wurde von den Westmächten zunächst nicht anerkannt. Ein Argument für die Westmächte gegen die Rückkehr Südtirols zu Österreich war eben, dass man ein Land nicht stärken wolle, das unter den Einfluss des Kremls fallen könnte. Diese Gefahr war für Italien nicht unmittelbar gegeben. Unter den gegebenen Umständen schien es den Westmächten besser, Südtirol bei Italien zu belassen.

Die SVP und der Brixner Klerus interessierten sich paradoxerweise nie für die innenpolitische Situation in Österreich. Gerade der Kirche, sonst so antikommunistisch eingestellt, schien es egal zu sein, dass Südtirol in Österreich unter den Einfluss des Kommunismus kommen könnte. Dass die Renner-Regierung von den Sowjets eingesetzt und zunächst von den Westmächten nicht anerkannt wurde, konnte auch in Südtirol nicht verborgen geblieben sein. Daran zeigt sich, dass für die Südtiroler Kirche das „richtige

Volkstum" (Rückkehr zu Österreich) wichtiger war als die „richtige Ideologie" (Gefahr des Kommunismus in Österreich). Bischof Gargitter hätte in dieser Situation wohl alles getan, Südtirol nicht unter kommunistischen Einfluss geraten zu lassen, alles andere wäre sekundär gewesen.

Diese Situation änderte sich erst im November 1945, als die Kommunisten eine verheerende Niederlage bei den österreichischen Parlamentswahlen erlitten und die kommunistische Gefahr in Österreich vorerst gestoppt schien. Damals war bezüglich Südtirols allerdings schon die wichtige Vorentscheidung zugunsten Italiens gefallen.[436]

Als sich 1946 eindeutig zeigte, dass Südtirol bei Italien bleiben müsse, begann die Kirche auch in Südtirol verstärkt den Kommunismus zu bekämpfen: Der PCI war kurz nach dem Zweiten Weltkrieg erfolgreich, weil er der Arbeiterschaft Hilfe angeboten hatte, so z.B. hatte die kommunistische „Federterra" in Kaltern 1948 ca. 900 Mitglieder.[437]

Falls es einen kommunistischen Umsturzversuch in Südtirol gegeben hätte, wären viele Südtiroler bereit gewesen, mit Waffengewalt dagegen zu kämpfen, wie der erste Präsident der ACLI in Bozen, Sandro Panizza, sagte.[438] Eine wichtige Rolle spielte eine Geheimorganisation von Toni Ebner, die er mit Unterstützung von Kanonikus Michael Gamper, Josef Ferrari und Sandro Panizza aufgebaut hatte.

Diese sollte im Falle einer kommunistischen Machtübernahme in Südtirol bewaffneten Widerstand leisten. Der zentrale Sitz der Organisation war in einem Kloster in Padua, im Athesia-Gebäude in Bozen gab es einen Geheimsender.[439] Die dafür ausgesuchten Männer spielten nun beim Aufbau des KVW eine wichtige Rolle.[440]

Für die Kirche war es besonders wichtig, die kommunistische Gefahr abzuwehren. Das „Katholische Sonntagsblatt" zählte Argumente gegen den Kommunismus auf:

> „Erklärung des geschichtlichen Ursprungs der Religion und ihrer rückschrittlichen Eigentümlichkeit; antireligiöse Aussprachen, kollektive Arbeit, antireligiöse Lichtbildervorführungen, Vereinigungen, Ausflüge usw.
> Das ist ein Schulprogramm, das an Deutlichkeit nicht zu wünschen übrig lässt. In Russland haben die Kommunisten alle Macht in der Hand, da können sie auch offen heraussagen, was sie wollen. In den Ländern, wo sie die Macht erst mit Stimmenfang bei den Wahlen erlangen müssen, dürfen sie das nicht so frei heraussagen, um die Leute nicht scheu zu machen. Für die Katholiken ist aber in aller

Welt die Stellung klar gegeben: Der gottlose Kommunismus ist von der Kirche verurteilt."[441]

Es veröffentlichte außerdem die „zehn Gebote des Kommunismus"[442]. Mitglieder der Partei oder auch nur Sympathisanten wurden als „Verräter an Gott, an Christus und der Kirche"[443] bezeichnet. Auch vor den Landtagswahlen 1948 betonte das Blatt, dass für die katholischen Südtiroler nur eine Partei in Frage käme, die die christlichen Werte und die Heimat verteidigt[444], kommunistisch wählen sei eine Sünde: „Mit schwerer Schuld belastet sein Gewissen, wer kommunistisch oder sozial-kommunistisch wählt."[445]

Außerdem verurteilte die höchste katholische Glaubenskongregation, das Sanctum Officium, am 1. Juli 1949 den Kommunismus: Jeder in Italien, der sich zum Kommunismus bekennt und insbesondere wer ihn verbreitet, wird als Abtrünniger vom Glauben „ipso facto" (durch die Tat selbst) exkommuniziert wird.[446] Diese Stellungnahme wurde am 4. April 1959 wiederholt.[447]

In seinem letzten Hirtenbrief vom 23. Jänner 1952 warnte Bischof Geisler noch einmal inständig vor dem Atheismus, dem Kommunismus und dem Materialismus.[448]

2. Die Ablehnung von Autonomieverhandlungen und die Massenwallfahrten

Die Diskussion um eine Autonomie als Lösung des Südtirolproblems hatte bereits nach Kriegsende begonnen. Nicht nur in Südtirol, sondern auch in allen italienischen Grenzregionen von Sizilien über Sardinien bis Aosta und in der Venezia Giulia entstanden separatistische Bewegungen. Besonders der sizilianische Separatismus stellte die italienische Regierung vor große Schwierigkeiten, obwohl er von keiner ausländischen Macht unterstützt wurde: Es kam zu kurzzeitigen Verhaftungen seiner wichtigsten Vertreter und zur behördlichen Auflösung der entsprechenden Organisationen. Die „sizilianische Frage" wurde schließlich mit dem Erlass des Autonomiestatutes vom Mai 1946 gelöst. Auch die Region Aosta hatte bereits im September 1945 ein ähnliches Autonomiemodell erhalten. Dort gab es nach Kriegsende eine von Frankreich stark unterstützte separatistische Bewegung.[449]

Der italienische Zentralstaat zeigte sich also in seinen Grenzgebieten durchaus verhandlungsbereit. In Südtirol war die Situation allerdings insofern anders, als die SVP Gespräche um eine Autonomie strikt ablehnte.

Sie vermied sogar, so weit dies möglich war, jeden Kontakt mit der italienischen Regierung.[450] Diese Position kam vor allem auf Druck der „Brixner Richtung“ hin zustande, die „Bozner“ Amonn und Raffeiner wären eher gesprächsbereit gewesen. Pompanin formulierte den Standpunkt der Kirche:

> „Die italienische Regierung [zeigt] nur deshalb Entgegenkommen, weil sie um jeden Preis Verhandlungen mit den Südtirolern braucht, um in London nachzuweisen, dass sie in der Lage ist, die Südtiroler auch innerhalb der Souveränität Italiens zufrieden zu stellen. Deswegen die große Eile. Es hilft da nichts, wenn man eine Verwahrung über das Selbstbestimmungsrecht einlegt. Was die Alliierten sehen und die Italiener ihnen vormachen, ist nicht die papierene Verwahrung, sondern die tatsächlichen Unterhandlungen und die getroffenen Abkommen.“[451]

Diese Interpretation der italienischen Politik entsprach nicht der Realität. Der Bozner Präfekt Bruno de Angelis verfolgte hingegen eine Politik der Gratwanderung: Es war der Versuch einer Zusammenarbeit der gemäßigten Kräfte der beiden Sprachgruppen im Sinne einer großzügigen Lösung der Autonomiefrage und des Optantenproblems als Gegenleistung für die Anerkennung der Brennergrenze. Dafür mussten die extremistischen Positionen in beiden Sprachgruppen zurückgedrängt werden: Auf italienischer Seite waren dies jene Kreise, die bereits die Anerkennung der SVP ablehnten und gegen jegliche Autonomie für Südtirol waren. Auf deutscher Seite war dies die Position der „Brixner Richtung“, die Verhandlungen mit Italien ablehnte und nur auf den Anschluss an Österreich hinarbeitete.[452] Mit Amonn und Raffeiner wollte De Angelis verhandeln. Auch Silvio Innocenti, ab 1. Jänner 1946 Nachfolger von De Angelis, wollte die SVP in eine Autonomiediskussion miteinbeziehen, aber die Partei lehnte wiederum ab.[453] Diese Entscheidung kam auf Druck der „Brixner Richtung“ und Karl Grubers zustande. Amonn und Raffeiner vertraten die Meinung, dass eine Autonomielösung für Südtirol nicht nur zwischen Rom und Bozen vereinbart, sondern international im Friedensvertrag zwischen den Alliierten und Italien verankert werden müsse. Die Zeit drängte, nach dem Abschluss des Friedensvertrages würde es dafür zu spät sein. Zu dieser Überzeugung waren sie aufgrund ihrer Einschätzung der internationalen Lage sowie durch viele Gespräche mit Vertretern der AMG in Bozen und der Alliierten Kommission in Rom gekommen.[454]

Innerhalb der SVP kam es nun immer mehr zur Zerreißprobe: Im Februar 1946 wollten die SVP und Präfekt Innocenti an der Lösung des Optantenproblems arbeiten.[455] Als Amonn und Raffeiner im März 1946 an Beratungen zu einem Gesetz zur Regelung der Optantenfrage teilnehmen wollten, bat Amonn Geisler um Unterstützung, sonst würden vielleicht alle Optanten die Staatsbürgerschaft verlieren.[456] Als Pompanin erfuhr, dass die SVP verhandeln wolle, meinte er, dass die Leitung der Volkspartei wieder einmal umgefallen sei.[457] Geisler forderte Gamper auf, diese Verhandlungen zu verhindern oder so lange zu verzögern, dass sie nicht mehr stattfinden konnten. Aus einem Brief von Amonn an Pompanin geht tatsächlich hervor, dass die SVP sich aufgrund dieses Drucks nicht an den Verhandlungen beteiligt hat. Amonn war erzürnt über die politischen Einmischungen des Klerus:

> „Herr Generalvikar, [Sie] sind der Auffassung, die jetzigen politischen Führer des Südtiroler Volkes seien die ungeschicktesten Dilettanten, die sich bei jeder Gelegenheit übertölpeln lassen, während die Italiener die abgefeimtesten und dabei geschicktesten Politiker seien, sodass man auf jeden Fall bei Verhandlungen den Kürzeren ziehen müsse. Wenn dem so wäre, dann dürften wir uns freilich in keine Kommission hineinsetzen und müssten vor jedem italienischen Politiker davonlaufen, wie vor dem leibhaftigen Gottbeiuns. Aber ich glaube, dass dem nicht so ist.
> Sie können überzeugt sein, dass wir für die Zukunft unseres Landes und für eine möglichst gesicherte Existenz unseres Volkes mit allen uns zur Verfügung stehenden Mitteln bis zum Äußersten kämpfen werden, aber die Zukunft Südtirols in entscheidenden Augenblicken in unverantwortlicher Weise nochmals aufs Spiel setzen, dafür ist die Leitung der S.V.P. nicht zu haben.“[458]

Pompanin blieb bei seiner Meinung, wie aus dem Antwortschreiben hervorgeht.[459] Amonn und Raffeiner wollten hingegen mit Italien verhandeln. Da die Differenzen zwischen den Gemäßigten und den Radikalen bis in den Sommer immer größer wurden, hielt Österreichs Außenminister Gruber sogar eine Spaltung der SVP für möglich.[460]

Auf jeden Fall vergab die SVP in der ersten Jahreshälfte 1946 die Chance, mit der italienischen Regierung zumindest um eine Autonomie zu verhandeln. Bis zum 30. April stand noch nicht sicher fest, ob Südtirol bei Italien bleiben würde (auch wenn die Grundsatzentscheidung zugunsten

Italiens schon 1945 gefallen war). In dieser Phase wäre Italien vielleicht bereit gewesen, Südtirol eine umfangreichere Autonomie zuzugestehen. Darauf deuten zumindest die Autonomiestatute von Sizilien und Aosta hin, die 1945/46 erlassen wurden, um den Separatismus in diesen Gebieten zu bekämpfen.[461] Im Fall von Aosta kam zwar hinzu, dass sich die Siegermacht Frankreich massiv für die frankophone Bevölkerung einsetzte, aber Sizilien hatte überhaupt keine ausländische Unterstützung.

Südtirol hatte hingegen die schwache Unterstützung von Österreich. Die schwankende österreichische Südtirolpolitik schadete Südtirol mehr, als dass sie ihm nutzte. Außenminister Karl Gruber war gegen jegliche Autonomieverhandlungen. Wien, Innsbruck und Bozen vertraten allerdings sowieso nicht immer die gleiche Meinung.

Auch nach dem Beschluss, dass Südtirol bei Italien bleiben müsse, blieb die Kirche zunächst bei ihrem Nein zu Autonomieverhandlungen, wie aus einem SSU-Bericht vom 23. Juli 1946 hervorgeht.[462] Ein Dokument der Amerikanischen Gesandtschaft in Wien vom 18. September 1946 belegt die Zerrissenheit der SVP:

> „Die breiten Massen der Südtiroler Bevölkerung und vor allem die Kirche haben die Autonomielösung genauso kategorisch abgelehnt wie die Nordtiroler. Sie lehnen sie auch heute noch ab. Diese Tatsache wird aus der Besorgnis ersichtlich, mit welcher die Diskussionen der SVP über die Autonomielösung von den Massen und in erster Linie von den Kreisen um den Bischof von Brixen betrachtet werden. [...] Unter den führenden Funktionären der SVP gehen die Meinungen auseinander. Es sind eine Reihe verschiedener Gedankenrichtungen vertreten. Die Mehrheit glaubt jedoch, dass es ihre Pflicht dem Volk gegenüber sei zu retten, was man retten könne. Deshalb sind sie heute dazu bereit, eine Autonomielösung sehr ernsthaft in Betracht zu ziehen."[463]

Letztendlich waren es die Politiker der Brixner Richtung, die 1946 eine Lösung der Optantenfrage und Verhandlungen um eine Autonomie für Südtirol verhinderten. Vor allem eine Lösung der Optantenfrage wäre in Reichweite gewesen. Diese ungelöste Frage belastete die SVP und setzte sie 1947/48 unter Druck, das mangelhafte Autonomiestatut anzunehmen. Das Optantendekret vom Februar 1948 war dann kaum besser als jener Entwurf, den die SVP im Sommer 1946 mit Präfekt Innocenti ausgearbeitet hatte und der dann im September 1946 aufgekündigt worden war.

Damit verbunden waren:

- der große Zeitverlust, mit dem das Ergebnis schließlich erkauft wurde;
- die verschiedenen Nachteile, die staatenlose Optanten in Südtirol erlitten (Entlassungen aus dem öffentlichen Dienst, Verweigerung der Ausübung von verschiedenen Berufen usw.);
- Rom hatte ein großes Druckmittel gegenüber der SVP in der Hand.[464]

Vielleicht wäre Südtirol der lange Kampf um eine bessere Autonomie in den 1950er und 1960er Jahren erspart geblieben, wenn eine geeinte SVP mit der italienischen Regierung nach dem Vorbild der Regionalautonomien von Sizilien und Aosta entschieden um eine Autonomie verhandelt hätte.

Während die Kurie Autonomieverhandlungen ablehnte, schlug sie nun einen anderen Weg öffentlichkeitswirksamer Kommunikation ein: religiös motivierte Massenwallfahrten in Südtirol.

Am 23. Jänner 1946 fand in Gries am Brenner eine richtungweisende Unterredung des Klerus statt: Dabei waren der Vorsitzende der Südtiroler in Tirol Eduard Reut-Nicolussi, der Obmann des Tiroler Bauernbundes Josef Muigg und die Pfarrer Alois Falk von Gossensaß und Josef Großgasteiger vom Brenner. Generalvikar Pompanin nahm zwar nicht selbst an der Sitzung teil, wurde aber von Anton Reier, Pfarrer von Mittewald, schriftlich über die besprochenen Themen informiert, die sich mit der politischen Linie der Kurie befassten:

> „1. Kontakt: In letzter Zeit gefehlt zwischen Nord und Süd […]. Die Wichtigkeit des gegenwärtigen Augenblickes in der Sache Südtirols erfordert ununterbrochenen Kontakt und Nachrichtendienst […].
> 2. Kanonikus Gamper muss an aller vorderster Stellung mit den Allerverantwortlichen der S.V.P. arbeiten.
> 3. Die Südtiroler dürfen mit den Ital. überhaupt nicht verhandeln.
> 4. Kommission […]. Sich heute schon auf die Kommission vorbereiten […]. Wenn sie da ist[,] unbedingt an sie herankommen! Unterrichten über die Stellungsverhältnisse u. den ausdrückl. Willen der Bevölkerung […].
> Delegationen, Kundgebungen, Demonstrationen, Fahnen, Lieder und Umzüge […]. Eindruck erwecken, dass die Leute die Ital. nicht wollen […]. Beibringen[,] dass man auf eine ital. Autonomie gar

nichts gibt […]. Walter Amonn muss als Vizepräfekt hingehen und den Anschluss fordern. Wenn er nicht dazu bereit ist, muss er die Stelle verlassen“[465].

Diese Richtlinien zeigen die radikale Politik der Kurie im Jahr 1946. Da an diesem Treffen keine hochrangigen Geistlichen teilgenommen haben, wurden sie wohl schon vorher festgelegt; ein Alleingang der Pfarrer ist unwahrscheinlich.

Bereits einen Tag nach dem Treffen in Gries am Brenner, am 24. Jänner 1946, schrieb Generalvikar Pompanin an Reut-Nicolussi (die schriftlichen Notizen vom Grieser Treffen erhielt er allerdings erst am 30. Jänner). Pompanin ersuchte Reut-Nicolussi, sich dafür einzusetzen, dass die österreichische Regierung eine Volksabstimmung für Südtirol verlangen solle. Diese sollte das ganze Südtiroler Gebiet einschließlich des Unterlandes, ganz Ladinien einschließlich Ampezzo, Buchenstein und dem Fassatal umfassen. Die seit 1919 eingewanderten Italiener sollten dabei nicht wahlberechtigt sein.[466]

Am 1. Jänner antwortete Pompanin dem Pfarrer von Mittewald, dass die Kirche bis auf weiteres nicht vorhabe, eigene Aktionen zu starten. Vielmehr solle man in der SVP mitarbeiten. Damit meinte er wohl, dass man die Partei mit den eigenen Leuten von der „Brixner Richtung“ infiltrieren solle. Wieder einmal beschwor er die nötige Einheit der Südtiroler, z.B. müsse man die Gräben der Optionszeit schließen und Rache vermeiden, da dies „unchristlich“ sei.[467]

Am 3. Februar 1946 erschien folgender Aufruf von Bischof Geisler im „Katholischen Sonntagsblatt“, der die Politik der Südtiroler Kurie repräsentierte:

> „AN DIE HOCHWÜRDIGEN SEELSORGER DER DIÖZESE
> Die nächsten Wochen und Monate sind für die Zukunft unseres Landes entscheidend. Von beiden kompetenten Seiten werden die größten Anstrengungen gemacht werden, um die endgültige Entscheidung in ihrem Sinne zu beeinflussen.
> Wir wollen unsere Hoffnung vor allem auf die Hilfe und den Schutz unseres göttlichen Bundesherren setzten, in dessen Herz heuer vor 150 Jahren unsere Väter das Schicksal und die Not des Landes vertrauensvoll gelegt haben.
> Als vor einigen Jahren die Schweiz sich vor der Besetzung ihres Landes durch ein feindliches Heer wehren musste, hat sie nicht bloß

alle menschlichen Hilfskräfte in Bewegung gesetzt, um diese Gefahr abzuwenden, sondern sie hat auch öffentlich das ganze Volk zum Gebet aufgefordert. So wollen wir Geistliche jetzt nicht bloß selber beten, sondern auch das ganze Volk zu einem Gebetskreuzzug auffordern, damit unser Land endlich den von allen heiß ersehnten Frieden finde. Öffentliche Gebete können zwar im Augenblick nicht leicht veranstaltet werden, aber desto leichter kann sich das gesamte Volk durch private Gebete an diesem Gebetskreuzzug beteiligen. Jede Familie und jeder Einzelne soll tagtäglich unser großes Anliegen dem göttlichen Heiland im Gebete vertrauensvoll ans Herz legen. Das kann geschehen durch Anfügung eines kleinen Stoßgebetes an das Tischgebet (etwa: ‚Herz Jesu, dir sei empfohlen unser Land und unser Volk'), durch das Beten der Herz-Jesu-Litanei beim Abendrosenkranz, durch häufigen Empfang der heiligen Kommunion und Besuch der Werktagsmesse, durch Einhalten der Herz-Jesu-Freitage usw.
Ich bitte dringend alle hochwürdigen Herren Seelsorger, sich der Bedeutung des gegenwärtigen Augenblickes bewusst zu sein und mit allem Eifer dahinzuwirken, dass in diesen Wochen und Monaten bis zur endgültigen Entscheidung unseres Schicksales ein wahrer Gebetssturm zum Himmel dringe und uns die Hilfe unseres göttlichen Bundesherren erwirke.
Brixen, den 14. Jänner 1946

+ Johannes,

Fürstbischof

P.S.: Mit diesem Schreiben werden die Priester und die Gläubigen aufgerufen zu privatem Gebet, weil man die Gefühle der hier eingewanderten Italiener schonen wolle. Nachdem das italienische Blatt ‚Alto Adige' gerade diesen Umstand zu einem Angriff auf unseren hochwürdigsten Bischof benutzt hat, erklärt das Ordinariat, dass es nichts dagegen hat, wenn die Gebete auch öffentlich verrichtet werden."[468]

Wohl Mitte Februar erging an die Dekanatsämter der Diözese Brixen ein Rundschreiben, das die Beschlüsse einer Konferenz des Ordinariats in Stilfs verkündete und politische Richtlinien für den Klerus erstellte:

- Jeder Seelsorger sollte sich mit dem jeweiligen Bürgermeister, dem SVP-Ausschuss sowie dem SVP-Ortsobmann (nur, falls dieser verlässlich ist) in Verbindung setzen, in jeder Seelsorge sollte ein verlässliches Komitee eingesetzt werden. Die Vertrauensmänner müssen geschult werden, sodass sie in der Lage sind, Demonstrationen für den Anschluss Südtirols an Österreich durchzuführen. Die Vertrauensleute haben die Pflicht, weitere Männer ihres Vertrauens in der Pfarrgemeinde zu schulen.
- Die Demonstrationen sollten für den Fall stattfinden, dass Südtirol bei Italien verbleibe. Die selbstverständlich in Trachten gekleidete Bevölkerung sollte sich in diesem Falle versammeln, Fahnen hissen, die Musikkapellen sollten spielen und Südtiroler Lieder gesungen werden. Sie müssen in unmissverständlicher Weise den Wunsch zum Anschluss an Österreich bekunden.
- Jede Zusammenarbeit der Südtiroler, ja sogar jeder Schein einer Kooperation mit Italienern müsse verhindert werden. Wichtig hingegen sei es, die christlichen Gesetze streng einzuhalten.
- Es wurde festgestellt, dass einige Südtiroler mit den Italienern einen modus vivendi suchen, falls Südtirol wider Erwarten bei Italien verbleiben würde. Dieser Entwicklung sei wirksam entgegenzutreten. Außerdem dürfen sich die Südtiroler nicht von schlechten Zeitungsnachrichten entmutigen lassen.
- Die Herz-Jesu-Ehrung muss in Zukunft unbedingt gestärkt werden und außerdem sei das Volk verstärkt zu missionieren. Dazu gehöre ein fleißiger Besuch von Gottesdiensten, Eifer im Empfang von Sakramenten und der abendliche Familienrosenkranz mit der Herz-Jesu-Litanei. Außerdem sei die Sittlichkeit zu stärken.
- An allen Sonntagen, an denen es möglich ist, solle man das Hochamt zu Ehren des Herzens Jesu in den Anliegen des Landes und Volkes feiern.
- Allen Ernstes solle darauf gesehen werden, dass in diesen schwierigen Zeiten aufs Tanzen verzichtet, schlampiges Beten, schwere Sünden und „ungeziemende“ Unterhaltungen vermieden werden. Man dürfe auch nicht sagen: „Wenn es nicht so ausgeht, wie wir wollen, gehen wir nicht mehr in die Kirche.“[469]

In einem Schreiben an Pompanin kritisierte Raffeiner die kirchlichen Maßnahmen, da sie ohne jede Absprache mit der SVP getroffen wurden. Er glaube im Übrigen gar nicht, dass sich das Ordinariat dafür aussprechen würde. Die Durchführung des Rundschreibens bedeute für ihn, dass sich neben der SVP eine zweite politische Organisation in Südtirol bilden würde. Die SVP könne dann für die Entwicklung nicht mehr verantwortlich gemacht werden. In den Südtiroler Ortschaften mit italienischer Mehrheit hatten die Maßnahmen außerdem nur noch stärkere Gegendemonstrationen zur Folge. Ein Hissen von Fahnen, der Aufmarsch von Musikkapellen und Jugendorganisationen, das Absingen von Südtiroler Liedern würde außerdem den Alliierten vor Augen führen, dass es in Südtirol immer noch einen nazistischen Geist gäbe. Die SVP könne nur das Flugblatt schweigend übersehen. Trotzdem freue man sich, dass das fürstbischöfliche Ordinariat tatkräftig mit der SVP zusammenarbeiten will.[470]

Pompanin antwortete Raffeiner, dass er die Befürchtungen der Partei für ungerechtfertigt halte und bot ihm eine persönliche Aussprache an.[471] Für Raffeiner war die Antwort unbefriedigend.[472]

Die Maßnahmen der Brixner Kurie lösten einen offenen Konflikt mit der Trientner Kurie aus, die gegen ein Engagement für die Selbstbestimmung war. Die Brixner Kurie hingegen lehnte Verhandlungen mit der italienischen Regierung ab, vor allem Pompanin war dagegen. Man setzte weiterhin auf das Selbstbestimmungsrecht.[473] Provikar Josef Kögl war hingegen gegen politische Bittprozessionen:

> „Wir wissen ganz bestimmt, dass diejenigen, welche im Hintergrund auf die Prozessionen drängen, nicht den Zweck verfolgen, von Gott etwas zu erbitten, sondern die Absicht haben, durch religiöse Massenkundgebungen das Augenmerk irdischer Machthaber auf unsere Heimat zu lenken, auch weil sich zu rein weltlichen Kundgebungen nicht so viele Leute zusammentrommeln lassen. […] Schließlich besteht die Befürchtung, dass sich Priester und Laien ausgerechnet wieder von jenen einfädeln und vorschieben lassen, die das Hakenkreuz nur übertüncht haben. Vor 1939 hat man den Nationalen zuliebe bei uns das Weltanschauliche übersehen und so die Gläubigen der glaubensfeindlichen Organisation ausgeliefert. Die Folge war das Jahr 1939! Soll noch ein schlimmeres 1939 kommen?“[474]

Hinter der Haltung Kögls stand der Druck seiner italienischen Trientner Vorgesetzten. Der niedere Klerus im deutschsprachigen Teil der Diözese Trient hatte starke Vorbehalte gegen Kögl. In einer Priesterversammlung in Meran einigten sich die Geistlichen des deutschsprachigen Teils der Diözese Trient: Man müsse zwar die Richtlinien von Kögl befolgen, teile seine politische Linie aber nicht.[475] Als die Kurie in Trient ihre Einwilligung zu kirchlichen Feiern zu politischen Zwecken ablehnte, verlangte man, dass die Organe der SVP selbst im Gebiet der Diözese Trient politische Demonstrationen abhalten sollten.[476] Amonn war nachgiebig[477] und so kam es dann auch.[478] In dieser Situation schien es Raffeiner, als ob er und Amonn die Führung der Partei verlören.[479] Der Grund dafür war wohl, dass der Klerus politisch aktiver war als die SVP selbst.

Nicht nur aus heutiger Sicht schossen die geplanten Maßnahmen der Brixner Kurie über das Ziel hinaus, sondern auch der liberalen SVP-Führung war es wohl nicht mehr ganz geheuer. Ihr war eines der Rundschreiben in die Hände gefallen. Raffeiner war darüber nicht erfreut:

> „Im Parteihaus wurde mir ein Flugblatt gezeigt, das unter Berufung auf die ‚maßgeblichsten Vertreter der Südtiroler Volkspartei', die höchste Geistlichkeit und österreichische Stellen Weisungen für das Verhalten der Bevölkerung erteilt. Ich war über die Impertinenz und noch mehr über die Dummheit der Verfasser dieser Schrift empört. Die Südtiroler Volkspartei ist gar nicht befragt worden. Ich zweifle nicht, dass es von geistlicher Seite stammt. […]"[480]

Erst als Raffeiner mit dem Pfarrer der Gemeinde Brenner erbost über das Schreiben diskutierte, erfuhr er vom Treffen der Geistlichen und Reut-Nicolussi am Brenner vom 23. Jänner. Die Priesterkonferenz habe nur die Beschlüsse dieses Treffens ausgeführt, nachdem das Zirkular vom Ordinariat genehmigt worden war. Dieses Beispiel zeigt, wie wenig die Kirche Vertrauen in die liberale SVP-Führung hatte.

Pompanins Dementi der Gründung einer eigenen Partei scheinen mir glaubhaft, denn der Klerus wollte sicher nicht eine „SVP-Konkurrenz" gründen. Er war einer der entschiedensten Befürworter der Sammelpartei und einer Generalabsolution für nationalsozialistisch belastete Südtiroler. Weiters war er zwar ein Verfechter des politischen Katholizismus und eines Naheverhältnisses zwischen Kirche und Politik, doch dabei musste die Kirche immer im Hintergrund bleiben. Priester konnten nach dem Zweiten Weltkrieg nicht mehr aktiv Politik betreiben (im Fall Joseph Gargitter wurde diese Grenze überschritten), trotzdem darf man dies nicht mit einem allgemeinen Machtverlust der Kirche gleichsetzen.

Ab April 1946 begannen in Südtirol Massenwallfahrten nach dem Vorbild Nordtirols.[481] Am 6. April 1946 kamen 2.500 Bittgänger nach Säben,[482] zum Patroziniumsfest in Aufkirchen sogar 4.000 Menschen.[483] In Trens nahmen am 13. April 1946 8.000 bis 10.000 Menschen an einer Bittprozession teil. Um eine Vorstellung davon zu haben, wie ein solches Ereignis ablief, gebe ich das Programm der Buß- und Bittprozession in Trens wieder:

> „Über Wunsch weiter Volkskreise findet am Samstag, 13. April, in Trens eine Buß- und Bittprozession mit dem Trenser Gnadenbilde statt.
> Programm:
> Von halb 7 Uhr an heilige Messen.
> Um 9 wird das Gnadenbild von der Kirche auf die ‚Lahn' getragen.
> Um halb 10 dort Predigt und Feldmesse (es wird die Haydn-Messe vom ganzen Volk gesungen).
> Nach der Messe beginnt die Prozession mit folgender Ordnung:
> 1. Das gerade Kreuz
> 2. Männer, Jungmänner, Knaben
> 3. Sänger
> 4. Kapuzinerkonvent von Sterzing
> 5. Das Gnadenbild
> 6. Der Klerus
> 7. Frauen, Jungfrauen, Mädchen
>
> Nach Einsetzung des Gnadenbildes: Aussetzung des Allerheiligsten, Weihe an das unbefleckte Herz Marias, Segen, Herz-Jesu-Bundeslied.
> Nach einer Stunde Rast ziehen die einzelnen Seelsorgsgemeinden mit ihren Seelsorgern betend zurück. Das ist der würdige Abschluss des Buß- und Bettages".[484]

Die liberalen Amonn und Raffeiner lehnten die Wallfahrten ab und sahen sie nur als einen Vorwand für politische Demonstrationen. Raffeiner sah darin einen Missbrauch der Religion und fürchtete um das gute Ansehen des Bischofs bei den Alliierten.[485]
Auch die Gläubigen im deutschen Anteil des Bistums Trient wünschten solche „religiös-politischen" Feiern, doch der Provikar Kögl verbot es. Der Druck auf Amonn und Raffeiner wuchs, da nun vielfach von der SVP verlangt wurde, selbst auf dem Gebiet der Diözese Trient Demonstrationen zu veranstalten. Amonn zeigte sich nachgiebig, während Raffeiner fürchtete, die Kontrolle über die Partei zu verlieren.

Bei der Zentralausschusssitzung vom 12. April waren ebenfalls die Demonstrationen das dominierende Thema: Fast alle Mitglieder des Zentralausschusses erklärten, dass die Bevölkerung Demonstrationen verlange. Besonders energisch wurden diese von Guggenberg, von Sternbach und Innerhofer-Tanner gefordert.

Von Guggenberg meinte, man solle es ruhig wagen, für das Selbstbestimmungsrecht zu demonstrieren, Baron von Sternbach wollte sogar Demonstrationen für den Anschluss an Österreich. Erich Amonn zeigte sich erneut nachgiebig, während Raffeiner sich entschlossen dagegen aussprach. Ihm kam es vor, als ob er die ganze Versammlung gegen sich hätte.[486]

Otto von Guggenberg war einer der wichtigsten Befürworter der Massenwallfahrten. Da er immer dort redete, kannte ihn praktisch sogar jedes Kind in Südtirol. Zur geplanten Kassiansprozession in Brixen am 6. Mai 1946 schrieb er am 27. April an die Brixner Bezirksleitung:

> „[...] Wir ersuchen Sie daher alles aufzubieten, um diese kirchliche Feier zu einer wahren Volkskundgebung zu gestalten und in diesem Sinne nochmals auf ihre Vertrauensleute einzuwirken. Vor allem sind sämtliche verfügbaren Musikkapellen heranzuziehen, wie auch die Teilnehmer zu veranlassen, möglichst in Tracht zu erscheinen, da gerade diese beiden Umstände, abgesehen davon, dass sie die Prozession besonders feierlich gestalten, ihr am meisten völkisches Gepräge geben, besonders für ausländische Beobachter, für deren Anwesenheit wir Sorge tragen werden.
> Wir bitten auch nicht zu vergessen, bei der bischöflichen Hofburg vorstellig zu werden, um sich auch seitens der Geistlichkeit die weitestgehende Unterstützung zu sichern. Wir selbst werden in diesem Sinne bei Herrn Generalvikar intervenieren. Zugleich werden wir auch für die Entsendung entsprechender Zeitungskorrespondenten Sorge tragen, wie auch die Alliierten in geeigneter Weise auf den besonderen Charakter der Prozession aufmerksam machen. [...]
> Besonderes Augenmerk wollen Sie auch auf die Städte selbst (vor allem Brixen und Klausen) richten, damit auch, wie in früheren Jahren, alle städtischen Organisationen, wie Meister, Gesellen, Jugend, Vereine, wie die verschiedenen Kongregationen etc. möglichst vollzählig mit ihren Fahnen teilnehmen.
> Vor allem ersuchen wir Sie, auch die Jugend heranzuziehen und ihr die Bedeutung der diesjährigen Prozession klar zu machen. [...]“[487]

Von Guggenberg wollte auch mit Hilfe von Hans Schoefl englische und amerikanische Beobachter nach Brixen bringen, „da eine solche völkische Kundgebung, wenn auch im kirchlichem Rahmen, von größter Bedeutung für unsere Sache sein könnte.“[488]

Tatsächlich wurde der „Tag von Brixen“ ein großer Erfolg.[489] Die Nachricht von der Ablehnung der österreichischen Ansprüche auf Südtirol hatte im ganzen Land ungeheure Bestürzung ausgelöst und die Gläubigen kamen massenhaft (zum ersten Mal wurde der Gottesdienst mit Lautsprechern übertragen).

Der Regens des Kassianeums und spätere Bischof Joseph Gargitter rief in der Festpredigt die Gläubigen auf, trotz der tiefen Not immer zu Gott zu stehen. Die Prozession war ca. 3 km lang, wobei die Geistlichkeit den Abschluss bildete. Der religiösen Feier folgte am Domplatz vor ca. 12.000 Anwesenden eine Pro-Österreich-Kundgebung unter der Leitung von Friedl Volgger und Otto von Guggenberg. Beide ermutigten die Gläubigen, weiterhin für die Selbstbestimmung einzutreten.

Zum Abschluss versammelten sich die Anwesenden im Mittelhof der bischöflichen Burg und huldigten dem Fürstbischof. Von Guggenberg dankte Geisler im Namen der Südtiroler für all sein Bemühen zum Wohle des Volkes. Er bedauerte die Hetze der italienischen Presse gegen Geisler und versprach ihm, dass das Volk von Südtirol immer hinter ihm stehen würde.[490]

Nach der Kundgebung kam es zu Zwischenfällen mit den Carabinieri, weil die Veranstaltung nicht angemeldet worden war. Die Carabinieri wollten Friedl Volgger verhaften, was einige junge Südtiroler aber zu verhindern wussten. Die italienischen Regierungsstellen hatten einige Tage vor der Prozession einige hundert Alpini aus Süditalien nach Brixen verlegt, um Zwischenfälle zu provozieren. Ihre Vorgesetzten handelten aber klug und ließen die Soldaten am 5. Mai in den Kasernen.[491]

Am gleichen Tag fand in Meran die auf das Herz-Jesu-Gelöbnis zurückgehende Maiprozession statt, an der ca. 15.000 Menschen teilnahmen. Neben den religiösen Motiven wurde vor allem um einen gerechten Frieden gebetet. Nach dem Ende der Feier sprachen Josef Menz-Popp und Franz Innerhofer-Tanner für das Selbstbestimmungsrecht.[492]

Am 19. Mai fand in Klausen eine Massenkundgebung statt, zu der über 10.000 Südtiroler kamen. Sie lief unter dem Motto „Gerechtigkeit für Südtirol“ ab. Otto von Guggenberg hielt eine Rede, dass sich in den nächsten Tagen das Schicksal Südtirols entscheiden werde. Er verlangte das Selbstbestimmungsrecht für Südtirol.[493]

Höhepunkt dieser Kampagne war die 150-Jahr-Feier des Herz-Jesu-Gelöbnisses am 30. Juni 1946 auf Sigmundskron. Das Herz-Jesu-Fest ist seiner historischen Entstehung nach eine Tiroler Besonderheit, die aus dem Kämpfen um den Verbleib des Landes bei Österreich und aus der Abwehr der Aufklärung und des Protestantismus hervorgegangen ist.

Nun wurde es zu einer Kundgebung für die Einheit des Landes „umfunktioniert". Zehntausende Südtiroler kamen zur bisher größten nationalen Kundgebung des Landes, die trotz religiöser Färbung sehr politisch war. Nach der Ablehnung der Rückkehr Südtirols zu Österreich hatte Erich Amonn wohl eingesehen, dass seine liberale und vorsichtige Politik falsch war.[494] Man darf nicht vergessen, dass trotz der ideologischen Unterschiede zwischen Liberalen und Katholisch-Konservativen das Ziel das Gleiche war: die Selbstbestimmung für Südtirol. Nun näherte er sich dem radikaleren katholischen Flügel in der Partei. Zum Abschluss der Kundgebung erhob Amonn die Hände zum Himmel und rief: „Wir alle richten heute zu dem, der die Geschicke der Völker entscheidet, die heiße Bitte: Herr, mach uns frei!"[495] Seine Rede bildete den Höhepunkt der Veranstaltung und wurde von den Anwesenden jubelnd aufgenommen.[496] Während sich Amonn wohl gezwungen sah, sich aufgrund der allgemeinen Stimmung den Klerikalen anzunähern, behielt Raffeiner seine Vorbehalte gegen die Klerikalen und Optanten. Als Amonn ihn fragte, was er bei der Kundgebung auf Schloss Sigumundskron sagen solle, erwiderte Amonn, dass er den Nazis die Leviten lesen solle.[497]

Am Gottesdienst am Bozner Waltherplatz nahmen laut Angaben des „Katholischen Sonntagsblattes" 50.000 Menschen teil. Anwesend waren auch der Präfekt der Provinz Bozen, Silvio Innocenti, und der Bürgermeister Bonvicini.[498] Der Bischof von Trient nahm an der Wallfahrt nicht teil, dies zeigt die anhaltenden Spannungen zwischen den Kurien.[499] Bischof Geisler war ebenfalls nicht anwesend, er ließ sich von Kanonikus Pertramer vertreten. Die Missstimmungen zwischen den Diözesen sollten noch bis zum Amtsantritt von Joseph Gargitter dauern. Anlässlich der Herz-Jesu-Feier betonte Kögl in einem sehr kritischen Beitrag, dass diese Feier nichts mit Nationalitätenhass zu tun haben dürfe.[500]

Wolfgang Steinacker, der Südtirolberater der französischen Militärregierung, kommentierte die Herz-Jesu-Feier folgendermaßen:

> „Die große, nach außen religiöse, von den Südtirolern aber auch als die bisher größte nationale Kundgebung des Landes empfundene Herz-Jesu-Feier wurde am 30.4.46 von der zehntausenden in dis-

> ziplinierten Gruppen herbeigeströmten Tiroler Landbevölkerung förmlich überflutet. Die italienischen Behörden sollen über dieses Riesenaufgebot, an dessen Erscheinen freilich nicht die Südtiroler Volkspartei, sondern die Kirche das Hauptverdienst [sic!] hat, sehr betroffen gewesen sein. Das Herz-Jesu-Fest ist seiner historischen Entstehung nach eine aus dem Kampfe um die Einheit des Landes hervorgegangene typische tirolerische Besonderheit. Dass nicht nur die österreichischen Bischöfe, sondern auch der italienische Bischof von Trient die großzügige Begehung der Feier ermöglichten, zeigt, dass die Kirche die konservativen Kräfte Tirols und Österreichs nicht vergessen hat. Gerade durch den Übergang Italiens zur Republik, gegen den sich die Kirche erfolglos gestemmt hat, scheint der Wert des konservativen Landes Tirol auf beiden Seiten des Brenners in den Augen der Kirche wieder gestiegen zu sein."[501]

Kanonikus Michael Gamper war auch für die Massenwallfahrten; seine „Dolomiten" berichteten ausführlich darüber. In den Kommentaren dazu stand immer „zwischen den Zeilen", dass Südtirol ohne die Unterstützung des Klerus zum Scheitern verurteilt sei.[502] Gamper hing der Vision von einer unauflöslichen Einheit von Altar und Thron nach, dieser Gedanke stammte allerdings aus dem 18. Jahrhundert und war im 20. Jahrhundert hoffnungslos überholt. Er sah den Klerus weiterhin als Bindeglied zwischen Gott und Volk und erteilte den durch die Französische Revolution verkörperten Prinzipien der Demokratie eine klare Absage.[503]

Betrachtet man die Südtiroler Gesellschaft und vor allem die Massenwallfahrten, kommt man zum Schluss, dass die Gläubigen durch das katholische Milieu möglichst von den Bedrohungen der modernen Welt bewahrt werden sollten. Es ging nicht nur um die Selbstbestimmung, sondern auch um Lebensdeutung. Die Gläubigen sollten ihre Kirche in erster Linie als Institution und Hierarchie wahrnehmen. Praktisch alle Probleme wurden auf Fehlkonstruktionen der modernen Gesellschaft zurückgeführt. Die Katholiken sollten durch ein Netz von Kongregationen und Vereinen abgeschirmt werden. Gemeinsame Kultformen und Zeremonien wie die Massenwallfahrten bewahrten sie in ihrer Weltanschauung und Moral.[504]

3. Das fürstbischöfliche Ordinariat und der Pariser Vertrag

Eine ANSA-Meldung vom 30. April 1946 verkündete, dass Südtirol endgültig bei Italien verbleiben müsse. Katholisch-Konservative und Liberale reagierten völlig verschieden auf diese Meldung: Gamper brachte die Meldung zunächst gar nicht in den „Dolomiten", da er sie noch „verifizieren" wollte. Am 3. Mai erschien nur ein Artikel, dass eine Vorentscheidung getroffen worden sei, „noch dürfe man hoffen".[505] In der Aktionsausschusssitzung vom 1. Mai war Gamper hingegen bleich und aufgeregt[506], während Raffeiner weitaus kühler und gleichgültiger reagierte:

> „Nun, die Schlacht scheint verloren zu sein. Ich wenigstens halte sie für verloren. Jetzt muss man eben einen vernünftigen Rückzug antreten, doch daran scheint niemand zu denken. [...] Im Volk herrscht eine große Bedrücktheit, teilweise beinahe Verzweiflung. Eine große Schuld tragen hier die Geistlichen. Sie haben es dem Volk als nahezu sicher hingestellt, dass wir zu Österreich kommen werden. Ich selbst habe den Leuten immer gesagt, dass es keineswegs sicher sei und wir uns immer auch die andere Möglichkeit vor Augen halten müssen."[507]

Im Mai 1946 verlangte die österreichische Regierung plötzlich das Pustertal und Wipptal im Sinne der „kleineren Grenzberichtigungen", die Österreich von den Siegermächten zugestanden wurden.[508] In einer Note der österreichischen Regierung hieß es:

> „[...] Es wäre eine geographisch logische Lösung, dass die Stadt Brixen, die mit der Verkehrslinie Klagenfurt-Innsbruck in engerem Zusammenhang steht, in diese Grenzberichtigung mit einbezogen wird. Denn Brixen bildet das natürliche Zentrum für das untere Pustertal, wie ja auch die Mündung der Rienz in den Eisack im Stadtgebiet von Brixen liegt. Brixen ist überdies seit vielen Jahrhunderten der Sitz der Tiroler Bischöfe. Noch heute gehört Nordtirol zur Diözese Brixen. Brixen ist eine unverfälscht österreichische Stadt; oberhalb der Eisackklause (Klausen) gelegen, sind ihre natürlichen Verkehrsbeziehungen nach Norden und zum Pustertal hin gerichtet. Es wäre deshalb eine Einbeziehung der Stadt Brixen in die vorgeschlagene Retifikation notwendig."[509]

Interessant ist, dass Österreich religiöse Argumente für die Rückkehr des Pustertals vorbrachte.[510] Das beanspruchte Gebiet entsprach in etwa der Diözese Brixen (außer die Vinschgauer Gebiete).

Die Pustertal-Lösung wurde quer durch alle politischen Lager abgelehnt. Auch Kanonikus Gamper argumentierte religiös-politisch, wenn er sie zurückwies:

> „Mit der Abtrennung der Bischofsstadt Brixen, dem 1000jährigen kulturellen Zentrum des Landes, wäre das gesamte übrige bei Italien verbleibende Südtirol dem italienischen Bistum Trient überantwortet. Bisher hat sich gerade die deutschsprachige Geistlichkeit als stärkste Stütze des Tirolertums erwiesen. Dies wird wesentlich anders sein, wenn das gesamte bei Italien verbleibende Südtirol der italienischen Diözese Trient unterstellt sein wird.
> Schon bisher hat sich in der Kurie von Trient das Bestreben geltend gemacht, die Seelsorge im ‚deutschen Anteil' der Diözese möglichst der tirolerischen Eigenart zu entkleiden. Konnte dies bisher nicht erreicht werden, so ist es nicht zuletzt der Rücksichtnahme auf die Verhältnisse und die Praxis der Nachbardiözese Brixen zu danken, der sich die Trientner Kurie nicht ganz zu entziehen vermochte. Kommt Brixen außerhalb der italienischen Staatsgrenze zu liegen, so wird die Trientner Kurie eine derartige Rücksicht nicht mehr walten lassen.
> Bei einer fast vollständigen Verdrängung der Tiroler Laien-Intelligenz durch die Unterdrückungspolitik der Italiener während der letzten drei Jahrzehnte sind die Geistlichen in Südtirol fast die einzigen, die sich der Pflege der deutschen Sprache unter der Jugend und des tirolerischen Brauchtums in der Bevölkerung annehmen lassen. Die Kurie in Trient wird jede derartige Betätigung der Geistlichen als ‚politisch' zu verhindern trachten. […]
> Die Trientner Kurie hat auch das Verbot der Bittprozessionen erlassen, […] während in der Brixner Diözese ähnliche Veranstaltungen anstandslos gehalten werden. All dies lässt keinen Zweifel darüber aufkommen, dass der Südtiroler Geistlichkeit erst recht Betätigungen, die dem Schutz des Tiroler Volkstums dienen sollten, verwehrt werden, wenn einmal die Kurie von Trient die allein maßgebende kirchliche Stelle des Landes sein wird. Der Führung durch die Geistlichkeit beraubt, muss das Volk umso leichter eine Beute der italienischen Unterdrückungspolitik werden."[511]

Auffallend ist, wie Gamper indirekt seine eigenen Vorgesetzten in der Diözese Trient kritisiert. Im gleichen Memorandum zeigte er wieder einmal, dass Realpolitik nicht seine Sache war. Er sprach sich für eine „erweiterte Pustertallösung“ aus:

> „Außer Brixen [müsste] zumindest auch Meran in Frage stehen. Da Meran nicht mehr als 20 km nördlich der bisherigen österreich-italienischen Grenze liegt, müsste doch auch diese in eine ‚kleine Grenzberichtigung‘ einbezogen werden können. Dann kämen noch die moralischen Gründe, die im Besonderen für dieses Gebiet sprechen. Ohne Meran, die Wiege des Landes Tirol, gibt es kein Tirol. Ebenso nicht ohne Passeier, dem Geburtsort Andreas Hofers. Jetzt, da man anscheinend von dem Prinzip der strategischen Grenze abgehen will, müssen umso leichter solch moralische Erwägungen Beachtung finden. Wäre einmal Brixen und Meran zugestanden und damit ungefähr die ‚napoleonische Linie‘ erreicht, dann würde es bei den Unzukömmlichkeiten, die diese Linie, insbesondere verkehrstechnisch, mit sich brächte, nicht allzu schwer sein, das Verschieben der Grenze bis zur Einmündung des Eisacktales in das Etschtal zu erreichen, um dort allenfalls eine Kompromisslinie zu suchen, die etwa das Bozner Industriegebiet opfert. […]“[512]

Im Juni wurde die so genannte „Pusterallösung“ von den Alliierten abgelehnt. Die österreichische Südtirolpolitik stand im Juni 1946 also vor einem Scherbenhaufen: beide Flügel der SVP konnten dem österreichischen Außenminister Gruber nicht mehr vollständig vertrauen, da er für das Debakel verantwortlich war.

In Paris stand nun die Friedenskonferenz zwischen Italien und den Alliierten auf dem Programm. Erst jetzt, als längst klar war, dass Südtirol bei Italien bleiben müsse, entschloss sich die SVP mit Rückendeckung der Kurie zum Kontakt mit italienischen Stellen. Der ursprüngliche Plan von Amonn und Raffeiner, dass Südtirol eine Autonomielösung auf der Friedenskonferenz international verankern könnte, war gescheitert. Nun präsentierte Präfekt Innocenti einen Vorschlag für eine Autonomie für Südtirol. Sein Modell war sehr restriktiv und übertrug praktisch alle Kompetenzen der Region „Trentino-Alto Adige“. Nun gab es für die Italiener auch keinen Grund mehr, den Südtirolern eine weitgehende Autonomie zuzugestehen. In der SVP hatte allerdings jene „Strömung“, die eine Autonomie allein für Südtirol wollte, die Oberhand.

Im Sommer 1946 herrschte vor allem in Brixen und im Pustertal eine sehr schlechte Stimmung. Man warf der Parteileitung vor, sie agiere zu schwach.[513] Die SVP beschloss nun, eigene Vertreter zur Friedenskonferenz nach Paris zu schicken: Zuerst gab es innerparteilichen Streit, wer nach Paris fahren sollte.[514] Generalvikar Pompanin teilte von Guggenberg mit, von einer nicht näher definierten „alliierten Größe" erfahren zu haben, dass die Delegation aus folgenden Personen bestehen sollte: Pompanin, von Guggenberg, Fürstbischof Geisler, Paul von Sternbach und dem Tannerbauer Innerhofer.

Es sollte eine Vertretung der vier Stände sein: Klerus (Geisler, Pompanin), Adel (von Sternbach), Bürger bzw. Städte (von Guggenberg) und Bauern (Innerhofer-Tanner). Sollte die SVP dieser Zusammensetzung nicht zustimmen, sollte das Volk direkt befragt werden. Wie er sich das genau vorstellte, sagte er nicht.[515] Raffeiner war entrüstet über diesen Vorschlag und Amonn versuchte zu vermitteln. Er schlug folgende Personen vor: den Obmann und den Generalsekretär der SVP, den Bischof von Brixen, Friedl Volgger, Otto von Guggenberg, Franz Innerhofer-Tanner und Paul von Sternbach. Amonn meinte zunächst, man könne den Bischof ruhig mitnehmen, da Südtirol das Selbstbestimmungsrecht sowieso nicht erhielte, und danach könne die Geistlichkeit nicht die SVP dafür verantwortlich machen. Raffeiner war entschieden gegen die Teilnahme des Bischofs an der Friedenskonferenz.[516] Er schrieb Folgendes in seinem Tagebuch:

> „Wie würden wir dastehen, wenn die Italiener auf der Friedenskonferenz die Photografie produzierten, die den Bischof darstellt, wie er mitten unter den Nazibonzen mit lächelnder Miene dem Peter Hofer die Hand drückt? Und wird der Bischof auf Molotov und die russischen Satelliten nicht wie ein rotes Tuch wirken und überhaupt auf alle Teilnehmer an der Friedenskonferenz einen sehr unzeitgemäßen Eindruck machen? Wenn auch nahezu keine Aussicht besteht, das Selbstbestimmungsrecht gewährt zu erhalten, so ist doch zu hoffen, dass uns vielleicht im Friedensvertrag eine Autonomie garantiert wird. Die Anwesenheit des Bischofs könnte uns aber auch in der Autonomiefrage schaden."[517]

Der Streit sollte sich bald als überflüssig erweisen, denn die SVP wurde nicht zur Friedenskonferenz eingeladen. Trotzdem wurde eine inoffizielle Delegation hingeschickt: Ausgewählt wurden Friedl Volgger und Otto von Guggenberg.

Die Südtiroler Delegation durfte allerdings nicht an den Verhandlungen teilnehmen und die Information durch die Österreicher war schlecht.[518]

Die Brixner Kurie hatte sich zuvor gegen die Entsendung von Amonn und Raffeiner ausgesprochen, da man befürchtete, dass diese zu wenig für die Südtiroler Rechte eintreten würden. Außerdem wollte Pompanin einen Ladiner nach Paris entsenden, in diesem Zusammenhang wurde der Name Emil Terschak genannt.[519]

Da die italienischen Behörden ihnen die Ausreise verweigerten, reisten sie illegal nach Paris. Obwohl Volgger und von Guggenberg durchaus zum „katholisch-konservativen Flügel" innerhalb der SVP gehörten, entsandte Bischof Geisler noch einen eigenen Vertrauensmann zur Pariser Friedenskonferenz. Seine Wahl fiel auf Hans Schoefl, der in der Vergangenheit bereits die Memoranden des Bischofs geschrieben hatte.[520] Geisler setzte geringe Hoffnungen in die Konferenz: Hilfe für Südtirol komme nicht aus dem Westen oder Osten, sondern nur von „oben".[521] Trotzdem glaubte Geisler, dass der Kampf um die Selbst-bestimmung für Südtirol noch nicht verloren sei.[522]

Geisler, Pompanin und Gamper vertraten die „Sprungbrett-These": Die Autonomie sollte nur als erster Schritt für die später erfolgende integrale Lösung dienen. Schoefl kritisierte Volgger und von Guggenberg, weil diese zu offen von einer Autonomielösung sprechen würden. Auch die SVP-Versammlung vom 7. August beschloss einstimmig, dass das Ziel der Selbstbestimmung nicht aufzugeben sei. Die Südtiroler Abgesandten sollten auch in Paris auf dieses Ziel hinarbeiten.[523]

Geisler, der sich wegen seiner geistlichen Autorität und politischen Rolle als Sprecher für ganz Südtirol begriff, richtete bei der Friedenskonferenz von Paris durch Schoefl an den englischen Premierminister Clement Attlee eine Petition, in der er das Selbstbestimmungsrecht für Südtirol und die Revision der Brennergrenze forderte.[524] Er unterstrich deutlich seine Enttäuschung, dass Südtirol bei Italien bleiben musste.[525]

Von Guggenberg ließ sich vom österreichischen Außenminister Karl Gruber bestätigen, dass die Autonomie Südtirols nicht auf das Trentino ausgeweitet werden könne.[526]

Schoefl leistete in Paris gute Arbeit, besonders seine Kenntnis der englischen Sprache erwies sich als äußerst nützlich.[527] Er berichtete dem Bischof über den Fortgang der Verhandlungen und setzte sich besonders für Ampezzo, die Heimat von Pompanin, ein. Dieser konnte nämlich nicht verstehen, warum Österreich in diesem Punkt so nachgiebig war und nicht die Rückgliederung an Südtirol verlangte.[528] Pompanin stellte mehrere Grundbedingungen, unter denen Österreich und Südtirol einer Einheitsregion Trentino-Südtirol zustimmen würden:

1. Ampezzo und Buchenstein müssen in das autonome Gebiet mieinbezogen werden.
2. Südtirol sei eine „viel weitgehendere" Autonomie zu gewähren, als im Projekt von Staatsrat Silvio Innocenti vorgesehen.
3. Die eingewanderten Italiener sollen nach kurzer Zeit (etwa 2-3 Jahre) „abgezogen" werden.[529]

Pompanin erkannte deutlich, dass De Gasperi den letzten Punkt aus innenpolitischen Gründen nicht annehmen könne. Er meinte, dass man ihn auch auslassen könne, wenn die autonome Regierung die Kompetenz bekommen würde, „Ausreise-Erlaubnisse" und „Aufenthaltsbewilligungen" auszustellen. Pompanin meinte:

> „Der Satz klingt ziemlich unschuldig; wenn er durchgeht, hat es aber die autonome Regierung in der Hand, alle auszuweisen, die im autonomen Gebiet nicht heimatberechtigt sind und dass das gründlich geschehe, würden schon die Trentiner sorgen."[530]

Pompanin machte sich sogar ernsthaft Gedanken darüber, welche Italiener in Südtirol eine „Aufenthaltsgenehmigung" bekommen: Entweder jene, die vor dem 28. Oktober 1922, dem Tag des Marsches auf Rom, in Südtirol ansässig gewesen seien oder vielleicht könnte man ja den 1. November 1918 als Stichtag einfügen.[531]

Pompanin dachte auch an „spätere Grenzverschiebungen" innerhalb der Region, vor denen man die Südtiroler vielleicht sichern müsste. Er schlug vor, im autonomen Gebiet drei Kantone zu schaffen: „Deutschsüdtirol", das „ladinische Südtirol" und das Trentino. Bei Fragen, die die Minderheiten betreffen, sollte eine Kommission entscheiden, in der die drei Kantone paritätisch vertreten sind. Für Pompanin hatte dies den Vorteil, dass die Ladiner wahrscheinlich immer auf Seiten der Deutschen stehen würden.[532] Er meinte, dass er keine besondere Freude an der Gemeinsamkeit mit dem Trentino habe, aber die Gemeinsamkeit in dieser Form habe doch zwei große Vorteile: die Einbeziehung des Bezirks Ampezzo und die Befreiung von den Italienern.[533]

Tinzl meinte in Bezug auf Pompanins Entwurf, dass dessen Grundgedanken zweifellos richtig seien und unbedingt vertreten werden sollten, außerdem enthielten sie „sehr wertvolle Gedanken", auf die die SVP bis jetzt nicht gekommen sind.[534]

Das in Paris erzielte Resultat entsprach natürlich nicht den unrealistischen Wünschen Pompanins: Südtirol wurde eine Autonomie versprochen, die man auf das Trentino ausdehnen konnte. Genauere Kompetenzen wurden nicht festgelegt. Das Pariser Abkommen wurde nicht Teil des Friedensvertrags der Alliierten mit Italien, sondern nur als Annex angefügt und damit von den alliierten Unterzeichnerstaaten lediglich „zur Kenntnis genommen".

Die SVP musste eigentlich schon froh sein, dass der Pariser Vertrag überhaupt abgeschlossen wurde. De Gasperi wurde bereits damals von einigen italienischen Politikern und Diplomaten vorgeworfen, dass das Pariser Abkommen für die Beibehaltung der Brennergrenze gar nicht mehr notwendig gewesen sei.

Laut dem Historiker Leopold Steurer hatte De Gasperi aber gute Gründe für das Pariser Abkommen:

- Italien sollte sich vor der Weltöffentlichkeit als ein demokratisches und minderheitenfreundliches Land präsentieren, das seine Fehler aus der Zeit des Faschismus wiedergutmachen wolle.
- De Gasperi wollte seiner Heimat Trentino die frühere Autonomie wieder zurückgeben, die es unter dem Faschismus verloren hatte und gleichzeitig der DC-Konkurrenz ASAR den Wind aus den Segeln nehmen.
- Die Südtiroler sollten in den größeren Rahmen der Region eingebunden werden, damit dem Südtiroler Irredentismus ein Riegel vorgeschoben werde.
- De Gasperi hoffte, durch das Pariser Abkommen die großzügige Unterstützung der Alliierten in der Triestfrage zu bekommen, was schließlich im Londoner Abkommen von 1954 auch geschah.[535]

De Gasperi wollte also das Pariser Abkommen, er wurde nicht durch die Politik der Österreicher oder der Südtiroler dazu gezwungen, und die Gründe des Pariser Abkommens waren eher außenpolitischer Natur.

Wie sah die Brixner Kurie das Pariser Abkommen? Geisler sagte bei einer Besprechung mit Herbert Thalhammer[536], dass eine grundsätzlich andere Lösung in Paris nicht zu erwarten gewesen sei, aber Österreich hätte einige Punkte im Pariser Abkommen verbessern können, vor allem in Bezug auf Ampezzo.[537]

Gamper wahrte während der Verhandlungen in Paris immer einen illusorischen Pro-Österreich-Kurs. Er berichtete in den „Dolomiten", dass es in Großbritannien eine Tendenz gäbe, Südtirol das Selbstbestimmungsrecht zuzusprechen. Der „Alto Adige" wies dies sofort als Falschmeldung zurück. Gamper hatte wohl nie begriffen, wer in Paris das Sagen hatte, und war dementsprechend schwer enttäuscht, als Südtirol „nur" den Pariser Vertrag bekam. In den „Dolomiten" schrieb er, dass „Südtirol ein Opfer der Großen" sei. Der einzig Verantwortliche für die Niederlage war seiner Meinung nach der österreichische Außenminister Karl Gruber, dessen Politik gar an den Nazi-Außenminister Joachim von Ribbentrop erinnere.[538]

Gamper ging nun auf eine politische Doppelstrategie über: Auf der einen Seite forderte er weiterhin das Selbstbestimmungsrecht, verhandelte aber auf der anderen Seite um eine möglichst weitgehende Autonomie. Er ging am Anfang sogar von einer eigenen Polizei und einem eigenen Steuersystem aus. Seine Illusionen sollten noch für Konfliktstoff mit der SVP und dem Klerus sorgen.[539] Bis zum Abschluss des Pariser Vertrages konnte sich der Pragmatismus der Liberalen nicht gegen die Maximalforderungen der Katholisch-Konservativen durchsetzen.[540]

4. Alois Pompanin und seine Vision für Südtirol

Nach der Pariser Friedenskonferenz war die Selbstbestimmung für Südtirol endgültig illusorisch, wie auch die Kurie einsehen musste. Nun konzentrierte sich die SVP auf die Ausarbeitung einer Autonomie für Südtirol. Auch „Freizeit-Politiker" Pompanin machte gleich zwei Autonomieentwürfe.

Sein erster Autonomieentwurf sah folgende Kompetenzen für Südtirol vor:[541]

1. Konstituierung des autonomen Gebietes, dessen Selbstverwalung von der UNO gewährleistet werden solle.
2. Umfang des autonomen Gebietes: die gegenwärtige Provinz Bozen; von der Provinz Trient das ladinische Fassa- und Fleimstal, das Unterland zwischen Bozen und der Salurner Klause und die vier deutschen Gemeinden am Nonsberg; von der Provinz Belluno die drei ladinischen Gemeinden Cortina, Pieve di Livinallongo und Colle S. Lucia.
3. Zuständigkeit auf dem Gebiet der Gesetzgebung; die Kompetenzen des Staates wurden taxativ aufgezählt (auswärtige Angelegen-

heiten, Militär, Eisenbahn-, Post-, Flug- und Telegrafenwesen und beschränkte Kompetenzen im Münzwesen und Außenhandel). Alle anderen Kompetenzen sollten von Südtirol wahrgenommen werden.

4. Verhältnis zwischen Staat und Region und deren beiderseitige Organe: Bei allen Entscheidungen der italienischen Regierung, die Interessen des autonomen Gebietes betreffen, hat die autonome Regierung das Recht, ihre Interessen zu wahren.
5. Verfassungsgebende Landesversammlung und sonstige Bestimmungen für den Übergang vom staatlichen zum autonomen System. Bei der verfassungsgebenden Landesversammlung sollten die „nicht heimatberechtigten" in Südtirol wohnhaften italienischen Staatsbürger in ihre Heimatgemeinde „verschafft" werden.
6. Beamte und Angestellte: Südtiroler haben Vorrang für Beamtenstellen. Falls keine Südtiroler vorhanden sind, können Italiener die Stelle bekommen, allerdings nur, falls sie die deutsche Sprache beherrschen.
7. Sonderorgane für Südtiroler (einschließlich Ladiner) einerseits und Italiener andererseits; im Landtag sollte die Möglichkeit bestehen, nach Volksgruppen getrennt abzustimmen.
8. Niederlassungs- und Bürgerrecht im autonomen Gebiet: In den Genuss der Autonomie kommen nur die „Heimatberechtigten", d.h., jene, die schon vor dem 28. Oktober 1922 in Südtirol ansässig waren, alle anderen werden nicht als Südtiroler betrachtet und haben deshalb kein Recht auf Heimat in Südtirol.
9. Vermögen von Land und Staat: Außer den Staatseisenbahnen, der Post- und Telegrafenverwaltung, den Fluglinien und den militärischen Anlagen geht sämtliches Staatseigentum in den Besitz des Landes über.
10. Handels- und Zollwesen, Devisengesetzgebung.
11. Internationale Kontrolle.
12. Name, Hauptort und Abzeichen.
13. Militär: Die Bürger des autonomen Gebietes sollten in eigenen Formationen dienen, die nur im autonomen Gebiet verwendet werden. Außerdem dürfe die italienische Regierung im autonomen Gebiet in Friedenszeiten keine militärischen Formationen aus anderen Gegenden Italiens stationieren.
14. Finanz- und Steuerwesen: Alle Steuern aus dem autonomen Ge-

biet mit Ausnahme der Zölle gehören dem autonomen Gebiet.

15. Verfassungsgericht: Die Konflikte zwischen Staat und autonomem Gebiet sollten durch ein Verfassungsgericht mit fünf Richtern geregelt werden. Zwei Richter sollten vom Staat ernannt werden, jeweils einer aus den drei Kantonen.[542]

Pompanin war der Auffassung, dass man das Pariser Abkommen keinesfalls überschätzen dürfe. Er sah in einem Zusammengehen mit den Trentinern eine bessere Sicherheit für die Zukunft der Südtiroler als in der „internationalen Garantie" durch den Friedensvertrag. Die Verbindung mit dem Trentino wollte er sich möglichst teuer abkaufen lassen. Die SVP dürfe nicht zu großes Entgegenkommen zeigen. Er hoffte weiterhin, dass Buchenstein und Ampezzo wieder zur Provinz Bozen kommen. Besonders wichtig waren für ihn nun die ersten freien Wahlen zum Südtiroler Landtag. Alle Italiener, die nach dem 28. Oktober 1922, dem Tag der faschistischen Machtergreifung, in Südtirol eingewandert waren, sollten von den Wahlen ausgeschlossen werden. Er hielt dies zwar für unrealistisch, aber es müsse zumindest gefordert werden.[543] Pompanin ließ seine radikale Autonomievorlage Tinzl zukommen. Geduldige Verhandlungen waren nicht gerade eine Eigenschaft der Radikalen, in einem Brief an Gamper forderte Pompanin, dass dieser in seiner Zeitung endlich einmal „scharf" machen solle, da dies die einzige Sprache sei, die die Italiener verstünden. Außerdem verlangte er, wieder einmal das Volk aufmarschieren zu lassen.[544]

Auch Gamper konzentrierte sich nach dem Abschluss des Pariser Vertrages auf die Autonomie, die er eigentlich nie gewollt hatte. Für Amonn hingegen war die Frage der Autonomie von Anfang an relevant gewesen. Trotzdem blieben die beiden Positionen auch weiterhin gegensätzlich. Gamper vermutete, dass Raffeiner nach Rom „geschlichen" sei, um dort um eine Autonomie zu verhandeln. Falls dies stimme, müsse er in den „Dolomiten" diskreditiert werden.[545]

Am 15. April 1947 begannen die schwierigen Autonomieverhandlungen der SVP mit den römischen Behörden. Von einer wirksamen Unterstützung Österreichs war nichts zu sehen. Für den österreichischen Botschafter Johannes Schwarzenberg war Südtirol immer nur eine lästige Pflicht.[546] De Gasperi hatte die SVP-Führung (Erich Amonn, Otto von Guggenberg, Friedl Volgger und Josef Raffeiner) nach Rom eingeladen.[547] Die Kurie musste nun zwangsläufig in den Hintergrund treten: Keiner der politisierenden Geistlichen war je bei Verhandlungen dabei (so erklären sich wohl auch ihre meist illusorischen politischen Positionen),[548] aber ihr Vertrauensmann Otto von Guggenberg hielt die Brixner Hofburg auf dem Laufenden. Amonn und Raffeiner zogen eine Verbindung mit dem Trentino in Betracht, da die in der Zwischenkriegszeit geknüpften wirtschaftlichen Kontakte möglichst erhalten werden sollten. Der ethnische Standpunkt wurde dem wirtschaftlichen zugeordnet. Amonn war der Meinung, dass man die Trentiner zu Bundesgenossen der Südtiroler machen müsse.[549] Gamper hingegen hielt kompromisslos an seiner Idee einer möglichst vollständigen „ethnisch-sozialen Konservierung" des Südtiroler Volkes bis zur Gewährung des Selbstbestimmungsrechtes fest. Erstrebenswert schien unter diesem Gesichtspunkt nur eine weitgehende Provinzautonomie ohne Verbindungen zum Trentino, wie er im September und Oktober 1946 immer wieder in den „Dolomiten" darlegte.[550]

Als es um die Zusammenarbeit mit den Trentinern ging, hatte von Guggenberg immer wieder Unstimmigkeiten mit seinem Intimfeind Raffeiner. Von Guggenberg sprach sich im Jänner 1947 öffentlich immer gegen eine Zusammenarbeit mit dem Trentino aus und beklagte, dass sich die SVP zu viel mit den Trentinern einlasse. Das Volk müsse zur Erkämpfung der Autonomie auch „Blut verspritzen".[551] Er warf Raffeiner vor, gegenüber den Trentinern zu schwach aufzutreten.

Die Differenzen zwischen den beiden Richtungen waren so groß, dass Amonn Gamper sogar vorwarf, Terrormaßnahmen zu erwägen. Zudem suche er überall außerhalb des Staates nach imaginären Bundesgenossen, anstatt mit Italien zu verhandeln, dem einzig möglichen Verhandlungspartner.[552]

Auch die italienische Regierung erkannte, dass die „Radikalen" der SVP vor allem in der Brixner Kurie und bei den „Dolomiten" zu finden waren und beschwerte sich deshalb immer wieder bei der liberalen SVP-Führung, so am 17. April 1947 De Gasperi bei Raffeiner. Er sagte, dass die „Dolomiten" und der Brixner Bischof der Südtiroler Sache mit ihren radikalen Positionen nur schaden.[553] Bereits zuvor hatte der Katholik De Gasperi besonders bedauert, dass gerade der katholische Klerus in Südtirol an dieser Verschärfung der Auseinandersetzung führend beteiligt sei. Er könnte ohne weiteres den Vatikan mit Berufung auf das Konkordat um Abhilfe anrufen.[554]

Pompanin hatte noch ein wichtiges Anliegen, das er im Autonomiestatut verankert wissen wollte: Die italienische Regierung hatte laut den Lateranverträgen ein Einspruchsrecht bei der Ernennung der italienischen Bischöfe und der Pfarrer. Pompanin wollte, dass dieses Recht auf das Land Südtirol übergeht, was den Brixner Bischof und die Südtiroler Priester anbelangte. Er hoffte, dass dies ohne die Zustimmung des Vatikans möglich sein werde. Tinzl meinte dazu, dass man für das Anliegen sicher die Trentiner DC gewinnen könne, allerdings glaubte er, dass es wegen der Lateranverträge unwahrscheinlich sei.[555] Bei den Pfarrern würde es laut Pompanin kein Problem von Seiten des Vatikans geben, da dieses Einspruchsrecht auch gegenwärtig von der Präfektur ausgeübt würde und nur im Falle eines Konfliktes zwischen Bischof und Präfektur die Angelegenheit an die Staats-Sekretariate und das Ministerium geleitet wird. Letzteres könnte man ruhig beibehalten, da es in erster Linie wichtig ist, dass nicht italienische Regierungsbehörden das erste Einspruchsrecht haben. Die Kompetenzen der Präfektur sollten ja sowieso an die autonome Regierung abgetreten werden. Nach Pompanin würde es bei der Ernennung der Bischöfe zwar schwieriger werden, aber letztendlich werden der Vatikan und die italienische Regierung ihre Kompetenzen sicher an die Südtiroler abtreten.[556]

Im April kam es zu einem Kompromiss zwischen den beiden Richtungen der SVP, als Karl Tinzl und Josef Raffeiner gemeinsam einen Entwurf für eine Südtirolautonomie ausarbeiteten und diesen in Rom De Gasperi übergaben. Dieser Entwurf, ein Rückgriff auf jenen des Deutschen Verbandes von 1920, war aber wegen der starken italienischen Minderheit in Südtirol nun etwas gemäßigter. Man kann ihn als Vorläufer der Autonomie von 1972 bezeichnen.[557] 1947 hatte dieser Entwurf keine Chance mehr auf Verwirklichung, ein Jahr zuvor wäre die Lage sicherlich besser gewesen.

Am 27. Juni beschloss die Verfassungsgebende Versammlung in Rom die Errichtung autonomer Regionen, darunter auch des „Trentino-Alto Adige“. Cortina und Buchenstein blieben entgegen den Wünschen Pompanins bei der Provinz Belluno. In Rom fand sich keine einzige Partei, die den juristisch ausgefeilten und demokratischen Entwurf von Raffeiner und Tinzl guthieß. Im Gegenteil, die weitgehenden Autonomiestatute von Sizilien und Aosta wurden vielfach in weiten Teilen des rechten und linken Lagers kritisiert,[558] aber nicht mehr angetastet. Die SVP hatte die Chance verpasst, die Aosta und Sizilien 1945/46 ergriffen hatten. In Rom hatte auf höchster politischer Ebene ein weitgehendes Umdenken in Bezug auf Regionalismus und Dezentralisierung stattgefunden.[559] Die SVP stimmte gegen die von Rom vorgeschlagene Regionalautonomie, weil nicht einmal das vorwiegend deutschsprachige Unterland von Trient zur Provinz Bozen zurückkehren sollte.[560]

Es nützte auch nichts, dass Österreich wie Italien eine christdemokratische Regierung hatte: Am 16. Oktober intervenierte Bundeskanzler Leopold Figl zugunsten der Südtiroler. Er übermittelte De Gasperi einen persönlichen Brief, da er als Obmann der ÖVP größten Wert auf ein freundschaftliches Verhältnis mit der DC lege. De Gasperi antwortete am 27. Oktober freundlich-unverbindlich, versprach aber nichts Konkretes.[561] Die Österreicher taten nicht viel für Südtirol: Außenminister Karl Gruber wenig bis gar nichts und sein Nachfolger Figl auch nicht viel mehr. Die Südtiroler waren auf sich alleine gestellt.[562]

1947 war die Optantenfrage sehr wichtig. Ohne eine befriedigende Regelung dieser Frage hatte auch ein gutes Autonomiestatut keinen Sinn. Von Guggenberg nahm auch an diesen Verhandlungen meistens teil.[563] Über alle seine Unterredungen mit „prominenten Persönlichkeiten" führte er lange Protokolle.[564]

Nachdem die SVP bis Oktober 1947 in Rom nicht viel erreicht hatte, fragte sich Raffeiner:

> „Als ich am Abend allein in meiner Kanzlei saß, dachte ich darüber nach, was eigentlich Dr. von Guggenberg während der vielen Wochen, die er in Rom war, geleistet hat. Er ist zweifellos sehr geschäftig gewesen, hat alle Tage fleißig Berichte geschrieben und hat viel Rauch und Staub entwickelt, aber so sehr ich darüber nachdenke, ich kann keinen einzigen Punkt finden, wo er etwas erreicht hätte. Im Gegenteil, wir sind auf allen Linien im Rückzug.
> Was wird die Kurie in Brixen dazu sagen? Von Guggenberg ist ja ihr Abgesandter und Vertrauensmann in Rom. Werden auch der Brixner Kurie über die Misserfolge Dr. von Guggenbergs die Augen aufgehen? Aber ihr war es in erster Linie weniger um die Sache, als um die Person zu tun. Wichtiger ist, dass ein Mann von Adel den Oberbefehl hat, als dass die Schlacht gewonnen wird. Kann die Volkspartei aber auf die Länge eine derartige ‚Erfolglosigkeit' ihrer Politik ertragen?"[565]

Gamper verdächtigte Amonn nun immer wieder, mit der Regierung einen faulen Kompromiss schließen zu wollen, und bekämpfte via „Dolomiten" die „Scheinautonomie", die die Regierung anbot.[566]

Anfang 1948 machte sich die Partei trotz der Entschlossenheit Gampers keine Illusionen mehr: Die Alliierten halfen nicht, De Gasperi blieb hart. Am 10. Jänner 1948 drohte der Bozner Präfekt Silvio Innocenti wieder einmal Raffeiner: Entweder distanziere sich die SVP-Führung von der Politik des Generalvikars Pompanin und der gesamten Brixner Kurie, oder „sie müssten die Folgen tragen".

Jedenfalls betrachteten Innocenti und die italienische Regierung die „Dolomiten“ so lange als die Zeitung der SVP, bis sie offiziell erklärt hätten, dass sie nichts mit dieser Zeitung und der von ihr verfolgten Politik zu tun hätten. Raffeiner rechtfertigte die Blattlinie damit, dass andere Medien die Südtiroler angreifen und sich die „Dolomiten“ dagegen nur wehren. Er beklagte sich, dass sich die SVP nicht von den „Dolomiten“ und der Kurie lossagen könne, weil diese das gesamte Volk beherrsche.[567]

Am 10. Jänner fuhr wieder eine Südtiroler Delegation nach Rom. Mit dabei waren Erich Amonn, Otto von Guggenberg, Josef Raffeiner, Karl Tinzl und Friedl Volgger. Nach von Guggenberg konnte die SVP nicht viel mehr tun, als den Vorschlag der Regionalautonomie anzunehmen. Nur kleine Verbesserungen seien möglich.[568] Am 11. Jänner 1948 gingen Amonn, von Guggenberg und Volgger in die Gregoriana zu Pater Leiber, der immer noch persönlicher Ratgeber des Papstes war. Volgger hatte die Aussprache organisiert, damit sich der Papst bei De Gasperi für die Südtiroler einsetzen würde. Raffeiner wollte den Papst nicht in die Südtirolfrage miteinbeziehen, da er für eine klare Trennung von Staat und Kirche war. Tinzl, von Guggenberg und Volgger waren hingegen von diesem Gedanken begeistert. Pater Leiber hörte die Politiker lange Zeit schweigend an. Dann sagte er, dass das Anliegen für den Papst nicht leicht wäre, Amonn solle jedoch einen Brief an den Papst schicken. Darin solle er darauf hinweisen, dass die Südtiroler Autonomiefrage nicht nur lokale Bedeutung habe, sondern für den allgemeinen Frieden in Europa sehr wichtig sei. Aus diesem Grunde möge sich der Papst für die Südtiroler einsetzen. Der Brief müsse aber so geschrieben sein, dass er vom Papst an De Gasperi weitergeleitet werden könne. Ob der Papst dann diesen Schritt wirklich tue, konnte Leiber nicht sagen.[569]

Auch Gamper ärgerte der Stillstand bei den Autonomieverhandlungen. In einer Artikelserie in den „Dolomiten“ schlug er eine härtere Gangart vor. Die Südtiroler Politiker in Rom rieten ihm darauf zur Mäßigung, da man in der Autonomie- und Optantenfrage eher weiterkommt, wenn die Stimmung nicht zu angeheizt sei. Gamper ärgerte die Zurechtweisung. Er schrieb dem Senator von Braitenberg einen Brief, wo er sich wieder einmal für eine „härtere“ Gangart einsetzte.[570]

Volgger sollte in Rom eigentlich für Gamper sprechen, was in der Praxis hieß, dass er keine Kompromisse eingehen dürfe. Als die Regionalautonomie unausweichlich war, schickten ihn Amonn und Raffeiner nach Hause. Am 23. Jänner interviewte Gamper Volgger in den „Dolomiten“. Darin gab er sich zuversichtlich, dass die Regierung auf alle Südtiroler Forderungen eingehen werde. In Wirklichkeit wusste er längst, dass es nur eine Regionalautonomie zusammen mit dem Trentino geben werde. Gamper hielt also die Erwartungen in der Bevölkerung bewusst hoch, um bei einer Niederlage Amonn und Raffeiner die Schuld geben zu können.[571]

Am 28. Jänner 1948 wurde der Durchbruch bei den Verhandlungen erzielt. Kanonikus Gamper anerkannte die in Rom geleistete Arbeit. Zugleich aber sprach er seine Missbilligung darüber aus, dass Amonn in Rom die Erklärung abgegeben habe, die SVP sei mit dem Autonomiestatut zufrieden und damit das Pariser Abkommen verwirklicht. Gamper behauptete, dass dies nicht der Wahrheit entspreche,[572] es sei lediglich ein „bedeutender Schritt" auf dem Wege zu dessen Erfüllung. Von den Ergebnissen in Rom sei er sehr enttäuscht.[573] Besser wäre es gewesen, ohne Ergebnis nach Hause zu fahren, als diese Erklärung zu unterschreiben.[574] Amonn entgegnete, dass er allein die Verantwortung dafür trage.[575] In den „Dolomiten" sagte Gamper über das neue Autonomiestatut, dass dieses für ihn zwar eine Annäherung an die Autonomie darstelle, aber noch nicht die versprochene Autonomie selbst.[576]

Fürstbischof Geisler äußerte sich ebenfalls befriedigt über den Abschluss der Autonomieverhandlungen. Von Guggenberg pflichtete ihm bei und betonte, die Nordtiroler sollten sich mit ihrer Kritik zurückhalten, da dies die Zusammenarbeit zwischen Italienern und Südtirolern erschwere. Die Durchführung des Autonomiestatutes werde die ganze Aufmerksamkeit der SVP beanspruchen.[577]

Eine weitere Konsequenz der Autonomieverhandlungen war, dass das bis dahin enge Vertrauensverhältnis von Gamper und von Guggenberg endete. Von Guggenberg galt bis 1948 als Gefolgsmann von Pompanin, außerdem hielt seine Familie seit jeher Athesia-Anteile. Gamper misstraute von Guggenberg von nun an, weil dieser bei den aus seiner Sicht gescheiterten Autonomieverhandlungen in Rom dabei war und vor allem weil er für jene „berüchtigte" Erklärung bei den Parlamentswahlen von 1948 stimmte.[578]

Von größter Wichtigkeit ist auch, dass die Autonomiestatute von Sizilien und Aosta umfassender waren als jenes von Südtirol, das ja in die Verbindung mit dem Trentino hineingezwängt wurde. Hätte die SVP schon früher mit der italienischen Regierung über eine Autonomielösung verhandelt, hätten sie wahrscheinlich mehr Kompetenzen bekommen. Bekanntlich fanden die Verhandlungen auf Druck der Klerikalen nicht statt.

V. Die späte Ära Geisler

1. Die Konfessionalisierung des Parteiprogramms der SVP

Die SVP hatte ihr Parteiprogramm bei der Gründung im Mai 1945 bewusst vage gelassen, gewiss aus Eile, teils aber auch, um ihren Charakter als Sammelpartei gerecht zu werden. 1947 sollte dann ein endgültiges Programm ausgearbeitet und auf der ersten Landesversammlung der SVP im Februar verabschiedet werden. Hier zeigten sich wieder einmal die alten Gegensätze: Amonn und Raffeiner wünschten ein möglichst liberales Programm, dagegen wollten Geisler, Pompanin und Gamper natürlich ein „christliches" Programm.[579] Bereits 1946 war es das Ziel der klerikalen Fraktion in der SVP, liberale Standpunkte aus dem Parteiprogrammentwurf zu entfernen. Gamper organisierte in den Wochen vor der Landesversammlung mehrere Treffen für die katholischen Kreise, um die Katholizität des Programmentwurfes zu erörtern. Auch der Provikar des deutschsprachigen Teils der Diözese Trient, Josef Kögl, fürchtete ein allzu liberales Programm und intervenierte bei Kanonikus Gamper. „Die Parteimitglieder sollten sich zu Achtung und Duldsamkeit gegenüber anderen Bekenntnissen und Weltanschauungen verpflichten." – An diesem Satz schieden sich die Geister. Die aus heutiger Sicht wohl selbstverständliche Toleranzformel ging der Kirche damals bereits zu weit. Kögl behauptete, dass ein Katholik eine Weltanschauung, die er als Irrtum erkennt, nicht achten könne. Gamper sah dies ähnlich und erreichte die Streichung der umstrittenen Passage.[580]

Im Parteiprogramm stand schließlich (in eckigen Klammern der umstrittene und schließlich gestrichene Satz):

> „Die Südtiroler Volkspartei anerkennt volle Gewissens- und Religionsfreiheit. [Diese muss verbunden sein mit der Achtung und Duldsamkeit gegenüber anderen Bekenntnissen und Weltanschauungen[581].] Zugleich erblickt sie in dem überlieferten katholischen Glauben unseres Südtiroler Volkes, dem der größte Bestandteil desselben anhängt, den wertvollsten Bestandteil seines geistigen Lebens und das kostbarste Erbe der Väter.
> Die Südtiroler Volkspartei wird jederzeit für den Schutz und die Förderung der religiösen Güter des Südtiroler Volkes eintreten, soweit dies auf politischem Gebiete notwendig ist. […]"[582]

Raffeiner kommentierte folgendermaßen die Entstehung des Parteiprogramms:

> „Bemerkenswert aber ist, dass in fast allen den vielen kirchlichen Zuschriften, die in letzter Zeit von kirchlichen Stellen ausgegangen sind, immer wieder darauf verwiesen wird, dass sich die Kirche in keiner Weise in politische Angelegenheiten einmengen wolle, während man sich dann – man kann sagen – aber um jeden Beistrich unseres Parteiprogramms kümmert und daran etwas auszusetzen hat."[583]

Die Konfessionalisierung des Parteiprogramms zeigte, wie wenig Platz Andersdenkenden eingeräumt wurde; die an der Spitze um Erich Amonn herrschende Toleranz kam bei der Basis kaum an. Die Trennung von Staat und Kirche kam im Parteiprogramm jedenfalls nicht vor. Das Parteiprogramm war somit ein Sieg der Klerikalen.

Die Kontroversen bei der Auseinandersetzung um das Parteiprogramm aus seiner Sicht schilderte der Kanonikus in einem Brief an Bischof Gargitter 1953:

> „[…] Als die SVP daran war, das Parteistatut abzufassen, war es, obwohl ich als Priester kein Stimmrecht in der Partei besitze, mein Bestreben, darin dem christlichen Gedanken Geltung zu verschaffen für die politische Arbeit im Lande. Über meine wiederholte Intervention, die ich vornahm, nachdem ich zuvor mit beiden Kurien mich in Verbindung gesetzt hatte, konnte einiges im Statut geändert werden, was eine klare Festlegung der Partei auf eine eindeutige christliche Linie betrachtet werden kann. In so manchem ‚christlich-demokratischen' Parteistatut anderer Länder findet die christliche Grundhaltung einer Partei nicht so deutlichen Ausdruck, wie in jenem der SVP. Wer sich bewusst ist, dass es sich dabei um eine Sammelpartei handelt, wird beurteilen können, dass meine Bemühungen nicht immer leicht waren und dass es andererseits eine wertvolle Sicherung bedeutet, wenn z.B. jetzt jeder Wahlkandidat sich auf dieses Statut verpflichten muss, in dem die christliche Haltung der Partei verankert ist …"[584]

Außerdem wollten die Katholisch-Konservativen auf der Landesversammlung die liberale Parteiführung abwählen. Gamper hatte noch einen zweiten Grund ihrer Ablehnung. Seit der Jahreswende 1946/47 befürchtete er, dass die SVP ein eigenes Presseprojekt starten könnte (die Parteizeitung „Volksbote“ stand ja unter der Kontrolle der Athesia). Anfang 1947 gab es in der Partei bereits konkrete Überlegungen, ein italienischsprachiges Mitteilungsblatt herauszugeben. Gamper meinte dazu, man könne die italienische Leserschaft besser durch ein katholisches Blatt beeinflussen, das auch einen politischen Teil enthielte, als durch ein ausgesprochenes Parteiblatt. Außerdem drohte er, ein eigenes katholisches italienischsprachiges Blatt zu gründen, falls es zu einer reinen italienischsprachigen Parteizeitung käme. Wichtige Befürworter in der SVP für eine italienische Zeitung hingen vom Wohlwollen Gampers ab (Otto von Guggenberg, Friedl Volgger, Toni Ebner), deshalb hätte ein SVP-Blatt gegen die Athesia keine Chance gehabt.[585]

Die Katholisch-Konservativen wollten Amonn bereits in einer Ausschusssitzung von einer Kandidatur abhalten. Die Ausschussmitglieder sollten von der Unfähigkeit Amonns überzeugt werden. Pompanin wollte eine noch weitergehende Neubesetzung der Parteileitung: Auch Ebner sollte entfernt werden. Amonn wurde aber dann doch nominiert.[586]

Die erste Landesversammlung der SVP begann in Krisenstimmung[587] und es zirkulierte dann folgendes Flugblatt unter den Delegierten:

> „Der zu wählende Präsident der SVP muss ein erprobter und ganz zuverlässiger Mann sein und [...] persönlich die Leitung in die Hand nehmen. Deshalb ist es zu wünschen, dass er nicht an ein Geschäft oder Gewerbe gebunden ist. [...] Eine katholische Parteileitung für das katholische Volk von Südtirol!“[588]

Amonn glaubte, dass das Vertrauen in seine Person erschüttert sei, und wollte nicht mehr kandidieren. Er konnte nicht glauben, dass der Flugzettel ohne Wissen des Kanonikus verteilt worden war, zumal er bei der Athesia in Brixen gedruckt worden war.[589] Schließlich ließ sich Amonn doch noch umstimmen und nahm die Wahl zum Parteiobmann an. Amonn wusste, dass er bei vielen unbeliebt war, und stellte ausdrücklich die Bedingung, dass er einen maßgeblichen Einfluss auf die Parteilinie haben müsse. Ebner hielt es sogar für notwendig, dass alle Anwesenden dies schriftlich zugestehen müssten![590] Die Mehrheit der Delegierten war zwar gegen die politische Linie Amonns, schätzte aber seine Sachkenntnis und wollte bei den Autonomieverhandlungen nicht auf ihn verzichten.[591] Am 1. Jänner 1947 trat Raffeiner von seinem Posten als SVP-Generalsekretär zurück und wurde bei der nächsten Parteileitungssitzung am 15. Februar einstimmig durch einen Vertrauensmann der Klerikalen und seinen Intimfeind ersetzt: Otto von Guggenberg.[592] Ihm wurde von einigen Kreisen der Partei zugemutet, energischer gegen die liberale Politik Amonns aufzutreten. Zunächst wollte er dieses Amt nicht annehmen, da er sich nicht dazu missbrauchen lassen wollte. Vielmehr befürchtete er viele Meinungsverschiedenheiten mit Amonn, die leicht zu einem Konflikt führen könnten. Außerdem glaubte er, dass Amonn ihm nicht freundlich gesinnt sei. Tinzl, Gamper, Raffeiner und Perathoner überredeten ihn, die Stelle doch anzunehmen.[593] Er übte das Amt bis 1952 aus.[594] Raffeiner glaubte, dass seine Ablösung darauf zurückzuführen sei, dass er zu wenig katholisch und zu liberal war.[595]

Mit diesem Ergebnis waren die Klerikalen jedoch nicht zufrieden. Bereits eine Woche später sagte Pompanin zu Gamper, dass man Amonn in Rom stoppen müsse.[596]

2. Die Fehde zwischen „Der Standpunkt" und den „Dolomiten"

Dem italienischen Präfekten in Bozen, Silvio Innocenti, war immer ein Dorn im Auge, dass die Südtiroler es geschafft hatten, eine Sammelpartei zu gründen, und deshalb über eine relativ starke politische Position verfügten. Immer wieder versuchten er und seine Helfer, deutschsprachige, aber italienfreundliche Parteien zu gründen. Außerdem wurde die Gründung einer deutschsprachigen italienfreundlichen Zeitung ins Auge gefasst, um die „Dolomiten" zu treffen. Besonders die Kurie und ihre ethno-nationale Politik waren beim Präfekten verhasst. Bis 1947 war aber weder die Gründung einer deutschsprachigen Partei noch einer Zeitung geglückt.[597]

Im Jahr 1947 kam für die Medienmacht Gampers ein neuer Gegner auf: Die Wochenzeitung „Der Standpunkt" wurde vom italophilen Meraner Hans („Giovanni") Fuchs herausgegeben und teilweise vom italienischen Grenzzonenamt finanziert.[598] Trotzdem informierte „Der Standpunkt" die Südtiroler 1947 weit besser über den Stand der Autonomieverhandlungen als die „Dolomiten". Er zeigte im Gegensatz zu Gampers „Dolomiten" auf, was in Rom tatsächlich zu erreichen war. Die Strategie von „Der Standpunkt" war es, zum Medium der liberalen, italienfreundlichen Südtiroler aufzusteigen.

Zunächst schien es, als ob „Der Standpunkt" eine ernstzunehmende Konkurrenz zu den „Dolomiten" werden könnte („Der Standpunkt" hatte in Südtirol eine Auflage von ca. 5.000 Stück[599], die „Dolomiten" hatten ca. 15.000 Stück[600]). Das Blatt gab sich betont kulturübergreifend[601] und Südtirol sollte also zugunsten der europäischen Idee auf die Selbstbestimmung verzichten. Die geistige Grundlage des „Standpunktes" bildete der Begriff des „christlichen Abendlandes". Die Herausgeber betonten dies durch den Untertitel „Abendländische Zeitung für Politik, Kultur und Wirtschaft". Dieser Zielsetzung entsprechend verstand sich „Der Standpunkt" als konservative, den christlichen Werten verpflichtete Zeitschrift. Die Leser der Zeitung bestanden vor allem im gehobenen Bürgertum; so war Erich Amonn mit dem „Standpunkt"-Mitarbeiter Hubert Mumelter befreundet.[602]

Da am Anfang „Der Standpunkt" den „Dolomiten" deren Monopolstellung streitig zu machen schien, brach bald ein Konflikt zwischen den beiden Blättern aus. Der „Standpunkt"-Journalist Louis Barcata beispielsweise verlor über Kanonikus Michael Gamper kein gutes Wort und behauptete zu Recht, dass dieser sich nie für realistische Ziele eingesetzt habe.[603]

Das Ziel des „Standpunktes" war es, die SVP in eine gemäßigte und eine „Gamper-Partei" zu spalten und den kirchlichen Einfluss in den Medien zu beschneiden. Immer wieder erklärte der „Standpunkt" seinen Lesern, dass mit der Erreichung des Autonomiestatutes die Sammelpartei ihren Zweck erfüllt habe.[604]

Fuchs wurde in seinen Artikeln immer konkreter und suchte einen Keil zwischen die „Dolomiten" und die SVP treiben, wohl wissend: Wenn sich die SVP von den „Dolomiten" löst, folgt die Spaltung der Partei. Er benützte immer wieder die Spannungen zwischen Amonn und Gamper für seine Zwecke[605], aber die von Fuchs erhoffte Spaltung der Partei in Liberale und Katholisch-Konservative trat nicht ein; der radikalere Flügel um Gamper konnte seine Position sogar noch ausbauen. Mit dem Streit gegen die „Dolomiten" hatte „Der Standpunkt" zum Schluss nur verloren und schaffte es trotz seiner besseren Informationen nie, das kirchliche Pressemonopol wirklich zu durchbrechen. Außerdem machte der Chefredakteur Hans Fuchs immer wieder den Fehler, die Kirche direkt anzugreifen:[606] „[…] weil der Machtwille [Gampers] mit Hilfe einer Vermengung von Religion und Nationalismus durchgesetzt wird […]"[607].

1950 schrieb Fuchs:

> „Gibt es, solange solche Hasser die einzige deutschsprachige Tageszeitung der Provinz in den Händen haben, überhaupt Chancen für eine Lösung der drängenden Fragen? […]

> Das Wort des Heiligen Vaters, der erst vor kurzem eine erschütternde Mahnung an die Völker gerichtet hat, sich zu vertragen und zu versöhnen, ist nicht bis an das Ohr des Kanonikus Gamper gedrungen, obwohl er es in seinem Blatte abgedruckt hat. Oder sollte er, in jenem ‚besten Glauben', den er ja bei seinem für das ganze Land immer gefährlicher werdenden, bedenkenlosen Kampf immer für sich in Anspruch nehmen wird, meinen, das Wort des Papstes sei nur an die Italiener gerichtet gewesen und gerade auch an die Südtiroler seines Schlages?
> Die vielen heimlichen und doch nicht geheim bleibenden Pläne, die von alten und jungen Radikalen in der Bozner Museumsstraße [den Sitz der ‚Dolomiten', Anm. J.G.] zur ‚Wiedergewinnung der Macht in Südtirol' gesponnen werden, tragen schon noch ihre Früchte. In Rom, in Wien [...] und selbst in Bozen gibt es heute schon genug Menschen, die wissen, was sie davon halten sollen, wenn von einem Priester Hass statt Liebe gepredigt wird."[608]

In den ersten Nachkriegsjahren machte man sich allerdings durch Angriffe auf die Kirche weder beliebt, noch steigerte man die Auflage. Spätestens als sich die Autonomie als Phantom erwies, da diese von den Trentinern blockiert wurde, war das Ansehen von „Der Standpunkt" dahin. Außerdem wurde immer wieder vermutet, dass „Der Standpunkt" vom italienischen Grenzzonenamt mitfinanziert wurde und eine Propaganda für Rom sein sollte. Obwohl die „Dolomiten" dies zu diesem Zeitpunkt nie explizit belegen konnten, verlor „Der Standpunkt" durch diese Vermutungen an Ansehen in der Südtiroler Bevölkerung.[609] Selbst die Liberalen distanzierten sich nach anfänglicher Sympathie vom „Standpunkt" und der Traum von Fuchs als Meinungsführer eines breiten liberalen Lagers war bald ausgeträumt.[610]

3. Die Parlamentswahlen 1948

Die Parlamentswahlen von 1948 mobilisierten die gesamte katholische Welt Italiens, da sie als entscheidend für die Zukunft Italiens und für die Rettung des italienischen Katholizismus gesehen wurden. Die Kommunisten und die Sozialisten hatten sich in der „Volksfront" zusammengeschlossen und waren damit eine ernste Gefahr für die DC. Der Wähler sollte nun zwischen „Ost" und „West" oder zwischen dem „atheistischen Kommunismus" und „dem toleranten Kapitalismus" entscheiden. Für die italienischen

Katholiken gab es keinen Zweifel, dass sie die DC unterstützen mussten, denn für den Klerus in den Ländern unter der sowjetischen Hegemonie (Polen, Ungarn, Tschechoslowakei, Rumänien, Bulgarien) schaute es schlecht aus. Die Wahlen waren die ersten in der Geschichte Italiens, in denen sich der Klerus voll für ein politisches Ziel einsetzte.[611]

Auch in Südtirol bemühten sich die Klerikalen, dass katholische Kandidaten Südtirol im Parlament vertreten sollten. Im Wahlkampf bildeten sich wieder die altbekannten Lager: die Kurie favorisierte christliche Kandidaten, die Parteileitung um Amonn und Raffeiner wünschte zumindest ein Gleichgewicht zwischen Liberalen und Katholisch-Konservativen. Die Spannung zwischen Gamper und Amonn war wegen der Ereignisse um das Autonomiestatut noch zusätzlich gestiegen. Auch hatte sich Amonn in einem Interview mit dem „Alto Adige" als „sehr zufrieden" mit der Autonomie gezeigt, was die gespannte Lage nur noch mehr anheizte. Die Landesversammlung hatte Amonn wieder vorläufig bestätigt, obwohl Gamper unbedingt seine Abwahl wollte. Auch Pompanin wünschte einen neuen Obmann, da man sonst langsam Zweifel an der Katholizität der SVP bekommen würde.[612]

Nun standen die ersten freien Wahlen nach 1945 an. Kanonikus Gamper hatte mehrere Strategien für die Wahl: Einerseits sollten möglichst katholische Kandidaten nach Rom gewählt werden, außerdem sollten die Kandidaten in seinem Einflussbereich liegen.[613] Falls dies nicht möglich sei, sollten die Kandidaten mittels Erklärungen möglichst an eine katholische Linie gebunden werden.

Einen Tag vor der Nominierung der Kandidaten im Parteiausschuss fand in der „heimlichen Parteizentrale", der Wohnung des „einfachen Parteimitglieds" Gampers, eine Lagebesprechung statt. Toni Ebner sagte zu Josef Raffeiner, die Sitzung sei unter dem Vorwande einer Beratung der „katholischen Männer" der Partei von Gamper einberufen worden. Gamper wies darauf hin, dass es in der katholischen Bevölkerung Bedenken gegen den Charakter der SVP als Sammelpartei gebe und dass die Bildung einer neuen, streng katholischen Partei verlangt werde, was aber die Gefahr einer politischen Zersplitterung des Volkes beinhalte. Aus diesem Grund müsse man etwas unternehmen, um die katholischen Bedenken gegen die SVP zu zerstreuen. Anwesend waren von den Geistlichen: Kanonikus Gamper, Pompanin, der Bozner Probst Kalser, der Pfarrer Pfalzer und andere. Folgende Laien waren anwesend: von Guggenberg, Ebner, Josef Graber, Heinrich Puff, Josef Menz-Popp, Karl Tinzl, Franz Innerhofer-Tanner, Hans Tiefenbrunner, Georg Dipauli, Dissertori und andere.[614] Das Ziel war die Sicherung des nötigen Einflusses der „bewusst katholischen" Mitglieder der SVP.[615]

Schließlich einigte sich die „Parteileitung" der Brixner Richtung auf folgende Kandidaten: Die beiden mutmaßlichen Sitze im Senat wurden den Liberalen Carl von Braitenberg und Josef Raffeiner „überlassen". Die Kammer sollte aber eine katholische Domäne werden, mit Otto von Guggenberg, Friedl Volgger und Toni Ebner als SVP-Vertretern.[616] Otto von Guggenberg galt bekanntlich als verlängerter Arm des Generalvikars Pompanin, Friedl Volgger war Schriftleiter des „Volksboten" und Toni Ebner war mit dem Kanonikus verschwägert. Gegen von Braitenberg und Raffeiner wurden einige Bedenken laut. Ihnen wurde weniger ihre liberale Einstellung vorgeworfen, sondern dass sie in italienischen Kreisen und in Rom gut angesehen wären, was für einen Südtiroler Volksvertreter nicht gut wäre. Von der bischöflichen Kurie kam allerdings kein Veto. Raffeiner schrieb dazu in sein Tagebuch:

> „[Es] handelte sich […], wie jedem klar sein muss, der einigermaßen mit den politischen Verhältnissen des Landes vertraut ist, nicht so sehr um den Katholizismus und das Wohl des Volkes, als vielmehr um die Wahrung und weitere Stärkung des politischen Einflusses eines Monsignore Pompanin und Kanonikus Gamper."[617]

Als dann der Parteiausschuss die Aufstellung der Kandidaten für die Parlamentswahlen festlegen sollte, sah er sich bereits einer fertigen Liste und einer Mehrheit in den eigenen Reihen gegenüber, die sich verpflichtet hatte, für diese Liste einzutreten. So kam es dann auch.[618] Josef Raffeiner bemerkte dazu in seinem Tagebuch:

> „So etwas heiße ich Verschwörung, aber Kanonikus Gamper ist eben der Mann für solche Maulwurfsarbeit. Entrüstet bin ich über die Männer, die daran teilgenommen haben. Wozu haben wir überhaupt noch eine Parteileitung, wenn die entscheidenden Beschlüsse schon vorher beim Kanonikus Gamper gefasst werden und von ihm der Parteiausschuss präpariert wird? Die Parteileitung soll nur nach außen die Verantwortung tragen, die wahre Parteileitung hinter dem Vorhang ist der Kanonikus."[619]

Die Liberalen in der SVP hatten noch nicht einmal ihre Niederlage bei der Kandidatennominierung verdaut, als die Kurie schon ihre nächste Forderung präsentierte: Generalvikar Pompanin übermittelte einen Brief mit folgenden Forderungen an die Landesleitung der SVP: Der Kurie genügte nicht, dass die SVP die Kandidaten auf „die Grundsätze der christlichen Weltanschauung und Ordnung“ festgelegt habe. Sie bestand auf eine bindende Erklärung in folgenden Punkten:[620]

1. Aufrechterhaltung des Konkordats in all seinen Punkten.
2. Unauflöslichkeit der Ehe und Eintreten für die christliche Famlie, besonders für ihr Recht auf Erziehung der Kinder gegenüber Übergriffen des Staates.
3. Ablehnung der Laienschule und Eintreten für die christliche Schule mit Religionsunterricht von Seiten der Geistlichen.
4. Lösung der sozialen Fragen nach christlichen Grundsätzen, wie sie besonders von den letzten Päpsten aufgestellt worden sind.

Pompanin unterstrich die Wichtigkeit einer bindenden Erklärung:

> „Anlässlich der Unterschriftensammlung für die Kandidatur des Herrn Dr. Raffeiner als Senator für den Kreis Brixen haben zahlreiche Laien an Geistliche die Frage gestellt, ob man wohl dem Herrn Dr. Raffeiner die Stimme geben könne, da derselbe nicht auf dem Boden der christlichen Weltanschauung stehe. Einzelne haben geradezu erklärt, dass sie ihre Stimme dem Kandidaten der Democristiani geben werden.
> Dadurch veranlasst, erlaubt sich das gefertigte Ordinariat die Landesleitung der S.V.P. aufmerksam zu machen, dass es für die Geistlichen nicht leicht sein wird, sich für die Kandidatenliste der S.V.P. einzusetzen, wenn die Kandidaten nicht eine unzweideutige und gegenüber den Wählern bindende Erklärung abgeben, dass sie in ihrer Tätigkeit als Abgeordnete und Senatoren für die Grundsätze der katholischen Weltanschauung eintreten werden. […]
> Das Ordinariat möchte darauf hinweisen, dass das Parteiprogramm in vielen Kreisen als nicht genügend klares Bekenntnis zur katholischen Weltanschauung aufgefasst wird und dass deswegen eine bloße Erklärung mit Hinweis auf das Parteiprogramm diese Kreise nicht befriedigen wird, da ja die Kandidaten für den Senat aus den früher freiheitlichen Kreisen stammen und insbesondere der Kandidat für Brixen (Raffeiner), wie allgemein bekannt ist, persönlich nicht praktiziert. Das hat für die Wahlen aber keine große

> Bedeutung, wenn die Kandidaten sich bindend verpflichten, in ihrer Tätigkeit als Abgeordnete die katholischen Richtlinien einhalten zu wollen. Aber eine solche Erklärung hält das gefertigte Ordinariat für unbedingt notwendig, soll eine Wahlenthaltung oder Zuwendung vieler katholischer Stimmen an die Kandidaten der Democristiani hintangehalten werden. Und je schneller diese Erklärung erfolgt, desto besser wird es sein, damit nicht inzwischen die Stimmungsmache gegen die Kandidaten der Volkspartei zu weite Kreise zieht. Wenn die Kandidaten eine bindende Erklärung [...] dem gefertigten Ordinariat übersenden wollen, wäre dieses in der Lage, bei den Weisungen, die es in Bälde den Geistlichen zuschicken wird, darauf Bezug zu nehmen."[621]

Die geforderte Parteierklärung sorgte parteiintern für große Unruhen. Für die Kandidaten der Kammer war sie kein Problem, während Raffeiner und Braitenberg die Erklärung ablehnten. Sie begründeten es damit, dass die von der Kirche empfohlenen DC-Kandidaten keine Erklärung abgeben müssten.[622] Raffeiner schrieb in einem Brief an von Guggenberg, in dem er seine Katholizität beteuerte, die auch dadurch zum Ausdruck komme, dass er im Gegensatz zu anderen SVP-Politikern immer ein Bündnis mit der DC befürwortete.[623]

Kaum hatte sich die Aufregung um die „Erklärung" wieder gelegt, stellte sich die nächste Frage: Sollte die SVP mit der den Trentiner Autonomisten („Associazione Studi per l'Autonomia Regionale" – ASAR) oder mit der DC ein Bündnis eingehen? Eigentlich sollten der Kalte Krieg und die damit verbundene Frontstellung aller bürgerlichen Parteien gegen die kommunistisch-sozialistische „Volksfront" und das Absichern einer katholisch-konservativen Hegemonie auf regionaler und staatlicher Ebene SVP und DC zusammenführen. Hier ergab sich allerdings die paradoxe Situation, dass die Katholisch-Konservativen innerhalb der SVP nicht mit der christlichen DC, sondern mit den autonomiefreundlicheren Trentiner Autonomisten zusammenarbeiten wollten. In diesem Fall „dürfe die SVP im Trentino Wahlwerbung machen", was sie im Bündnis mit der DC nicht dürfe. Dies war das fadenscheinige Argument der ASAR-Befürworter um Kanonikus Gamper. Amonn und Raffeiner waren hingegen für ein Bündnis mit der DC, da man sonst De Gasperi erzürnen würde, was sich wiederum negativ auf Südtirol auswirken würde. Am 17. März besuchten Amonn und Raffeiner den Provikar der Diözese Trient Josef Kögl. Dieser war entsetzt und fand insbesondere das Verhalten des Kanonikus unmöglich.[624]

Schließlich beschloss Amonn am 17. März ein Bündnis mit der DC, was innerparteilich für große Aufregung sorgte. Besonders Tinzl und Guggenberg beschwerten sich bei Amonn, dass dieser ihre Zustimmung nicht eingeholt habe.[625] Für ein Bündnis mit der DC hatten sich neben Amonn und Raffeiner auch Teile des Brixner Klerus, die Trienter Kurie und Wirtschaftskreise ausgesprochen.[626] Bindeglied dieser teilweise widersprüchlichen Koalition war der politische Katholizismus, ihr militanter Antikommunismus, ihre christlich-soziale Lehre und die damit verbundene soziale Marktwirtschaft nach dem Vorbild Ludwig Erhards und der CDU. Das Bündnis mit der DC bildete den Auftakt für eine längerfristige Zusammenarbeit auf staatlicher, regionaler und provinzieller Ebene. Gamper lehnte das Bündnis mit der DC weiterhin ab; die Listenverbindung mit der DC wurde erst am 23. März (nach sechs Tagen!) in den „Dolomiten" bekannt gegeben. Guggenberg erklärte dies damit, dass er noch nicht die Zeit gefunden habe, das italienische Kommunique zu übersetzen.[627]

Im Wahlkampf gab es sogar noch innerkirchliche Konflikte: Am 10. April 1948 berichtete der Sterzinger Bezirkssekretär L. Notdurfter Raffeiner, dass Pompanin bei Sterzing eine Priesterversammlung abgehalten und dabei die Weisung ausgegeben habe, nur von Guggenberg eine Vorzugsstimme zu geben. Pompanin war nur daran interessiert, dass „sein" Mann gewählt würde, nicht Ebner und Volgger.[628] Raffeiner bezeichnete Eber und Volgger als „Ministranten" des Kanonikus und von Guggenberg als dessen Hausknecht.[629]

Einheit war für die Partei immer das wichtigste Gebot. So hielt der Bozner Vizebürgermeister Magnago mit Volgger und anderen Kandidaten eine viel beachtete Wahlrede am Bozner Rathausplatz. Er betonte, dass ein Kandidat an der Front gewesen sei, ein anderer im KZ. Nun kandidiere man aber gemeinsam, dies sei nur in der SVP möglich, so Magnago.[630] Trotzdem hagelte es Proteste von Optanten, da alle Kandidaten für die Kammer Dableiber waren.[631]

Schließlich sorgte eine Intrige der „Dolomiten" dafür, dass auch die katholischen Kandidaten der SVP und der Hauskandidat der Athesia gewählt wurden: Den Wählern legte man anhand eines Faksimile-Wahlzettels nahe, bestimmte Nummern anzukreuzen, nämlich die Nummer 1, 2 und 4. Dies waren die Nummern von Guggenberg, Volgger und Ebner. Der Leidtragende war in diesem Falle die Nummer 3, Silvius Magnago.[632] Auch im „Volksboten" fand sich dieselbe Weisung mit dem Vermerk: „Diese Anordnung entspricht dem Wunsche der Südtiroler Volkspartei."[633] Weder der Obmann noch die Parteileitung waren allerdings gefragt worden; die Weisung wurde eigenmächtig von der Zeitung ausgegeben.[634] Dieses Vorgehen fand in der Parteileitung ein stürmisches Nachspiel, aber keine wirklichen Konsequenzen. Heute wäre diese Wahlanleitung ein Fall für die Wahlaufsichtsbehörde, wenn nicht gar für den Staatsanwalt.[635] Volgger hingegen war der Meinung, dass die Optanten zu sehr Magnago unterstützten, deshalb habe er keine Skrupel mehr gehabt, Ebner zu unterstützen.[636]

Nachdem sich der katholische Flügel der SVP bei der Kandidatennominierung durchgesetzt hatte, traten wieder aufgrund religiöser Überzeugungen Probleme für die SVP auf: Die Wahlen vom 18. April 1948 galten als Entscheidung zwischen „Christ und Antichrist", zwischen „Rom und Moskau", zwischen „Freiheit und Unterdrückung". Der Wahlkampf zwischen den von der DC angeführten bürgerlichen Parteien und der aus Kommunisten und Sozialisten geführten Volksfront wurde mit aller Härte geführt und die Volksmassen mobilisiert.[637] Die Ordnungsvorstellungen der Kirche stammten noch aus dem 19. Jahr-hundert und waren gegenüber Staat und säkularisierter Gesellschaft formuliert worden. Sie passten aber auch in den Beginn des Kalten Krieges und das neue Feindbild Kommunismus. Ausgangspunkt der Ablehnung blieb der Abfall von Gott, der Materialismus, der christliches Naturrecht ersetzte. Dies habe zu den Schrecken des Zweiten Weltkrieges geführt. Jetzt sah man die Gefahr für das christliche Abendland aus dem Osten.[638]

Die katholische Kirche hatte wie vor jeder Wahl den Anspruch, das Kirchenvolk über die Wahlen aufzuklären. Wie im restlichen Staatsgebiet ließ auch der Bischof von Brixen zwei Wochen vor den Wahlen von den Kanzeln verkünden: „Es können die Gläubigen mit ruhigem Gewissen vom religiösen Standpunkt aus einer dieser Parteien die Stimme geben: nämlich der SVP oder der DC."[639] In den „Dolomiten" erschien am 5. April eine Erklärung des Brixner Bischofs zu den Wahlen: Von den Parteien, die in seiner Diözese kandidierten, entsprechen nur bei zweien das Programm den Forderungen der kirchlichen Autorität, nämlich bei der SVP und der DC. Das Wort „SVP" stand groß, „DC" hingegen klein gedruckt.[640]

Raffeiner stellt erleichtert fest, dass dieses Kommunique ohne seine Erklärung zustande gekommen sei. Allerdings war die Sache damit noch nicht vom Tisch: Bei der Parteileitungssitzung vom 7. April wurde Raffeiner von allen Seiten bedrängt, doch noch eine Erklärung im Sinne Pompanins abzugeben.[641]

Gamper schrieb im Wahlkampf öfters über laizistische und linke Gruppen innerhalb der DC. Obwohl die DC eine christliche Partei war, war für den Priester Gamper die Nationalität wichtiger als die Religion.[642]

Zwei Tage vor den Wahlen versetzten die „Dolomiten" der „Deutschen Gruppe" innerhalb der DC einen Seitenhieb: „Ein wahrer Tiroler verleugnet um keinen Preis den Glauben, aber auch nicht vor der Heimat."[643] Am Tag vor der Wahl stand in den „Dolomiten": „Man will uns spalten unter dem Vorwand, den Glauben zu schützen."[644] Die „Deutsche Gruppe" wehrte sich auf deutschsprachigen Plakaten: „Südtiroler! Hört nicht auf die Wölfe im Schafspelz! Es gibt keine Zwischenlösung. Gebt der DC eure Stimmen, denn es geht in erster Linie um euren Glauben. Für diesen kämpft nur die DC."[645] Am Wahltag schrieb der Chefredakteur der „Dolomiten" im Hinblick auf die Plakataktion:

> „Andauernd werde der SVP vorgeworfen, diese tue der antikommunistischen und erst recht der katholischen Front Abbruch. Obgleich der Bischof die SVP als katholische Liste bezeichnet habe, würde von den Propagandisten der Democristiani unentwegt gegen die Edelweißliste agitiert, und zwar sowohl von den italienischsprachigen Propagandisten als auch von den paar deutschsprachigen. Das Plakat ist eine bodenlose Gemeinheit. […] In der Bevölkerung Südtirols wird christliche Politik entweder im Rahmen des Volkes gemacht oder überhaupt nicht."[646]

Außerdem wehrte sich ein anonymer Schreiber in einem Leserbrief an Gamper gegen die Angriffe der „Dolomiten". Er bestritt, dass die „Deutsche Gruppe" etwas mit dem Plakat zu tun habe:

> „Schon zum wiederholtenmalen war die Christliche Demokratie (D.C.) und im Besonderen die deutsche Gruppe das Ziel heftigster Angriffe durch die Tageszeitung ‚Dolomiten'. Wenn in diesen Angriffen auch nicht immer die deutsche Gruppe genau bezeichnet wurde, so hatte man doch bei der Bevölkerung allgemein den Eindruck, dass die Hiebe vor allem dieser Gruppe zu gelten haben, wobei deren Mitglieder gleichsam als Volksverräter und noch schlimmer als ‚unbotmässige Katholiken' hingestellt und so zum Freiwild dem eigenen Volke gegenüber erklärt wurden. […]
> Wir stellen fest, dass […] das beanstandete Plakat weder von uns angeregt, noch von uns verfasst und in Druckauftrag gegeben wurde, sondern dasselbe ohne unser Wissen verfasst und angeschlagen wurde. All unser gesamtes Werbematerial führt die deutliche Bezeichnung ‚Christliche Demokratie – Deutsche Gruppe' und war auf

> den klaren Kampf gegenüber dem Kommunismus abgestellt. Obgleich den verantwortlichen Herren der Schriftleitung nachträglich bekannt wurde, dass wir mit diesem Plakate absolut nichts zu tun gehabt haben, wurde dennoch auf dasselbe Bezug genommen. Noch befremdlicher erweist sich die feindselige Stellung der ‚Dolomiten' gegen die Deutsche Gruppe der D.C., indem hier des Guten zuviel geleistet wird, da doch die Tageszeitung ‚Dolomiten' unseres Wissens nicht das Parteiorgan der Südtiroler Volkspartei ist, sondern der ‚Volksbote' es ist. Die Aufgabe der ‚Dolomiten' welche den Anspruch erhebt ‚die katholische Tageszeitung der Südtiroler zu sein' besteht wahrhaft nicht darin, einen Parteikampf in die Bevölkerung hineinzutragen."[647]

Am 16. April schrieb Gamper in den „Dolomiten", dass jemand, der die DC wähle, wohl christlich wähle, aber damit auch zugleich bekunde, dass er sich nicht mehr als Tiroler bekennt.[648]

Während des Wahlkampfes fand auch „Der Standpunkt" zur katholischen Religion und fungierte als Werbeblatt für die deutschen DC-Gruppen. Natürlich konnte die Zeitschrift nicht offen für die DC werben, sondern versteckte die Botschaften in Leserbriefen, die sie angeblich erhalten hatten. Grundtenor dieser Briefe war, dass die politische Zukunft für Südtirol schon entschieden sei, nun gelte es, gegen die Machtübernahme der kommunistischen Volksfront in Italien zu kämpfen; andernfalls gehe die christliche abendländische Kultur zugrunde. Als einzige für deutschsprachige Südtiroler wählbare Partei wurde die DC vorgestellt. Da die „Dolomiten" aufgrund des Wahlbündnisses nicht direkt gegen die DC kontern konnten, rückte „Der Standpunkt" stellvertretend ins Visier des Blattes. Das Wahlergebnis besprach „Der Standpunkt" gar nicht mehr, zu bodenlos war die Niederlage der deutschen Gruppen der DC.[649]

Insgesamt wurden die Parlamentswahlen von 1948 zu einer Machtdemonstration des Klerus und vor allem Gampers. Zwei seiner engsten Mitarbeiter, Ebner und Volgger, hatten ein Mandat errungen, zudem bedeutete die Wahl Raffeiners eine Schwächung der Liberalen in der Parteizentrale in Bozen. In Gampers Anti-DC-Kampagne deuteten sich erstmals der spätere Konflikt zwischen Gamper und dem bischöflichen Ordinariat an, der in der unterschiedlichen Wertung ideologischer und ethnischer Fragen begründet war.[650]

Gesamtstaatlich wurden die Wahlen ein großer Erfolg für die DC, die in der Kammer die absolute Mehrheit erreichte. Die katholische Religion in

Italien war gerettet.[651] Die SVP unterstützte nach der Wahl die DC-geführte Regierung von Alcide De Gasperi, da sie nach Erich Amonn „für den christlichen und europäischen Geist kämpft."[652] Bei der Vertrauensabstimmung vom 14. Februar 1950 begründete Otto von Guggenberg das Vertrauen der SVP zur Regierung folgendermaßen: „[...] Da wir die Vertreter eines tief religiösen Volkes sind, das zwischen den verschiedenen Weltanschauungen sich auf der gleichen Linie mit der Regierungspartei befindet und für die gleichen Ideale kämpft ..."[653]

Die Parlamentswahlen hatten den praktischen Erfolg der Südtiroler Kirche auch in der Nachkriegszeit eindrucksvoll unterstrichen. Es gab zwar keine deutschsprachige und dezidiert katholische Partei mehr, aber trotzdem gingen katholische Leitwerte in einem Maß in die Politik ein, das erst die Sammelpartei möglich machte. Eine wichtige Voraussetzung für den Einfluss der Kirche war, dass es nach Kriegsende keinen bedeutenden Antiklerikalismus mehr gab.[654]

In der ersten Phase der relativ gut verlaufenden Zusammenarbeit zwischen SVP und DC in der Regionalregierung schenkte die SVP bei Vertrauensabstimmungen den DC-geführten Regierungen immer das Vertrauen. Dies änderte sich erst ab 1955, als die minderheitenfeindliche Haltung der DC immer deutlicher wurde.[655]

4. Der vorläufige Sieg der Klerikalen

Unmittelbar nach den Parlamentswahlen stand in der SVP die Wahl des Parteiobmannes an. Die Politiker der „Brixner Richtung" wollten dieses Mal die innerparteilichen Machtverhältnisse umdrehen. Vor der Wahl kam es zu einem Streit zwischen den Katholisch-Konservativen und den Liberalen in den ihnen jeweils nahe stehenden Zeitungen. „Der Standpunkt" kritisierte immer wieder die „Dolomiten" und die SVP, weil sie eine Einheit bilden und es keinen Dualismus zwischen Zeitung und Partei mehr gäbe. Die dauernde Einmischung des Klerus in die Südtiroler Politik sei eine Gefahr für die noch junge Demokratie. Gamper erwiderte in den „Dolomiten" einfach, die ausländischen „Standpunkt"-Redakteure sollen sich aus der Südtiroler Politik heraushalten (viele Redakteure stammten aus Deutschland).[656]

Bei der vierten Landesversammlung im Juli 1948 trat Erich Amonn nicht mehr an, da er keine Chance sah, wiedergewählt zu werden. Der Bauernbundvertreter Josef Menz-Popp wurde zum neuen Obmann gewählt,[657]

Silvius Magnago zum ersten Obmannstellvertreter, während der Brixner Max Prey zweiter Obmannstellvertreter wurde. Während der Landesversammlung erhielt Erich Amonn einen anonymen Brief, dem die Abschrift eines angeblich verloren gegangenen und gefundenen Brief Pompanins an einen „Freund" vom 4. Juli beigelegt war. Der Schreiber des Briefes bot an, das Original des Briefes vorzulegen, wenn dies unter einer „posta restante"-Deckadresse verlangt wurde. Raffeiner bekam dann das Originalschreiben. Dieses enthielt Informationen über die Maulwurftätigkeit des Generalvikars und einen Bericht über eine Unterredung Pompanins mit Tinzl, wie man Amonn von jedem Einfluss auf die Parteileitung ausschließen könne.[658]

Nicht nur bei der Kandidatenliste für die Parlamentswahlen bestimmte die Kurie de facto die Kandidaten, auch bei den bevorstehenden ersten Landtagswahlen wollte man in der Hofburg mitreden. Amonn teilte Raffeiner am 9. April mit, er wisse aus zuverlässiger Quelle, dass man in der Brixner Hofburg Karl Tinzl zum Landeshauptmann machen wolle. Amonn und Raffeiner waren gegen den NS-belasteten Tinzl, der als Gampers starker Mitarbeiter und Berater galt. Auch in Rom wusste man von diesen Absichten, weshalb die Wiedereinbürgerung Tinzls bewusst behindert wurde. Hätte Tinzl seinen Verzicht auf eine Kandidatur bei den Landtagswahlen erklärt oder zumindest auf den Posten des Landeshauptmannes verzichtet, so wäre seine Einbürgerung laut Raffeiner viel leichter gewesen. Innocenti meinte dazu, dass Tinzl für Kanonikus Gamper und die Brixner Kurie arbeite, deshalb werde er nie ein guter italienischer Staatsbürger werden.[659] Gamper und Pompanin wollten aber durch Tinzl ihren Einfluss auf die zukünftige Landesregierung ausdehnen. Amonn und Raffeiner gingen sogar zum englischen Konsul, Mr. Eltringham. Dieser solle mit Bischof Geisler reden und einen zukünftigen Landeshauptmann Tinzl verhindern.[660] Daran zeigt sich wieder einmal die große Macht der Brixner Kurie: Ein Parteiobmann muss den Bischof bitten, damit nicht jemand aus seiner Partei gegen seinen Willen Landeshauptmann wird!

Beim Wahlkampf für die Regionalratswahlen gab es Spannungen zwischen Gamper und Teilen des Klerus: Gamper betonte stets den Vorrang der Nationalität vor der Religion, während Teile des Klerus eine Zusammenarbeit mit der DC für vorteilhaft erachteten. Während des Wahlkampfs für die Parlamentswahlen wurden „Glaube" und „Heimat" oft noch gleichwertig behandelt, jetzt war die „Heimat" viel wichtiger.[661]

Gamper thematisierte auch später öfter die Nachteile einer Koalition zwischen SVP und DC auf Regionalebene.[662] Auf der gesamtstaatlichen

Ebene stellte er die DC jedoch nie in Frage, auch wenn sie mit den Neofaschisten des MSI paktierte.[663]

Die Kirche hatte sowohl zum Sieg der SVP wie zur hohen Wahlbeteiligung beigetragen: Die SVP gewann die Wahlen haushoch mit 67,7% der Stimmen, während die zweite deutschsprachige Liste, die Südtiroler Sozialdemokraten, nur auf 0,51% der Stimmen kam.[664] Dies dürfte vor allem darauf zurückzuführen sein, dass Bischof Geisler in seinem Wahlaufruf den Sozialdemokraten die Katholizität abgesprochen hatte.[665]

Die Wahlbeteiligung bei den ersten Landtagswahlen in Südtirol betrug 87,7%, in den ländlichen Gemeinden sogar 91,86%. Die „Dolomiten" mobilisierten wenige Tage vor der Wahl mit einem Zitat Papst Pius' XII.:

> „Unzulässig ist die Wahlenthaltung eines Menschen, der sich aus Verstimmung und Groll wie der Pelide Achilles in sein Zelt zurückzieht. Noch unwürdiger ist die Wahlenthaltung aus indolenter und passiver Gleichgültigkeit … Vergeblich wird einer versuchen, solche Gleichgültigkeit unter der Maske der Neutralität zu verbergen: solche Gleichgültigkeit ist keineswegs Neutralität; sie ist – ob man will oder nicht – Mitschuld."[666]

Schließlich trugen auch die „Dolomiten" von Kanonikus Gamper zum Wahlsieg der SVP bei, indem sie die Sozialdemokraten nie erwähnten.[667]

Mit dem Ausscheiden Amonns aus dem Amt des Parteiobmannes am 31. Mai 1948 endete der eigentliche Machtkampf zwischen den Katholisch-Konservativen der „1. Brixner Richtung" und den liberalen Gründervätern der SVP. In der Partei gab es nun keine geschlossene Richtung mehr, die bewusst gegen die Kirche Politik machen wollte. Wenn Gamper auch in den kommenden Jahren Schwierigkeiten mit SVP-Politikern hatte, so lag das weniger an ideologischen Divergenzen als vielmehr an objektiven Schwierigkeiten, Gampers „Volkstums"-Kurs in Rom zu vertreten.[668] Die Arbeit der Senatoren und Abgeordneten erschwere sich durch die Berichterstattung der „Dolomiten" in Bezug auf die praktische Durchführung der Autonomie, sagte Senator Karl von Braitenberg.[669]

Der Südtiroler Klerus erreichte 1948 den Zenit seiner politischen Macht. Auch auf gesamtstaatlicher Ebene schien die DC nach den Parlamentswahlen vom 18. April der unumstrittene Machthaber in Italien zu sein.

Allerdings musste De Gasperi immer wieder Rücksicht auf kleine Koalitionspartner nehmen, deren Einfluss allerdings weit größer als die Anzahl ihrer Sitze war.[670] Auch in Südtirol sollten sich die politischen Verhältnisse bald wieder ändern: Der Gesundheitszustand von Bischof Geisler war schon länger schlecht, als er im Frühjahr 1951 erstmals einen Schlaganfall erlitt. Wegen seines körperlichen Verfalls bat er den Papst wiederholt um seine Amtsenthebung. Am 23. April entsprach Papst Pius XII. dem Anliegen Geislers.

Teil 2 – Fall

Die 2. Brixner Richtung:
Das katholische Milieu löst sich auf (ab 1952)

VI. Paradigmenwechsel unter Joseph Gargitter

1. Politik und Kirche unter Gargitter

In Brixen gab es nach dem Rücktritt von Bischof Geisler viele Gerüchte, dass Joseph Gargitter, Dogmatikprofessor am Priesterseminar und Leiter des Seelsorgeamtes der Diözese Brixen, neuer Bischof werden könnte. Am 26. April ernannte Papst Pius XII. Gargitter schließlich zum Bischof, die feierliche Weihe folgte am 12. Mai 1952. Geisler verstarb am 5. September desselben Jahres. Vor seinem Tod wurde er noch zum Ehrenbürger von Brixen und zum Titularerzbischof von Odesso (einem Bistum in Bulgarien) ernannt.[672] Papst Pius XII. hatte bereits mit dem Dekret „Attentis dispositionibus“ vom 12. Mai 1951 den Fürstentitel für alle Bischöfe abgeschafft, sodass Gargitter der erste Bischof der Diözese Brixen war, der nicht mehr den Titel „Fürstbischof“ trug.[673]

Gargitter verdankte seine Ernennung zum Bischof vor allem der „deutschen Umgebung“ Pius' XII., die sich für einen deutschsprachigen Bischof in Brixen einsetzte. Außerdem galt der italienischen Regierung Gargitter als Mann der Mitte; sie und der Vatikan wollten unter allen Umständen einen zweiten „Nazibischof“, als der sein Vorgänger Johannes Geisler galt, verhindern. Charakteristisch für Gargitters guten Ruf war, dass sich damals angeblich der mächtige Erzbischof von Mailand Giovanni Battista Montini (der spätere Papst Paul VI.) für Gargitter aussprach, obwohl er prinzipiell gegen einen deutschsprachigen Bischof für Brixen war.[674]

Gargitter war ein Bauernsohn aus dem kleinen Bergdorf Lüsen bei Brixen, wo er auch seine ersten politischen Erfahrungen als kommissarischer Bürgermeister sammelte. Er hatte einen Teil seiner Schulzeit und Studien unter dem Faschismus absolviert. Anders als sein Vorgänger Geisler hatte er das habsburgische Tirol nie gekannt. Es war für ihn daher psychologisch leichter, Südtirol als eine territoriale, von Nordtirol getrennte Einheit zu sehen. Faschismus und Extremismus hatten ihn abgestoßen.

Er wusste, dass nur sieben Jahre nach Kriegsende noch viele Wunden offen waren. Er wollte seiner Diözese eine Art Aufbruchstimmung vermitteln. Seine besonderen Anliegen waren die Schulung der Jugend und der Erwachsenen, die „Liturgische Erneuerung“ und die soziale Frage.

Diese Aufbruchstimmung der 1950er Jahre war auch in der Gesamtkirche spürbar.[675] Seine ersten politischen Akzente als Bischof setzte Gargitter 1953, als er Generalvikar Alois Pompanin nicht mehr bestätigte und das SVP-Gründungsmitglied Johann Untergasser an seine Stelle trat. Der Kirchenhistoriker Josef Gelmi schreibt, dass Pompanin den Bischof bat, ihn nicht mehr zu ernennen.[676] Aufgrund der Politik Gargitters scheint es unwahrscheinlich, dass Gargitter Pompanin weiterhin als Generalvikar gewollt hätte. Pompanin wurde zum Dompropst ernannt[677] und spielte von nun an keine Rolle mehr in der Südtiroler Politik. 1959 bekam er das Ehrenzeichen Tirols – zusammen mit Karl Tinzl als erster Südtiroler. In der Begründung wurde er als „sehr verdienter Mann des Südtiroler Volkes" bezeichnet.[678] Sein Verhältnis zu den Italienern blieb bis zu seinem Tod 1966 gestört.[679]

Gargitter nannte seine politischen Ziele bei seiner Amtsübernahme in einer Festrede anlässlich der Verleihung des Preises der Südtiroler Pressevereinigung 1975:

> „Schon bei der Übernahme meines Bischofsamtes im Jahr 1952 war mir bewusst, dass die Kirche in dieser Hinsicht [gemeint ist das Zusammenleben der Volksgruppen, Anm. J.G.] einen besonderen Auftrag zu erfüllen hat, will sie sich nicht einmal den berechtigten Vorwurf machen lassen, dass sie in einer geschichtlich bedeutsamen Stunde versagt habe. Es war mir bewusst, dass ich mich weder durch Lob noch durch Einschüchterungen noch durch irgendwelche anderen Druckmittel beeinflussen und vom Bemühen um eine friedliche Lösung abbringen lassen durfte. Ich fühlte mich verpflichtet, im Geiste des Evangeliums meinen Weg zu gehen, auch wenn ich manchmal weder von der einen noch von der anderen Volksgruppe verstanden wurde und das Gefühl hatte, völlig alleine zu stehen."[680]

Gargitters Geschichtsbild sah folgendermaßen aus:

> „Die französische, die russische, die spanische Revolution, der Nationalsozialismus, der Faschismus, der kommunistische Terror, unter dem viele Völker stehen: überall dieselbe Erfahrung, überall mit dem Niedergang von Religion und Glaube der Niedergang der Kultur, das Herabsinken auf eine Stufe der Rohheit. Man denke auch daran, wie viel Kunst- und Kulturwerke durch diese Revolutionen zerstört wurden […]. Die moderne Sklaverei, die Folge des Abfalles von Gott, ist

schlimmer als alle Sklaverei der alten Zeit. Der rechtlose, besitzlose Mensch, die zertrümmerte menschliche Persönlichkeit sind die Früchte der Gottlosigkeit."[681]

Ganz selbstverständlich stellte Gargitter die spanische Revolution (natürlich ist nur die kommunistische gemeint) mit Nationalsozialismus und Faschismus auf eine Stufe und banalisierte die Unterschiede zwischen „Entfremdung" und „Sklaverei". Im gleichen Aufsatz beteuerte Gargitter zwar, dass die Kirche kein Kulturmonopol beanspruche, aber sie wolle sehr wohl in einem katholischen Volk Kulturarbeit leisten. Alles andere wäre „eine unsagbare Verarmung und Schrumpfung im kulturellen Leben."[682]

In einem wenig beachteten Vortrag im Jahr 1959 über „Christliche Politik in Südtirol" skizzierte Gargitter seine Ansichten über die Gewaltenteilung:

„Der Einsatz auf politischer Ebene steht [...] im Dienst der hohen Güter von Religion, Kultur und sozialer Wohlfahrt und erhält von dorther seine große Bedeutung und Berechtigung. [...] Die religiöse, die kulturelle und soziale Arbeit dürfen ihrer Eigenständigkeit nicht beraubt und dürfen nicht in den Dienst der Politik gestellt werden, wie das in totalitären Staaten oft der Fall ist."[683]

Bischof Joseph Gargitter

Gargitter vertritt also folgende Grundauffassung über das Verhältnis von Religion und Politik: Die Politik soll im Dienst der Religion stehen, aber sie darf nicht in die Bereiche von Religion, Kultur und sozialer Arbeit eindringen. Die große Neuheit gegenüber Geisler war, dass er eine konsequente Friedenspolitik in der Diözese durchsetzen wollte. Man sprach manchmal wieder von einem „Brixner Stil“[684], der aber eher das Gegenteil von der alten „Brixner Richtung“ vertrat. Er hielt die ethno-nationale Linie für einen Irrweg und schlug sich gleich zu Beginn seiner Amtszeit auf die Seite der liberalen „Gründerväter“ der SVP um Amonn und Raffeiner, die in ethnischen Fragen kompromissbereiter waren. Die katholischen Organisationen sollten von nun an Hauptträger der Verständigung zwischen den Volksgruppen sein und den Ethno-Nationalismus in die Schranken weisen. Die Priester sollten sich aus der Politik heraushalten; ein Zusammenstoß in dieser Frage mit Kanonikus Gamper war unvermeidlich. Dieser hatte die Auffassung, dass der Priester dem Volk in schweren Zeiten Führer sein müsse.[685] Außerdem gab es für Gargitter einen fundamentalen Unterschied zwischen Kirche und Politik: Parteien und Verbände bilden sich aus zeitbedingten Notwendigkeiten heraus und geben sich entsprechende Satzungen, die sie nach Belieben ändern oder aufheben können. Die Kirche hat hingegen eine vorgegebene Grundgestalt, die sie nicht aufgeben kann, sie darf von ihrem Ziel nicht abrücken. Als Bischof der katholischen Kirche habe er bestimmte Wahrheiten, Normen und Lebenshaltungen zu verkünden, denen eine bestimmte Auffassung von Gesellschaft und Staat zugrunde liegt, auch wenn diese nicht von allen geteilt wird.[686]

Gargitter betonte, er sei Bischof für alle drei Volksgruppen und wollte niemanden bevorzugen. Besonders nachhaltig äußerte sich dies darin, dass er bischöfliche Dokumente – in Abweichung des natürlichen Empfindens eines Namens und seines Gehaltes – stets mit Josef/Bischof, Ojöp/Vesco oder Giuseppe/Vescovo unterzeichnete. Dies hatte es in der Kirche Südtirols vor und nach ihm nie gegeben.[687] Er sah primär den Menschen, dann erst den Deutschen, Italiener oder Ladiner. Dies brachte ihn schon sehr früh auf Distanz zu den meisten führenden Politikern des Landes; „Interethnizität“ war damals noch weniger in Mode als heute. In seiner Haltung wurde er vom Apostolischen Stuhl bestärkt. Gargitter sagte öfters, dass er ein Bischof für alle Volksgruppen sei, doch diese politisch zu vertreten, sei nicht dessen Aufgabe oder jene der Priester, sondern der politischen Parteien.[688] Offensichtlich wollte Gargitter seine Erfahrungen, die er in Rom gewonnen hatte, in Südtirol umsetzen. Er hatte dort acht Jahre im deutsch-ungarischen Collegium Germanicum verbracht, wo Menschen aus zwölf

Nationen untergebracht waren. An der päpstlichen Universität Gregoriana hatte er Männer aus ca. dreißig Nationen kennen gelernt. Diese Erfahrungen hatten sein Interesse und Verständnis für verschiedene Sprachen und Kulturen geweckt und er lernte die kulturelle Eigenart jedes Volkes zu respektieren. Allerdings gab es dort im Gegensatz zu Südtirol keine Spannungen zwischen den Nationalitäten.[689] Auch dass er in Rom bei den Jesuiten am Modell Pius' XII. erzogen worden war, merkte man seinem Amtsstil an, der sehr autoritär war.[690]

Gargitter war bewusst, dass die Kirche in Südtirol besondere Aufgaben hatte: den Ausgleich zwischen den Sprachgruppen und den Abbau der ethnischen Barrieren. Dem Bischof war jetzt schon bewusst, dass er sich weder durch Lob noch durch Einschüchterungen und Verleumdungen von einer friedlichen Lösung abbringen lassen dürfe.[691] Beim Aufruf zu den Regionalratswahlen 1956 merkte man diesen Richtungswechsel: Geisler hatte 1948 die Gläubigen aufgerufen, christliche und heimattreue Parteien zu wählen. Gargitter hingegen betonte nur die Pflicht, christliche Parteien zu wählen. Verboten wären hingegen „gottlose" Parteien, vor allem die Kommunistische Partei.[692]

Gargitter hielt ein Bündnis zwischen SVP und DC für die richtige Lösung: antikommunistisch, aber mit sozialen Komponenten, sprachgruppen-übergreifend und vor allem christlich. Südtirol-Politik dürfe nur im Dialog zwischen der christlichen SVP und der christlichen DC stattfinden.[693] Von links sollte kein neuer Gesprächspartner entstehen. Jede Koalition der SVP mit den linken Parteien im Südtiroler Landtag lehnte der Bischof ab.[694] Gargitter dürfte auch besorgt registriert haben, dass die SVP sich ab 1955 bei Vertrauensabstimmungen der DC-Regierungen regelmäßig der Stimme enthielt oder abwesend war. Den von den Monarchisten und dem MSI unterstützten DC-Alleinregierungen (Zoli 1957, Tambroni 1960) sprach die SVP sogar das Misstrauen aus. Der Grund dafür lag in der mangelhaften Zusammenarbeit der SVP und der DC in Region und Provinz.[695]

Daran zeigt sich, dass für die SVP die nationale Sache Vorrang vor der christdemokratischen Parteienkooperation hatte (für die DC allerdings auch). Ab den 1960er Jahren stand die nationale Sache nicht immer im Vordergrund: In der ersten Phase des „Centro-sinistra" enthielt sich die SVP bei Abstimmungen wiederum meist der Stimme, obwohl sich durch die neue Regierungskonstellation eine Lösung des Südtirol-Problems abzeichnete. Hier gaben ideologische Vorbehalte den Ausschlag: obwohl sich die Sozialisten (und teilweise auch die Kommunisten) als minderheitenfreundlicher als die christliche DC erwiesen, hatte die SVP Probleme mit den Linksparteien.[696] Gargitter dürfte sich darüber gefreut haben.

Im Verhältnis zwischen Staat und Kirche lag Gargitter auf der gleichen Linie wie der Vatikan, der in der DC keinen verlängerten Arm der Kirche wollte. Am deutlichsten zeigt sich diese Auffassung im Programm der ligurischen DC, das der spätere Innenminister Paolo Emilio Taviani ausgearbeitet hatte. Es ist auch auf das Verhältnis zwischen der SVP und der Brixner Kurie ab 1952 anwendbar:

> „Die Democrazia Cristiana ist nicht [...] eine Partei der Katholiken oder eine Partei der Kirche. Der Katholizismus ist keine Partei. [...] Die Democrazia Cristiana ist eine Partei derjenigen Katholiken – praktizierend oder nicht praktizierend –, welche die Notwendigkeit sehen und empfinden, das soziale Leben durch neue Formen zu erneuern. [...] Die Democrazia Cristiana ist die Partei derjenigen Katholiken, welche die Religion als Substanz des Lebens betrachten, nicht als Teil des menschlichen Seins, das völlig losgelöst von der Politik und der Wirtschaft ist, nicht als eine Versicherung für das Jenseits."[697]

Innerhalb der SVP setzte Gargitter vor allem auf seine „ideologischen Verwandten": das liberal angehauchte, aber glaubensfeste Bürger- und Unternehmertum, die katholischen Standesorganisationen, wie den KVW, die „Katholische Bewegung" (KB) und den „Arbeitskreis der katholischen Unternehmer Südtirols" (AKUS). In diesen Kreisen hoffte man, mit der Trentiner DC im Geiste der katholischen Weltanschauung zu einer für alle tragbare Lösung zu kommen. Vorteilhaft schien, dass der aufstrebende Mann der Trentiner DC, Flaminio Piccoli, der Vorsitzende der Trentiner ACLI war – allerdings war er auch ein italienischer Nationalist. Die neue Linie der Kirche sorgte in der SVP-Führung für Spannungen. Otto von Guggenberg sagte beispielsweise, dass zwar noch keine Parteikrise bestehe, aber die Partei dringend das Einvernehmen mit der Kurie suchen müsse, sonst würde die Partei vor ein großes Problem gestellt werden.[698]

Um der neuen Situation gerecht zu werden, bildete sich 1953 in der SVP ein Ausschuss, der sich mit Themen befassen sollte, wo sich kirchliche und politische Zuständigkeiten und Belange wirklich oder scheinbar überschneiden. Dem Ausschuss gehörten folgende Personen an: Karl Tinzl, Heinrich Puff-Erlacher, Franz Mark, Toni Ebner und Peter Brugger. Seine erste Aufgabe bestand darin, den Willen der kirchlichen Seite an solchen

Aussprachen zu erkunden. Aufgrund vordringlicher Tagesereignisse konnte der Ausschuss seine Tätigkeit für längere Zeit nicht aufnehmen.[699] Auch später sollte man von diesem Ausschuss nichts hören.

Gargitters politische Maximen zeigen aber auch, dass er durch seine jahrelange Abwesenheit von Südtirol nicht das absolute Gespür für die Menschen hatte: Er unterschätzte, wie kalt sich die Sprachgruppen nach der Erfahrung von Faschismus und Nationalsozialismus gegenüberstanden. Zu den Spannungen zwischen den Sprachgruppen sagte er:

> „Solche Spannungen zwischen verschiedenen Menschen und Gruppen gibt es überall auf der Welt. Einmal treten sie als Gastarbeiterproblem in Erscheinung, das andere Mal als Problem zwischen den Rassen oder – wie bei uns – als Nationalitätenproblem. Deshalb könnte die Art, wie wir dieses Problem zu lösen versuchen, beispielgebend und nicht ohne bedeutenden Einfluss auf die Lösung ähnlicher Situationen anderswo sein. Dass dies tatsächlich der Fall ist, konnte ich einmal aus dem Munde eines Neffen des bekannten indischen Freiheitsführers Mahatma Gandhi selbst entnehmen. Bei einem Besuch in Brixen sagte er mir, dass Indien auf Südtirol schaue. In Indien werde nämlich die Glaubwürdigkeit des Christentums nicht zuletzt daran gemessen, ob und wie man bei uns zwischen Christen verschiedener Sprachgruppen imstande sei, das Nationalitätenproblem zu lösen, ob mit Gewalt oder auf dem Wege friedlicher Verhandlungen […].“[700]

Trotz aller Vorbehalte gegenüber der Einmischung der Kirche in die Politik war ihm klar, dass er nicht immer vor politischen Fragen ausweichen könne. Auch er setzte sich wie sein Vorgänger Geisler für die Südtiroler ein, aber auf andere Weise. In seinem Hirtenbrief vom Februar 1960 unterstrich er etwa die Verpflichtung des Staates, „den Minderheiten gegenüber eine schützende und heilende Funktion einzunehmen“. Der Staat müsse die Rechte der ethnischen Minderheiten schützen und dürfe diese nicht schmälern.[701] Allerdings erinnerte Gargitter auch an die Verpflichtungen der Minderheit gegenüber dem Staat: Es gebe kein Recht, das nicht auch gleichzeitig eine Verpflichtung sei; auch Minderheiten müssen die Gesetze wie der Rest der Bürger befolgen.[702] Solche „Verpflichtungen“ kamen bei den Südtirolern nicht gut an: Sie sahen die Südtirol-Problematik nur vom eigenen Standpunkt aus und wollten es auch nicht anders. Die Mahnungen des Bischofs begriffen sie als proitalienische Tendenzen. Diese Politik trug

Gargitter den Übernamen „walscher Seppl" ein, was ihn sehr kränkte.[703] Man muss bedenken, dass dieser Hirtenbrief erschien, als das Südtirol-Problem gerade vor die UNO gebracht wurde und die Menschen wieder mehr Hoffnung hatten. Der Hirtenbrief ist ein wichtiger Text für die Zeit des Übergangs: von der Verteidigung der deutschen Minderheit zum Ausgleich widerstrebender Interessen. Bischof Gargitter hatte aber erkannt, dass der Frieden zwischen den Sprachgruppen nur erreichbar war, wenn er auf Zusammenarbeit und Kompromissen zwischen Deutschen und Italienern aufgebaut wurde. Der historisch wichtigste Teil dürfte jener sein, worin der Bischof vor Gewaltanwendung warnt. Außerdem fällt auf, dass der Hirtenbrief eher auf der christlichen Soziallehre und moralischen Erwägungen als auf biblischen und theologischen Gründen beruht.[704]

Nicht nur die angeblichen proitalienischen Tendenzen von Gargitter, sondern auch sein Stil – betonte Distanz zur Politik, aber Einengung der SVP auf den möglichst schmalen politischen Bereich, zugleich Durchdringung aller Lebensbereiche durch kirchliche und der Kirche nahe stehende Organisationen – rief Feinde in den politischen Kreisen der Minderheit hervor.[705]

Obwohl Gargitter sich aus der Politik heraushalten wollte, mischte er sich doch immer wieder ein. Als Landeshauptmann Karl Erckert überraschend am 5. Jänner 1956 starb, wurde sein Vertrauter Alois Pupp neuer Landeshauptmann. Mit Pupp, einem tief religiösen Mann, wurde einer der Vertrauten von Gargitter zum neuen Landeshauptmann gewählt. Der „Alto Adige" freute sich damals, dass einer der Moderaten in der SVP zum Landeshauptmann gewählt wurde. Weiters hoffte die Zeitung, dass der Ladiner Pupp besser mit der DC zusammenarbeiten werde.[706] 1957 charakterisierte „ein bestens informierter Südtiroler, der seit 1946 in regelmäßiger Verbindung mit Franz Gschnitzer stand und vom Brixner Bischof Joseph Gargitter gelegentlich der ‚Spiritual' genannt wurde" Pupp folgendermaßen:

> „Landeshauptmann Ing. Alois Pupp war bis in die letzte Zeit der betonte Vertrauensmann des Bischofs Dr. Gargitter; in letzter Zeit etwas weniger. Er steht stark unter klerikalem Einfluss. Kanonikus Gamper war gegen Pupp. Die Amonn-Kreise haben Pupp zunächst nur mit Vorbehaltung aufgenommen. Erst bei den letzten Landtagswahlen erhielt er die volle Unterstützung der Amonns [...]."[707]

Als Magnago 1961 Pupp als Landeshauptmann ablöste, sperrte sich Gargitter allerdings nicht dagegen.[708]

Die Italiener nützten die neue Situation zwischen Kirche und SVP geschickt und versuchten nun immer wieder einen Spalt in die Partei zu treiben: Die Führung der Partei wurde als antichristlich und nazistisch dargestellt. Die DC hoffte, dadurch die katholischen Kräfte innerhalb der SVP gegen die Parteiführung aufzuwiegeln. Der Journalist Marco Gilmozzi schrieb beispielsweise in „L'Adige", dass die SVP den „Kontakt zur Wirklichkeit" verloren habe. Die einzige Hoffnungsquelle seien der Bischof und die katholischen Kreise der Partei. Auch der Journalist Flaminio Piccoli schrieb ähnliche Artikel und wies immer auf den Unterschied zwischen „guter katholischer SVP" und „böser nazistischer SVP" hin.[709]

2. Die „Dolomiten" und die Landtagswahlen 1952

Bei den Landtagswahlen von 1952 setzte sich Gamper wie vier Jahre zuvor für die SVP ein. Die Stimmung war sehr angeheizt, da sich die Südtiroler Autonomie als schöner Schein herausstellte. Bei den Landtagswahlen traten die Südtiroler Sozialdemokraten nicht mehr an, aber es gab eine neue zweite deutschsprachige Liste: „Selbstverwaltung und Gerechtigkeit" von Silvio Flor. Die „Dolomiten" diffamierten sie stark, die Partei wurde beispielsweise als „Kommunistische Dissidentenliste"[710] bezeichnet, obwohl Flor vielfach als „gestandener Sozialdemokrat" gesehen wurde. Trotzdem kann man den Vorwurf als berechtigt ansehen.[711] Flor wollte sich mit seiner Liste vor allem für die kleinen Bauern, die Arbeiter und die Rücksiedler einsetzen. Die wirtschaftliche Lage dieser Gruppen war in den 1950er Jahren sehr schlecht, und die Rücksiedler wurden oft nicht eben freundlich in Südtirol aufgenommen.[712] Außerdem war Flor der Meinung, dass er etwas tun müsse, um den „nazistisch-klerikalen Block" der SVP zu sprengen.[713] Flor wollte seine Ziele auf ein päpstliches Rundschreiben gründen, aber dies sollte Gamper noch mehr erzürnen, denn niemand durfte der SVP die Katholizität streitig machen. Am 25. Oktober schrieb Gamper:

> „Nenne also Herr Flor seine Liste, wie er wolle, er wird aber die Tatsache, dass sie die leitenden Köpfe derselben sich zur sozialkommunistischen Weltanschauung bekennen, nicht in Abrede stellen können. Er darf sich daher unmöglich erwarten, dass die katholische Bevölkerung ‚die Verwirklichung der christlichen Soziallehre' jenen Männern anvertraut, die in der sozialen Interessensvertretung einer Richtung huldigen, die nach wiederholten Erklärungen der höchsten

kirchlichen Autoritäten mit der Haltung eines katholischen Christen unvereinbar ist. So willkommen uns in der Verteidigung der Autonomie unseres Landes jede aufrichtige und wohlgemeinte Schützenhilfe ist, verwahren wir uns andererseits mit Entschiedenheit gegen jeden Versuch, die Sache Südtirols als Aushängeschild zu benützen für Zwecke, die der Gesamtheit unseres Volkes durchaus fremd sind. In dem plötzlich, ohne vorhergehende Existenz auf den Plan getretenen ‚Bund der Südtiroler' erblicken wir einen derartigen Versuch. Die Bevölkerung davor zu warnen, sehen wir als unsere ernste publizistische Pflicht an. Unsere Landsleute sind, von einer mehr als dreißigjährigen Erfahrung gründlich belehrt, so sehr davon überzeugt, dass nur die Geschlossenheit des ganzen Südtiroler Volkes und nur die Einigkeit unserer Wähler dem Lande nützen können. [...]"[714]

„Selbstverwaltung und Gerechtigkeit" kam schließlich nur auf 0,35% der Stimmen, weit unter dem Ergebnis der Südtiroler Sozialdemokraten von 1948.[715] Wieder war Gamper der SVP zur Hilfe gekommen, indem er die zweite deutsche Liste verdammte. Eigentlich hätte das Programm viele Südtiroler aus den unteren sozialen Schichten ansprechen müssen. Außerdem waren die autonomistischen Forderungen ähnlich wie jene der SVP[716], aber die politische Einheit der Südtiroler blieb die oberste Priorität für den Südtiroler Wähler.

Übrigens arbeitete Flor während des gesamten Wahlkampfes als Setzer bei den „Dolomiten" – und war damit Gampers Angestellter. Nach den Wahlen bot Gamper Flor wieder die Freundschaft an.[717]

3. Das kirchliche Monopol der Jugenderziehung

Die kirchliche Seite duldete keinen Konkurrenten in der Jugendbetreuung: Als Landwirtschaftsassessor Peter Brugger 1952 eine Jungbauernorganisation gründen wollte, dauerte es nicht lange, bis ein Veto aus Brixen kam. Bischof Joseph Gargitter sagte bei der 50-Jahr-Feier des Südtiroler Bauernbundes:[718]

„Vertraut eure Jugend allein den von Gott bestellten Erziehern an, in deren Händen sie wohlgeborgen sind: der Familie und der Kirche. Unterstützt die Bemühungen der Kirche um die Formung der Jugend, um Bildung zu charakterfesten und sittlich-religiös guten

Menschen, zu Bauern echter christlicher Art. Sollte es noch einmal möglich sein, wie wir es in der Vergangenheit leider erleben mussten, dass man versucht, die Jugend Händen zu übergeben, die für die Jugenderziehung keine Sendung haben, dann lässt man die Kirche nicht allein, sondern erhebt euch geschlossen zur Abwehr."[719]

1954 wurde in der SVP neuerdings die Gründung einer Jugendorganisation erwogen. Die Parteileitung verwies vor allem darauf, dass die DC auch ihre Jugend politisch erfasse. Der Klerus mischte sich dort jedoch nicht ein. Die Diskussion versandete allerdings bald wieder.[720]

Der Klerus hingegen gründete Vereine für die Jugend, so 1957 auf Initiative von Josef Ferrari im Gedenken an Kanonikus Michael Gamper das „Kanonikus-Michael-Gamper-Werk". In Südtirol entstanden Gamper-Heime für Jugendliche. Auch die Diözese Brixen half hier mit. Die Leitung der Heime wurde meistens Geistlichen anvertraut, die eine katholische Erziehung für die Jugendlichen gewährleisteten.[721]

1958 brachten Südtiroler Hochschüler einen Antrag zur Einrichtung eines Jugendreferats bei der Landesversammlung ein, der einstimmig angenommen und im folgenden Jahr auch verwirklicht wurde.[722] Bischof Gargitter schickte nun folgenden Brief an Magnago:

> „Die in Ihrem Schreiben dargelegten Pläne betonen [...], dass die Jugendlichen ab 15 Jahren Parteimitglieder sind, und beinhalten eine Form der Jugenderfassung, die einer Jugendorganisation auf breiter Ebene gleichkommt, mit Entschluss sogar, wie ausdrücklich erwähnt wird, kultureller, erzieherischer Ziele. Wir können uns nicht verhehlen, dass Ihre Vorschläge nicht nur eine untragbare Bedrohung der katholischen Jugendverbände bedeuten, sondern auch die Wege öffnen für eine totalitäre Parteijugend, wie wir sie aus naher Vergangenheit noch in Erinnerung haben. Es tut mir daher leid, zu Ihren Vorschlägen mitteilen zu müssen, dass sie für uns ungeeignet sind, das Problem der Jugendbetreuung fruchtbar mit Ihnen zu besprechen und zu lösen. Ich bitte Sie nochmals dringend, von einer organisatorischen Jugenderfassung durch die Partei ablassen zu wollen, die letztlich nur zum Schaden der Jugend und des ganzen Volkes gereichen würde und gegen die katholischen Eltern im Verein mit den Seelsorgern sich mit äußerster Kraft zu Wehr setzen müssten."[723]

Der indirekte Vergleich einer SVP-Jugendorganisation mit der Hitler-Jugend zeigt, welchen Führungsanspruch die Kirche in Südtirol noch zu Beginn der 1960er Jahre beanspruchte und wie wenig Vertrauen sie in weltliche Organisationen (und teilweise sogar in die SVP hatte; 1959 hatten auch innerhalb der SVP die Katholisch-Konservativen die Macht). Die gesellschaftspolitische Revolution in den 1960er Jahren ging allerdings auch nicht in Südtirol spurlos an Kirche und Partei vorbei, im Jahre 1968 wurde die Junge Generation in der SVP gegründet, 1969 auch eine Bauernjugend.

Außerdem gerieten auch die katholischen Gamper-Heime ab den 1960er Jahren in der Krise: Die strengen Heimordnungen wurden von den Jugendlichen als zu einschränkend betrachtet und es gab nur in wenigen Heimen Versuche demokratischer Leistungsstrukturen.[724]

Außerdem stand auch die 1955 gegründete Südtiroler Hochschülerschaft (SH) stark unter kirchlichem Einfluss. Ihr primäres Ziel war lediglich die Anerkennung von Studientiteln, indirekt sollte über die SH eine lokale Führungsschicht gebildet werden. Der kirchliche Einfluss sollte die Kontinuität einer konservativen Entwicklung garantieren und zugleich den Einfluss der SVP verringern.[725]

4. Der Konflikt Gargitter – Gamper

Die Töne Gampers in den „Dolomiten" bleiben über die Jahre hinweg hart, wie das Beispiel der Landtagswahlen von 1952 zeigt. Auf Einwände der SVP nahm er nur Rücksicht, wenn er glaubte, dies verantworten zu können. Meistens stand er allerdings längst abseits der Kompromissbereiten. Im Dezember 1951 schrieb er beispielsweise: „Es besteht kein Zweifel, aus den bevorstehenden Zahlen unseres Jahresabschlusses grinst uns der Tod entgegen – der Volkstod."[726]

Geisler und Pompanin tolerierten solche Aussagen noch, nicht aber der neue Bischof Gargitter. Die neue Politik des Bischofs veränderte die innerkirchlichen Machtverhältnisse. Gargitter und die Trientner Kurie vertraten nun eine ähnliche Politik, während Gamper auf seiner ethno-nationalen Linie beharrte. Ähnlich wie bei der Option bildeten sich innerhalb der Brixner Kurie wieder Lager. Da Gargitter von Anfang an um einen Ausgleich der beiden Volksgruppen bemüht war, verbot er dem Klerus, sich in die Politik einzumischen. Über die Priester des deutschen Anteils der Diözese Trient hatte er keine Verfügungsgewalt. Trotzdem kam es zu Auseinandersetzungen mit Kanonikus Gamper.[727] Dieser hatte durch seine Medienmacht eine starke Position. „Dolomiten" und „Volksbote" bereiteten weiterhin das „Los von Trient" vor. Gamper äußerte sich im inneren Kreis unmissverständlich: „Da müssen erst einige Köpfe blutig geschlagen werden, ehe diese Kerle [in Rom, Anmerkung J.G.] zur Vernunft kommen."[728]

In Nord- und Südtirol teilte man vielfach die Auffassung von Gamper, nur Christdemokraten könnten das Südtirol-Problem lösen, aber keine Sozialisten.[729] Da vom Volk und von Behörden die Linie der „Dolomiten" meistens mit jener der Kirche gleichgesetzt wurde, waren die scharfen Kommentare Gampers Gargitter ein Dorn im Auge[730], obwohl auch Gamper durchaus den „Abfall von Gott" als die Wurzel alles Übels sah. Zum 25. Geburtstag der „Dolomiten" 1952 schrieb er über die Aufgabe seiner Tageszeitung:

> „Wir haben unseren Dienst als einen Dienst an unserem Volk aufgefasst und getrachtet, darnach unser Tun und Lassen, unser Reden und Schweigen zu richten. [...] Dabei wollten wir keineswegs vergessen, dass jegliche irdische Not, auch die soziale und nationale, von einem Abfall von Gott herrührt, und anerkannten es als die höchste unserer journalistischen Pflichten, an der großen ‚Rückführung' mitzuwirken, die den Christen dieser Zeit zur Aufgabe gestellt ist."[731]

Außerdem waren Gamper und Gargitter zunächst derselben Meinung, dass Südtirol seine vormoderne Wirtschaftsstruktur behalten solle, um die Katholizität Südtirols auch weiterhin sicherzustellen. Politisch hingegen war der neue Bischof für Gamper noch ein unbeschriebenes Blatt. Er wusste lediglich, dass der Oberhirte sich mit den Italienern gut verstand, was ihn aber nicht störte.[732]

Gargitter warnte Gamper am 5. März 1953 in einem Brief vor einem übertriebenen Ethno-Nationalismus. Auslöser war die Auseinandersetzung wegen der Kandidatur von Natale Dander für die Parlamentswahlen 1953, der von der Kurie gefördert wurde, Gamper aber nicht passte:

> „Bei dieser Gelegenheit erfülle ich die unangenehme Pflicht, Sie von meiner Sorge und Unzufriedenheit darüber in Kenntnis zu setzen, dass Sie in Ihrem Blatte ‚Dolomiten' der Volkspartei gegenüber für die christlichen Anliegen nicht entsprechend eintreten. [...] Sie [stellen] die christlichen Anliegen zu sehr hinter das Nationale zurück. Indem ich hierüber mein Bedauern ausspreche, muss ich mit Nach-

druck betonen, dass ich diese Haltung unmöglich hinnehmen kann und dass bei Beibehaltung dieser Haltung die Distanzierung des Bischofs und des Klerus von Ihrem Blatte unausweichlich ist.“[733]

Weitere Gründe für die bischöfliche Intervention dürften wohl die zunehmende Radikalisierung der politischen Landschaft und der ethno-nationale Ton in den „Dolomiten“ gewesen sein.[734]

Friedl Volgger vertrat die Ansicht, dass die Nummer zwei der „Athesia“, Johann Tschurtschenthaler, den Brief geschrieben habe, um dem erfolgreichen und autoritären Athesia-Chef Gamper die Grenzen zu zeigen. Gargitter habe den Brief nur vorschnell unterzeichnet. Gargitter selbst bemerkte im Rückblick, dass die Politik Gampers das erste Vorzeichen zu den Terroranschlägen gewesen wäre.[735]

Gamper war über den Brief zutiefst verletzt und schrieb an Gargitter einen Brief über seine Auffassung vom Priestertum:

„So wie der Priester sich auch um die soziale Not seiner Schutzbefohlenen zu kümmern hat, so muss er auch um die nationale Not seiner Schutzbefohlenen bekümmert sein um der Gerechtigkeit und christlichen Liebe willen. Vielleicht spüren wir Älteren, die wir von den Anfängen unserer gegenwärtigen Lage her miterlebt haben und miterlitten haben, was unser Volk alles an idealen Gütern verloren hat, zu denen zweifellos auch die der nationalen Eigenart und des Volkstums gehören, diese nationale Not stärker als die Jüngeren, die diesen Zustand schon als etwas Gegebenes, wenn nicht gar selbstverständliches empfunden haben.[736] Ich bin meiner Unzulänglichkeit vollauf bewusst, glaube aber doch, in der ganzen Zeit, in der meine Aufgabe in der katholischen Presse unseres Landes mich notgedrungen mit der Volkstumsarbeit in unserer Heimat in Verbindung gebracht hat – und mit der politischen Arbeit –, mich aufrichtig bestrebt zu haben, auch die nationalen und politischen Dinge möglichst sub specie aeternitatis (unter dem Gesichtspunkt der Ewigkeit) zu sehen und zu beurteilen, in einer Weise, in welcher dies in einer von allen Schichten unseres Volkes gelesenen Tageszeitung möglich und angängig ist. Ich bitte Sie auch, schützend Ihre Hand zu halten über die Freiheit der Entscheidung des Redakteurs eines katholischen Blattes in rein politischen Dingen, für deren Sicherung vor einem halben Jahrhundert Professor Schöpfer auch mit dem damaligen Oberhirten gerungen hat wie Jakob mit dem Engel.“[737]

Der Bischof antwortete Gamper, dass dessen Weg für einen Priester nicht gangbar ist.[738] Einige Monate nach der Auseinandersetzung kam es zu einer Aussprache, in der sich beide versöhnten. Gamper meinte anschließend zu Friedl Volgger, dass sich mit dem jungen Bischof eigentlich gut reden lasse. Nur beim Briefeschreiben gehe ihm anscheinend manchmal das Temperament durch. Seither schätzten sich Gamper und Gargitter, auch wenn sie weiterhin verschiedene politische Wege gingen.[739] Dreißig Jahre später sagte Bischof Gargitter zu dieser Konfrontation:

> „In den 50er Jahren machte sich in der politischen Landschaft unserer Heimat eine ungute Radikalisierung bemerkbar. Aus zuverlässigen Quellen wusste ich, dass man von gewisser Seite gezielt auf Gewaltanwendung hinsteuerte. Es müsse Blut fließen, hieß es, sonst werde die römische Regierung das Südtirolproblem nie gebührend ernst nehmen. Hier zeichnete sich eine Entwicklung ab, auf deren Weg der verantwortungsvolle christliche Politiker nicht mehr mitgehen konnte und dem die katholische Presse auch nicht indirekt Vorschub leisten durfte. Kanonikus Gamper mag vielleicht zu wenig von dieser Entwicklung Kenntnis gehabt und die Gefährlichkeit der Lage nicht entsprechend eingeschätzt haben."[740]

Gargitter machte Gamper wohl nicht nur die publizistische Linie seiner Zeitungen zum Vorwurf, sondern sorgte sich auch, dass der Kanonikus in Machenschaften radikaler Gruppen verwickelt sein könnte.

Gamper bemühte sich weiterhin, den „deutschen" Charakter Südtirols zu erhalten. 1954 drängte er zur Gründung des „Berg-Isel-Bundes" als „Schutzverband für Südtirol". Am Anfang war dies noch eine parteienübergreifende Organisation im Dienste Südtirols, aber der Verband driftete bald in rechtsradikale Gewässer ab. Sein Obmann, Eduard Widmoser, lud die SVP-Spitze oft zu Sitzungen nach Innsbruck ein, wo dann auf eine Radikalisierung der Sammelpartei gedrängt wurde.[741]

Auch mit dem Trientner Erzbischof Carlo de Ferrari hatte Gamper seine Probleme. De Ferrari, der immer den italienfreundlichen Liberalen zuneigte, wurde 1955 anlässlich des 70. Geburtstages Gampers von Vinzenz Oberhollenzer und anderen Südtirolern gebeten, diesem den Monsignore-Titel zu verleihen. De Ferrari entgegnete, dass er selbst wüsste, welcher Priester in seinem Bistum diese Auszeichnung verdiene. Gamper gehöre nicht dazu, weil er immer nur Unruhe gestiftet habe.[742] Als De Ferrari im selben Jahr ebenfalls den 70. Geburtstag feierte, folgte die „Rache":

Der Geburtstag wurde gegen jede Gewohnheit ins Zeitungsinnere verbannt und bekam weniger als eine halbe Seite.[743]

Politisch informierte Italiener wussten genau, dass Gamper eine Art „heimlicher Landeshauptmann" Südtirols war. Der „Corriere della Sera" veröffentlichte am 15. Jänner eine Würdigung unter dem Titel „Ein Mann ohne Funktion dirigiert die Volkspartei":

> „Der Mann, der in der Einheitspartei der deutschsprachigen Südtiroler Sonnenschein und Schlechtwetter macht, ist jemand, von dem man in Italien fast nie spricht: Er ist jener Priester, der am Fest des heiligen Franz von Sales die Messe für die Journalisten in Bozen zelebriert, Kanonikus Michael Gamper, Direktor der ‚Dolomiten'. [...] Gamper hat nie etwas versprochen oder gesucht, er hat nie etwas anerkannt, weder das Regionalstatut noch die Autonomie, weder das Gruber-De Gasperi-Abkommen noch die österreichische Niederlage von 1918. Er ist der einzige, der sich erlauben kann, offen zu sein bis zum Letzten, er ist der einzige, der zählt. [...]"[744]

Gamper starb 1956, sein Tod war ein tiefer politischer und generationaler Einschnitt. Bei seiner Beerdigung berieten sich die Nordtiroler Wolfgang Pfaundler, Aloys Oberhammer und Fritz Molden über die Zukunft Südtirols – alle sollten später mit den Sprengstoffanschlägen zu tun haben. Wenige Monate nach Gampers Tod leiteten der Athesia-Schriftsetzer und häufige Chauffeur des Kanonikus, Hans Stieler, und dessen Gruppe die Ära der Sprengstoffanschläge in Südtirol ein. Auch Sepp Kerschbaumer, später ebenfalls in Attentate verwickelt, ließ sich von Gamper beeinflussen. Offen bleibt, wie Gamper auf die weitere Radikalisierung der politischen Szene in Südtirol reagiert hätte. Die Attentäter der Feuernacht vom 11./12. Juni 1961 beriefen sich jedenfalls auf Gamper.[745]

In der Öffentlichkeit blieb bis zum Tode Gampers der Eindruck bestehen, dass er und Gargitter einander bis zum Schluss unversöhnlich gegenüberstanden. Gargitter litt immer unter diesem Vorurteil. Die Blattlinie der „Dolomiten" blieb jedenfalls bis zu Gampers Tod gleich: Kampf gegen die Einwanderung und Forderung des Selbstbestimmungsrechtes.[746] Trotzdem freute sich Gargitter, als er Jahre später in seinen Akten den letzten Brief Gampers fand, in dem dieser sich trotz aller Differenzen sehr positiv über Gargitter äußerte.[747] Hinzuzufügen bleibt, dass der Typus des Priester-Politiker-Redakteurs, wie ihn Gamper verkörperte, kein Einzelfall in Grenzregionen war, z.B. in Aosta kam dies ebenfalls vor.

VII. „Die Weißen-Turm-Liste" – ein neuer Bruderzwist

1. Die politische Situation in Brixen 1956

Seit 1945 hatte es an Versuchen zur Spaltung der SVP nicht gefehlt; nicht selten war dabei staatliche Unterstützung im Spiel gewesen.[748] Die zweiten Gemeinderatswahlen vom 27. Mai 1956 stellten die SVP vor eine große Belastungsprobe. Die DC versuchte dieses Mal in großem Stil, das Monopol der SVP bei der deutschsprachigen Bevölkerung in Frage zu stellen. Dies widersprach der ungeschriebenen Abmachung zwischen SVP und DC von 1948, sich nicht um Wähler der anderen Sprachgruppe zu bemühen. Allerdings hatte die DC bereits bei den Gemeindewahlen von 1952 deutsche Listen aufgestellt.

Brixen war zu Beginn der 1950er Jahre keineswegs ein Modell für Ausgleich der Sprachgruppen, wie es Bischof Gargitter gerne gehabt hätte. Immer wieder gab es ethnopolitischen Konfliktstoff, z.B. um die Besetzung von öffentlichen Stellen: Im Juli 1954 waren in Brixen von vierunddreißig Gemeindeangestellten dreiundzwanzig italienischer und nur elf deutscher Muttersprache. Unter den acht Stadtpolizisten war nur ein einziger deutschsprachig, unter den fünf Ärzten nur einer. Dabei war in Brixen die Bevölkerung zu zwei Dritteln deutschsprachig.[749]

1956 stand der ehemalige kommissarische Bürgermeister Natale Dander im Zentrum des Interesses beim Gemeindewahlkampf. 1948 war er als Kompromisskandidat zum Bürgermeister ernannt worden: Dander war parteilos und Ladiner aus Buchenstein – dies machte den Rechtsanwalt für Deutsche und Italiener akzeptabel. Der hervorragende Jurist und Organisator genoss auch das Vertrauen des Bischofs (er war Rechtsbeistand der Kurie[750]), die bei den Brixner Parteien und der Präfektur viel Einfluss hatte. In den dreieinhalb Jahren seiner Amtszeit erwies er sich als fähiger Verwalter.[751] Deshalb bat die SVP Dander, bei den ersten freien Gemeinderatswahlen nach dem Zweiten Weltkrieg auf ihrer Liste zu kandidieren, was dieser jedoch ablehnte. Er wurde von vielen Seiten bedrängt, doch noch zu kandidieren, aber Dander war nicht umzustimmen.[752] Er gab an, sich nun mehr um seine Rechtanwaltpraxis kümmern zu wollen. Bevor er aus dem Amt schied, gab er dem italienischen Nationalisten-Blatt „Bolzano Nuova" noch ein folgenschweres Interview, in dem er unter anderem sagte, dass er gerne eine Verschmelzung der Volksgruppen in Südtirol sehen würde.[753] Dieses Interview sollte ihm später noch zu schaffen machen. 1953 wollte Dander gleichzeitig der SVP beitreten und für die Parlamentswahlen kandidieren. Nun wurde auch klar, warum er die Kandidatur für die Gemeinderatswahlen 1952 für die SVP abgelehnt hatte: Er wollte lieber ins Parlament.[754] Hinter diesem Manöver stand die DC: Sie wollte der SVP Männern zuführen, die „sich auf das richtige Geleise loyaler und offenherziger Mitarbeit begäben und entschieden für eine offene Zusammenarbeit eintreten würden. Klarer ausgedrückt: es ging darum, die SVP aufzuweichen und zu spalten".[755]

Während der „Alto Adige" sich über die Absichten Danders begeistert zeigte, vermutete Kanonikus Gamper in den „Dolomiten" „merkwürdige Methoden".[756] Seiner Meinung nach wollte der „Alto Adige" der SVP ihm genehme Kandidaten unterjubeln und gleichzeitig Otto von Guggenberg abservieren, dessen Wahlkreis Brixen von Dander übernommen werden sollte.[757] Bischof Gargitter kritisierte daraufhin Gamper in einem Brief, womit klar war, dass nicht nur die DC, sondern auch die Brixner Kurie hinter dem „Manöver Dander" stand.[758] Danders moderate Politik entsprach den Vorstellungen des Bischofs. Nachdem ihn Gamper als „trojanisches Pferd der Italiener" diskreditiert hatte, erledigte sich eine Kandidatur für die SVP schnell. Er kandidierte daraufhin nicht auf der SVP-Liste, sondern bei einer Splittergruppe für die Parlamentswahlen und blieb erfolglos.[759]

2. Die Spaltung der Brixner SVP

1956 wollte Dander wieder auf der SVP-Liste für die Gemeinderatswahlen in Brixen kandidieren.[760] Inzwischen hatte sich aber die Notlösung von 1952, Valerius Dejaco, als Bürgermeister bewährt.[761] Am 12. April war Dander bereits auf einer Sitzung zur Vorbereitung der Gemeindewahlen in St. Andrä abgelehnt worden. Drei Argumente gaben den Ausschlag gegen den früheren Bürgermeister:

1. Einige waren sich nicht sicher, ob man Dander zur deutschen Volksgruppe zählen konnte. Wenn man ihn wähle – so wurde kolpotiert –, bestünde die Gefahr, dass in Brixen eine Industriezone gebaut werde, die gleich groß ist wie jene Bozens. Brixen würde damit eine italienische Mehrheit bekommen.

2. Falls Dander auf die SVP-Liste komme, würden folgende Kandidaten der SVP zurücktreten: Oswald Hellrigl, Hans Stanek, Valerius Dejaco und eventuell auch der Geistliche Josef Widmann.
3. Der amtierende Bürgermeister Valerius Dejaco war auch Präsident des Gemeindekonsortiums der Provinz Bozen. Falls Dander Bürgermeister werde, ginge diese Präsidentschaft für Brixen verloren. Einige SVP-Vertreter fürchteten, dass dann weniger Geld nach Brixen fließen werde.[762]

Bei der anschließenden Abstimmung bekam Dejaco 60 und Dander 27 Stimmen.[763] Die Bozner Parteileitung lehnte Dander ebenfalls ab. Tinzl und Magnago aber erklärten einstimmig, sie würden lieber auf zwei SVP-Sitze im Gemeinderat verzichten als Dander auf ihrer Liste zu dulden.[764] Auch Ebner und Brugger waren strikt gegen Dander.[765] Obwohl er in der Brixner SVP zu wenig Unterstützung fand, wollten viele Brixner Dander aber weiterhin als Kandidaten.[766] Eine Versammlung der Fraktionen Tils, Pinzagen, Greut, Untereben, Tötschling, Pairdorf, Tschötsch und Mahr in Tils am 16. April 1956 sprach ihm in der Bürgermeisterfrage eindeutig das Vertrauen aus.[767]

Dander wurde weiterhin als absolut ungeeignet für das Bürgermeisteramt dargestellt. Laut dem Brixner SVP-Ortsobmann Alois Paldele wurde seine „Sündenliste" immer länger: Bei der Brixner Baugenossenschaft habe

Valerius Dejaco (rechts) mit Bischof Joseph Gargitter

sich Dander für mehr deutsche Verwaltungsratsmitglieder eingesetzt, den einzigen deutschen Polizist Brixens habe er nach Bruneck versetzt, Ablehnung der Zweisprachigkeit im Brixner Krankenhaus, nur italienische Einladungen für die Alpini, Konzession für Baumaterialien an die Frau des Gemeinderates und Kommunistenführers Bizetti.[768]

Der wahre Grund für die strikte Ablehnung von Dander war die geänderte politische Situation in Südtirol: Ab 1955 zeigte sich, dass die Südtiroler Autonomie völlig unzureichend war, wodurch in der SVP die radikalere Richtung immer stärker wurde. Als Erster zog Hans Dietl die Konsequenzen daraus und trat aus Protest gegen die autonomiefeindliche Politik der DC aus der Regionalregierung zurück.[769] Bei den Brixner Gemeindewahlen sollte die SVP-Kandidatenliste die Trendwende einleiten, weshalb nur stramme Volkstumspolitiker aufgestellt wurden. Brixen war insofern wichtig, weil es drittgrößte Stadt Südtirols war. Allerdings hatten die beiden größeren Städte Bozen und Meran italienische Mehrheiten und somit war Brixen die größte Stadt Südtirols, die einen „tirolerischen Charakter" bewahrt hatte. Außerdem war sie als Bischofsstadt von großer Bedeutung und musste als Probefeld herhalten, wo die SVP ihre neue Härte beweisen konnte.[770]

Allerdings drohte nun die Gefahr einer zweiten deutschen Liste für die Gemeinderatswahlen: Die mit harten Volkstumskämpfern antretende SVP missfiel neben einigen Brixnern auch Teilen der SVP. Die Ortsgruppe St. Andrä wollte Dander auf die SVP-Liste nehmen, aber der Brixner Ortsausschuss lehnte dies am 9. April ab. Der Brixner Ortsobmann Alois Paldele gab sich dennoch zuversichtlich, dass man die Spaltung bald beheben und eine zweite deutsche Liste verhindern könne.[771]

Bei der Sitzung der Ortsgruppe Brixen am 21. April 1956 vertiefte sich jedoch die Spaltung. Die große Bedeutung der Sitzung war allen klar, es waren sogar Tinzl und Magnago anwesend. Tinzl sprach sich erneut gegen eine Kandidatur Danders auf der SVP-Liste aus und es werde auch keine zweite SVP-Liste geben.[772] Auch Magnago war gegen Dander.[773]

Das letzte Wort sprach die Bozner Parteileitung am Tag darauf. Dander wurde nicht auf die SVP-Liste genommen und es gab keine zweite SVP-Liste. Die SVP würde mit allen erlaubten Mitteln für ihre Liste werben und den Brixnern von der zweiten Liste abraten. Außerdem legte die Parteileitung Ortsobmann Alois Paldele nahe, von seinem Amt zurückzutreten. Er habe durch sein Handeln das Entstehen einer zweiten Liste aktiv gefördert und „da er sich in Anbetracht seines Verhaltens gegenüber der zweiten angekündigten Liste nicht mehr imstande fühlen kann, die Interessen der S.V.P.-

Liste mit der erforderten Energie und Überzeugungstreue zu vertreten."[774] Als Paldele sich weigerte, der Forderung nachzukommen, wurde er von der Bozner Parteileitung suspendiert; Günther von Unterrichter leitete vorläufig den Ortsausschuss.[775]

3. Die Gründung einer zweiten deutschen Liste

Dander gründete nun mit einigen Gefolgsleuten die „Weißen-Turm-Liste" (Der gotische Turm der Brixner Pfarrkirche wird wegen seiner hellen Farbe umgangssprachlich „Weißer Turm" genannt).[776] Zuvor hatten Gottfried Masoner und Hans Kofler von der SVP verlangt, dass um der Chancengleichheit willen keine deutsche Liste in Brixen das Edelweiß für sich allein beanspruchen dürfe.[777] Natürlich lehnte die Parteileitung der SVP dies ab.

Die breite Öffentlichkeit erfuhr am 8. Mai von der Gründung der neuen Liste, als die „Dolomiten" erstmals unter dem Titel „Angriff auf die Südtiroler Einheitsfront" darüber schrieben. Die Zeitung verlor aber kein Wort über die Ziele und Beweggründe der neuen Liste.[778] Am 17. Mai gaben die Verantwortlichen der „Weißen-Turm-Liste" eine Broschüre heraus, in der sie sich präsentierten. Für die Liste kandidierten vierundzwanzig Deutsche und ein Ladiner. Man konnte die Liste also keineswegs als interethnische Liste bezeichnen. Ihre Vertreter bezeichneten sich als katholische Männer, die die Gemeindeverwaltung in Brixen verbessern wollten. Das Programm der „Weißen-Turm-Liste" fassten sie mit den Worten Glaube und Arbeit zusammen.[779] Das allgemeine Programm lautet folgendermaßen:

> „Grundsätzliche Ausrichtung des öffentlichen Lebens in der Gemeinde und der Beziehungen der Volksgruppen untereinander nach den Grundsätzen der christlichen Weltanschauung, nach den Normen des christlichen Naturrechts und der christlichen Gesellschaftslehre.[780] [...]
> Die ‚Weißen-Turm-Liste' wendet sich schließlich an den christlichen Menschen – denn nur auf dem Boden der christlichen Weltanschauung kann der Weg in eine bessere Zukunft gefunden werden."[781]

Weiters bekräftigte die „Weißen-Turm-Liste", dass sie keine politische Vereinigung sei und dass daher auch keinen „Großangriff auf die politische Einheitsfront der Südtiroler"[782] darstelle. Außerdem wollte sie nicht als „Splitterliste"[783] bezeichnet werden. Weiters habe sich die „Weißen-

Turm-Liste“ schriftlich mit einem Schreiben an den Obmann der SVP vom 24. April und vom 5. Mai bereiterklärt, eine Listenverbindung mit der SVP einzugehen, um über die Reststimmen vielleicht ein zusätzliches Mandat für die deutsche Volksgruppe zu holen. Dies lehnte die Parteileitung in Bozen ab.[784]

Die neue Liste präsentierte sich den Wählern als „Brixner Liste“, die im Gegensatz zu den SVP-Kandidaten nicht aus Bozen diktiert wurde.[785] Die „Weißen-Turm-Liste“ ging mit der konfessionell organisierten Arbeitnehmerschaft und konservativen Bürgerkreisen ein Bündnis ein.[786] Natürlich stand hinter den Beweggründen der „Weißen-Turm-Liste“ aber auch schlicht und einfach ein Machtanspruch. Dander wollte unbedingt wieder Bürgermeister Brixens werden, nachdem er seine Chance verspielt hatte, ins Parlament gewählt zu werden. Allerdings wollte nun, nach vier Jahren Amtszeit, eine große Mehrheit innerhalb der SVP Valerius Dejaco als Bürgermeister behalten, mit dem man sehr zufrieden war. Dander musste also eine eigene Liste gründen und hoffte auf seine ehemaligen Gefolgsleute.

Die neue Liste wurde von der SVP als gezielter Probelauf für einen größeren Spaltungsversuch gewertet. Dejaco schrieb an die Landesleitung der SVP:

> „Es kann nicht eindringlich genug darauf hingewiesen werden, dass die Weisse-Turm-Liste weit mehr bedeutet, als ein rein lokales oder administratives Problem der Gemeinde Brixen. Es ist erwiesen, dass bereits mit parteifeindlichen Kreisen von Bozen und Meran Fühlung genommen wurde. Ein Exponent der Liste selbst erklärte, dass wenn es ihnen gelänge, wenigstens vier Sitze im Gemeinderat zu erhalten, sie sich stark genug fühlten, ihre Bewegung auf das Land auszudehnen, um Dr. Dander für die kommenden Regionalwahlen vorzuschlagen.“[787]

Ein wichtiges Indiz dafür war die große Beachtung, die die „Weißen Türmer“ in der italienischsprachigen Presse erfuhren. Bezeichnenderweise wurde die Gründung der „Weißen-Turm-Liste“ schon vier Wochen vorher im DC-Blatt „L'Adige“ vorausgesagt.[788] Die DC witterte in Brixen die Chance, einen Machtwechsel von landesweiter Bedeutung einzuleiten.[789] Dass sie eigentlich traditionell mit der SVP verbündet war, war gegenüber dem erhofften Machtgewinn sekundär. Ein anderer Artikel derselben Zeitung berichtete, dass die Einrichtung der „Weißen-Turm-Liste“ von der italienischen Bevölkerung mit großer Genugtuung aufgenommen werde, weil sie als Anfang vom Ende des SVP-Monopols gedeutet werden kann.[790] Außerdem stelle sie eine Verbindung zwischen der deutschen und italienischen Sprachgruppe her. Nach diesem Artikel schrieb „L'Adige" längere Zeit nichts über die Liste, die Zeitung hatte wohl erkannt, dass dies der Liste nur schaden würde.[791] Der „Alto Adige" gab seinen Lesern in der Ausgabe vom 1. Mai zu verstehen, dass er zwar ebenfalls von der neuen Liste gewusst habe, aber nichts darüber geschrieben hatte, um ihr nicht zu schaden. Außerdem beteuerte die Zeitung, dass Gemeinderatswahlen „nichts mit Politik zu tun hätten".[792] Von nun an sollte der „Alto Adige" der „Weißen-Turm-Liste" ein Sprachrohr bieten, was in den „Dolomiten" und im „Volksboten" unmöglich war. Dejaco verlangte erfolgreich, dass die „Dolomiten" nur die SVP unterstützen dürfe:

> „Die Parteileitung wird gebeten zu veranlassen, dass unsere deutsche Presse voll und ganz für diesen Wahlkampf eintrete. Bei dieser Gelegenheit soll nicht versäumt werden, darauf hinzuweisen, dass gerade der Korrespondent der Dolomiten in Brixen, Herr Hans Egarter, ganz für die zweite Liste eintritt."[793]

Viele Kandidaten der „Weißen-Turm-Liste" waren schon 1945 in der SVP Brixen aktiv: Max Eisenstecken, Michael Ellemund, Robert Fritz, Sepp Peskoller, Josef Erler, Gottfried Masoner, Josef Winkler, Anton Zingerle, Peter Mitterrutzner und vor allem das SVP-Brixen-Gründungsmitglied und erster Obmann Hans Kofler.[794]

Die SVP erklärte in der Parteileitungssitzung vom 11. Mai, dass die Weißen-Turm-Liste (die „Dolomiten" bezeichneten die Liste immer zweisprachig als „Weißer Turm – Torre Bianca", um sie in den Augen der deutschsprachigen Wähler noch zusätzlich zu diskreditieren) einen Angriff auf die Einheitspartei der Südtiroler darstelle und dass deshalb alle SVP-Mitglieder, die auf dieser Liste für den Brixner Gemeinderat kandidieren, aus der SVP ausgeschlossen werden.[795] Außerdem wurde seitens der SVP jegliches Bündnis mit der „Weißen-Turm-Liste" abgelehnt.[796]

Vom Ausschluss betroffen waren Natale Dander, Josef Kusstatscher, Max Eisenstecken, Michael Ellemund, Robert Fritz, Sepp Peskoller, Josef Erler, Gottfried Masoner, Josef Winkler, Anton Zingerle, Peter Foppa, Franz Kerschbaumer, Sebastian Sullmann, Peter Mitterrutzner und Johann Prosch-Gostner.[797]

Unter den Ausgeschlossenen befanden sich auch Kandidaten, die im guten Glauben an eine demokratische Bereicherung auf der Liste kandidierten. Die meisten Kandidaten der Liste hatten sich aus lokalpolitischen Gründen der neuen Liste angeschlossen.

Warum reagierten die SVP und die „Dolomiten" im Fall der „Weißen-Turm-Liste" so streng? Die „Weißen-Turm-Liste" war ein rein lokales Phänomen, erst durch die „Dolomiten" und die harte Reaktion der SVP bekam die Liste eine landesweite Bedeutung. Auch die „Alpenpost" war der Meinung, dass die SVP den Konflikt besser bagatellisiert hätte, beispielsweise gäbe es auch in Gossensaß und Leifers andere deutschsprachige lokale Listen.[798] Trotzdem erkannte das Blatt einen großen Unterschied zu den anderen lokalen Listen:

> „Warum verhängte die Parteileitung über die Rebellen Ausschluss und Diffamierung? Weil die Rebellen öffentlich behaupteten, sie hätten die Unterstützung der Kurie, und gerade sie wären die betonten, die prononcierten, die radikalen, die unentwegten Katholiken.
> Großer Fehler! So etwas weiss man gegebenenfalls, aber man sagt es nicht. Genauso wie die DC in ganz Italien, so hält sich hierzulande mit der Wahrnehmung kirchlicher Belange im öffentlichen Leben die SVP betraut. Sich hier eindrängen zu wollen, musste notwendigerweise zu einer Kraftprobe führen und den Bannstrahl der SVP provozieren."[799]

Interessanterweise musste sich aber auch jeder SVP-Kandidat zur katholischen Religion bekennen.[800]

Ein weiterer Grund für die scharfe Reaktion der SVP und der „Dolomiten" war, dass die Stadtpolitik in Brixen traditionell über ihre örtliche Funktion hinaus auch landesweit seismographische Funktion wahrnahm. Die ältesten Brixner erinnerten sich vielleicht noch an die Bürgerausschusswahl von 1906 in Brixen, die als Testfall für die Christlichsozialen galt, die den etablierten Konservativen die Macht nehmen wollten. Damals gewannen die Christlichsozialen die „Generalprobe" für die Machtübernahme in Landtag und Reichsrat. Danach schafften die Christlichsozialen auch den landesweiten Durchbruch.[801] 50 Jahre später lag wieder das Gefühl in der Luft, dass es sich um eine „Schicksalswahl" handelte, die die Zukunft Südtirols beeinflussen konnte.

Sogar außerhalb der Provinz wurde die „Weißen-Turm-Liste" beobachtet: Die italienische Monarchistenzeitung „La Patria" schrieb am 9. Mai, dass in Brixen ein Großangriff auf die Einheitsfront der SVP bevorstünde. Bezeichnend für das Blatt war, dass die neue Liste am Sitz der Diözese gebildet worden sei.[802] Wie „La Patria" richtig vermutete, war die bischöfliche Kurie am Zustandekommen dieser Liste unbeteiligt, hier zeigte sich der Kurswechsel des Brixner Bischofs Joseph Gargitter.[803] Wie weit jedoch die indirekte Unterstützung des Bischofs ging, ist nicht leicht zu sagen, aber er ermunterte die „Weißen Türmer" zumindest. Eigentlich war auch Gargitter für die „Einheit der Südtiroler" in der SVP dienlich, denn durch sie konnte er das konservative Milieu in Südtirol am besten erhalten, Entwicklungen am leichtesten kontrollieren oder durch Beeinflussung der SVP-Führer am besten steuern. Die „Weißen-Turm-Liste" war für ihn wohl nur ein „Experiment", um der SVP eine Machtdemonstration zu liefern. Er wollte von außen Druck auf die SVP ausüben, damit diese dem Ethno-Nationalismus abschwor und sich mehr für einen Ausgleich zwischen den Volksgruppen einsetzte.

Der SVP bereitete vor allem der Umstand Sorge, dass die „Weißen-Turm-Liste" als die wahre katholische Liste präsentiert wurde und sie bemühte sich, dies zu entkräften. Es wurde immer wieder beteuert, dass Bürgermeister Valerius Dejaco ein sehr katholischer Mensch sei. Die Partei befürchtete, dass es in Brixen sehr viele katholische Wähler gäbe, die von Politik wenig verstünden und deshalb die „Weißen-Turm-Liste" wählen könnten, ohne deren wahre Absichten zu durchschauen. Auch die „Dolomiten" wiesen den Leser eindringlich darauf hin, dass es sich bei der „Weißen-Turm-Liste" um keine katholische Liste handle.[804] Der „Alto Adige" verwies hingegen auf die große Religiosität von Dander, der deshalb auch bei der Kurie sehr gut angesehen sei, man brauche nur an die große Versammlung im Garten der Hofburg im September 1951 denken. Auf der SVP-Liste hingegen, betonte das Blatt, befänden sich die ehemaligen antiklerikalen Nazis.[805] Vor allem Hans Stanek musste sich rechtfertigen: unter der NS-Verwaltung von 1943 bis 1945 war er kommissarischer Bürgermeister von Brixen gewesen. In seiner Amtszeit befasste er sich sofort mit der „Judenfrage": Jedenfalls schickte Stanek dem Kreisleiter der AdO (Arbeitsgemeinschaft der Optanten) Wolfgang Seifert am 20. September 1943 „ein Verzeichnis jener Personen, welche aufgrund der italienischen Gesetze als der jüdischen Rasse angehörig zu betrachten sind". Im März 1944 konnte Stanek der „Intendenza di finanza" in Bozen berichten, dass es derzeit in Brixen keine Juden mehr gebe. Es ist anzunehmen, dass der Antisemit Seifert das Verzeichnis Staneks der Gestapo weitergegeben hat.[806] Vom Schicksal der Juden auf Staneks Liste ist nichts bekannt.

Außerdem setzte Stanek in Brixen den von oben verordneten Antiklerikalismus im Brixner Rathaus durch, wo er das Kruzifix entfernen ließ.

Der offizielle Vorwand war, dass man die Räume neu ausmalen müsse. Die Bevölkerung war empört darüber.[807] Nun sagte Stanek, er habe die Kruzifixe auf Anleitung des Kreisleiters entfernt, in der damaligen Situation sei dies besser gewesen. Außerdem habe er die Kruzifixe Klosterfrauen übergeben.[808] Nach Kriegsende wurde er von den Alliierten verhaftet und verbrachte fünf Monate im Lager von Terni.[809]

Stanek sagte, er sei nie ein Nazi gewesen, er habe „nur mit den Deutschen zusammengearbeitet". Außerdem verglich er das Lager von Terni mit den nationalsozialistischen Konzentrationslagern.[810] Nach einigen Prozessen wegen seiner Tätigkeit als kommissarischer Bürgermeister, in denen Stanek nie verurteilt wurde, bekam er 1954 die italienische Staatsbürgerschaft zurück.[811] Der „Alto Adige" wies immer wieder auf die Vergangenheit Staneks hin, in den „Dolomiten" war sie kein Thema.

Der SVP-Kandidat für die Gemeinderatswahlen Franz Auer war angeblich beim SOD, bei der SD-Schule und bei der Gestapo. Nach dem Krieg musste er zwölf Monate im Internierungslager von Rimini verbringen.[812]

Auch der aus einer Trentiner Familie stammende Bürgermeister Valerius Dejaco hatte eine zumindest deutschnationale Vergangenheit:[813] 1934 gehörte er zu der illegalen, NS-nahen Studentenverbindung „Laurinia-Rosenberg", für die Kaplan Johann Tschurtschenthaler einen Versammlungsraum zur Verfügung gestellt hatte. Außer ihm war unter anderem auch der spätere Leiter des Brixner SOD, Konrad Bergmeister, dabei.[814] Während der Option trat er sehr nachdrücklich für Deutschland ein.[815]

Laut „Alto Adige" hatten auch die Kandidaten Karl von Kempter, Dominikus Alberti und Peter Unterleitner vor 1945 aus ihren nationalsozialistischen Ansichten keinen Hehl gemacht.[816] In Bezug auf die NS-Vergangenheit dieser SVP-Vertreter fragte der „Alto Adige":

> „Wir haben diese Namen nicht so leichthin aufgezählt. Wir haben jene Kandidaten genannt, die in der Nazizeit ihre Gefühle für Hitler offen zur Schau getragen haben, und es waren Braunhemden durch und durch, um es deutlich genug zu sagen. [...]
> Wenn es also darum geht, die Verdienste in bezug auf die religiöse Überzeugung in die Waagschale zu werfen, so müssen wir aus den genannten Gründen starke Zweifel anmelden. Wie kann man denn demokratisch sein, wenn man zu einem solchen Grade Nationalsozialist war? Wie kann man denn ein Kämpfer für die Religion sein, wenn man sie so augenfällig missachtet hat? Hat es denn wirklich nichts zu bedeuten, dass man nun die örtlichen Begründer von der

> SVP ausschließt und Leute an ihre Stelle setzt, die auch 1945 offene Gegenspieler derselben Partei waren?"[817]

Natale Dander schrieb in einem Brief an Toni Ebner:

> „Bezeichnend ist die Tatsache, dass die ehemaligen Faschisten dauernd gebrandmarkt werden, dagegen die Nazisten? Diese werden unter einen schützenden vergesslichen Mantel genommen. Waren unsere sehr zahlreichen und fanatischen Nazisten nicht ärger, unsere Südtiroler? Es waren und sind dies unsere Leute, die ihre Brüder schmählich verfolgt haben und heute stehen diese in vielen Fällen in den ersten Reihen der Edelweißlisten!!! Es ist nicht verwunderlich, wenn der anständige und saubere Mensch sich dagegen auflehnt.
> Sehr viele Fälle haben wir, wo diese Elemente offen kirchenfeindlich waren und noch sind und heute die Vertreter des Tiroler Volkes sein wollen. Andreas Hofer, Peter Mayr u.a.m. würden beleidigt sein von manchem Benehmen der heutigen ‚Führer'. Wir können nur von Männern Respekt haben, die sich in der Not bewährt haben durch die Treue zur Vatersitte und Heimat. Es ist unvereinbar heute von Glauben und Heimat zu predigen und doch noch vor wenigen Jahren die Heimattreuen brutal zu verfolgen. Ja, es soll verziehen werden aber so vergesslich darf man uns nicht halten. […]
> Wir erwarten von der S.V.P. eine Rückkehr zur Mäßigung, denn nur dadurch können wir erreichen, was wir anstreben."[818]

4. Der schmutzige Wahlkampf

Die „Dolomiten" griffen im Wahlkampf die „Weißen-Turm-Liste" weiter an, zielten immer wieder auf deren angebliche Katholizität und behaupteten, dass die Liste Geld aus Rom bekäme:

> „Erst flüsterte man, die bisherige Verwaltung habe die Stadtgemeinde an den Rand des Ruins gebracht. Als die Zahlen, mit denen Dr. Dejaco aufwarten konnte, klar und eindeutig das Gegenteil bewiesen, […], erfand man das Schlagwort, dass die ‚Weiße-Turm/Torre Bianca'-Liste die katholische Liste sei.
> Man scheute sich nicht, sogar die Religion als Wahlschlager zu missbrauchen. […] Von besonderer geistlicher Seite wurde mit allem

> Nachdruck festgestellt, dass diejenigen, welche in Brixen das Schlagwort verbreiten, die Weiße-Turm-Liste sei die katholische Liste, absolut die Unwahrheit sagen. […]
> Die Brixner müssen […] ein Bekenntnis für oder gegen Tirol ablegen. Der Hauptkandidat der Splitterliste, Dr. Natale Dander, dessetwegen sie einzig geschaffen wurde, hat es immer wieder peinlichst vermieden, sich als Tiroler zu bekennen. Er konnte dies auch nicht tun, weil er sich nicht als Tiroler fühlt. […]"[819]

Der Artikel deutet an, dass eine „besondere geistliche Seite" festgestellt habe, dass die „Weißen-Turm-Liste" keine religiöse Liste sei. Wer damit genau gemeint sei, blieb offen. Auch der „Alto Adige" war perplex: Der Bischof habe doch gesagt, dass beide Listen katholisch wären und er deshalb im Wahlkampf neutral bleibe. Gargitter habe außerdem zu Dejaco gesagt, es zu bedauern, dass zwei Listen in Brixen antreten. Genaueres habe er nicht gesagt.[820]

Einen Tag vor der Wahl schrieben die „Dolomiten" noch, dass kein Brixner eigentlich Zweifel haben könne, dass man die SVP wählen müsse.[821] 1.297 Brixner wählten dann trotz der massiven Propaganda der „Dolomiten" die „Weißen-Turm-Liste". Dies war zwar ein Achtungserfolg der neuen Liste, aber nicht mehr als ein Pyrrhussieg. Auf die „Weißen-Turm-Liste" entfielen fünf Sitze im Gemeinderat. Dies schwächte die SVP aber nicht grundlegend: sie verlor nur drei Sitze. Trotzdem büßte sie die absolute Mehrheit im Gemeinderat ein, denn sie fiel von achtzehn auf fünfzehn Sitze zurück. Die DC verlor zwei Mandate an die „Weißen Türmer" und sank von sechs auf vier. Die Verluste der SVP hielten sich also in Grenzen: Bei den Gemeinderatswahlen von 1952 hatte die SVP in Brixen 3.840 Stimmen bekommen, 1956 hingegen 3.468.[822] Dander selbst erreichte einen Achtungserfolg im direkten Duell mit Bürgermeister Dejaco: Er erhielt 805, Dejaco 975 Stimmen. Durch die massive Kampagne der „Dolomiten" stieg die Wahlbeteiligung auf den Rekordstand von 91,5%.[823] Das Verhältnis der Sprachgruppen im Gemeinderat änderte sich zugunsten der Deutschen und Ladiner (Dander stammte aus Buchenstein). Für die „Weißen-Turm-Liste" zogen fünf Südtiroler in den Gemeinderat ein (Natale Dander, Hans Kofler, Josef Kusstatscher, Alois Constantini und Gottfried Masoner): Die „Weißen-Turm-Liste" nahm der SVP drei deutschsprachige Gemeinderäte und der DC zwei ursprünglich italienischsprachige Gemeinderäte ab.[824] Aufsehen erregend war die Rückkehr von Altbürgermeister Hans Stanek in den Gemeinderat[825].

Interessant ist auch, dass alle gewählten Vertreter der „Weißen-Turm-Liste" aus der Stadt Brixen kamen, kein einziger hingegen aus den Landfraktionen. Im Wahlkampf hatte die Liste versprochen, sich besonders für die bäuerliche Bevölkerung der Fraktionen einzusetzen.[826] Dieses SVP-treue Wahlverhalten spricht auch für die These, dass gerade die bäuerliche Bevölkerung katholisch-konservativ wählt. Auch Bischof Gargitters Politik des Ausgleichs zwischen den Sprachgruppen drang nie in die bäuerliche Bevölkerung vor. Die städtische Bevölkerung war für solche Gedanken offener.

Die weitere Entwicklung soll nur kurz skizziert werden, da der Faktor Religion nach den Wahlen nicht mehr wichtig sein sollte; es ging nur noch um politische Macht: Da es keine klaren Mehrheitsverhältnisse im Brixner Gemeinderat gab, konnte zunächst weder Dander noch Dejaco zum Bürgermeister gewählt werden und bis zu den Neuwahlen am 2. Dezember amtierte ein kommissarischer Bürgermeister. Bei den Wahlen gelang es der SVP, ein zusätzliches Mandat zu erreichen, und Dejaco wurde Bürgermeister. Danach versank die „Weißen-Turm-Liste" in der Bedeutungslosigkeit, bei den darauf folgenden Wahlen kandidierte die Liste nicht mehr.

Der „Fall Brixen" war auch eine Folge der mangelnden Vergangenheitsbewältigung in Südtirol. Option und NS-Vergangenheit waren ja kein Thema. Außerdem war es einer der letzten Fälle, dass sich die Kirche massiv in die Politik einmischte. 1952 hatte die Kurie noch den jungen Priester Josef Widmann in den Gemeinderat geschickt, ab 1956 wurde die Trennung von Kirche und Politik stärker respektiert. Außerdem fand der „Griff nach Brixen" genau 50 Jahre nach dem Triumph der Christlichsozialen von 1906 statt. Beide Male hatte die Brixner Wahl Signalwirkung für ganz Südtirol.[827]

VIII. Der Konflikt SVP – KVW

1. Antikommunismus als Grundlage des KVW

Die 1950er Jahre waren die Zeit der Kommunistenhysterie in den USA. Diese Welle schwappte auch auf Südtirol über und hatte für den neuen Bischof Gargitter nach seinem Amtsantritt 1952 höchste politische Priorität. In seinem ersten Hirtenbrief nannte er als besondere Gefahren für die Südtiroler Gläubigen den „materialistischen Zeitgeist" und den Kommunismus. Eine Woche nach seinem Amtsantritt fanden die ersten freien Gemeindewahlen in Südtirol seit fast 30 Jahren statt. Gargitter ließ im Brixner Diözesanblatt vor den Kommunisten warnen:

> „Wer Listen von Kommunisten oder einer mit dem Kommunismus gekoppelten Liste die Stimme gibt, ist als Helfer des Kommunismus zu betrachten und unterliegt den vom Heiligen Stuhl dafür verhängten Strafen."[828]

Auch Kanonikus Michael Gamper war natürlich ein überzeugter Antikommunist. Zum Hauptfeind hatte er wie schon bei den Landtagswahlen 1952 den „Dolomiten"-Setzer Silvio Flor auserkoren.[829] Unter dem Titel „Klare Frontenstellung" erschien folgender Artikel am 3. Juni 1953 in den „Dolomiten":

> „Nach Russland weist Italien die stärkste und größte kommunistische Partei Europas auf. Kein Wunder, dass gerade dieses Land sich des besonderen Interesses des Weltbolschewismus erfreut. Kein Wunder, dass sich auch hier die Fronten so formieren, wie sie seit langen schon in dem großen Geisteskampf der Welt einander gegenüberstehen. Für jeden Wähler – dies gilt von uns Südtirolern geradeso wie von den christlichen Wählern der roten Emilia[-Romagna] – ist darum der Wahlgang des kommenden Sonntages [die Parlamentswahlen 1953; Anm. J.G.] ein Waffengang gegen den Todfeind der Ordnung und des christlichen Abendlandes. Auch die Südtiroler Einheitspartei, die SVP, hat sich in diese antibolschewistische Abwehrfront eingereiht. […]"[830]

Weiters war im Artikel die Rede vom „antichristlichen, gleichmacherischen, internationalen Kommunismus, […] das Prinzip der Verneinung und der Zerstörung“[831], der „Felsenfestung Tirol“.[832] Danach warnte Gamper, dass auch die Südtiroler nicht immun gegen die bolschewistische Infiltration seien.[833] Unter diesen Voraussetzungen konnte Gamper nicht anders, als den Kalten Krieg auch in Südtirol auszurufen.[834] Er instrumentalisierte den Kalten Krieg für seine politischen Ziele in Südtirol – die Konsolidierung der hegemonialen SVP-Herrschaft.

In Bezug auf den Kommunismus waren Gamper und Gargitter einer Meinung. Gargitter kritisierte zwar dessen Ethno-Nationalismus, nicht aber den äußerst gewagten Ton gegen den (in Südtirol praktisch nicht vorhandenen) Kommunismus. Für Gargitter war der Kampf gegen den Kommunismus noch wichtiger als für Gamper (für den die nationale Einheit im Zweifelsfall immer wichtiger als der Kampf gegen den Kommunismus war).

Gargitter war sich bewusst, dass die Kirche auch die Arbeiter gewinnen müsse, sonst würden diese kommunistisch wählen.[835] Sein starkes soziales Engagement entsprang auch der Furcht vor dem Kommunismus. Er setzte sich immer wieder für sozial Schwächere ein und förderte karitatives Engagement. Außerdem wollte er ein harmonisches Verhältnis zwischen Arbeitgebern und -nehmern und so sozialistischen und kommunistischen Bewegungen den Wind aus den Segeln nehmen.[836] Er wusste, dass auf Südtirol eine soziale Umwälzung zukam, und setzte sich früher als die Politiker mit der Industrialisierung auseinander. Er hatte ein zwiespältiges Verhältnis zur Industrie, wie Claus Gatterer beobachtete:

> „Neue Industrien in den Südtiroler Tälern bedeuten jedoch: Entstehung einer besitzlosen und folglich entwurzelten Arbeiterklasse, Verschärfung der sozialen Unterschiede, vielleicht auch Einbruch neuer Ideen. Um dies zu vermeiden, hielt er es lange Zeit für geboten, Südtirol die Industrialisierung zu ersparen und den Anschluss an die europäische Hochkonjunktur durch eine Kombination von Landwirtschaft und Bauernhoftourismus zu suchen. Der patriarchalisch-unterwürfige Bauernknecht war ihm lieber als ein selbstbewusster Industriearbeitertyp.“[837]

Nicht nur Gargitter, sondern auch die SVP vertrat mehrheitlich eine solche Wirtschaftspolitik. Angesichts der zunehmenden Abwanderung und der schlechten wirtschaftlichen Lage in den 1950er Jahren wurde diese Politik jedoch immer fragwürdiger. Gargitter forderte Politiker und Unternehmer auf, für „Arbeit und Brot" in Südtirol zu sorgen, und versprach selbst konkrete Hilfe: Die Diözese sollte junge Südtiroler ausbilden lassen und „für die Beschaffung der nötigen Kapitalien zur Errichtung einer Heimindustrie in einem unserer Bergtäler" sorgen. Das wichtige Ergebnis dieses Projekts war die Gründung der Holzfirma Wierer in Kiens, die auf Liegenschaften der Kurie arbeitete. Die wirtschaftlichen Pläne des Bischofs ließen sich jedoch nicht verwirklichen, da die Kirche zu wenig Kapital hatte, um die Südtiroler Volkswirtschaft zu bewegen. Außerdem glaubten einige Südtiroler, dass die Wirtschaftspolitik des Bischofs die italienische Einwanderung verstärke.[838]

1955 erreichte der antikommunistische Kreuzzug der Brixner Kurie einen ersten Höhepunkt. Bischof Gargitter schrieb einen Hirtenbrief mit dem bezeichnenden Titel „Die Gefahr des Kommunismus in unserem Lande", der von allen Priestern des Landes verkündet wurde. Dort heißt es unter anderem:

> „Christentum und Kommunismus sind Gegensätze wie Himmel und Hölle, wie Gott und Teufel. Das unfehlbare kirchliche Lehramt hat wiederholt die Unvereinbarkeit des Kommunismus mit dem Christentum erklärt und alle Christen aufmerksam gemacht, dass jeder, der der kommunistischen Partei und Lehre angehört und ihr Vorschub leistet, exkommuniziert ist, d.h. von der Gemeinschaft und den Gnaden ihrer Sakramente ausgeschlossen bleibt. [...]
> Eine Linksrichtung kommunistischer Elemente in Politik, Wirtschaft und Kulturleben [Südtirols, Anm. des Verf.] ist mit dem Programm politischer Parteien, welche auf christlicher Grundlage stehen und arbeiten wollen, unvereinbar. Jede Verbindung mit dem Kommunismus ist Verrat an den höchsten Gütern des Volkstums. [...] Möge ein Gebetskreuzzug durchs Land gehen. [...]"[839]

Falls der Kommunismus verstärkt in Südtirol eindringe, käme er wohl von der italienischen Bozner Industriezone. In dortigen Betriebswahlen waren bis zu 50% der Stimmen an kommunistische Vertreter gegangen. Allerdings schienen die Südtiroler und vor allem jene Wählerschichten, die der radikaleren Richtung in der SVP nahe standen, für den Kommunismus anfällig.

Ob gewollt oder ungewollt, Bischof Gargitter deutete an, dass die kommunistische Gefahr in der Volkstumspolitik lag, was ihm viele gläubige Südtiroler nicht verzeihen sollten.[840]

Die Attentatswelle von 1961 verurteilte Gargitter als unnütze Gewaltakte: Seiner Meinung nach versuche der Kommunismus einen Unruheherd mitten in Europa zu schaffen. Deshalb müssen sich die christlichen Kräfte beider Sprachgruppen zusammenschließen, um einen dauerhaften Frieden auf christlichen Werten aufzubauen.[841]

Seine Vermutung, dass hinter den Anschlägen kommunistische Kräfte standen, war falsch. Neonazistische Kreise aus dem Ausland waren hingegen bei späteren Anschlägen dabei und nützten die Südtirolfrage für ihre Zwecke aus. Es ist bis heute nicht eindeutig geklärt, ob Geheimdienste aus Osteuropa an den Anschlägen beteiligt waren.

1964 warnten Südtiroler Politiker und die Lokalpresse wieder verstärkt vor der kommunistischen Gefahr. Der Bürgermeister von Brixen Valerius Dejaco bezeichnete in einer Ansprache vom 19. Juli 1964 vor dem KVW in der Cusanus-Akademie in Brixen den Kommunismus als eines der drei großen Übel, die man in Südtirol bekämpfen müsse (die anderen waren die „asoziale Einstellung“ vieler Südtiroler und der Liberalismus, der „sich weder der Gemeinschaft noch Gott sittlich verpflichtet fühlt“).[842] Auch Gargitter schrieb in seinem ersten Hirtenbrief nach der Neuordnung der Bistümer in der Region, dass „die kommunistische Propaganda gerade in unserer Heimat in letzter Zeit mit verstärktem, systematischem und hinterhältigstem Einsatz am Werk ist.“[843]

Was war geschehen, dass nach fast zehn Jahren wieder ein antikommunistischer Kreuzzug in Südtirol anstand? In den Jahren zuvor gab es bei den Gemeinderatswahlen ein auffälliges Anwachsen so genannter „anderer deutscher Lokallisten“. Obwohl die kommunistische Partei selbst davon kaum profitiert hatte, wuchs in kirchlichen und konservativen Kreisen die Besorgnis. Es wurde sogar von einer kommunistischen Infiltration gesprochen: Angeblich sei es den Kommunisten gelungen, in einigen deutschsprachigen Gemeinden über getarnte Listen „Kommunisten oder Kommunistenfreunde“ in die Gemeinderäte zu schleusen. Weiters waren laut einer Meldung der Bozner Redaktion der Nachrichtenagentur „Italia“ zwanzig Südtiroler auf einem Schulungskurs in der DDR, um sie in Agitation zu schulen.[844]

Das Zweite Vatikanum sollte später zu einer leichten Verbesserung der Beziehungen zwischen katholischer Kirche und dem Kommunismus führen. Johannes XXIII. setzte in der Enzyklika „Pacem in terris“ auf eine differenzierte Haltung und eine vorsichtige Öffnung zu linksgerichteten Parteien, während die Ideologie selbst weiterhin abgelehnt wurde.[845]

Für Gargitter blieb der Kommunismus der Feind Nummer 1; weiters wurde mit Besorgnis die kulturelle Arbeit der Kommunisten in Südtirol verfolgt. Diese verfügten mit dem „Bertold-Brecht-Kulturverein" über bedeutende Geldmittel und wollten auch in bürgerliche Kreise vorstoßen. Der kommunistische Kulturverein veranstaltete Russischkurse für die deutschsprachigen Südtiroler und Deutschkurse für die italienischsprachigen Südtiroler. Weiters verteilte er deutschsprachige Werbebroschüren über die DDR, die UdSSR und die Volksrepublik China. Der KVW bemühte sich stark, diese kommunistischen Infiltrationsversuche auf kultureller Ebene zu bekämpfen.[846]

Während es für den österreichischen Generalkonsul Rudolf Salat von Weitsicht zeugte, wenn Bischof Gargitter und Bürgermeister Dejaco sich den ersten Anzeichen einer kommunistischen Infiltration zur Wehr setzten, sah Landeshauptmann Magnago die Situation gelassener. Er betrachtete die Alarmrufe in der Presse und von Seiten der Kirche als übertrieben, denn für ihn waren zwei von drei kommunistischen Wählern Protestwähler, die nur der Landesregierung einen Denkzettel verpassen wollten. Er gab allerdings zu, dass im sozialwirtschaftlichen Milieu einer zunehmenden Industrialisierung die Gefahr einer Radikalisierung auch für die deutschsprachige Bevölkerung bestehe. Magnago bedauerte, dass die SVP auf diesem Gebiet bis jetzt noch nicht viel getan habe, kündigte aber die Gründung einer neuen Gewerkschaft für die deutschsprachigen Arbeitnehmer an, die zum Teil im christlich orientierten SGB-CISL, aber auch in der kommunistischen CGIL organisiert waren.[847]

Der autonome Südtiroler Gewerkschaftsbund (ASGB) wurde am 11. September 1964 in Meran gegründet. Er war (zumindest theoretisch) politisch und konfessionell unabhängig, stand aber der SVP nahe. Er hoffte, den gewerkschaftlichen Rahmen für Arbeiter, Angestellte und Pensionisten der deutschen Volksgruppe zu stellen.[848] Der ASGB wurde mit Unterstützung des KVW und der bayrischen CSU (Christlich-Soziale Union) gegründet. Folgende Aspekte waren für die Gründung ausschlaggebend:

- Durch die veränderte Sozialstruktur gab es immer mehr Arbeiter in Südtirol, die auch politisch selbstbewusster wurden.
- Der SGB befand sich in einer tiefen Krise, es war ihm nie gelungen, zu einem Bezugspunkt für die deutschsprachigen Arbeiter zu werden.
- Die kommunistische CGIL wurde zunehmend zu einer Konkurrenz für den SGB.

- Konservative Kreise in Südtirol fürchteten, dass es unter den Südtiroler Arbeitern zu einer Linksentwicklung kommen könnte.[849]

Der neu gegründete ASGB erhielt die Unterstützung von Bischof Gargitter im Hirtenbrief 1965:

> „Der Arbeiter hat das Recht, einer Gewerkschaft anzugehören und durch dieselbe seine Interessen vertreten zu lassen. Er hat das Recht und die Pflicht, sozialen Organisationen und Verbänden, die sich um die Wahrung der Interessen der Arbeiterschaft und um die weltanschauliche und soziale Schulung bemühen, beizutreten und darin mitzuarbeiten. [...]
> Es ist ein bedauerlicher Mangel an christlicher Haltung, wenn Unternehmer sich bei gerechten Forderungen im Interesse der Arbeiter von seiten christlicher Verbände unnachgiebig zeigen, in der Voraussicht, dass diese nicht extreme Mittel anwenden, um ihre Forderungen durchzusetzen, während sie dann einlenken, wenn kommunistische oder andere extremistische Gewerkschaften erscheinen."[850]

2. Der KVW: Gargitters politisches Modell

Ohne den Kalten Krieg und die Furcht vor dem Kommunismus hätten die SVP und die Kirche sich wohl nicht so stark für den KVW eingesetzt. Dieser konnte bald nach seiner Gründung soziale Errungenschaften für die Südtiroler Werktätigen feiern, die kommunistische „Federterra" hingegen war beim Amtsantritt von Gargitter 1952 in Südtirol bereits bedeutungslos. Der Verband leistete Aufklärungsarbeit und die Pfarreien halfen immer, wo sie konnten.[851]

In der Nach-Geisler-Ära nahm die Brixner Kirche eine entscheidende Wendung zum Sozialen: Auf der Klausurtagung vom 1.-3. September 1952 beschäftigten sich die versammelten Priester mit der sozialen Frage in Südtirol. Sie fassten folgende Resolution:

> „1. Es ist notwendig, in Predigt und christlicher Unterweisung die soziale Gesinnung sowohl bei Arbeitnehmern wie Arbeitgebern zu verbreiten.
> 2. Es ist notwendig, die christliche Soziallehre dem Volk durch die katholische Presse in viel höherem Maße, als es bisher geschehen ist,

> nahezubringen. Insbesondere sollen auch im praktischen Leben notwendigen gesetzlichen Bestimmungen, die sich auf die soziale Frage beziehen, durch die Presse zum allgemeinen Wissensgut gemacht werden.
> 3. Es ist notwendig, dass die bestehenden sozialen katholischen Vereine in Schulung und Führung einheitlich ausgerichtet werden.
> 4. Es ist ferner notwendig, dass der KVW sein Hauptaugenmerk auf die Schulung eines sowohl gesinnungsmäßig wie wissensmäßig auf der Höhe stehenden Kaders von jungen Leuten richte, die imstande sind, die Durchführung der christlichen Soziallehre in unserer Heimat zu garantieren.
> 5. Es ist notwendig, dass der KVW in Erfüllung seiner vorgewerkschaftlichen Funktion durch seine Gewerkschaftsmitglieder tatkräftigst auf die Herbeiführung gesunder gewerkschaftlicher Verhältnisse hinarbeite."[852]

Gargitter betonte die Wichtigkeit der katholischen Soziallehre:

> „Es ist Aufgabe des kirchlichen Apostolates, den Unterricht in den wichtigsten Wahrheiten der katholischen Soziallehre zu erteilen [...] Die Ausbreitung der christlichen Soziallehre kann nicht eine Sonderpflicht christlicher Sozialverbände sein, sondern ist eine wesentliche Aufgabe der kirchlichen Lehrverkündigung [...] Daher ist der Unterricht in der christlichen Soziallehre auf der Ebene der Seelsorgegemeinde zu leisten [...] Es braucht gediegene soziale Schulungsarbeit."[853]

Der KVW wurde schnell zur zahlenmäßig größten Organisation im Südtirol der Nachkriegszeit[854] und gewann eine große Breitenwirkung, über die die Politik nicht hinweggehen konnte. Seit den 1950er Jahren konnte man nicht mehr gegen den KVW regieren.[855]

Der KVW trat immer für die Einheit und Geschlossenheit der Südtiroler ein. Er betrachtete es als selbstverständlich, dass seine Mitglieder dem Edelweiß ihre Stimme geben.[856] Er gewann über den Sozialausschuss der SVP sogar Einfluss auf die Gesetzgebung des Landes. Der „Alto Adige" sah die große Macht des KVW kritisch:

> „Ein KVW manovriert dabei die Wahlstimmen und seelsorgt dafür, dass besonders selektionierte Kandidaten – keine Persönlichkeiten,

sondern Werkzeuge der Organisation – in Gemeindestuben, ins Landhaus oder ins Parlament und in den Senat abgeordnet werden. Die Tätigkeit dieser Abgeordneten beschränkt sich dann aber auf den Dienst am Verbande – und nicht am Land."[857]

Sogar auf Koalitionsfragen nahm er Einfluss: Im Sinne von Bischof Gargitter stimmte er immer für das Bündnis mit der DC.[858] Als die Regionalregierung im März 1958 in der Krise war, versuchten die Obmänner von KB und KVW sogar, in Gesprächen in Trient die Lage zu beruhigen. Maßgebliche SVP-Politiker waren nicht dabei. Die Obmänner hielten dagegen, dass die Gespräche mit der Trentiner ACLI geführt wurden, aber im Gegensatz zu Südtirol wurde die ACLI von einflussreichen Trentiner DC-Politikern geleitet. Es war nicht einmal klar, ob die Obmänner wenigstens die Genehmigung der jeweiligen SVP-Ausschüsse hatten. Schließlich scheiterten die Gespräche.[859]

Der SVP-Obmann des Bezirks Bozen Franz Widmann war gegen die Zusammenarbeit von KVW, ACLI und DC, denn seiner Meinung nach hatte der sprachenübergreifende Dialog einen entscheidenden Nachteil: Von deutscher Seite wurde er mit guten Absichten und naiv geführt, auf italienischer Seite ging es beinhart um politische Ziele.[860]

Obwohl der KVW mit der Trentiner DC seine schlechten Erfahrungen machen musste, zog er daraus keine Konsequenzen, weil sie nicht in sein Weltbild passten.[861]

Gargitter hingegen sagte zur Zusammenarbeit KVW-ACLI 1984 im Rückblick Folgendes:

> „Sie haben in den 35 Jahren mit der Schwesterorganisation der ACLI, der christlichen Arbeiterbewegung, zusammengearbeitet. Gemeinsam mit der ACLI haben Sie das Patronat KVW/ACLI segensreich geführt. Dieses gemeinsame Gehen wurde von der öffentlichen Meinung nicht immer honoriert. Für den KVW waren dafür wohl nicht nur Nützlichkeitserwägungen bestimmend, etwa aus der Not heraus, in der italienischen Volksgruppe einen Gesprächspartner zu haben. Es war wohl Ausdruck einer christlichen Haltung. Denn wenn nicht die christlichen Werktätigen unserer Diözese zu Gemeinsamkeiten imstande wären, wer sollte es dann sein?"[862]

Genau diese Haltung führte zunehmend zu Problemen, wie auch die Verknüpfung zwischen SVP und KVW. Josef Innerhofer schreibt dazu:

> „Um seinen Forderungen größeres Gewicht zu verleihen, bemühte er sich, auch in den politischen Gremien vertreten zu sein, sowohl auf Gemeinde- wie auch auf Landesebene. [...] Politische Glücksritter witterten hier bald ein günstiges Aufsteigepferd. Ungute wahlpolitische Händel und Spannungen in den eigenen Reihen waren die Folge. Das eigentliche soziale Anliegen drohte in den Hintergrund gedrängt zu werden. Erst als die Landesleitung von der der Nominierung offizieller politischer Mandatare absah, trat wieder Ruhe ein. [...]“[863]

Der Verband wollte also nicht mehr seine offiziellen Leute an der Spitze der SVP oder in der Landesregierung platzieren. Besser erschien es ihm, die oberste Führung des Landes indirekt zu beeinflussen und selber scheinbar untere Ränge im Landtag und im Parlament zu besetzen. Der Verband ließ KVW-Exponenten nicht allzu offen in Erscheinung treten – die Stellung des Bischofs sollte nicht erschwert werden. Dennoch wahrte der KVW wie der Bauernbund, die Kaufleutevereinigung, die Gewerkschaft usw. den komplizierten „Ständeproporz“ innerhalb der SVP.[864] Wie alle Richtungen hatte er in der Partei seine Interessenvertreter, die bei den jeweiligen Wahlen vorgeschlagen wurden. Am Anfang war es nur ein Kandidat, der dann aber „im besonderen die sozialen Interessen, die Anliegen der Arbeiterschaft, die vielen Fragen, die die Arbeitnehmer bedrücken, im Regionalrat, im Landtag, im öffentlichen Leben und auch im Rahmen der Partei wahrzunehmen“ hatte.[865]

Da sich der KVW als eine der ersten Südtiroler Organisationen für eine Industrialisierung des Landes ausgesprochen hatte, war er ein „Außenseiter“ in der Südtiroler Politik. Dies änderte sich im Zuge der Abwanderungswelle Ende der 1950er Jahre: Nun bekam der Verband immer mehr Einfluss, vor allem über den Sozialausschuss der SVP.[866]

Auf gewerkschaftlicher Ebene war der KVW immer mit dem interethnischen Südtiroler Gewerkschaftsbund verbunden, bis er 1964 wegen Unstimmigkeiten die Gründung des ASGB unterstützte.[867]

Neben dem KVW stand noch eine Reihe anderer katholischer Vereine der SVP nahe: zum Beispiel die AGUS (früher ACUS), die Arbeitsgemeinschaft christlicher Unternehmer Südtirol, und der Katholische Lehrerbund Südtirols (KSL).

Die Kirche und der KVW erkannten schon früh die Abwanderung von Südtiroler Arbeitskräften als ein großes Problem. Deshalb wurde 1956 in Bozen eine Arbeitsstelle für die Heimatfernen errichtet, deren wichtigstes

Ziel es war, die christliche Betreuung der heimatfernen Südtiroler zu sichern. Zwischen 1956 und 1958 waren ungefähr 4.500 Arbeiter aus Südtirol ausgewandert, nun konnte der Abwanderungsstrom mit Hilfe des KVW verringert werden.[868]

Der KVW ist ein gutes Beispiel, wie der Klerus in Südtirol versuchte, auch die gesellschaftlichen Subsysteme zu durchdringen. Die Sondergesellschaft stellte für die meisten Lebensbereiche eigene katholische Organisationen und bot so eine „Ersatzheimat" in der säkularen Welt. Nach den Vorstellungen des Klerus sollte ein guter Katholik sein Katholischsein nicht nur am Sonntag in der Kirche zeigen, sondern auch in direkt religiösen Bereichen unter Beweis stellen. Besonders wichtig war dabei natürlich, an diese Prinzipien zu denken, wenn man mit dem Stimmzettel in der Wahlkabine stand.[869]

3. Die Parlamentswahlen 1958

In der frühen Phase Gargitters wirkte die SVP weiterhin als hegemoniale Partei im religiösen Sinne: Sie sollte die beherrschende Position der katholischen Kirche verteidigen. Man kann sie nicht mehr als pluralistische katholische Volkspartei wie unter Geisler bezeichnen: Mit dem Amtsantritt Gargitters und dem Tod Gampers starb auch der ethno-nationale politische Katholizismus in Südtirol.

Von nun an äußerte sich der politische Katholizismus in der SVP nur mehr als Linkskatholizismus, was starke Auswirkungen auf die Politik in Südtirol haben sollte.

Die SVP geriet seit dem Amtsantritt Gargitters in wachsende Konflikte mit dem KVW, der unter dem Einfluss von Gargitter und dessen versöhnlicher Politik stand. Bei einer KVW-Versammlung in Nals am 28. Jänner 1958 wurden die grundsätzlichen Unterschiede der Politik des KVW und der SVP aufgezählt. Die Maximen des KVW waren folgende:

1. Die Sprache ist nicht das Wichtigste.
2. Das Wichtigste ist hingegen der soziale Gedanke.
3. Die SVP hat alles „verschlafen", für die sozialen Anliegen hätte man schon vor zehn Jahren bei den Verhandlungen zum Autonomiestatut sorgen müssen.
4. Österreich, die Schweiz und Deutschland sind für das Südtirolproblem nur ein Schaden, da sie Südtirol die Leute „wegnehmen".

5. Minderheitenrechte helfen Südtirol nicht, Südtirol muss sich selbst helfen durch soziale Maßnahmen, wie z.B. Häuser bauen, Genossenschaften gründen, Kleinindustrien aufstellen.
6. Die INA-Casa (Wohnbauprogramm der italienischen Regierung) wäre auch für die Südtiroler da, wenn diese daran interessiert wären.[870]

Weiters betonte die Veranstaltung, dass Kanonikus Gamper nichts von Politik verstanden habe, ebenso wenig seine geistigen Nachfolger Brugger, Benedikter und Dalsass.[871]

Der SVP war das politische Engagement des KVW ein Dorn im Auge, da die SVP politische Ziele verfolgen musste, während sich der KVW auf soziale Anliegen konzentrieren solle, wie SVP-Obmann Magnago in einem Brief an den KVW-Präsidenten Franz Kemenater schrieb. Zwistigkeiten zwischen KVW und SVP sollten intern geregelt werden, um Unruhe in den eigenen Reihen zu unterbinden. Außerdem habe die Landesregierung dem KVW eine große Geldsumme für ein Lehrlingsheim zur Verfügung gestellt, dies zeige die Wertschätzung der SVP für den KVW, so Magnago weiter.[872]

Der KVW griff aber weiterhin öffentlich die SVP an, so in der Februarausgabe der KVW-Zeitschrift „Der Weg“:

> „[…] Die größte Kundgebung der Südtiroler auf Schloss Sigmundskron ist verklungen. […] Lohnt es sich, wegen 250.000 Südtiroler den Mund aufzutun und diplomatische Verwicklungen zu riskieren?
> Gemäßigte Kreise in Südtirol sind besorgt darüber, dass hinter den politischen Demonstrationen nazistische Drahtzieher aus Deutschland stecken. Auf der anderen Seite wirft man den christlichen Demokraten in Bonn und Rom vor, dass sie für Südtirol nichts tun. Die italienischen Politiker können sich allerdings unter einer Autonomie nichts vorstellen, weil ihr Staat ein zentralistischer Einheitsstaat ist und nicht wie die deutsche Bundesrepublik aus Bundesländern besteht. […]
> Auch die geistigen Grundlagen Südtirols sind sehr gefährdet. Wohl in keinem anderem Land der Welt ist Kirche und Heimat, Christentum und Volkstum, so lebendig eins, wie in Südtirol. Dieser Lebensbund wird zerbrochen, wenn der berechtigte Freiheitswille der Südtiroler wie schon einmal zur Zeit der Option von deutschen Radikaliniskis missbraucht wird und wenn auf der anderen Seite die christlichen Kreise – wie besonders der gut aufgebaute Bund der Katholischen

Jugend mit der noch auszubauenden Katholischen Landjugendbewegung – nicht stärker für ihr Naturrecht ihrer Heimat eintreten und offen dafür kämpfen. […]
Nicht die besoffenen Burschen, die einige italienische Polizisten belästigt haben, nicht die Bozner Bürokratie, soweit sie noch aus der Nazizeit in ihren Ämtern sitzt, ist die Hoffnung Südtirols. Der Jungbauer Josef Mayr-Nusser […] ist ein Samen für ein wahres, freies und christliches Südtirol, fürs heilige Land Tirol. […]"[873]

Seit 1957 führte die „schärfere" Richtung um Magnago die SVP. Bei den Parlamentswahlen 1958 sahen die „Gemäßigten" um Amonn und Ebner die Gelegenheit, sich für ihre Niederlage zu revanchieren. Die katholischen Verbände sollten dabei eine wichtige Rolle spielen. Der KVW und die KB schickten Leo von Pretz, ihren Vertrauensmann im Parteiausschuss, zu Magnago, um auf diesen Druck auszuüben, dass Friedl Volgger nicht kandidieren dürfe. Als Grund führten sie religiöse Motive an. Magnago sah sich gezwungen, Volgger von einer Kandidatur abzuhalten.[874] Dies war ein eindeutiger politischer Eingriff der Führung der katholischen Organisationen; für Hans Dietl war dieser Erfolg der KB und des KVW „beschämend".[875]

Bei den Parlamentswahlen 1958 unterstützten die „Dolomiten" nicht die „Radikalen" in der SVP, sondern die „Gemäßigten". Die KB, Franz Kemenater vom KVW, Leo von Pretz für die ACUS und der KSL kamen ausführlich zu Wort, um die Erfolge der liberalen Raffeiner und Braitenberg zu würdigen.[876] Die „Dolomiten" vertraten zwar weiterhin eine katholische Haltung, aber eben eine gemäßigte, wie es Bischof Gargitter gefiel.[877]

Bischof Gargitter sagte zur Wahl, jeder Getaufte habe die Pflicht, eine christliche Partei zu wählen, deren Vertreter im Parlament die christlichen Werte vertreten müssten. Katholiken dürften niemanden wählen, der Gewaltanwendung akzeptiere. Auffallend ist die Bemerkung, dass Politiker gewählt werden sollen, die „den Aufbau und Ausbau" des Reiches Gottes wollen. Wegen der Parteirichtung „Aufbau" sollte es zwei Jahre später fast zu einer Spaltung der SVP kommen.[878] Der „Alto Adige" freute sich über die Schützenhilfe des „katholischen Südtirols" gegen die neue SVP-Führung und druckte den Artikel in voller Länge ab.[879]

In kirchlichen Kreisen galt es jedoch vorab, einen zweiten Kandidaten zu verhindern – Hans Stanek, das Feindbild Nr. 1 der kirchlichen Hierarchie. Der ehemalige Bürgermeister der NS-Zeit machte in der SVP wieder Karriere: Stanek war in die Vorbereitungen zum „Putsch" von 1957 eingeweiht, wurde von der neuen SVP-Führung zum Generalsekretär bestellt.

Er stellte sich nicht in den Vordergrund, sondern war ein eher „technischer Sekretär" und führte die Beschlüsse der Partei ordnungsgemäß aus.

Im Verlaufe der Kandidatenkür für den Senat 1958 wurde er als Bilderstürmer, Ungläubiger und braune Seele der Partei verunglimpft. Unter anderem hielt man ihm vor, er habe in seiner Amtszeit als kommissarischer Bürgermeister von Brixen die Kruzifixe aus den Schulklassen entfernen lassen. Der „Alto Adige" schrieb beispielsweise:

> „Stanek blieb in den Endjahren des Dritten Reiches vor manchem Kruzifix stehen. Nicht in stiller Andacht und Versunkenheit, sondern er grübelte wahrscheinlich darüber nach, wie man diesen Dorn im Auge am besten entfernen könnte. Und als die Stunde gekommen war, da zögerte Stanek nicht, die Kruzifixe aus den Schulen und öffentlichen Gebäuden entfernen zu lassen. Stanek zögerte auch nicht andere Dinge zu verordnen, die im Sinne seiner braunen Herren anzuordnen waren. [...] Wem gestern das Kruzifix ein Dorn im Auge war, der kann heute nicht für den katholischen Glauben eintreten. Es ist schon bezeichnend, dass sich ein Mann wie Stanek, der große Freund der braunen Elite, für eine katholische Partei wie die SVP, sich überhaupt als Parlamentskandidat aufstellen lassen konnte."[880]

Stanek rechtfertigte sein Vorgehen: Er habe die Kruzifixe aus dem Rathaus in ein Kloster zur Verwahrung gebracht.[881] Seine Rechtfertigung nahm manchmal fast peinliche Züge an:

> „An der Wand, an der das Kreuz gehangen hatte, blieb jedoch das Zeichen zurück, denn die übrige Mauer war rauchgeschwärzt, während der Fleck, auf dem das Kreuz gehangen hatte, weiß geblieben war. Und als ich dann später den Raum ausmalen ließ, da ordnete ich an, dass das Zeichen nicht entfernt werden dürfe.
> Dass aber auch aus den Schulen die Kreuze entfernt worden seien, das habe ich nie gewusst. [...]
> Es kann sein, dass ein anderer heldenhafter gehandelt hätte. Aber ich kann Ihnen sagen, dass ich wenige Tage später mit dem damaligen Fürstbischof Geisler Rücksprache genommen habe und dass dieser mir sein Verständnis und ich darf wohl sagen, auch seine Zuneigung nicht versagt hat."[882]

Anderen Quellen zufolge hatte Stanek sogar mit Erlaubnis des damaligen Generalvikars Pompanin das Kruzifix entfernt.[883] Dieser setzte sich übrigens im Wahlkampf für Stanek ein.[884]

Um die kirchlichen Vorwürfe gegen ihn zu entkräften, bat er sogar Bischof Gargitter, ein kirchliches Verfahren gegen ihn einzuleiten, um seine Zeit als kommissarischer Bürgermeister von Brixen zu beleuchten und zu beurteilen, ob er gegen die katholische Religion verstoßen habe.[885] Der Sekretär des Bischofs Georg Engelhart lehnte dies allerdings ab, da die Kirche in ihrem kanonischen Recht ein solches Vorgehen nicht kenne.[886] Wenn Gargitter ein Verfahren gewollt hätte, hätte er es allerdings laut kanonischem Recht durchführen können, wie Stanek bei einem befreundeten Pfarrer in Erfahrung brachte.[887] Hans Dietl äußerte sich zur Anti-Stanek-Propaganda:

> „Was sich in dieser Wahlkampagne in Südtirol abgespielt hat, ist dermaßen schwerwiegend, dass eine nüchterne und schonungslose Charakterisierung notwendig wird. […] Es ist geradezu beschämend, wie im Parteiausschuss mit religiöser Stimmungsmache ein politisches Ziel angestrebt und erreicht wurde. Gegen Dr. Stanek wurden von Dr. v. Pretz schwere kirchliche Bedenken geltend gemacht."[888]

Trotz der Gegenkampagne wurde Stanek mit großer Mehrheit zum Senatskandidaten des Wahlkreises Brixen gekürt. Leo von Pretz erklärte nun, dass sich der Bischof einer Kandidatur Staneks im Wahlkreis Brixen widersetze. Diesem Druck musste Stanek sich beugen, sodass er zurücktrat. Dagegen habe der Bischof aber nichts gegen eine Kandidatur Staneks für die Abgeordnetenkammer einzuwenden, sagte von Pretz danach überraschenderweise (Bischof Gargitter bestritt später, sich je gegen Stanek ausgesprochen zu haben oder sich überhaupt in die Auswahl der Kandidaten für das Parlament eingemischt zu haben[889]).

Diese Taktik hatte folgenden Grund: In den Senat wäre Stanek aufgrund des Wahlsystems sicher gewählt worden. Bei der Wahl zur Abgeordnetenkammer konnte er aber mit der Vorzugsstimmenlenkung ausgeschaltet werden, was später auch klar wurde: Nun begann eine beispiellose Pressekampagne gegen Stanek, angeführt vom „Alto Adige", „Jugendwacht" und „L'Adige" (immerhin das offizielle Parteiorgan der DC, also des Koalitionspartners der SVP). Aber die Kampagne gegen Stanek zeigte Wirkung: Der „Alto Adige" verbreitete, eine Kandidatur Staneks bedeute die Machtübernahme der Nationalisten in der SVP. Die katholischen Vereine lehnten die Kandidatur Staneks ab. Ihre Kandidaten waren Ebner, Riz und Mitterdorfer. Von Guggenberg und Vaja interessierten sie nicht. Zehn Tage vor den Wahlen brachten die katholischen Organisationen ein Flugblatt mit großer Überschrift in Umlauf: „Unser heiliger Vater hat gesagt". Danach folgte klein gedruckt ein allgemeiner Aufruf an die Katholiken, der nichts mit Südtirol zu tun hatte, dann folgten groß gedruckt folgende Kandidaten: Toni Ebner, Karl Mitterdorfer und Roland Riz. Wer also das Flugblatt nur oberflächlich ansah, konnte meinen, dass sich der Papst persönlich für jene drei Kandidaten ausgesprochen hätte.[890] Leidtragende dieser Aktion waren Hans Stanek und Otto von Guggenberg.

Die Kampfkraft der katholischen Organisationen war beeindruckend: Flugblätter wurden teils mit der Post verschickt, teils über Vereinsmitglieder und Pfarrämter, die auch die entlegensten Bauernhöfe erreichten. Ausschlaggebend war aber die offizielle Ausgabe über Pfarrämter mit entsprechender mündlicher Instruktion des von der Zentrale ausgesandten KVW-Funktionärs an die einberufenen örtlichen Vorstände der katholischen Organisationen. Der KVW war sich seiner Sache so sicher, dass ein Funktionär behaupten konnte, der Partei stünde lediglich die Aufklärung über den Wahlvorgang zu, während die Organisationen für die Vorzugsstimmenlenkung zuständig wären.[891]

So entstand der Eindruck, als könne die SVP in Zukunft die Wahlen einfach der Brixner Kurie und ihren Organisationen überlassen.[892] SVP-Obmann Magnago versuchte vorsichtig in den „Dolomiten" den Wahlkampf des KVW zu kritisieren:

> „Verschiedene Organisationen des Landes entfalten eine immer regere Tätigkeit, indem sie ihren Mitgliedern und Anhängern Kandidaten empfehlen. Während einige Organisationen sich auf die Empfehlung von einem oder höchstens zwei Kandidaten für Vorzugsstimmen beschränken (es können im ganzen nicht mehr als drei Stimmen abgegeben werden), haben andere Organisationen ihren Mitgliedern und Anhängern drei Kandidaten empfohlen.
> Dies könnte der Wähler als einen Versuch ansehen, seine Freiheit in Bezug auf die Personenwahl einzuschränken und zugleich wird es als eine Herabsetzung der drei anderen Kandidaten empfunden.
> Als Obmann der SVP kann ich nur noch einmal betonen, dass dieselbe allen ihren Kandidaten das gleiche Vertrauen entgegenbringt und dass ich daher jeden Versuch einer Diskriminierung der einen gegenüber anderen bedauere."[893]

Bereits am 5. Mai hatte er ein Schreiben an die Obmänner der einzelnen Verbände gerichtet:

> „Im Auftrag der Parteileitung übermittle ich Ihnen den Wunsch und die Bitte derselben, die ich allen Organisationen des Landes auftragsmäßig zur Kenntnis bringe, man möge keine Propaganda für die einzelnen Kandidaten machen. Hochachtungsvoll: Silvius Magnago, Obmann der SVP."[894]

Die SVP stand vor dem Dilemma, dass sie den Wahlkampf des KVW nicht offen kritisieren konnte, da es sonst für die Südtiroler Öffentlichkeit klar geworden wäre, dass es die „Einheitsfront der Südtiroler" so gar nicht gab. In einem internen Memorandum wurde zudem kritisiert, dass der KVW die ganze Bevölkerung und nicht nur seine Mitglieder angesprochen hatte. Weiters hieß es:

> „Die Partei muss dieses Vorgehen als besonders schwerwiegend empfinden, weil die Propaganda des KVW unter geschickter Formulierung der Flugblätter und Aufrufe bei der bekannten religiösen Einstellung unseres Volkes zu einer durch nichts gerechtfertigten Diskriminierung der anderen drei Edelweiß-Kandidaten führen musste."[895]

„Der Weg" nahm sich hingegen weiterhin in seiner Mai-Ausgabe kein Blatt vor den Mund. Südtirol sei einerseits von den italienischen Kommunisten und Sozialisten bedroht, andererseits aber auch von deutschen Nationalisten. In der SVP gebe es zurzeit drei Richtungen:

1. Eine Richtung stehe auf dem Standpunkt der Beschwerden, die gegenüber der italienischen Regierung im Jahr 1956 niedergelegt wurden. Für sie seien das Naturrecht, die christliche Soziallehre und die positiven Abkommen maßgeblich, die im Sinne des Naturrechts interpretiert werden müssen.

2. Die zweite Richtung betone vor allem das „Los von Trient". Falls dies nicht erreicht werde, strebe diese Richtung die Internationalisierung des Südtirol-Problems an. Für die christliche Soziallehre sei das „Los von Trient" nicht so wichtig, jeder könne hier anderer Meinung sein.

3. Die dritte Richtung wolle die Selbstbestimmung und denke manchmal sogar an „gewalttätige Selbsthilfe".[896]

Da am Brenner die NATO-Grenze verlaufe, könne es laut „Der Weg" für eine extreme Politik nur Hilfe aus dem Ostblock geben, was aber für Christen unannehmbar sei. Der Schreiber bemängelt weiters, die SVP habe es bei den Parlamentswahlen nicht für nötig gehalten, sich mit den katholischen Verbänden bezüglich der Kandidaten abzusprechen, wie sie es früher getan hat. Danach wurden den Lesern die Kandidaten Mitterdorfer, Ebner und Riz nahe gelegt und von Stanek abgeraten.[897]

Für diesen (und ähnliche) Artikel war Pater Leopold aus der bayerischen Ordensprovinz der Kapuziner verantwortlich, der seit Ende der 1950er Jahre im Kapuzinerkloster Bozen lebte. Von dort aus entwickelte er eine lebhafte politische Tätigkeit gegen die SVP und kritisierte sogar den Südtirol-Fürsprecher und Staatsekretär Franz Gschnitzer. Pater Leopolds Einfluss reichte über Südtirol hinaus: Er schrieb in Wien und in Deutschland Artikel, die sogar die politischen Beziehungen mit Deutschland beeinträchigen hätten können. Für seine Versetzung nach Deutschland sprachen sich Magnago, Oberhammer, Gschnitzer und mehrere Südtiroler Patres aus, für den SVP-Obmann gefährdete er „den katholischen Frieden im Lande".[898]

Auch die katholischen Medien waren gegen Stanek. In „Der Weg" stand unter anderem:

> „Es sei uns hier erlaubt, in aller Offenheit unserer Überzeugung Ausdruck zu geben, dass weder das frühere Verhalten von Dr. Stanek, noch seine gegenwärtigen Reden eine Gewähr dafür bieten, dass er in Zukunft auf dem Boden der katholischen Staats- und Soziallehre stehen wird. Und wer darüber hinaus von den römischen Stellen von vorn herein als Feind des Staates und der Regierung gekennzeichnet ist, der wird dort maßgebliche Türen verschlossen finden und für unser Volk kaum etwas Nützliches auszurichten vermögen."[899]

Der „Alto Adige" hob während des Wahlkampfes immer den „tiefen Zwist" in der SVP zwischen „Katholiken" und „Nationalsozialisten" hervor und stand auf der Seite des KVW.[900] Stanek erhielt schließlich trotz aller Hindernisse 33.328 Vorzugsstimmen und scheiterte nur knapp, denn der Letztgewählte, Karl Mitterdorfer, erhielt 35.043 Stimmen.[901]

Die SVP ging aus den Parlamentswahlen 1958 trotz aller internen Schwierigkeiten gestärkt hervor; die neue Führung hatte den Beweis er-

halten, dass die Südtiroler hinter ihrer Politik standen. Auf Landesebene erhielt die Partei 60,76% der Stimmen (130.955 Stimmen). Im Senatswahlkreis Brixen trat anstelle Staneks Karl Tinzl an; er erzielte 85,7%.[902]
Die Flugblattaktion stand eigentlich im Gegensatz zu den Prinzipien der katholischen Organisationen: Laut Artikel 6 des SVP-Statutes verfügten die katholischen Verbände in der SVP im Parteiausschuss über Sitz- und Stimmrecht. Diese hatten dieses Recht allerdings abgelehnt, weil sie überparteilich agieren wollten, ohne jedoch Wahlwerbung für einzelne SVP-Kandidaten auszuschließen. Zudem hatte „Der Weg" in den Ausgaben vom Jänner und Februar 1958 die „Katholischen Grundsätze der Politik" wiedergegeben.

Dort stand: „Der Klerus und die kirchlichen Organisationen haben die Pflicht, außerhalb und über jeder Parteipolitik zu stehen."[903] Offensichtlich glaubten die katholischen Verbände, wenn man nicht mit der Trientner DC zusammenarbeite, stünden dem Kommunismus in Südtirol Tür und Tor offen.

Auch nach den Wahlen war der aggressive Wahlkampf des KVW noch ein Thema in der SVP. Der Parteiausschuss beschäftigte sich am 9. Juni damit und lehnte eine politische Einmischung des KVW weiterhin ab. Für die politischen Belange der Südtiroler sei allein die SVP zuständig, die zudem eine katholische Partei ist.[904]

Hans Dietl wurde in einem streng vertraulichen Memorandum deutlicher. Er wollte die Auseinandersetzung um Stanek nicht auf religiöse Gründe zurückzuführen:

> „Es ging in Wirklichkeit darum, politische Ziele mit religiöser Motivierung zu erreichen und die Haltung und Ausrichtung der Partei in der politisch entscheidend wichtigen Phase der Auswahl und der Wahl seiner Vertreter für das römische Parlament und den römischen Senat zu dirigieren."[905]

Seiner Meinung nach wollten KB und KVW der Partei eine Richtung vorgeben. Die Aufrufe der Obmänner der beiden Vereine seien nicht einmal mit den zuständigen Ausschüssen innerhalb der SVP abgesprochen worden. Der Direktor der „Dolomiten", Mitglied der Parteileitung der SVP und Parlamentskandidat Toni Ebner habe es ebenfalls nicht für notwendig gehalten, die Parteileitung über die Aktivitäten der katholischen Vereine zu informieren, obwohl die Veröffentlichungen in den „Dolomiten" von großer politischer Tragweite waren.

Dietl weiter:

> „Es macht den Eindruck, dass hier eine Kraftprobe zwischen Partei und bestimmten katholischen Organisationen ausgetragen wurde. Unterlegen ist die Partei, weil es gelungen ist, ihren Generalsekretär zu Fall zu bringen. Tatsächlich hat sich die Partei nicht entschieden für ihren Generalsekretär eingesetzt. […]
> Der Fall Stanek ist ein Symptom, und die Ursache liegt im Grundsätzlichen. Es geht um das Verhältnis zwischen Partei und den katholischen Organisationen KB, KVW und ACUS (Arbeitsgemeinschaft christlicher Unternehmer Südtirols), genauer gesagt der gegenwärtigen Führung dieser Organisationen. Diese Führung erklärt immer wieder unpolitisch zu sein. […] Und diese Führung bleibt so lange unpolitisch, so lange es sich nicht um wichtige politische Momente handelt. Dann wurde und wird sie immer aktiver. […]
> Für diese Herren bleibt die vordringlichste Zielsetzung der Partei, die Erringung der Landesautonomie, folglich die konsequente Ablehnung der Regionalautonomie unter der Herrschaft der Trentiner, nur eine ‚bloße Ermessensfrage, in der jeder der Meinung sein kann, die ihm in Verantwortung für das Wohl des Volkes als die klügere scheint'. […]
> Mit ihrem intensiven Einsatz in der verflossenen Wahlkampagne hat die gegenwärtige Führung dieser katholischen Verbände eine Art politische Generalprobe abgelegt. Der Einsatz war erfolgreich. Er war erfolgreich, weil man, diese politische Kampagne mit religiösen Motiven führte und nur so konnte man das Ziel, das man sich rücksichtslos gestellt hatte, auch erreichen, die Ausschaltung des Generalsekretärs der Partei im Wahlkampf. Auch in der Wahl der Mittel war man nicht wählerisch.
> Erst der massive Einsatz auf religiöser Grundlage, der vielfach einen Gewissenszwang gleichkam, hat mit knapper Mühe den Erfolg gebracht. Ich erspare mir die Frage nach dem moralischen Sieger in diesem ungleichen Streite. […]
> [Der KVW entwickelt] ein politisches Programm […], das in wesentlichen Punkten und Zielsetzungen der Ausrichtung der Partei entgegensteht. […] Im Übrigen muss dieses Konzept schon deshalb abgelehnt werden, weil es im Widerspruch zur tatsächlichen und zur möglichen Lage steht. Hat man doch Visionen beschworen, die keine reale Grundlage haben. […].“[906]

4. Die katholischen Organisationen und die Richtung „Aufbau"

Dietl ließ nicht locker und bemängelte auch 1959, dass die Partei nie in grundsätzlicher Weise ihr Verhältnis zu den katholischen Organisationen definiert habe, was er nun in der Parteileitungssitzung thematisieren wollte. Den unmittelbaren Grund stellte ein Artikel der angesehenen Turiner Tageszeitung „La Stampa" dar, die getitelt hatte: „Nach der absurden österreichischen Maßnahme vor der UNO – Die ‚Volkspartei' verteidigt eine Wirtschaftsform, die mit dem Zeitalter Maria Theresias aufhörte". Der Artikel war das Resultat einer Besprechung des bekannten Journalisten Giovanni Giovannini mit Vertretern des KVW und des SGB (Südtiroler Gewerkschaftsbund). Die KVW-Exponenten bezeichnen sich darin als SVP-Wähler, die aber nur Gemäßigten ihre Stimme geben. Als Katholiken deutscher Zunge müssten sie zugeben, dass die Schuld für die mangelhafte Zusammenarbeit in der Region bei den Deutschen liegt. Da der KVW 24.000 Mitglieder umfasse, seien sie zuversichtlich, die „Schlacht" mit den Radikalen in der Partei zu gewinnen, obwohl die älteren Jahrgänge des Klerus die Politik des KVW nicht gerne akzeptierten. Die Extremisten hätten die Schuld, „dass die Wirtschaft in Südtirol auf dem Stand von Maria Theresia zurückgeblieben sei". Außerdem verfolge die SVP eine isolationistische und industriefeindliche Politik.[907]

Dietl unterstrich den politischen Schaden, den der KVW anrichtete:

> „1. Unser soziales Argument, das Italien in größte Verlegenheit bringen muss, wird dann hinfällig, wenn die Führung der Partei als erzkonservativ angeprangert werden kann. Dies geschieht mit diesen Erklärungen der Arbeitnehmervertreter.
> 2. Wenn man zudem noch soziale Argumente für die Verweigerung der Landesautonomie geltend machen kann, dann tut man sich mit der Ablehnung der Landesautonomie wesentlich leichter.
> 3. Von der geschickten Aktivität des österreichischen Außenministers wird den Italienern bang. Also braucht es Differenzen zwischen Wien und Bozen. Und das Rezept: dort die soziale Einstellung, repräsentiert durch den sozialistischen Außenminister, hier eine reaktionäre, sozialfeindliche Parteiführung…
> Ich bin von der dringlichen Notwendigkeit überzeugt, endlich klare Verhältnisse zu schaffen. Denn unser Schweigen ist nicht länger tragbar."[908]

Magnago war der Meinung, man müsse vom KVW brieflich eine Stellungnahme verlangen, ob der KVW wirklich diese Meinung vertrete. Falls ja, sei es doppelt schlimm, dass sie italienischen Blättern gegenüber geäußert werde. Außerdem wird der KVW zum Teil mit Landesgeldern finanziert.[909] Franz Kemenater, Präsident des KVW und Paul Knoll, Obmann des Sozialwerkes KVW, wurden dann schriftlich um ihre Stellungnahme gebeten.[910] Bischof Gargitter wurde von den Vorgängen in Kenntnis gesetzt.[911] Kemenater und Knoll bestritten die fraglichen Aussagen; Kemenater hoffte, dass der Vorfall nicht die „guten Beziehungen" zwischen KVW und SVP beschädigen würde.[912]

Im Sommer 1961 brachen wieder die alten Spannungen zwischen der alten Führung vor 1957 und der radikaleren Richtung auf, die nun an der Macht war. Die Terroranschläge und die Verhaftung von Hans Stanek hatten die „Soldaten" stark geschwächt, nun sahen die „Altösterreicher" die Chance, die Macht wieder zurückzuerobern. Auch die Brixner Kurie stellte sich auf die Seite der „Altösterreicher".

Im Hirtenbrief vom 8. August 1961 hatte der Bischof die Attentate entschieden verurteilt. Dies wurde als Absage an die SVP-Führung beurteilt. Die Behauptung, dass der gottlose Kommunismus hinter den Attentaten stünde, diffamierte die SVP-Führung einmal mehr zugunsten der „Altösterreicher". Die Zeitschrift „Christ und Welt" deutete den Hirtenbrief so, dass er mit der alten Führung abgesprochen gewesen sei. Dies entsprach zwar nicht der Wahrheit, diente aber dazu, die Politik der SVP-Führung zu diskreditieren.[913]

Am 28. September meldete sich Roland Riz bei Silvius Magnago und kündigte ihm an, dass innerhalb der SVP die „Richtung Aufbau" gegründet worden sei und dass in zwei Tagen das Gründungsmanifest in den „Dolomiten" veröffentlicht würde. Am folgenden Tag begab sich Landesrat Anton Zelger nach Brixen zu einer Vorsprache bei Bischof Gargitter. Dieser war allerdings in Rom, aber am Telefon erreichbar. Magnago setzte sich mit Gargitter in Verbindung und ersuchte ihn um sein Veto zur Veröffentlichung des „Aufbau"-Programms.

Gargitter lehnte jedoch ab. Nun wollte Fritz Ebner Toni Ebner bewegen, das Programm nicht zu veröffentlichen. Dazu kam es allerdings nicht: Fritz Ebner erwartete Toni Ebner am Bahnhof Bozen, als dieser aus Rom kommen sollte. Seine Frau Martha hatte allerdings davon erfahren und „fing" ihren Mann am Bahnhof Trient ab.[914]

Es half alles nichts und das Programm wurde am 30. September 1961 in den „Dolomiten" mit folgenden Kernaussagen veröffentlicht:

„1. Die Entfaltung aller geistigen und wirtschaftlichen Kräfte zum Aufbau einer zeitgemäßen Sozial- und Wirtschaftsstruktur ist die entscheidende Vorbedingung zur Erreichung des obersten Ziels, die Erhaltung und Förderung seiner Religion, Sprache und Kultur.
2. Bei voller Wahrung und steter Verfechtung der eigenen Rechte sind die Pflichten dem italienischen Staat gegenüber anzuerkennen und es ist ein friedliches Zusammenleben der Volksgruppen im Lande anzustreben.
3. Die Richtung ‚Aufbau' fußt auf christlicher Weltanschauung, lehnt jeden übertriebenen Nationalismus ab und stellt sich positiv zu den wirtschaftlichen und politischen Einigungsbestrebungen für ein freies und demokratisches Europa, in dessen Rahmen – außer den zu erwartenden Vorteilen – auch ein Ausgleich nationaler Differenzen auf höherer Ebene erfolgen wird und muss. [...]
6. Die Richtung ‚Aufbau' ist im weitesten Maße sozial aufgeschlossen. Sie strebt eine zunehmende Förderung der Eigentumsbildung für alle an, [...] sowie eine verständnisvollere Zusammenarbeit zwischen Arbeitnehmer und Arbeitgeber."[915]

Die drei ersten Programmpunkte der Richtung „Aufbau" entsprachen genau der Position von Gargitter zur Südtirolfrage: Bekenntnis zur christlichen Weltanschauung und Ausgleich zwischen den Sprachgruppen. In Punkt 6 bekennt sich der „Aufbau" zur christlichen Soziallehre.

Zu den Unterzeichnern des Manifestes gehörten „Altösterreicher" wie Erich Amonn, Carl von Braitenberg und Alois Pupp. Nicht zuletzt stellte sich auch der katholische KVW hinter die „Richtung Aufbau".[916]

Die Betonung der „christlichen Weltanschauung" konnte jedoch die inneren Widersprüche der Bewegung nicht verbergen: Der wirtschaftlich stärkste Teil des Aufbau bestand aus Liberalen oder konfessionell nur wenig oder überhaupt nicht gebundenen Menschen.[917] Meistens war das katholische Bekenntnis eben nur ein Lippenbekenntnis, um eigene politische Ziele zu verfolgen.

Auffallend ist, dass Magnago, nachdem er von der Bewegung „Aufbau" erfahren hatte, sofort bei der Kurie intervenierte und nicht etwa bei Toni Ebner. Man sieht daran, welche politische Macht die Brixner Kurie damals hatte. Hätte Gargitter in jenem Telefongespräch mit Magnago eingelenkt, so hätte er unter Umständen eine „Richtung Aufbau" innerhalb der SVP verhindern können. Außerdem unterzeichneten viele Vertreter des KVW das Programm der Richtung „Aufbau"[918], was ohne Einverständnis des

Bischofs nicht passiert wäre. Für den Bischof war es wichtig, die SVP wieder in einen gewissen Gleichschritt mit der DC und zugleich auch die Arbeitnehmerschaft in diese Richtung zu bringen. Er fürchtete wohl, dass sich die Arbeiter in der „neuen" SVP nicht mehr vertreten fühlen würden, da diese eher die Ängste des kleinen Bauerntums reflektierte. Wenn sich die Arbeiter nicht mehr in der SVP vertreten fühlten, wären sie anfälliger für den Kommunismus.

Der „Aufbau" scheiterte bald, da seine Mitglieder keine Mehrheiten in den SVP-Gremien hatten. Sein bleibender Verdienst blieb aber, dass den wirtschaftlichen und sozialen Problemen Südtirols endlich mehr Aufmerksamkeit gewidmet wurde.[919] Der katholische Teil der Richtung „Aufbau" (KVW und Katholische Aktion) wurde von der SVP bald wieder mühelos absorbiert: Die Parteileitung beruhigte diese Gruppe teils mit Mandaten, teils wurden die Wünsche von Bischof Gargitter stärker berücksichtigt.[920]

Trotzdem zeigte die „Richtung Aufbau", dass die enge Verflechtung zwischen Athesia und SVP für die Partei nicht nur Vorteile bot.[921]

Rückblickend war der Aufbau eine breite Koalition: der katholischen Verbände, von Bischof Gargitter, des ehemaligen Widerständlers Erich Amonn, der Staat und Kirche immer strikt trennen wollte, und des ehemaligen Hauptmanns der Waffen-SS Karl Nicolussi-Leck, der nach dem Krieg sogar nach Südamerika flüchten musste. Amonn und Nicolussi-Leck waren die geistigen Väter der „Richtung Aufbau", die alle Vorbereitungen in die Wege leiteten. Es klingt schon fast ironisch, wenn sich Nicolussi-Leck über den Einfluss „einiger unbedachter, extremer Elemente in der SVP beklagte.[922]

Nach dem Ende der Richtung „Aufbau" kehrte wieder Frieden zwischen der SVP und dem KVW ein und bei den Parlamentswahlen 1963 mischte sich der KVW nicht mehr ein. Die Verbandsvertreter hatten sich die negativen Erfahrungen der Wahlen von 1958 zu Herzen genommen und befürchteten bei einer neuerlichen Einmischung eine Spaltung des Südtiroler Volkes.[923] Zwischen Partei und Verband kam es zu einer Versöhnung und der geschäftsführende Generalsekretär Hans Rubner versicherte dem KVW, dass in Zukunft wieder die Verbände bei der Kandidatenauswahl gefragt werden.[924]

Der Verband wandte sich nun wieder seiner eigentlichen Aufgabe, den sozialen Angelegenheiten, zu: In den 1960er Jahren setzte sich der KVW auch für die Optionsgeschädigten ein, zumal die Brixner Kurie ihre unrühmliche Rolle von damals wiedergutmachen wollte. 1964 wurde ein Beratungsausschuss für Optionsgeschädigte eingerichtet, der aus Vereinbarungen zwischen den italienischen und den bundesdeutschen Behörden hervorging. Die Aufgaben der Stelle bestanden in der Beratung aller Personen, die durch die Option zwischen 1939 und 1945 irgendwelche materiellen Schäden erlitten hatten. Im Oktober 1965 gab es bereits 3.000 Ansuchen, von denen der KVW 80% genehmigte.

Das Brixner Ordinariat widmete sich nun verstärkt sozialen Aufgaben im KVW. 1963 zählte der KVW 283 Ortsgruppen und ca. 23.000 Mitglieder. Der Verband wandte sich nicht nur an die Arbeiterschaft; ca. zwei Fünftel der Südtiroler hatten in den 1960er Jahren schon mindestens einmal Hilfe beim KVW gesucht. Es handelte sich vor allem um Wohnungsprobleme, Subventionen und Versicherungskonflikte mit Arbeitgebern. In vielen Fällen hatte der KVW (und indirekt die Kirche) das Bewusstsein geweckt, dass Arbeitnehmer Rechte haben, vor allem das Recht auf Sozialversicherungen.[925]

In der Zeit der Opposition der SVP im Trientner Regionalrat (1959–70) wirkte der KVW als Bindeglied zwischen SVP und DC. Dass keine wirkliche harte SVP-Opposition entstand, ist dem KVW zu verdanken.[926]

Als christliches Pendant des KVW wurde die ACUS (Arbeitnehmerschaft christlicher Unternehmer Südtirols) gegründet, Hauptpromotor war Mons. Johann Untergasser. Beide Organisationen unterhielten das 1960 entstandene „Südtiroler Wirtschafts- und Sozialinstitut".[927] Problemfelder sollten im Sinne der christlichen Soziallehre gelöst werden.[928] Die Pflege des christlichen Gedankenguts wurde in den Statuten verankert und eine enge Verbindung von Wirtschaft und Kirche betont. Aus der christlichen Lehre heraus sollten ständig neue Impulse kommen, um der geistigen und sozialen Auseinandersetzung gewachsen zu sein, vor allem der negativen Herausforderung Marxismus.[929]

Als 1964 eine Gewerkschaft für die deutschsprachigen Südtiroler, der ASGB („Autonomer Südtiroler Gewerkschaftsbund"), gegründet wurde, wurde sie stark vom KVW unterstützt. Auch der Generalvikar der Diözese Bozen-Brixen beriet die neue Gewerkschaft. Bischof Gargitter war dennoch dagegen: Er wollte keine weiteren Trennungen zwischen den Sprachgruppen.[930] Der Priester Pius Holzknecht erklärte, dass der ASGB entstanden sei, um die Südtiroler Arbeitnehmer dem Kommunismus zu entreißen[931], durch dieses Ziel gewann die neue Gewerkschaft den Segen der Kirche.

IX. Die Kirche und der Weg zum Zweiten Autonomiestatut

1. Verhandlungen mit Päpsten und kirchlichen Stellen

Bischof Gargitter vertraute am liebsten der stillen Diplomatie: Er bat italienische Staatsmänner immer wieder, „eine gerechte Lösung" für Südtirol zu finden, allerdings ohne Erfolg. Im Vatikan fand er „immer Verständnis und großzügige Hilfsbereitschaft". Später erinnerte er sich mit Dankbarkeit an die Privataudienzen bei den Päpsten Johannes XXIII. und Paul VI.[932] Johannes XXIII. gewährte Gargitter in seiner kurzen Amtszeit acht Privataudienzen; er war immer offen für die Sorgen Gargitters und hilfsbereit. Auch Papst Paul VI. hatte viel Verständnis für die Probleme in Südtirol.[933]

Auch Geistliche außerhalb Südtirols wollten die Südtiroler unterstützen. Der Kardinal von Wien, Theodor Innitzer, hätte bereits 1953 gern geholfen, wenn er gekonnt hätte. Der Vatikan hatte ihm auf Betreiben des italienischen Nuntius einen Koadjutator gegeben. In der Praxis bedeutete dies, dass der Kardinal zwar seine institutionelle Autorität wahrte, eigentlich aber keine Macht mehr hatte. In Rom galt Innitzer immer noch als Nazi.[934]

Bei einer Audienz im September 1956 fragte Gargitter Papst Pius XII., ob er sich zugunsten der Südtiroler öffentlich einsetzen solle. Der Papst wehrte allerdings ab, Gargitter solle sich aus der Politik heraushalten und versuchen, allen drei Volksgruppen in gleicher Weise möglichst gerecht zu werden.[935]

Am 10. Februar 1957 nahm der Vatikan zur Südtirolfrage öffentlich durch seinen Radiosender Stellung. In der Sendung wurde auf die päpstliche Enzyklika „Beziehungen zwischen den Völkern" verwiesen. Dort hieß es unter anderem, dass die unerlässliche Voraussetzung jedes friedlichen Zusammenlebens zwischen den Völkern gegenseitiges Vertrauen, Voraussicht und Überzeugung der gegenseitigen Treue zum gegebenen Wort sei.[936] Beide Seiten wurden zur Mäßigung aufgerufen. Es war unklar, ob dazu von der italienischen Seite der Anstoß gekommen war. Von österreichischer Seite lagen sicher Bemühungen vor: Bundeskanzler Raab hatte schon vor einigen Monaten gefordert, die Kirche stärker in das Problem miteinzubeziehen. Ein ÖVP-Abgeordneter sagte, die Vermittlungstätigkeit des Vatikans zeige, wie ernst die Lage inzwischen sei. Dass der Aufruf sogar öffentlich war, deutete darauf hin, dass der Vatikan nicht die Regierungen, sondern die Öffentlichkeit beeinflussen wollte. Dies folgte aus der richtigen Erkenntnis, dass es nicht um diplomatische Probleme ging, sondern um einen Streit nationaler Leidenschaften.[937]

Schon allein die Tatsache, dass sich der Vatikan mit dem Südtirol-Problem beschäftigte, war für die Südtiroler erfreulich. Indirekt sagte die kirchliche Botschaft, dass Italien im Einverständnis mit den Südtirolern den Pariser Vertrag verbessern müsse.[938]

Nach der Sendung führte Josef Ferrari ein aufschlussreiches Gespräch mit dem Jesuitenpater Robert Leiber, dem persönlichen Sekretär von Papst Pius XII. Leiber bemerkte, dass auch der Südtiroler Klerus Stellung zur politischen Lage beziehen müsse, da sie sonst vor allem bei der Südtiroler Jugend das Vertrauen verlieren könne. Pater Leiber habe ausdrücklich betont, dass die Sendung vor der Ausstrahlung nicht der deutschen Abteilung, sondern ihm persönlich zur Kenntnis gebracht worden sei. Das habe eine große Bedeutung, denn es darf wohl so gedeutet werden, dass der Papst selbst zur Sendung zugestimmt habe. Eugenio Pacelli, wie Pius XII. bürgerlich hieß, war als deutschfreundlich bekannt. Er sprach deutsch, da er in den 1930er Jahren Nuntius in Deutschland gewesen war.

In Wien war man der Ansicht, dass sich der Vatikan auf die österreichische Seite gestellt habe: Die Bevölkerung wurde zur Mäßigung aufgerufen und die Regierungen wurden aufgefordert, die angemessenen internationalen und im Inneren des Landes herrschenden Wünsche zu erfüllen. Vor allem wurde folgender Passus mit Befriedigung aufgenommen: Mäßigung in der Südtirolfrage sei umso empfehlenswerter, „als ähnliche internationale Probleme in letzter Zeit gerecht und für alle Teile zufrieden stellend gelöst wurden". Viele Politiker deuteten dies als Hinweis auf die soeben gelöste Saarfrage. Das Außenamt teilte diese Einschätzung nicht; jener Satz rühme allein den Geist der Verständigung an sich, ohne sich auf ein einzelnes Beispiel zu beziehen.[939]

Zumindest wuchs nun in Rom und Wien der Wille, den Streit beizulegen, zumal in den meisten führenden Positionen Katholiken waren und sich auch die so genannte Volksbewegung in Südtirol vor allem auf das geistige Erbe des verstorbenen Kanonikus Gamper stützte.[940]

Nach der Stellungnahme des Vatikans wäre Bischof Gargitter wohl kein Risiko mehr eingegangen, wenn er sich öffentlich für die Südtiroler eingesetzt hätte. Er schwieg allerdings weiter.

Dies traf die Bevölkerung umso härter, als sich andere Bischöfe sehr wohl für Minderheitenfragen interessierten. Bischof Antonio Santin trat für die Italiener Triests ein, damit Triest wieder zu Italien käme. In einem Brief an den italienischen Ministerpräsidenten Mario Scelba drückte er sich unmissverständlich aus:

> „Es ist eine juridische und moralische Monstrosität, Bevölkerungen gegen ihren Willen einem anderen Staate zuzuteilen. [...] Wenn es um heilige Prinzipien und um die eigenen Menschen geht, die um Schutz ersuchen, dann hört die Stunde der Kompromisse auf. [...] Exzellenz, um unsere Tragödie zu verstehen, muss man hier leben. Man muss den Mut haben, diese Dinge zu verhindern. Die große Politik ist diese."[941]

Nach 1945 hatte sich der Klerus in Istrien, Dalmatien und Julisch-Venetien sehr für den Erhalt der italienischen Ostgrenzen eingesetzt (und sich dabei bei den alteingesessenen Slowenen und Kroaten unbeliebt gemacht[942]). In Triest gab Bischof Antonio Santin zusammen mit dem Rektor der Triester Universität folgende Denkschrift heraus:

> „Im Bewusstsein der Aufgaben, die wir in Triest zu erfüllen haben, erklären wir im Namen Gottes und der katholischen Kirche, der Kultur und der Wissenschaft, dass es keinen Frieden ohne Gerechtigkeit geben kann:
>
> 1. Die Verteidigung der menschlichen Werte hängt nicht von einem großen oder kleinen Gebiet ab, auf dem sie verletzt werden.
> 2. Keine zivilisierte Regierung kann die Aufteilung von Gebieten und Völkern vorschlagen oder annehmen unter Verletzung des Prinzips der Selbstbestimmung der Völker, indem sie ohne Auftrag der daran interessierten Bevölkerung Verträge abschließt, die sie von einem Staat zum anderen überführt.
> 3. Wenn der Triest betreffende Teil des Friedensvertrages ungerecht und undurchführbar ist und deshalb ein Fehler war, so muss er geändert werden, oder – wenn nicht anders möglich – der freien Entscheidung der interessierten Bevölkerung überlassen werden, um nicht dem ersten Fehler einen zweiten hinzuzufügen.
> 4. Der daraus allenfalls folgende notwendige Schutz ethnischer Minderheiten muss von einer internationalen Gerichtsbarkeit festgelegt werden.
> 5. Italien darf keiner Auferlegung von Opfern unterliegen, so der

Zuteilung auch nur eines Italieners oder Slowenen unter einen gebieterischen Staat oder Regime, die dieser fremd oder hassenswert empfindet."[943]

Eine derart eindeutige kirchliche Erklärung hätten sich auch viele Südtiroler gewünscht.

Auch im deutschsprachigen Ausland forderten katholische Stimmen die Südtiroler Kirche zu größerer Aktivität auf, z.B. in der führenden deutschen katholischen Zeitschrift „Der Rheinische Merkur":

„Ein christdemokratischer Vermittlungsversuch ist nötig. Dass man ein relativ begrenztes Problem wie Südtirol nicht imstande ist zu lösen oder ihm doch wenigstens die Schärfe zu nehmen, muss bedenklich stimmen. Im Falle einer Untersuchungskommission des Europarates würde Italien schlecht abschneiden. Warum nicht ein Versuch am runden Tisch, wie es in Zürich im Falle Zypern gemacht wurde, mit einem so guten Ergebnis. Es fehlt nicht an ‚Grandoldman', die ein solches Gespräch mit Autorität leisten könnten: Robert Schumann, Konrad Adenauer, Joseph Beck, und schließlich sind auch die Grundsätze für eine christliche Minderheitenpolitik bekannt. Pius XII. hat sie mehr als einmal klar formuliert. Es kann ohne Gesichtsverlust für die christliche Demokratie nicht mehr länger gezögert werden."[944]

Die DC war gegen den vorgeschlagenen Vermittlungsversuch. Sie belehrte den „Rheinischen Merkur" sofort, dass die SVP keine christdemokratische Partei sei, sondern eher eine rassistische Haltung vertrete.[945] Bemerkenswert ist, dass sich auch die westdeutsche Botschaft im Vatikan für eine Internationalisierung der Südtirolfrage einschalten solle.

Offiziell war die Bundesrepublik ja strikt neutral, aber es gab immer wieder Initiativen einzelner Politiker zugunsten Südtirols.[946] 1959 sollte beispielsweise über die Botschaft im Vatikan festgestellt werden, ob und inwieweit es eine Einwirkung von Papst Johannes XXIII. auf den Südtirol-Konflikt gebe.

Diese Möglichkeit schien dem deutschen Außenministerium im Hinblick auf die zunehmenden politischen Initiativen des Vatikans und die Verbundenheit Italiens, Südtirols und Österreichs im Katholizismus nicht ausgeschlossen. Außenminister Heinrich von Brentano stimmte dem Memorandum zu.[947]

Es blieb aber weiterhin das Vorurteil aufrecht, dass nur Christdemokraten das Südtirolproblem lösen könnten. Dies äußerte sich auch beim Amtsantritt von Bruno Kreisky als österreichischer Außenminister 1959. Bis zu diesem Zeitpunkt war die österreichische Außenpolitik – und damit auch die Südtirolpolitik – eine Domäne der ÖVP. Auch Magnago war überzeugt, dass die SVP eine katholisch-konservative Partei sei und deshalb Hilfe vor allem von der ÖVP kommen müsse. Magnago ließ sich in dieser Frage vor allem von klerikalen Kreisen in Südtirol und von den Funktionären der Tiroler ÖVP beeinflussen, wie er einem Vertrauten Kreiskys einmal erzählte. Wahlsiege der SPÖ hielt Magnago für unmöglich, bis 1959 das Unmögliche geschah und der jüdische Sozialist Kreisky Außenminister wurde. Dies war für die Extremisten in Nord- und Südtirol ein „Rückschlag, der erst verdaut werden müsse". Die Italiener hofften, dass die SPÖ nicht die Südtirolpolitik der ÖVP weiterverfolgen konnte, weil sie diese in Vergangenheit oft kritisiert hatte. Sie glaubten daher, dass mit der SPÖ eher ein Kompromiss möglich sei. Diese Einschätzung teilten auch Politiker in Nord- und Südtirol. Extremisten im „Berg-Isel-Bund" forderten sogar den Abbruch der Gespräche zwischen Italien und Österreich, da sie einen sozialistischen Außenminister in Österreich nicht für tragbar hielten. Die ÖVP hatte damals aber interne Probleme und konnte die Tiroler ÖVP nicht bedingungslos unterstützen. Niemand erkannte diese Situation besser als die SVP. Im „Berg-Isel-Bund" plädierte man deshalb dafür, dass Impulse für Südtirol nun verstärkt aus Südtirol selbst und nicht mehr aus Österreich kommen sollten.[948]

Magnago konnte der Situation aber auch positive Seiten abgewinnen: die Handlungsspielräume der SPÖ waren nicht durch enge Bindungen zur DC wie bei der christlichen Schwesterpartei ÖVP eingeschränkt, vielleicht war nun eine neue Politik möglich. Das Dilemma der SVP war aber, dass die Partei nun die Kontakte zur SPÖ intensivieren musste, ohne dabei den Südtiroler Klerus zu verärgern, was ein sehr wichtiger Punkt war.

Ein Abgesandter Kreiskys notierte, dass die Angst vor der Kirche bei allen führenden Politikern in Südtirol allgegenwärtig sei. Südtiroler Politiker seien zwar keineswegs alle verbissene Klerikale, aber alle hatten Angst, in die Schusslinie der Kirche zu geraten, wenn sie zu viele Kontakte mit den Sozialisten hatten. Man dürfe die Macht der Kirche in Südtirol nie unterschätzen.[949]

Man darf Gargitters exzellente Beziehungen nicht vergessen; damals gab es in Südtirol noch keine Autobahn und der Flugverkehr war noch nicht so verbreitet wie heute. Folglich machten viele ausländische Bischöfe auf ihren

Fahrten nach Rom Halt in der Brixner Hofburg (so lernte Gargitter etwa den Patriarchen von Venedig, den späteren Johannes XXIII., kennen).[950] Durch diese persönlichen Kontakte konnte Gargitter sich immer wieder still für die Sache Südtirols einsetzen. Als Kardinal Roncalli wieder einmal in Brixen Halt machte, sagte er zu Gargitter, dass er auf der Fahrt immer wieder Aufschriften gesehen habe wie „Los von Trient", „Los von Rom", „Südtirol zu Österreich" usw. Demnach müsse doch jeder begreifen, dass in Südtirol etwas nicht in Ordnung sei.[951]

Bei Gargitters Besuchen bei Politikern ging es ebenfalls nicht um Höflichkeitsbesuche, sondern um eine gerechte Lösung der Südtirolfrage. Im Sommer 1957 führte er beispielsweise ein langes Gespräch mit Staatspräsident Giovanni Gronchi. Auch mit Antonio Segni, zuerst Außenminister, dann Staatspräsident, traf sich Gargitter oft. Dieser war immer freundlich, betonte aber, dass man die staatliche Autorität in Südtirol nicht schwächen dürfe.[952]

Auch mit Ministerpräsident Amintore Fanfani unterhielt sich Gargitter mehrmals. Dieser zeigte stets Verständnis für die Südtiroler, tat allerdings herzlich wenig für sie. Von Justizminister Giancarlo Bosco war Gargitter schwer enttäuscht. Als Bosco die Südtiroler als „popolo rozzo" (rohes, plumpes Volk) bezeichnete, brach Gargitter das Gespräch ab. Später entschuldigte sich der Minister über Alcide Berloffa beim Bischof.[953] Außerdem führte Gargitter Gespräche mit den Ministerpräsidenten Paolo Emilio Taviani und Oscar Luigi Scalfaro, mit den Ministern Giuseppe Burasca, Paolo Rossi und Giuseppe Pella. Den Ministerpräsidenten Aldo Moro traf er ebenfalls mehrmals. Auch mit Giulio Andreotti führte er viele Gespräche, besonders bei dessen Urlauben in Südtirol. Ministerpräsident Francesco Cossiga rief auf einen Brief hin in Brixen an und versicherte Gargitter, dass er sich für die Südtiroler einsetzen werde.[954]

Gargitter setzte sich nicht nur bei italienischen Politikern für die Südtiroler ein, sondern hatte auch zahlreiche Kontakte zu Vertretern des Heeres und der Polizei, mit in- und ausländischen Journalisten, mit Botschaftern und Konsuln, vor allem Österreichs und der Bundesrepublik Deutschlands, aber auch Großbritanniens und der USA. Einmal besuchte ihn sogar der Sohn Gandhis, des ehemaligen Ministerpräsidenten von Indien.[955] Immer wieder betonten Diplomaten und Journalisten, wie wichtig und informativ der Kontakt mit dem Bischof für sie war.[956]

Bei allen Gesprächen ging es Gargitter stets um eine gerechte Lösung des Südtirolproblems, die für alle tragbar sein sollte. Er versuchte, möglichst viele einflussreiche Leute auf Südtirol aufmerksam zu machen und

Verständnis für die Südtiroler Situation zu erwecken. Die Rechte von Minderheiten müssten respektiert werden.

Gargitter selbst sagte über seine Interventionen 1975:

> „Ich darf sagen, dass ich in Rom mit wenigen Ausnahmen viel Ehrlichkeit, echte Bereitschaft und besten Willen, nach Kräften an der Befriedung unseres Landes beizutragen, gefunden habe. Anstatt viele Namen zu nennen, weise ich bloß auf die Bemühungen von Minister Aldo Moro hin, meine Begegnungen mit Minister Segni, der mich auch als Staatspräsident noch zu einer Aussprache empfangen hat, ebenso auf eine ermutigende Begegnung mit dem damaligen Staatspräsidenten Gronchi auf Schloss Bruneck.
> Nicht nur in Rom und Bozen, sondern auch jenseits des Brenners gab es einflussreiche Politiker und andere Persönlichkeiten, die viel zu einem Frieden in Südtirol in Gerechtigkeit und gegenseitiger Achtung beigetragen haben. Dabei möchte ich öffentlich den österreichischen Bischöfen, an deren Spitze Kardinal König, danken, die durch Betonung der christlichen Grundsätze und in verschiedenen Interventionen viel zur Entschärfung von Emotionen und zur Verständigung auf der Basis der christlichen Liebe beigetragen haben. Eigens hervorheben möchte ich die stille, opfervolle Tätigkeit meines hochverehrten Freundes und Mitbruders, des Bischofs von Innsbruck, Dr. Paul Rusch, der für seinen Einsatz für eine friedliche Lösung in Südtirol von radikalen Kräften viel Kritik, Anfeindungen und deren Vorwurf, Verräter an Südtirol zu sein, auf sich nehmen musste."[957]

2. Anfeindungen gegen Bischof Gargitter

Gargitter fragte sich immer wieder, ob er seiner Aufgabe als Hirte des Volkes gerecht wurde (besonders in den schwierigen 1950er und 1960er Jahren) und welches Urteil die Geschichte über ihn fällen werde. Die Vorwürfe gegen Papst Pius XII., dass er über den Holocaust geschwiegen habe, beschäftigten ihn sehr und waren eine Herausforderung für ihn. Noch Jahrzehnte später bemerkte er in einem privaten Gespräch einmal, dass man ihm verzeihen müsse, nicht immer die perfekte Lösung gefunden zu haben. Er war all die Jahre in Angst, seinem Auftrag als Bischof nicht gerecht zu werden.[958]

Auch nach dem Tod des Kanonikus war der niedere Klerus verunsichert: War Gargitters politische Linie richtig oder jene Gampers, die weiterhin durch die Athesia-Blätter verbreitet wurde? Gargitter jedenfalls erkannte immer noch nicht die Zeichen der Zeit und beharrte auf seiner Politik des Ausgleichs und der Zusammenarbeit SVP-DC. Man darf auch nicht vergessen, dass der italienischsprachige Klerus in Südtirol immer stärker wurde: 1957 standen im deutschen Anteil der Diözese Trient 20 männlichen deutschen Orden vier italienische Ordenshäuser gegenüber, bei den weiblichen Orden schon 19 italienische 92 deutschen. Selbst in der Diözese Brixen waren 1957 von 13 Frauenorden vier italienisch. Der Südtiroler Wallfahrtsort Weißenstein ging nun in die Hände der italienischen Ordensprovinz über. Dies hatte zur Folge, dass Südtiroler die Wallfahrt mieden, weil es zu wenige deutschsprachige Gottesdienste gab.[959]

1958 fand beispielsweise in Brixen vom 8. bis zum 14. September der Erste Eucharistische Domkongress statt. In der Bischofsstadt versammelten sich damals ca. 20.000 Gläubige zu einer ungewöhnlichen Messe auf dem Sportplatz, um die 200-Jahr-Feier der Domweihe zu begehen. Die Feier, die letzte große kirchliche Feier der alten Diözese Brixen, war zugleich eine religiös-weltanschauliche Standortbestimmung, bei der nationale Anspielungen vermieden wurden. Der Bischof betonte, dass der Kampf gegen den Kommunismus wichtiger sei als der Volkstumskampf.[960]

Außerdem verlangte Gargitter ja öffentlich eine Autonomie für die deutsche Minderheit, sie sollte aber auf dem Ausgleich der Sprachgruppen beruhen:

> „Es war immer mein Ziel, die Anstrengungen jener Männer zu unterstützen, die sich um eine friedliche Beilegung des Problems diesseits und jenseits des Brenners bemühten. Selbstverständlich ging es bei all diesen Bemühungen um einen Ausgleich nie darum, die Eigenarten der drei Volksgruppen zu verwischen. Ich bin überzeugt, dass gerade die Verschiedenheit der Volksgruppen einen wesentlichen Wert in unserem Zusammenleben darstellt. Das Zusammenleben von Volksgruppen ist ja nicht nur von Konflikten gekennzeichnet, sondern kann auch eine große Bereicherung bedeuten. Deshalb möchte ich den deutschsprachigen Südtirolern sagen, sie sollen sich bemühen, auch weiterhin ihre Eigenart und das Wertvolle an ihrer Kultur und an ihrem Brauchtum zu erhalten. Ebenso sollen die Bürger italienischer Sprache solche bleiben und ihre Gebräuche und Eigenwerte pflegen. Nicht zuletzt soll die ladinische Volksgruppe

ihre unersetzlichen kulturellen Werte und ihre Tradition bewusst pflegen und weder in der einen noch in der anderen Volksgruppe aufgehen."[961]

Gargitter war bei weiten Teilen des einheimischen Klerus unbeliebt, weil er nicht sehr „leutselig" war und auch die Einhaltung von Disziplin innerhalb seiner Diözese eisern durchsetzte (er verbot den Landpfarrern beispielsweise den Besitz von Gasthäusern).[962] Nicht gut kam bei der Bevölkerung und Teilen des niederen Klerus an, dass Gargitter 1958 bei den traditionellen Andreas-Hofer-Feiern die Teilnahme von Musikkapellen am Gottesdienst verbot, weil dies gegen die Liturgie sei.[963] Probleme gab es auch, als der Pfarrer von St. Jakob (Bozen) eine gemeinsame Erstkommunionfeier von deutschen und italienischen Kindern feiern wollte, obwohl die Eltern dagegen waren.[964] Trotzdem standen laut dem Kirchenhistoriker Josef Gelmi ca. 90% des Klerus hinter Gargitter.[965]

Anfeindungen gegen den Bischof gab es nicht nur von deutscher Seite. Seine guten Beziehungen zu einigen DC-Exponenten der italienischen Volksgruppe bewahrten ihn nicht vor Angriffen auf italienischer Seite: Die Kirche in Südtirol sei für die „Rassentrennung", da sie Eheschließungen zwischen Deutschen und Italienern verhindere, war häufig zu hören.[966] Außerdem nähmen Pfarrer häufig führende Positionen in der „irredentistischen Bewegung" ein.

Weiters warfen italienische Nationalisten dem Klerus vor, dass er durch Briefoffensiven an die UNO-Delegationen und durch Memoranden des österreichischen Klerus mit Kardinal Franz König an der Spitze die diplomatischen Bemühungen Wiens bei der UNO unterstütze. Außenminister Antonio Segni behauptete sogar, in Südtirol werde beim Religionsunterricht und bei der Erteilung der Kommunion eine „vollkommene Rassentrennung" praktiziert.[967] Als im Februar 1957 italienische Zeitungen die Südtiroler Geistlichkeit wieder einmal angriffen, wies der Trientner Erzbischof De Ferrari alle Angriffe zurück.[968]

Als im Februar 1962 eine Hetzkampagne gegen Bischof und Kirche losbrach, schrieb Johann Tschurtschenthaler im „Katholischen Sonntagsblatt":

„Katholische Südtiroler! Unsere Antwort auf diese neue versteckte Kampfansage gegen Kirche und kirchliche Obrigkeit: Jetzt erst recht halten wir unverrückbar fest am Glauben unserer Väter, ‚unseres Landes schönste Zier', und stehen in unerschütterlicher Treue zu

> den Bischöfen unserer Heimat! Ihnen gehört unser volles Vertrauen, denn sie sind die von Gott selbst erwählten, geweihten und gesalbten Oberhirten unseres Volkes!"[969]

Eine Grundsatzrede zum Südtirolproblem hielt der Bischof am Kassianssonntag 1959, dem 12. April im Brixner Dom:

> „[...] So wenig die Kirche berufen ist, rein diesseitige Fragen aufzugreifen und sich in rein irdische Angelegenheiten einzulassen, weil sie keine unmittelbare Diesseitssendung, keinen politischen Auftrag hat, so sehr ist sie jedoch beauftragt, in allen Bereichen die Grundsätze der christlichen Sittenordnung und Moral zu vertreten. Wer die Sendung überlegt, welche die Kirche in der Welt erfüllt, der wird auch nicht umsonst zur Behauptung gelangen, die Kirche stehe nicht zum Volke. Niemand setzt sich sonst so selbstlos für das Wohl des Volkes ein, wie die Vorsteher und Priester der Kirche. Priester und Bischof haben in diesen Jahren ihre Anstrengungen für das Wohl des Volkes vervielfältigt, für die Weckung des sozialen Gewissens, für die Hebung und Bildung des Volkes, für die Bildung christlicher, gesunder und heimattreuer Familien, für die Erziehung und Formung der Jugend, für die Wertschätzung der hohen Güter christlicher, heimatlicher Kultur und Sitte, für die Festigung der Liebe und Treue zu Bauernhof und Scholle. Wer heute sagt, die Kirche stehe nicht zum Volk, und dabei die Bischöfe und den Klerus treffen will, der spricht entweder in großer Unkenntnis oder ist ein, wenn auch getarnter Gegner der Kirche, weil er sie zur Magd der Politik machen will."[970]

Der Bischof wehrte sich also gegen die Vorwürfe, dass die Südtiroler Kirche nicht volksnah sei; viel sei auf dem sozialen Gebiet geschehen. In politischen Angelegenheiten allerdings wollte er sich auch weiterhin neutral verhalten.

Trotz gegenseitiger Vorbehalte gab es nun zumindest den Versuch einer Annäherung zwischen der SVP und dem Brixner Klerus: Auf Einladung der katholischen Bewegung von Brixen und Bozen fand am 25. Mai 1959 in Sarns bei Brixen eine „Tagung für politische Grundsatzschulung" statt. Von kirchlicher Seite nahmen Bischof Joseph Gargitter und der Generalvikar Johann Untergasser sowie der deutsche Generalvikar der Diözese Trient Josef Kögl teil, von Seiten der SVP Landeshauptmann Alois Pupp, Landtagspräsident Silvius Magnago sowie zahlreiche Abgeordnete und

Bürgermeister. Bischof Gargitter ging von seiner „Kassiansrede“ aus und stellte drei Punkte auf, „deren Beachtung den Mann im öffentlichen Leben vor Irrwegen bewahrt“:

> „1. Unser Bemühen um das politische Wohl des Volkes muss immer stehen auf dem Boden der Gerechtigkeit und der Wahrheit.
> 2. Unser Einsatz für das politische Wohl muss geordnet sein und verbunden bleiben mit dem Einsatz für das Gesamtwohl der Gesellschaft.
> 3. Unser Einsatz muss sich dem Gesetz der Liebe und des Kreuzes verpflichtet wissen.“[971]

Gargitter betonte weiters, dass niemand Gewalt anwenden dürfe, auch nicht zu politischen Zwecken. Er ergänzte das berühmte Zitat von Kanonikus Gamper – „Ein Volk, das um nichts anderes kämpft als um sein verbrieftes Recht, wird den Herrgott zum Bundesgenossen haben.“ – durch folgende Worte: „Gott zum Bundesgenossen haben wird ein Volk, das die verbrieften Rechtswege nicht verlässt, keine Mittel gebraucht als die verbrieften Rechtsmittel“. Sonst enthielt die Rede nichts Neues: Gargitter betonte, dass religiöse, soziale und kulturelle Aufgaben wichtiger seien als nationale Anliegen.[972]

Wie sah die SVP die Politik von Bischof Gargitter? Die meisten führenden Exponenten teilten zwar nicht die Position des Bischofs, aber da die Partei schon genug Probleme hatte, konnte sie sich eine Auseinandersetzung mit der Kirche nicht leisten, ohne ihren Bestand „ernstlich [zu] gefährden“. So äußerte sich Generalsekretär Stanek zu einem Vertrauten Kreiskys nach der „Tagung für politische Grundsatzschulung“. Konflikte gab es ja schon genug: Die Kirche lehnte eine Jugendorganisation der SVP ab; außerdem hatte die SVP die kirchlichen Interventionen im Wahlkampf 1958 nicht vergessen.[973]

In der Auseinandersetzung zwischen „Falken“ und „Tauben“ innerhalb der SVP spielte die Kirche somit eine entscheidende Rolle. Ein einflussreicher, gut informierter Geistlicher aus Südtirol teilte dem deutschen Generalkonsul in Mailand mit, dass es seit längerer Zeit eine gute Zusammenarbeit zwischen Vertretern der ÖVP, SPÖ und FPÖ, dem Berg-Isel-Bund und gewissen führenden Persönlichkeiten der SVP gebe. Ziel dieser Vereinigung sei es, die Südtiroler auf die förmliche Forderung nach Selbstbestimmung hinzuführen. Das Selbstbestimmungsrecht solle dabei nicht einfach als natürliches Recht dargestellt werden, es sei vielmehr ein so genanntes sekundäres, veränderliches Naturrecht, dessen Gehalt sich mit der konkreten historischen Situation ergebe. Die aktuelle Lage der Südtiroler wird also nicht als völkerrechtswidrig bezeichnet. Derartige Behauptungen können somit nur als moralische Berechtigung für den Aufruf zum Kampf dienen. Falls die Selbstbestimmung offen gefordert würde, könnte es zu einer offenen kirchlichen Ablehnung dieser Position kommen, die zu einer Spaltung der SVP führen könnte. Die Angst vor der Reaktion der Kirche trug im Jahr 1960 am ehesten zu einer Mäßigung der Radikalen bei. Obwohl die kirchliche Führung gegen den harten Kurs der SVP war, ist dennoch anzunehmen, dass viele Pfarrer in den Gebirgstälern den Volkstumskampf dem kanonischen Recht vorgezogen hätten.[974]

3. Die Kirche und die Anschläge

Obwohl sich der Bischof am Anfang seiner Amtszeit vorgenommen hatte, sich nicht direkt in politische Konflikte hineinziehen zu lassen, stand er also doch am Beginn der 1960er Jahre zwischen allen Fronten. Sein Menschenbild war pessimistisch-skeptisch und von Misstrauen geprägt; immer wieder warnte er vor Gewaltanwendung.[975]

Am 2. Februar 1960 schrieb Gargitter einen langen Hirtenbrief über die Grundlagen der Gesellschaftsordnung in Südtirol. Er betonte die Pflicht des Staates, sich für seine Minderheiten einzusetzen:

> „Im Rahmen einer sittlichen Ordnung ist kein Platz für offene und getarnte Unterdrückung der den nationalen Minderheiten zustehenden kulturellen und sprachlichen Eigenart, für Verhinderung oder Einschränkung ihrer wirtschaftlichen Wirkungsmöglichkeiten. Es ist Recht und Pflicht jeder Volksgruppe, die Güter des eigenen Volkstums, wie sie im Laufe der Zeit gewachsen sind, zu schützen und zu pflegen.
> Zu diesen gehören die eigene Sprache und Kultur, die Sitten und Gebräuche, die Entfaltung der eigenständigen Lebensäußerungen, der notwendige Lebensraum, die Voraussetzungen für den sozialen Bestand.
> Die Wahrung der genannten Güter braucht nicht erst durch Verträge gesichert zu werden, weil sie vor allen Verträgen da sind und durch Verträge weder gegeben noch genommen werden können. Wer sich für die Wahrung der hohen Güter des Volkstums einsetzt mit

allen ihm verfügbaren Mitteln, erfüllt eine Sendung und trägt durch seinen Einsatz bei, eine gottgewollte Ordnung aufrechtzuerhalten oder wiederherzustellen.
Auch von kirchlicher Seite muss eindeutig erklärt werden, dass alle Gewaltmethoden und Umsturzaktionen von den Katholiken entschieden abgelehnt werden müssen. Der Christ hat mit Aufruhr und Aufrührung nichts zu tun und weiß, dass er durch Unterstützung solcher Kräfte gegen das Wohl des Volkes und gegen Gottes Ordnung in gleicher Weise sündigt."[976]

Mit diesem Hirtenbrief kam die katholische Führung den geplanten Aktionen der harten Richtung zuvor. In diesen Kreisen der SVP wurde der Hirtenbrief dementsprechend kühl aufgenommen. Dieser Hirtenbrief traf besonders jene Geistlichen, die mit dem harten Kurs der SVP sympathisierten. Trotzdem konnte man aber annehmen, dass die meisten Geistlichen sich weiterhin für den Volkstumskampf der Südtiroler einsetzen würden.[977]

Einen Tiefpunkt seiner Amtszeit erlebte Gargitter am 21. Februar 1960, der als „Knüppelsonntag" in die Geschichte einging: Nach dem Gottesdienst strömten ca. 2.000 Menschen aus der Bozner Pfarrkirche und gingen zum Peter-Mayr-Denkmal. Plötzlich traf die „Celere", eine Eliteabteilung der Polizei ein und ging mit Gummiknüppeln auf die Gläubigen los. Bei den Zusammenstößen verhaftete die Polizei vier Südtiroler und einen Innsbrucker Studenten. Fotoapparate wurden beschlagnahmt.[978]

Auf die Eskalation der Gewalt in der Feuernacht 1961 reagierte Gargitter mit einer gemeinsamen Erklärung mit dem Trientner Ordinariat – Gargitter war ja auch Apostolischer Administrator von Trient:

„Durch die wiederholten Sprengstoffanschläge, die ein Menschenleben forderten, andere Menschen schwer gefährdeten, sehen sich die Ordinariate Brixen und Trient veranlasst, öffentlich zu erklären, dass diese Anschläge nicht bloß vor dem weltlichem Gesetz, sondern auch vor Gott und dem Gewissen schwere Verbrechen und darum schärfstens zu verurteilen sind."[979]

Der KVW verurteilte die Anschläge noch schärfer:

„Der KVW verurteilt auf das Schärfste diese verbrecherischen und verabscheuungswürdigen Taten und lehnt jede Anwendung von Ge-

walt, von welcher Seite sie auch immer kommen mag, vor allem aus moralischen Gründen, entschieden ab.
Ohne auf die politischen Folgen einzugehen, kann der Landesausschuss des KVW nicht umhin, auf die verheerenden Auswirkungen auf dem sozialen Gebiete und die großen Schäden hinzuweisen, durch welche die Wirtschaft der Heimat im allgemeinen und die Arbeitnehmer im besonderen – als der wirtschaftlich schwächere Teil – getroffen werden. Wer die soziale Grundlage unseres Volkes zerstört, bringt dessen Fortbestand in ernste Gefahr.
Der KVW richtet daher an alle, die Verantwortung tragen, den eindringlichen Appell, im christlichen Sinn die berechtigten Forderungen des Südtiroler Volkes anzuerkennen und denselben im europäischen Geiste stattzugeben."[980]

Da Gargitter sich öffentlich eher zögerlich für die Südtiroler Häftlinge eingesetzt hatte, war das Verhältnis des Bischofs zu vielen Südtirolern gestört.[981] Was viele nicht wussten, war, dass er in einem Brief an den Ministerpräsidenten Amintore Fanfani gegen das Vorgehen der Carabinieri und vor allem gegen den Kommandanten Oberst Marasco protestiert hatte.[982] Als er später das Bozner Gefängnis besuchte, verlangten einige Häftlinge von ihm, den Hirtenbrief zurückzunehmen. Einige wiederum blieben der Messe fern, weil der Bischof die Feuernacht mit Kommunisten in Verbindung gebracht hatte. Dies kränkte wiederum den Bischof: Als er später einmal das Trientner Gefängnis besuchte, ging er nicht zu den Südtiroler politischen Häftlingen.[983]

Das damalige BAS-Mitglied Josef Fontana sieht das Verhältnis zum Bischof heute so:

„Wir haben bei Gargitter immer das Gefühl gehabt, er will uns wie ungeliebte, ungehorsame Kinder bestrafen. Deshalb hat er die Keule Kommunismus geschwungen, weil er wusste, dass die am schwersten trifft. Später hat er mir dann gesagt, dass er das alles inzwischen anders sieht."[984]

Nach der Feuernacht baten die „Freiheitskämpfer" Gargitter in einem Brief um kirchliches Verständnis, ja sogar um Führung:

„Wir haben angefangen, uns zu wehren – zu wehren gegen unsere Bedrücker, die kein anderes Ziel kennen, als Italiener aus uns zu

> machen. Der Herrgott hat uns aber als Tiroler erschaffen. [...] Wir wissen, dass unser Kanonikus Gamper vorangehen würde, denn wir handeln in Notwehr. Es geht um unser verbrieftes Recht. Wir wollen endlich die Selbstbestimmung, denn an die Autonomie können wir nicht mehr glauben. [...] Exzellenz, stehen Sie zu ihrer Herde! Lassen Sie uns nicht im Stich! Erheben Sie Ihre Stimme für die Selbstbestimmung, denn dann erheben Sie sie für ein gutes Recht, für das Italien bei allen sonstigen Gelegenheiten eingetreten ist. Hinter uns steht das ganze Land, wie es nie zuvor einig dagestanden ist."[985]

Genützt hat auch dieser Appell aber nichts.

Am 18. Juni 1961 kam Innenminister Mario Scelba nach Südtirol und wollte Bischof Gargitter einen kurzen Höflichkeitsbesuch machen. Scelba kam mit der Absicht, in Südtirol mit Gewalt durchzugreifen. Schließlich dauerte das Gespräch fast eine Stunde und wurde äußerst hart geführt. Gargitter protestierte gegen das Vorgehen der Carabinieri und forderte eine Ablösung des Carabinierikommandanten von Bozen, was dann auch geschah.[986] Die als Kurzbesuch vorgesehene Begegnung wurde zu einer der heftigsten Auseinandersetzungen, die Gargitter je mit einem Besucher hatte. Heute weiß man, dass sich die Haltung der staatlichen Behörden unter anderem wegen dieser Intervention des Bischofs änderte.[987]

Nach der Feuernacht musste der Nordtiroler Landesrat Aloys Oberhammer zurücktreten, weil er in einem Interview die Selbstbestimmung für Südtirol verlangt hatte, auch wenn dies „einen langen und blutigen Kampf" bedeute. Oberhammer gehörte dem klerikalen Flügel der ÖVP an, doch auch in Nordtirol war die Kirche nicht für einen Volkstumskampf zu gewinnen und Oberhammer wurde fallengelassen.[988]

Am 10. Juli 1961 kam es zu den ersten Verhaftungen und bald folgten erste Gerüchte über Misshandlungen in den Carabinierikasernen. Gargitter gab nun am 4. August einen Sonderhirtenbrief heraus, in dem er Polizei, Carabinieri und Militär um ein korrektes und menschliches, rücksichtsvolles Vorgehen bat, da auch Personen in Untersuchungshaft ihre menschliche Würde haben. Zugleich führte er die Anschläge auf kommunistische Umtriebe zurück.[989] Bezeichnend bleibt, dass der Sonderhirtenbrief anlässlich der Sprengstoffanschläge nicht sofort nach der „Feuernacht" im Juni 1961 erschien. Er wurde auch nicht im Juli, als die italienische Staatsmacht bereits Foltermethoden einsetzte, sondern erst im August 1961 verlautbart.[990]

Die italienischen Politiker und Polizeikräfte waren natürlich nicht erfreut über den Hirtenbrief: Bereits am nächsten Tag, dem 5. August, schrieb der Regierungskommissar der Region Trentino-Südtirol nach Rom an den Ministerpräsidenten, den Innen- und den Außenminister und verurteilte die Warnung des Bischofs an die Polizeikräfte. Der Regierungskommissar ersuchte dann den Ministerpräsidenten, dem Bischof ein kurzes Schreiben zukommen zu lassen, dass es keine Hinweise auf Unregelmäßigkeiten bei der Polizei gebe. Der Ministerpräsident kam diesem Ansuchen wahrscheinlich nicht nach.[991]

Am 27. November 1961 starb Franz Höfler aus Lana im Gefängnis an den Spätfolgen von Folterungen. Als am 7. Jänner 1962 mit dem Brixner Anton Gostner wieder ein Häftling starb, forderte Gargitter in einer Erklärung, dass jede ungesetzliche Gewalttat, von wem und an wem immer sie geschieht, als gegen die christliche Sittenordnung verstoßend zu verurteilen sei.[992] Am 11. Jänner 1962 veröffentlichte Gargitter ein Kommuniqué in den Südtiroler Tageszeitungen, in dem er die unmissverständliche Aufklärung der Todesfälle in den Gefängnissen fordert. Er verwendete auch den Ausdruck „Misshandlungen politischer Häftlinge durch Sicherheitsorgane".[993] Diese Pressemitteilung wirkte wie ein Paukenschlag, der die italienischen Behörden in helle Aufregung versetzte. Mit dieser Stellungnahme des Bischofs ließen auch viele Südtiroler, die ihm gegenüber eine gewisse Distanz bewahrt hatten, alle Vorbehalte fallen.[994]

Nach dem Begräbnis von Anton Gostner wollten Rosa Klotz und andere Häftlingsfrauen Bischof Gargitter in der Hofburg besuchen. Der Gemeinschaftsaktion war allerdings kein Erfolg beschieden; der Bischof ließ sich nicht finden.[995] Am 10. Jänner suchte Gargitter zusammen mit Weihbischof Heinrich Forer und Generalvikar Josef Michaeler den Vizeregierungskommissar der Region, Puglisi, auf. Er ersuchte ihn, der Regierung die Schwierigkeit der Lage zu erklären und forderte ihn zu raschen Interventionen auf.[996] Als die Attentate in Südtirol nicht aufhörten, veröffentlichten Gargitter und der Trientner Erzbischof Alessandro Maria Gottardi am 15. September 1963 einen gemeinsamen Hirtenbrief. Sie forderten die Gläubigen auf, von Hass und Gewalt abzusehen, und wandten sich dann an die Behörden, behutsam vorzugehen.[997] 1967 schien ein Pfarrer sogar in Bombenanschläge verwickelt zu sein: Der Pfarrer Johann Weitlaner wurde unter Verdacht der Vorschubleistung zum Terrorismus vorübergehend verhaftet.[998] Auf die viele Kritik hin, dass Gargitter sich zu wenig für die Südtiroler Häftlinge eingesetzt habe, entgegnete er 1975:

> „In der schmerzvollen Zeit der Gewaltakte und Dynamitanschläge habe ich es als Bischof nicht unterlassen, solche Aktionen zurück-

zuweisen und energisch öffentlich dagegen Stellung zu nehmen. Als man von Übergriffen von Ordnungskräften und Misshandlungen im Kerker hörte und sich die entsprechenden Bittbriefe der Gefangenen auf meinem Schreibtisch häuften, habe ich es als meine Pflicht angesehen, die zuständigen höchsten Instanzen der Ordnungskräfte sowie den Ministerpräsidenten und den Innenminister aufmerksam zu machen, dass niemand mehr die Verantwortung für das, was in Südtirol noch geschehen würde, übernehmen könnte, wenn man nicht sofort zum Rechten sehe. Viele werden sich noch an die Wende zum Guten erinnern, als Carabinierioberst Palombi in Bozen das Kommando der Legion übernahm, und wie sich seitdem die Beziehungen ständig verbesserten und zu einem Verhältnis des Vertrauens entwickelten."[999]

Zu bemerken bleibt noch, dass die nervösen und übertriebenen Polizeiaktionen eine Wirkung hatten, die die Regierung sicher nicht beabsichtigte: Meinungsverschiedenheiten innerhalb der SVP und der deutschsprachigen Bevölkerung verschwanden und die Südtiroler scharten sich ab 1961 immer mehr hinter die SVP. Bezeichnend dafür war ein Aufruf von drei katholischen Organisationen, der am 11. Februar 1961 in den „Dolomiten" erschien. Die „Arbeitsgemeinschaft katholischer Ärzte", die KB und die Landesleitung des KVW erhoben Protest gegen das Vorgehen der Polizei. Sie bedauerten zutiefst, dass „unsere Bestrebungen, die heikle Lage zu entspannen – ausgehend von den Prinzipien der Liebe, Wahrheit und Gerechtigkeit – durch eine solche Vorgangsweise aufs Äußerste erschwert werden". Dazu muss noch gesagt werden, dass der KVW Anfang der 1960er Jahre mit 20.000 eingeschriebenen Mitgliedern noch immer in nahezu allen Gemeinden Südtirols mehr Mitglieder als die SVP hatte.[1000]

Der alte „Erzfeind" der Kirche, Hans Stanek, wurde durch die Verhaftungen politisch ausgeschaltet: Am 16. Juli 1961 unternahmen die Brixner Carabinieri ohne Durchsuchungsbefehl eine Hausdurchsuchung beim SVP-Generalsekretär; Stanek wurde trotz eines Herzleidens verhaftet. Dabei fand man in einem Bücherregal 225 Flugzettel der Südtiroler Freiheitskämpfer. Falls diese Flugzettel Stanek nicht untergeschoben wurden, hatte er sie völlig fahrlässig aufbewahrt. Bei der SVP wuchs die Sorge vor einer Verwicklung in die Attentate, darauf wäre die Partei mit an Sicherheit grenzender Wahrscheinlichkeit verboten worden. Das Archiv von Stanek und sein Briefwechsel mit österreichischen Regierungsstellen wie Außenminister Bruno Kreisky und dem Nordtiroler Landeshauptmann Hans Tschiggfrey wurden beschlagnahmt. Die Verhaftung Staneks war ein schwerer Schlag für die SVP. Sie lähmte die Partei zu einem Zeitpunkt, in dem sie entschieden gegen die Folterungen hätte protestieren müssen. Mit einem inhaftierten Parteisekretär war sie allerdings stark geschwächt. Besonders stark traf es die radikalere Richtung innerhalb der SVP. Die italienische Presse begann nun eine Hetzkampagne gegen SVP-Politiker, während die „Dolomiten" unter ihrem neuen „Ebner-Kurs" keine solidarische Haltung gegenüber Stanek einnahmen.[1001]

Stanek verbrachte drei Jahre in Untersuchungshaft, bevor er im 1. Mailänder Sprengstoffprozess vor Gericht gestellt wurde.[1002] Am 22. Februar 1963 wurde er zunächst von der SVP als Kandidat für den Senat für die bevorstehenden Parlamentswahlen nominiert, obwohl er sich immer noch in Haft befand. Die Partei wollte Stanek damit den Rücken stärken. Zuvor hatten parteiinterne Streitereien immer wieder eine wirksame Hilfe von Seiten der SVP für Stanek verhindert. Vor allem zwischen SVP-Obmann Magnago und Roland Riz, dem Anwalt von Stanek, stimmte die Chemie nicht mehr; dies lag an der Unterstützung der Richtung „Aufbau" durch Riz.[1003] Nicht alle waren aber von der Kandidatur Staneks begeistert, am 4. März trat der Brunecker David Kofler von der Kandidatenliste zurück, weil er nicht mit Stanek kandidieren wolle. Stanek trat daraufhin von der Senatskandidatur zurück.[1004]

Vor Gericht erlitt Stanek einen weiteren Herzinfarkt, bis er durch entlastende Zeugenaussagen freigesprochen wurde.[1005] Auch in der SVP glaubten alle an eine Unschuld Staneks, der nicht einmal von den Anschlägen gewusst habe.[1006] Er verließ das Gefängnis jedoch als gebrochener Mann und konnte sich gesundheitlich bis zu seinem Tod 1970 nie mehr erholen.[1007] 1978 erhielt er posthum das Goldene Ehrenzeichen der SVP.[1008]

4. Sepp Kerschbaumer und seine „Theologie der Befreiung"

Besonders enttäuscht von der politischen Haltung Gargitters war Sepp Kerschbaumer. Der 1913 geborene Kaufmann hatte den Faschismus am eigenen Leibe erfahren: Er stand im Jahre 1933 vor einem faschistischen Sondergericht, das ihn zu eineinhalb Jahren Verbannung verurteilte. Als anlässlich des Todestages von Andreas Hofer am 20. Februar 1957 in ganz Südtirol Gedenkgottesdienste abgehalten wurden, wurde auf dem Kirchturm von Frangart eine Tiroler Fahne gehisst; Sepp Kerschbaumer übernahm dafür die Verantwortung. Als er dafür ins Gefängnis kam, trat er aus Protest in den Hungerstreik. Schon nach kurzer Zeit wurde er freigelassen und das Hissen der Tiroler Fahne gestattet.[1009]

Kerschbaumer war tief religiös: Von der Politik zur Religion und umgekehrt war es bei ihm nur ein kurzer Schritt. Beides ging für ihn Hand in Hand, auch das Widerstandsrecht gegen den italienischen Staat war bei ihm religiös begründet. Italien hatte nach den theologischen Auffassungen des BAS-Anführers „Natur- und Gottesrecht" schwer missachtet, indem es die Grundrechte der Südtiroler infrage stellte. Kerschbaumer zeigte hier alttestamentarische Strenge. Er stand in der Tradition eines Thomas Müntzer und eines Michael Gaismair. Er selbst fühlte sich als Nachfolger von Kanonikus Gamper, mit dem er das Motto teilte: „Ein Volk, das um nichts kämpft als um sein angestammtes, verbrieftes Recht, wird den Herrn zum Bundesgenossen haben!"[1010] Er riet den Südtiroler Politikern und dem Volke immer wieder, in die Fußstapfen der glaubensstarken Männer von 1809 zu treten. Der Widerstand, der seinen Höhepunkt in der Feuernacht fand, war für Kerschbaumer die richtige Antwort auf die Schändung der gottgewollten Grundrechte durch den italienischen Staat.[1011] Dem Verhältnis Kerschbaumers zur damaligen Amtskirche und zur Religion kam höchste Bedeutung zu. Persönlich wusste er naivste Formen der Volksfrömmigkeit mit theologischer Tiefe zu vereinen:

> „[…] Jeder ehrlich denkende Katholik weiß, dass sein Glaube an den Herrgott sich nicht nur mit dem sonntäglichen Kirchgang erschöpft, sondern, dass der Glaube gerade im öffentlichen und privaten Alltagsleben des Menschen nach den Geboten unserer heiligen Religion gelebt werden muss. Stellen wir uns einmal ehrlich die Frage, wie viele Leute zu diesen Grundsätzen stehen. Ich führe an, was in erster Linie zu diesen Grundsätzen zählt: unerschütterlicher Glaube an den Herrgott selbst, Liebe zu seinen Nächsten, die hierzulande besonders in sozialer Hinsicht unter Beweis gestellt werden muss, Uneigennützigkeit gegenüber seinem Volke, eine sittlich einwandfreie Lebensführung, die besonders für die Jugend beispielgebend sein muss. Dies nur die drei unerlässlichen Voraussetzungen für den christlichen Glauben. Diese Feststellung mache ich deshalb, weil bei uns in Tirol ‚Glaube und Heimat' zwei unzertrennliche Begriffe sind. Wer also berufen ist, das Südtiroler Volk, gleich in welcher Stellung zu vertreten, der muss unbedingt die Voraussetzungen des guten Christen mitbringen. […]"[1012]

Kerschbaumer lehnte sich immer wieder gegen die Amtskirche auf, z.B. beschuldigte er katholische Organisationen wie den KVW der Zusammenarbeit mit den Italienern.[1013] Auch bei den Parlamentswahlen von 1958 meldete er sich immer wieder in Briefen zu Wort. Er warf den katholischen Organisationen vor, sich massiv in den Wahlkampf einzumischen. Anstatt gegen die grassierende Säkularisierung anzukämpfen, gegen die

> „[…] um sich greifende Sonntagsentheiligung, den schlechten Film, die unsittliche Presse, die Nachtlokale, das asoziale Verhalten christlicher Unternehmer […] etwas zu unternehmen oder sich elternloser Kinder anzunehmen, sind diese Kreise, die die Katholizität auf ihre Fahnen geschrieben haben, in der skrupellosesten und rücksichtslosesten Weise über ihre politischen Gegner hergefallen.[…] Mit unfairen Mitteln […] werden die religiösen Gefühle unseres Volkes pharisäisch und selbstsüchtig missbraucht.
> […] es musste jeden Südtiroler bedenklich stimmen, dass die italienische Presse sich so geschlossen hinter die Katholischen Organisationen stellte. Diesmal war es ausgerechnet die katholische Bewegung, die für die italienische Südtirolpolitik den ‚utile idiota' spielte. Ja die katholische Bewegung kam den Italienern dabei soweit entgegen, dass sie die plumpesten Verleumdungsschlager der italienischen Nationalisten für ihre Zwecke ausgrub und das Südtiroler Volk zu verkappten Nazis, Kommunisten und christenfeindlichen Nationalisten stempelte […]"[1014]

Kerschbaumer pilgerte immer wieder zum Wallfahrtsort Maria Trens und flehte dort um Erlösung. Besonders vor wichtigen politischen Entscheidungen wie der Anhörung vor der UNO nahm er Zuflucht zum Gebet. Einige Male wollte er auch bei Bischof Gargitter vorsprechen, aber dieser empfing ihn aufgrund seiner Kritik an den katholischen Organisationen nie. Kerschbaumer ging dann eigene Wege. Er glaubte dabei immer die Kirche auf seiner Seite zu haben – laut dem Traminer BAS-Mann Luis Steinegger holte er sich vor jedem Anschlag das Einverständnis seines Beichtvaters. Dieser stellte nur die Bedingung, dass keine Menschen zu Schaden kommen dürften – an diese Anweisung hat sich Kerschbaumer immer gehalten.[1015] Bis 1960 schrieb er unzählige Briefe an Südtiroler Politiker, an weltliche und geistliche Würdenträger. Er beschwor sie, sich für die Erfüllung des Pariser Vertrages energischer einzusetzen. Mit der Zeit glaubte er allerdings nicht mehr an eine friedliche Lösung des Südtirol-Konflikts: Er wurde Anführer des „Befreiungsausschusses Südtirol“ (BAS), der mit gezielten Gewaltaktionen gegen den italienischen Staat vorging. [1016]

1960/61 entwickelte Kerschbaumer in seinen Rundschreiben seine eigene „katholische Theologie der Befreiung“ für Südtirol und begründete das Existenz- und Grundrecht von Minderheiten philosophisch-theologisch. Seiner Meinung nach könne es in Südtirol keinen Frieden geben, weil fundamentale christliche Grundsätze wie Wahrheit und Gerechtigkeit mit den Füßen getreten würden. Ohne solche Grundsätze könne die Menschheit nicht leben. Er schreibt:

> „Die geschichtliche Wahrheit lehrt, dass ohne Gerechtigkeit und Wahrheit sowohl im Großen wie auch im Kleinen kein echter Friede unter den Menschen zustande kommen kann. [...] Es gibt eben für die Menschheit schlechthin und nicht nur in unserem besonderen Falle nur mehr ein ENTWEDER – ODER: Entweder man bekennt sich zu christlichen Grundsätzen, zu Gerechtigkeit und Wahrheit [...] oder man tut das Gegenteil davon – wie es in Südtirol nun schon seit Jahrzehnten der Fall ist. [...]
> Der freie Wille, den uns der liebe Herrgott mit in die Wiege gegeben hat, ist wohl eines der höchsten Güter, mit dem der Mensch ausgestattet ist. Solange sich der Mensch oder eine Gemeinschaft von Menschen, seinem bzw. ihrem freien Willen gehorchend, eine Lebensart, religiöse Ausrichtung, Sprache, Kultur, Gemeinschaft mit Gleichgestellten und Gleichgesinnten sucht, die aber in keinem Widerspruch zu den allgemeinen Natur- und Sittengesetzen stehen und keiner anderen Menschengemeinschaft Schaden zufügen, hat niemand das Recht, dieser Gemeinschaft von freien Menschen dies zu nehmen, was ihr vom Schöpfer und der Natur gegeben ist. Derjenige, der eben dieses Recht auf die Freiheit schmälert, der begeht nicht nur ein Unrecht schlechthin, sondern im wahrsten Sinne des Wortes ein großes Verbrechen.“[1017]

Nach der Feuernacht wurde er festgenommen. Beim Mailänder Prozess nahm er die gesamte Verantwortung auf sich und beeindruckte durch eine dreitägige Aussage. Sogar die italienische Presse sprach von einem „humanen Terroristen“. Kerschbaumer erhielt die Höchststrafe: fast 16 Jahre Haft. Der bereits von der Haft angegriffene Mann starb 1964 im Gefängnis von Verona an einem Herzinfarkt. Sein Begräbnis wurde zu einer Massendemonstration: 15.000 Südtiroler nahmen teil.[1018]

X. Das kirchliche „Los von Trient“ und dessen politische Bedeutung

1. Die Grenzfrage wird wieder aktuell

In den 1950er Jahren wurde die Frage der Diözesangrenzen in Südtirol wieder aktuell. Nach wie vor war Südtirol kirchlich zweigeteilt. Viele Südtiroler wollten endlich ein kirchlich vereintes Südtirol: Die Südtiroler Parlamentarier hatten sich in Rom immer wieder für die Neuregelung der Diözesangrenzen eingesetzt; ebenso hat sich der päpstliche Nuntius in Wien für die Brixner Kurie eingesetzt. Die deutschsprachige Bevölkerung sowohl in der Diözese Brixen als auch im deutschen Anteil der Diözese Trient wünschte eine Neuregelung. Die italienische Bevölkerung befürchtete dagegen eine Schwächung ihrer Position in einer mehrheitlich deutschsprachigen Diözese Bozen-Brixen. Das Problem wurde von allen Seiten vordergründig unter politischen Aspekten gesehen und daher gab es keine Fortschritte.[1019]

Auch in Nordtirol wünschte man sich eine eigene Diözese, da in Innsbruck nicht ein Bischof, sondern nur ein Apostolischer Administrator residierte. 1954 sprach Außenminister Leopold Figl zunächst den Nordtiroler Landeshauptmann Alois Grauß darauf an[1020], dann den vatikanischen Vertreter Johannes Baptiste Dellepiane. Dieser versprach Figl eine eigene Diözese Innsbruck. Dellepiane wies auch darauf hin, dass auch der Bischof von Brixen für eine Neuregelung sei.[1021] In der Tat war für Bischof Gargitter die Regelung der Diözesangrenzen von Anfang an ein großes Anliegen.[1022] Die SVP lehnte die Schaffung einer eigenen Diözese Innsbruck ab, da Südtirol damit auch kirchlich endgültig von Nordtirol getrennt werden würde und Brixen auch de jure nur noch eine Rumpfdiözese wäre. Landeshauptmann Grauß wurde gebeten, gegen die Errichtung einer eigenen Innsbrucker Diözese Innsbruck beim österreichischen Außenministerium zu intervenieren.[1023]

Es gab aber auch andere Stimmen gegen eine sofortige Neuregelung der Diözesangrenzen. Die „Tiroler Tageszeitung“ veröffentlichte am 8. Juni 1954 eine ablehnende Stellungnahme, weil die Kirche andere Maßstäbe als die Politik anwenden solle. Der Kommentar stellte die rhetorische Frage, wo die Kirche hingekommen wäre, wenn sie sich jeder staatlichen Regelung angepasst hätte. Die Kirche solle sich zwar den praktischen Herausforderungen der Zeit anpassen, müsse aber bedenken, dass die Frage nicht eine rein kirchliche sei.[1024]

Hans Trapp riet in einem Schreiben an Grauß, nicht mehr darauf zu bestehen, dass der deutsche Anteil der Diözese Trient der Diözese Brixen zugeschlagen werden sollte. Es genüge, wenn seine deutschen Priesteramtskandidaten das Priesterseminar in Brixen besuchen können. Nur so habe das Seminar eine Zukunft und dies würde auch eine wesentliche Stärkung des „Südtirolertums" bedeuten.[1025]

Eine eigene Diözese Innsbruck barg für die Diözese Brixen die Gefahr, auch de jure zu einem kleinen Restgebiet zu schrumpfen – das es de facto schon seit 1925 war. Wegen seiner Kleinheit lief es somit Gefahr, früher oder später vollständig in die Diözese Trient integriert zu werden, falls nicht gleichzeitig eine Abtretung des deutschen Anteils der Diözese Trient erfolge. Da die Kirche damals eine große Bedeutung hatte, war die SVP alarmiert.[1026]

Man konnte dies aber auch genau anders sehen. In einem Memorandum an die Tiroler Landesregierung vom 26. August 1958 sprachen sich Kanzler Joseph Resch, Provikar Michael Weiskopf und sämtliche Dekane der Apostolischen Administratur ohne Einschränkung für eine eigene Diözese Innsbruck aus. Sie argumentierten folgendermaßen:

> „Nach Ansicht des Tiroler Klerus, die übrigens verbürgtermaßen hohe Kreise des geistlichen und zivilen Bereiches von Südtirol teilen, wäre die Zusammenfassung, bzw. Zusammenlegung des deutschen Gebietes von Trient mit Brixen, die vor 36 Jahren vor der Verwirklichung stand, ein gewisser Schutz für die um ihr Volkstum kämpfenden Deutschen in Südtirol. Abgesehen davon, wäre es auch im Sinne des zwischen dem Heiligen Stuhl und Italien abgeschlossenen Konkordates, gemäß welchem sich die Diözesangrenzen mit den Provinzgrenzen nach Tunlichkeit decken sollten. Die römische Kurie, so ist die Ansicht einsichtiger Persönlichkeiten, wird nicht so leicht an die Verwirklichung der Vergrößerung der Diözese Brixen herantreten, solange in Nordtirol die Fiktion der Zugehörigkeit zur Diözese Brixen aufrecht erhalten wird. Denn Brixen wäre, so gesehen, wenn auch nur auf dem Papier, eine große Diözese und es bestünde territorial kein Anlass zu einer Erweiterung. Gibt man aber in Tirol nördlich des Brenners endlich den Widerstand gegen die Errichtung einer eigenen Diözese auf, dann wird Brixen auch de iure das, was es de facto bereits ist, eine Zwergdiözese, die noch dazu zerrissen ist,

> weil das zu Brixen gehörende Dekanat Mals nur über Trientinergebiet [sic!] zu erreichen ist. Dann wäre der triftige Anlass gegeben, die Diözese Brixen durch Einverleibung des deutschen Anteils von Trient zu erweitern."[1027]

Die Priester sprachen sich weiters dafür aus, in Innsbruck eine eigene Diözese zu errichten, aber erst wenn das Problem in Südtirol gelöst sei.[1028]

Die SVP blieb bei ihrer Position, dass eine endgültige Trennung von Innsbruck und Brixen sich sehr negativ auf Südtirol auswirken würde. Dies würde als definitive kirchliche Anerkennung der Brennergrenze definiert, was die Südtiroler Bevölkerung nicht verstehen würde. Außerdem musste man laut Stanek bedenken, dass die Errichtung einer Innsbrucker Diözese nicht nur auf Brixen große Auswirkungen haben würde, sondern auch auf die Diözese Salzburg, die konsequenterweise ihre Dekanate im Tiroler Unterland verlieren würde. Sie konnte auch nicht eine „Entschädigung" wie die Diözese Brixen bekommen. Aber auch wenn die Diözese Brixen den deutschen Anteil der Diözese Trient bekommen sollte, war dies im Klerus umstritten, da in Bozen dann wohl ein italienischer Weihbischof eingesetzt werden dürfte, der nicht mehr der einheimischen Bevölkerung angehören würde.[1029]

Bei der SVP trat das Diözesanproblem zunächst in den Hintergrund, da die von der UNO vorgeschriebenen Verhandlungen zwischen Wien und Rom wichtiger waren. Die SVP war zuversichtlich, dass diese erfolgreich sein würden. Falls aber das Gegenteil eintreffen sollte, würde sich die Schaffung einer Diözese Innsbruck sehr negativ für die politische Entwicklung in Südtirol auswirken. Mit Nordtirol kam es zu einer informellen Vereinbarung:

> „Falls die Erhebung der Apostolischen Administratur Innsbruck-Feldkirch zur Diözese aber erfolgen sollte, ohne dass vorher der heute zur Erzdiözese Trient gehörende Teil Südtirols mit dem Bistum Brixen vereinigt würde, wäre uns das wirksamste Mittel für die vom Südtiroler Volk gewünschte Neuordnung der Diözesenverhältnisse genommen.
>
> Wir müssen Sie also mit allem Nachdruck ersuchen, dass von dieser Erhebung unter allen Umständen Abstand genommen wird, bevor nicht Südtirol in einer Diözse unter dem Hirtenstab des Bischofs von Brixen zusammengeschlossen ist.
>
> Das katholische Volk in Südtirol würde es daher nicht begreifen,

dass gerade in diesen so heiklen Zeiten von Seite der Kirche eine Sanktionierung der politischen Grenze am Brenner erfolgt.
Wir müssen befürchten, dass ein solcher Schritt die laufenden österreichisch-italienischen Verhandlungen nachteilig beeinflussen und auch sonst zu unabsehbaren Folgen führen würde."[1030]

Der Tiroler Landesregierung fiel es schwer, diese Position gegenüber dem Nordtiroler Klerus und der Vorarlberger Landesregierung immer zu vertreten (auch Vorarlberg gehörte einst zur Diözese Brixen und wollte nun eine eigene Diözese), erklärte sich aber weiterhin bereit, jedes Interesse Südtirols mit aller Kraft zu vertreten.[1031]

Besonders in Vorarlberg drängte man darauf, endlich eine eigene Diözese zu bekommen, und die Nordtiroler Landesregierung musste immer wieder erklären, falls es zu einer Diözese Innsbruck-Feldkirch kommt, würde das wichtigste Druckmittel für eine Neuordnung der Verhältnisse in Südtirol aus der Hand gegeben.[1032] Die SVP war sich der schwierigen Position der Nordtiroler durchaus bewusst:

„Noch nie seit der Abtrennung Südtirols von Österreich hat der österreichische Staat mit solcher Kraftanstrengung und mit solcher Einsatzbereitschaft um die Zukunft Südtirols gerungen wie gerade jetzt. Das Südtiroler Volk weiß der Tiroler Landesregierung und der österreichischen Bundesregierung dafür aufrichtigen Dank. Wir dürfen doch hoffen, dass alle diese Bemühungen wenigstens zu dem Teilerfolg führen, dass dem Lande Südtirol eine eigene Autonomie in absehbarer Zeit gewährt wird."[1033]

Die Diözesanfrage schien nun festgefahren, erst im April 1961 kam wieder Bewegung in die Sache. Der Nordtiroler Bischof Paulus Rusch berichtete Landeshauptmann Hans Tschiggfrey von einem vertraulichen Gespräch mit Bischof Gargitter. Dieser habe ihm erzählt, dass sich nun der Papst bemühen wolle, den deutschen Anteil der Erzdiözese Trient an die Diözese Brixen anzugliedern, wie es das Dekret aus dem Jahr 1921 vorsehe.

Bischof Gargitter glaubte an die gute Absicht des Papstes und dass die Sache schnell positiv erledigt werde. Der Papst habe Sympathie für Südtirol bekundet und darauf hingewiesen, dass sich die italienische Regierung gegenüber Südtirol nicht immer richtig verhalten habe.

Soweit es ihm möglich sei, werde er sich in Zukunft in dieser Angelegenheit für Südtirol einsetzen.

Der Papst wies jedoch darauf hin, dass er wenig unternehmen könne, solange es in Südtirol Sprengstoffanschläge gebe.[1034] Allerdings verschärfte sich die politische Situation in Südtirol durch die Feuernacht – der Vergrößerung der Diözese Brixen waren die Anschläge sicher nicht förderlich. Wieder wurde es still um die Sache: In den Akten des Landeshauptmannes fehlen zwischen April 1961 und Mai 1963 Unterlagen zu einer Neuregelung der Diözesangrenzen nördlich oder südlich des Brenners.[1035]

2. Personalentscheidungen weisen den Weg

1956 wurde Heinrich Forer zum Weihbischof von Trient mit Sitz in Bozen ernannt. Im Ernennungsdekret ließ der Vatikan offen, dass sich Forer als Administrator des deutschen Teils der Diözese Trient hätte betätigen können, was dieser allerdings nicht tat.[1036] Die „Dolomiten" interpretierten die Ernennung Forers so, dass der Heilige Stuhl die Absicht habe, die Aufteilung Südtirols in zwei kirchliche Gebiete zu überbrücken und die beiden Teile zusammenwachsen zu lassen.[1037]

Mit der Ernennung schien nun ein erster Schritt zur Verwirklichung des Wunsches der Südtiroler nach einer einheitlichen kirchlichen Verwaltung getan zu sein. In der Verlautbarung des Erzbischofs von Trient, Carlo de Ferrari, hieß es, dass der neue Weihbischof von der Konsistorialkongregation die Befugnis erhalten habe, seine ständige Residenz in Bozen aufzuschlagen. Die Kongregation selbst habe ihm für den zur Provinz Bozen gehörigen Anteil der Erzdiözese Trient besondere Vollmachten erteilt. Diese außergewöhnliche Verfügung der römischen Kurie deutete man in Bozen als Möglichkeit zur Errichtung einer kirchlichen Selbstverwaltung dieser zwölf deutschsprachigen Dekanate.[1038]

Die Ernennung von Forer blieb aber ohne große Bedeutung, da er über keinen klar abgestimmten Kompetenzbereich verfügte.[1039] Die Stellung des deutschen Weihbischofs in der Provinz Bozen war schwierig, da es eine große Anzahl von italienischsprachigen Gläubigen gab. Besser wäre es gewesen, einen Weihbischof zu bestellen, der die deutschen Katholiken in der Provinz Bozen betreuen sollte. Hans Stanek war beispielsweise gegen die Stellung des Weihbischofs in Bozen, da es seiner Meinung besser gewesen wäre, einen Weihbischof mit Sitz in Trient für den deutschen Anteil der Diözese Trient zu ernennen.[1040]

Manche glaubten, dass in Bozen nun ein Ordinariat für den deutsch-en Anteil der Diözese Trient errichtet werde. Dies war nicht der Fall, der deutsche Anteil der Diözese Trient hatte bereits seit 1948 mit Josef Kögl einen eigenen Generalvikar.[1041]

Gargitter war mit der momentanen Situation unzufrieden; er trat beim neu gewählten Papst Johannes XXIII. bereits 1958 für eine Neuregelung der Diözesangrenzen ein. 1959 schickte er eine Denkschrift an den Papst, in der er eine Kluft zwischen Volk und Kirche ausmalte, wenn das Problem nicht gelöst würde.[1042]

Im Februar 1961 weilte Bischof Gargitter zur Vorbereitung auf das Konzil in Rom. Der Substitut des Vatikanischen Staatssekretärs, Erzbischof Alessandro dell'Acqua, teilte ihm nun mit, dass ihn der Papst zum Apostolischen Administrator von Trient mit allen Rechten und Pflichten eines Diözesanbischofs ernannt habe, das Dekret sei bereits unterschrieben. Er sollte den schwer erkrankten Bischof Carlo de Ferrari vertreten. Für Gargitter war dies eine „sensationelle Aufgabe".[1043] De Ferrari war schon jahrelang kränklich und hatte die Leitung der Diözese Trient nicht mehr in der Hand. Dies führte zu einer starken Verfilzung von Kirche und Politik, zwischen dem Trientner Klerus und der Democrazia Cristiana.[1044] Dell'Acqua sagte, falls Gargitter damit nicht einverstanden sei, solle er sich direkt an den Papst wenden.[1045] Als dieser bei Johannes XXIII. Bedenken vorbrachte, sagte der Papst lächelnd, dass die Übernahme dieser Aufgabe unbedingt notwendig sei.[1046] Die Ernennung zeigte, dass der Papst Gargitter uneingeschränkt vertraute.[1047] Zum ersten Mal seit dem 16. Jahrhundert hatten beide Bistümer denselben Oberhirten.[1048] Die Ernennung wurde unterschiedlich kommentiert: Einerseits bedeutete das Signal aus Rom, dass nationale Spannungen durch ehrlichen Friedenswillen, Objektivität und Augenmaß gelöst werden können.[1049] Die Ernennung Gargitters war deshalb als Beitrag des Vatikans zur Lösung der Südtirolproblematik zu verstehen. Andererseits gab es Bedenken, dass nunmehr gerade das auf dem kirchlichen Sektor geschaffen worden sei, was die Südtiroler politisch bekämpften, nämlich die Verbindung mit Trient. Gargitter sei nun in einem Gewissenskonflikt, da er sich als Administrator von Trient unmöglich für die Rechte der deutschen Minderheit einsetzen könne. Mit seiner Ernennung sei die Südtiroler Kirche politisch entscheidend geschwächt worden.[1050] Andere hofften hingegen, dass nun endlich eine endgültige Regelung der Diözesangrenzen erfolgen könne.[1051] Viele Trentiner waren schlicht und einfach geschockt, zum Beispiel war der Chefredakteur der Tageszeitung „L'Adige" darüber alles andere als erfreut.[1052] Gargitter wusste, dass er in Trient kühl aufgenommen wurde. In seiner Begrüßungsrede zu der Diözese Trient sagte er unter anderem, dass er diese verantwortungsvolle Aufgabe besorgt und nur auf ausdrücklichen Wunsch des Heiligen Vaters übernommen habe. Er bemühe sich, mit der Haltung eines Vaters, eines Bruders, eines Freundes zu den Trentiner Gläubigen zu kommen.[1053]

Auch in Nordtirol war man skeptisch. Die Tiroler Tageszeitung schrieb am 1. Februar 1961, dass der Vatikan eine völlig unerwartete Maßnahme getroffen habe. Skeptisch war auch Außenminister Bruno Kreisky.[1054]

Der österreichische Botschafter beim Vatikan berichtete, die Ernennung von Gargitter sei schon seit längerer Zeit von der Konsistorialkongregation geplant gewesen. Die Bischöfe von Feltre, Belluno, Verona hätten sich für Gargitter stark gemacht, da er hohe seelsorgliche Qualitäten habe. Außerdem wünschten die Bischöfe einen Mann auf diesem Posten, der dafür bekannt war, sich für Italiener und Deutsche in gleicher Weise einzusetzen. Die beiden Weihbischöfe von Trient wurden nicht in Betracht gezogen, da ihnen nach Ansicht der kompetenten kirchlichen Stellen jegliche Eignung für diese Aufgabe fehle. Weiters sei die Regelung ein Provisorium, das jederzeit wieder aufgehoben werden konnte. Entscheidend für die Bestellung Gargitters zum Apostolischen Administrator von Trient sei aber schließlich, dass er der italienischen Regierung von Amintore Fanfani genehm war, trotz Ablehnung des rechten Flügels der DC und des MSI. Obwohl zum Unterschied der Bestellung eines Bischofs die Ernennung eines Administrators formell keiner Zustimmung der italienischen Regierung bedürfe, gelte es als sicher, dass in dieser Angelegenheit im Ministerpräsidium sondiert wurde. Eine aktive Einflussnahme der italienischen Regierung zu Gunsten von Gargitter sei aber nicht erfolgt. Es sei sicher, dass der Vorschlag zur Ernennung Gargitters nicht von Südtiroler Seite ausgegangen ist.[1055]

Die österreichische Botschaft mutmaßte auch, dass die gemeinsame Administration der Kirchenprovinzen mittelfristig möglicherweise die Abtretung der zehn deutschen Dekanate an die Diözese Trient bedeuten könnte.[1056]

Die Persönlichkeit aus dem päpstlichen Staatssekretariat, die dem österreichischen Botschafter Kripp diese Informationen zwar gegeben hatte, aber ungenannt bleiben wollte, fügte noch hinzu, dass der Vatikan die Ernennung Gargitters nicht als politische Geste verstanden wissen wollte – weder proitalienisch noch prodeutsch. Außerdem sei die Ernennung auch innerhalb der obersten kirchlichen Zentralleitung auf großen Widerstand gestoßen. Die Südtiroler sollen sich jedoch im Klaren sein, dass sie bezüglich ihrer Autonomieforderungen keine Unterstützung der lokalen Bischöfe zu erwarten haben, zumindest bestünde dieser Eindruck im Vatikan.[1057]

Trotz gelegentlicher Skepsis, ob er der Aufgabe gewachsen sei, war Gargitter erfolgreich: Er setzte nicht nur die notwendigen technischen Maßnahmen um, sondern änderte die Machtverhältnisse in der Trientner Kurie. Versetzungen und Entlassungen brachten eine Entflechtung von Kirche und lokaler Politik.[1058] Er ernannte sofort einen neuen Regens für das Priesterseminar und tauschte mehrere andere Priester an führender Stelle aus. Auch ernannte er einen neuen Provikar (einen stellvertretenden Generalvikar), der sein Vertrauen besaß. Die Betroffenen waren darüber aufgebracht und verlangten eine Kontrolle des Vatikans. Rom schickte Monsignore Giuseppe Carraro, um die Unzufriedenen zu beruhigen und ein langes Gespräch mit Gargitter zu führen. Er blieb drei Tage in Trient und hörte sich andere Personen an. Dann ging er wieder nach Rom, aber es geschah nichts.[1059] Außerdem lernte Gargitter die Diözese Trient und insbesondere deren deutschen Anteil besser kennen, da er jede Woche zwei bis drei Tage nach Trient fuhr.[1060]

1963 übergab Gargitter dem neu ernannten Bischof Alessandro Maria Gottardi eine ordentlich verwaltete Diözese. Dadurch entstand schnell zwischen den beiden Bischöfen ein Vertrauensverhältnis, was die immer noch vorhandene Frage der Diözesangrenzen entkrampfen sollte.[1061]

Obwohl ihm viele die Neuordnung der Diözese Trient übel nahmen, erwarb sich Gargitter beim einfachen Volk und Klerus großes Ansehen. Noch Jahrzehnte später sprachen ihm die Menschen Dank aus.[1062] Gargitter selbst erinnerte sich gerne an seine Trientner Zeit:

> „Im Ganzen gesehen habe ich an die Zeit gute Erinnerungen. Es waren keine persönlichen Spannungen vorhanden. Die Leute haben verstanden, dass ich eine Aufgabe erfülle, die undankbar war, und dass es eine vorübergehende Aufgabe war – es war einfach notwendig, dass jemand für den Fortgang der Arbeiten in der Diözese Sorge tragen musste. Niemand wusste, wann und wie das zu Ende gehen sollte. Ich habe nicht gedacht, dass es über zwei Jahre gehen würde. Es hat dann eine gewisse Enttäuschung hervorgerufen, dass mit dem Ende meiner Aufgabe in Trient der deutschsprachige Anteil der Erzdiözese Trient nicht mit der Diözese Brixen vereinigt wurde. Es war aber so, dass dieser Plan in Rom bestanden hat; nur hat es der Heilige Stuhl es nicht für angebracht gehalten, diese Maßnahme in jenem politischen Moment zu treffen. Man hat andere Zeiten abgewartet. Papst Paul VI. hat dann diese Regelung mit großem Nachdruck betrieben. “[1063]

Landeshauptmann Magnago war von der Ernennung des neuen Bischofs Gottardi enttäuscht. Die erwartete Neuregelung der Dekanate war nicht erfolgt und außerdem verstehe der neu ernannte Bischof kein Wort Deutsch. Er schrieb zwei Briefe an zwei Kardinäle (an Kardinal Cicognagni und wahrscheinlich an einen zweiten Kardinal der Konsistorialkongregation), in denen er auf die Missstände hinwies. Weiters verwies er auf die Lateranverträge, die die möglichste Übereinstimmung der Grenzen der Provinzen und der Diözesen vorsahen. Die beiden Kardinäle antworteten ihm, dass sie seine Briefe zur Kenntnis genommen hätten. Weiters machte Magnago einen Antrittsbesuch bei Bischof Gottardi, dem er seine Meinung offen darlegte. Gottardi meinte, dass man vielleicht doch die Diözesangrenzen neu regeln müsse.[1064]

3. Bozen soll wie Brixen eine eigene Diözese werden

Die Erwartung, dass der Neubesetzung der Diözese Trient eine Angliederung der deutschen Dekanate an Brixen folgen würde, hatte sich nicht erfüllt, obwohl sich alle Dekane, die katholische Arbeiterschaft von Bozen und sogar der italienischsprachige Bürgermeister der Landeshauptstadt dafür aussprachen.[1065] Gottardi aber sagte, dass er an eine selbstständige Abteilung des Ordinariats von Trient mit Sitz in Bozen denke. Eine Diözese Südtirol war damit in weite Ferne gerückt.[1066]

Bei seiner Ernennung war Gottardi die politische Situation in Südtirol nicht vertraut. Seine Ansichten deckten sich mit den nationalistischen und oberflächlichen Meinungen vieler italienischer Politiker. Er glaubte, ohne Deutschkenntnisse amtieren zu können, aber sogar der Bozner Bürgermeister Giorgio Pasquali machte ihn darauf aufmerksam, dass nördlich der Salurner Klause eine völlig andere politische Situation als im Trentino war.[1067] Auch Gargitter war der Meinung, dass sich die mangelnden Deutschkenntnisse von Gottardi negativ auf die seelsorgliche Betreuung der deutschsprachigen Katholiken der Diözese Trient auswirken würden.[1068] Die Gefahr wuchs, dass sich die Südtiroler Bevölkerung vom Heiligen Stuhl verlassen vorkomme und italienische Extremisten sich gestärkt fühlen.[1069] Gottardi erkannte bald seine schwierige Position. Sein Plan war nun, im deutschen Anteil der Diözese Trient eine eigene Diözese zu schaffen. Als Gargitter dagegen war, kam Gottardi mit einer Landkarte nach Brixen und fragte ihn, wo er die Grenze seiner Diözese haben möchte. Gargitter erwiderte, dass für ihn nur eine Grenze bei Salurn in Frage käme.[1070]

Auch die Bevölkerung Südtirols lehnte eine Diözese Bozen ab. Eine solche Lösung würde nicht zu einer Beruhigung der Verhältnisse in Südtirol beitragen: Das Gebiet der geplanten Diözese umfasste 1951 ca. 237.000 Einwohner. Von den rund 120.000 in Südtirol lebenden Italienern lebten etwa 84.000 in Bozen und Meran. Es lag nahe, diese Diözese mit einem italienischen Bischof zu führen, da die beiden gemischtsprachigen Diözesen Bozen und Brixen nicht beide von einem deutschsprachigen Bischof geführt werden konnten. Weiters wurde befürchtet, dass die durch die Zuwanderung geschaffene überwältigende italienische Mehrheit in Bozen und darüber hinaus der Diözesanregelung ein italienisches Gepräge geben würde. Besonders bedenklich wurde dies angesichts der Tatsache, dass eine solche kirchliche Entwicklung genau mit einem seit Jahren verfolgten politischen Plan übereinstimmte, nämlich einer neu zu schaffenden Provinz Brixen eine weit reichende Autonomie zu geben und dafür die Südtiroler in der verbleibenden Restprovinz Bozen der schließlich erwarteten italienischen Mehrheit zu überantworten, womit die Geschlossenheit des Südtiroler Volkstums gebrochen werde.

1959 präsentierte der Sekretär der sozialdemokratischen Partei und spätere Außenminister und Staatspräsident Giuseppe Saragat seinen Vorschlag zur Lösung der Südtirolfrage: Die Provinz Bozen sollte in zwei Teile geteilt werden: in eine verkleinerte Provinz Bozen und eine neue Provinz Brixen. Die Provinz Brixen sollte eine weitestgehende Autonomie bekommen, während die großen Städte und das fruchtbare Etschtal Einflusszone der zugewanderten Italiener werden sollte. Die Democrazia Cristiana wollte diesem Vorschlag ebenfalls zustimmen, aber Brixen sollte wegen der dortigen DC-Wähler nicht „südtirolerisch" werden. Da Saragats Teilungsplan von der SVP abgelehnt wurde, wurde er nicht weiter verfolgt.[1071] Die kirchlichen Stellen verfolgten zwar keineswegs diese Absicht, würden mit einer Diözese Bozen eine solche Entwicklung aber fördern. Außerdem sprach sich auch die Nordtiroler Landesregierung gegen eine Diözese Bozen aus: Landeshauptmann Tschiggfrey ersuchte Kardinal Franz König, endlich auf die Angliederung der deutschsprachigen Dekanate an Brixen hinzuarbeiten.[1072]

Das Zweite Vatikanische Konzil sollte sich positiv auf die Frage der Diözesangrenzen in Südtirol auswirken. In ganz Italien gab es zu viele kleine Diözesen. Das führte dazu, dass Italien mit zu vielen Bischöfen auf dem Konzil vertreten war.

Der Vatikan wollte nun eine Neuregelung schaffen und setzte eine Kommission ein, die sich mit dem Problem beschäftigen sollte.[1073]

In Nordtirol wurde die Neuregelung der Diözesangrenzen im Mai 1963 wieder zu einem Thema. Bischof Rusch sprach bei Landeshauptmann Tschiggfrey vor. Auch in Nordtirol wurde die Lösung eines „Teilproblems" immer wichtiger: die Angliederung des deutschsprachigen Anteils der Diözese Trient an die Diözese Brixen. Die Aussichten dafür schienen nun gut. Es wurde beschlossen, dass das österreichische Außenministerium dieses Vorhaben massiv unterstützen sollte. Die offizielle Sprachregelung lautete wie folgt:

> „Unter der Voraussetzung, dass die Angliederung der deutschen Dekanate Südtirols an das Bistum Brixen sichergestellt bzw. vollzogen sei, gebe die Landesregierung der Hoffnung Ausdruck, dass auch die im Konkordat vorgesehene Erhebung der Administratur Innsbruck-Feldkirch zur Diözese baldmöglichst realisiert werde."[1074]

Auch der österreichische Nuntius wollte sich für Südtirol einsetzen. Viel könne er aber nicht tun, da Südtirol außerhalb seines Aufgabenbereiches lag. Bischof Rusch trug das Anliegen der Angliederung der deutschsprachigen Dekanate an die Diözese Brixen der österreichischen Bischofskonferenz vor. Diese beschloss einstimmig eine feierliche Eingabe an den Papst, in der sie ihre Sorge über die Beunruhigung der deutschsprachigen Katholiken der Diözese Trient zum Ausdruck brachte und sich für die Angliederung des fraglichen Gebietes an Brixen aussprach. Kardinal König unterschrieb an der Spitze und trug das Anliegen persönlich dem Papst vor. Gargitter freute sich über die Eingabe der österreichischen Bischofskonferenz, zudem hatten sich alle Dekane der deutschsprachigen Dekanate Trients für Brixen ausgesprochen. Nun sollte die katholische Aktion für das Anliegen gewonnen werden. Bischof Rusch konnte Gargitter nun überzeugen, sich auch selbst für die Angliederung der deutschen Dekanate an Brixen einzusetzen. Bis jetzt hatte er sich zurückgehalten, da es sich um die Vergrößerung seiner eigenen Diözese handelte.[1075]

Bei einer Besprechung zwischen politischen Vertretern aus Nord- und Südtirol, Außenminister Bruno Kreisky und dessen Staatssekretär Ludwig Steiner am 17. Mai sagte der SVP-Senator Karl Mitterdorfer, dass die Rückgliederung der deutschsprachigen Dekanate von Trient aus hintertrieben werde. Außerdem habe der Vatikan nicht die Absicht, in nächster Zeit eine Änderung durchzuführen. Er betonte, dass für die Tiroler Landesregierung die Südtiroler Anliegen (Vergrößerung der Diözese Brixen) wichtiger seien als eigene Anliegen (Errichtung einer Diözese Innsbruck bzw. Feldkirch).

Magnago berichtete, dass Staatspräsident Antonio Segni persönlich die Rückgliederung verhindert habe, obwohl sie bereits fix versprochen war. Er erwarte sich vom Vorstoß der Tiroler Landesregierung keine schnelle Lösung. Mit Senator Dietl bekräftigte er abermals, dass man sich mit allen Mitteln gegen eine eigene Diözese Bozen wehren müsse.[1076]

Im Juni 1963 starb Papst Johannes XXIII. Sein Nachfolger wurde Giovanni Montini, der den Namen Paul VI. annahm.[1077] Die Tiroler Landesregierung wollte nun mit neuen Initiativen warten, bis die Haltung des neuen Papstes zum Problem abgeschätzt werden könne.[1078] Gargitter sprach bei seiner ersten Audienz trotzdem sofort das Problem der Diözesangrenzen an. Der Papst reagierte ambivalent: Grundsätzlich war er dafür, äußerte aber einige Bedenken.[1079]

Auch in Nordtirol kam es zu personellen Veränderungen: Am 30. Juni starb Landeshauptmann Tschiggfrey, zu seinem Nachfolger wurde Eduard Wallnöfer gewählt. Er war schon in die Verhandlungen zur Diözesanregelung involviert, sodass es schnell weitergehen konnte.[1080] Der Vatikan lehnte aufgrund des anhaltenden Terrors in Südtirol zunächst aber eine Neuregelung ab. Auch ein neues Hindernis aus dem Vatikan schien nun aufzutauchen: Die politische Frage in Südtirol sollte zuerst in „Frieden und Eintracht" gelöst werden, bevor das Problem der Diözesangrenzen angegangen werden konnte. Erst danach wollte der Vatikan die kirchlichen Fragen behandeln.[1081]

4. Bozen als „zweites Zentrum" der Diözese Brixen

Gargitter und Gottardi wohnten während der zweiten Periode des Konzils im gleichen Haus in Rom und lernten einander immer besser kennen und schätzen. Bischof Gottardi erkannte nun die Notwendigkeit einer eigenen Südtiroler Diözese und setzte sich mit Gargitter dafür ein. Im Oktober 1963 verfasste er eine Promemoria für den Vatikan.[1082]

Im Dezember 1963 zeichnete sich folgende Entwicklung ab: Die deutschen Dekanate der Diözese Trient sollten an die Diözese Brixen angegliedert werden, aber für diese Gebiete sollte in Bozen ein eigenes Generalvikariat mit eigenem Weihbischof geschaffen werden.

Im Augenblick war Heinrich Forer Weihbischof von Bozen, doch in Zukunft sollte ein Italiener den Posten übernehmen. Immerhin würde die Diözese Brixen endlich vergrößert werden und außerdem konnte der Brixner Bischof die Kompetenzen seines Weihbischofs selbst festsetzen.

Außerdem käme es zu einer einheitlichen Ausbildung der Südtiroler Theologen.[1083]

1964 änderte sich die Situation wieder: Im Jänner kam das Gerücht auf, dass aus dem deutschen Anteil der Diözese Trient eine eigene Diözese Bozen errichtet werden sollte. Magnago war dagegen, wollte sich aber in dieser Angelegenheit immer mit Gargitter absprechen.[1084] Wie aus einem Schreiben des österreichischen Botschafters im Vatikan Johannes Coreth an das österreichische Außenministerium vom 5. Februar 1964 hervorgeht: Die Errichtung einer Diözese Bozen sei für den Vatikan nicht von unmittelbarer Wichtigkeit. In der Konsistorialkongregation, in deren Zuständigkeit die Errichtung und Abgrenzung der italienischen Diözesen fiel, würden aber immer wieder Überlegungen zur Neuordnung der Diözesanverhältnisse in Südtirol angestellt. Dabei waren besonders die Italiener im Raum Meran-Bozen zu berücksichtigen, die nur eine ungenügende seelsorgliche Betreuung hätten. Dem Mangel ließe sich mit einer eigenen Diözese Bozen abhelfen, eine Angliederung dieser Gebiete an Brixen würde wohl auf großen Widerstand der Italiener stoßen und deshalb in näherer Zukunft unwahrscheinlich.[1085] Falls es einmal zwei Diözesen in Südtirol geben würde, wäre es nur noch ein sehr kleiner Schritt, das Verbindungsband zu lösen. Da beide Diözesen völlig gleichwertig seien und keine ein Anhängsel der anderen, wäre es auch möglich, einen späteren Bischof von Bozen mit der Leitung der Diözese Brixen zu betrauen.[1086]

Am 15. April 1964 fand im Innsbrucker Landhaus ein „Krisengipfel" mit Politikern aus Wien, Innsbruck und Bozen statt, um sich auf eine gemeinsame Vorgangsweise zu einigen. Der Ministerialrat Josef Rieger erklärte unter Berufung auf Informationen des Eisenstädter Bischofs Stefan Laszlo, dass der Vatikan für die Diözesanfrage in Südtirol zwei Wege vorschlage:

1. eine Eingliederung des deutschsprachigen Anteils der Diözese Trient an die Diözese Brixen und
2. eine Errichtung einer Diözese Brixen aeque principaliter unito cum sede Brixinensi, und zwar per institutionem (dies bedeutete, dass aus dem deutschsprachigen Anteil der Diözese Trient eine eigene Diözese Bozen geschaffen werden sollte, die ebenfalls dem Brixner Bischof unterstehen sollte).

Bischof Gargitter war mit der zweiten Lösung einverstanden.[1087] Rieger hingegen lehnte beide Lösungen entschieden ab und besprach sich Anfang April noch einmal mit Laszlo: Hinsichtlich der Diözesanfrage in Südtirol könne der Vatikan mit Österreich nicht verhandeln und er würde auch keine Junktimierung der Lösung in Südtirol mit der Lösung Innsbruck-Feldkirch hinnehmen. Trotzdem wolle der Vatikan den Wünschen der Tiroler und Südtiroler Bevölkerung Rechnung tragen und sei freiwillig dazu bereit, beide Regelungen gleichzeitig zu treffen. Der Vatikan wolle unbedingt wissen, welche Lösung die Südtiroler Landesregierung akzeptieren würde, bevor Verhandlungen mit Nordtirol aufgenommen werden. Der Vatikan rückte nun von seinem Vorschlag zweier Diözesen in Südtirol ab. Er zeigte sich nunmehr bereit, in der Provinz Bozen eine vereinte Diözese zu schaffen. Allerdings müsse man auf die zugewanderten Italiener Rücksicht nehmen und deshalb neben Brixen ein „zweites Zentrum" Bozen für die Diözese schaffen. Dafür, welche Stellung dieses „zweite Zentrum" einnehmen sollte, gab es allerdings noch keine konkreten Pläne. Rieger entgegnete Laszlo, dass dies ein Fortschritt sein könnte, aber es hinge von der Gestaltung des Bozner Zentrums ab, ob sich die Lage verbessern oder verschlechtern würde.[1088]

Gargitter teilte Wallnöfer in einer Besprechung am 7. April mit, dass der neuen Diözese der Name „Brixen-Bozen" oder allenfalls „Bozen-Brixen" gegeben werden sollte. Dabei betonte er, dass er keinen Generalvikar oder Weihbischof benötigen würde, da er selbst abwechselnd in Bozen und Brixen residieren werde. Wenn er trotz allem nicht um die Ernennung eines Generalvikars herumkommen würde, dann werde er zumindest auf die Wahl der Person den entsprechenden Einfluss ausüben. Auch Bischof Gottardi erklärte sich mit der Abtretung seiner deutschen Dekanate einverstanden: Erstens sei seine Diözese zu groß, zweitens könne er nicht Deutsch und drittens passe er weder zu den Deutschen noch zu den Italienern in der Provinz Bozen.[1089]

Magnago blieb weiterhin skeptisch. Seiner Meinung nach habe sich die Stellung Südtirols nicht geändert. Die früher geplante Diözese Bozen hätte ca. 150.000 bis 160.000 Deutsche und ca. 130.000 Italiener umfasst. Obwohl dieses Verhältnis zurzeit noch ein deutsches Übergewicht aufweise, so berge es doch eine Gefahr für die Zukunft in sich. Wichtig sei auf jeden Fall, dass entweder alle zur Diözese Trient gehörigen Dekanate der Provinz Bozen zu Brixen kommen sollten oder keines von ihnen. Es dürfe nur eine Diözese entstehen und „Bischof Gargitter würde sich seiner Haut schon wehren". An der Frage, ob die Diözese nun „Bozen-Brixen" oder „Brixen-Bozen" heiße, gehe die Welt nicht unter. Für Magnago war es selbstverständlich und gerecht, dass man einen italienischen Hilfsbischof in Kauf nehmen müsse, und sah darin keinen Grund zur Sorge. Die italienischen

Gläubigen in der Diözese Brixen dürften nicht schlechter gestellt werden als die deutschsprachigen Gläubigen in der Diözese Trient, die einen Generalvikar und einen Weihbischof hatten. Entscheidend aber sei, wie das „zweite Zentrum" in Bozen aussehen würde.[1090]

Landeshauptmann Wallnöfer führte ein weiteres heikles Thema an: Würde die Errichtung einer Diözese Bozen-Brixen nicht bedeuten, dass die Tiroler Landesregierung die Brennergrenze anerkenne? Landeshauptmannstellvertreter Hans Gamper entgegnete ihm, dass die Lösung zwar schmerzlich, aber notwendig sei. In zehn Jahren werde es die Chance einer einheitlichen Südtiroler Diözese vielleicht nicht mehr geben. Leichter für Tirol wäre es, wenn Innsbruck erst nach einer Regelung in Südtirol zur Diözese erhoben werden würde, aber Magnago bezweifelte, dass dies möglich sein werde.[1091]

Gargitter hatte bereits klare Vorstellungen über das „zweite Zentrum" in Bozen, das in erster Linie als seine Residenz dienen sollte. Die Lösung schien den Nord- und Südtiroler Politikern annehmbar und man einigte sich darauf, dass alle mit der Errichtung einer Innsbrucker Diözese einverstanden wären, falls das Problem in Südtirol bereinigt würde – nichts Neues also.[1092]

Trotz aller Fortschritte schätzte Staatssekretär Ludwig Steiner die Möglichkeit einer schnellen Lösung der Diözesanfrage noch im Juni 1964 als sehr gering ein. Bei einer Besprechung in der österreichischen Botschaft im Vatikan vertraute ihm Monsignore Josef Zabkar an, dass eine Neuregelung unter Aspekten der Kirchenverwaltung zwar wünschenswert sei, aber vom seelsorglichen Standpunkt aus nicht unbedingt notwendig sei.

Änderungen der Diözesangrenzen würden stets während der Sedisvakanz eines Bischofssitzes durchgeführt, aber nicht nach der Ernennung eines Titulars. Laut Konkordat müsste man zwar die Diözesangrenzen ändern, aber es würde keinesfalls gegen den Willen der italienischen Regierung geschehen. Außerdem warnte Zabkar vor einem Junktim zwischen der Bildung der Diözesen Innsbruck und Feldkirch und der Änderung der Diözesangrenzen in Südtirol. Dies würde die Lage nur noch erschweren.[1093]

Außerdem berichtete die renommierte „Frankfurter Allgemeine Zeitung" am 20. Mai, dass Bozen ein eigenes Bistum werden sollte, in Personalunion vom Brixner Bischof geführt.[1094] Der „Alto Adige" freute sich darüber, dass es nun vielleicht doch zu einem eigenen Bistum Bozen kommen würde, und druckte den Artikel am Tag darauf ungekürzt ab.[1095] Die Zweifel blieben aber weiter.

Mit der neuen italienischen Regierung von Aldo Moro besserten sich die Beziehungen zu Österreich grundlegend, fast hätte man mit den Vereinbarungen von Giuseppe Saragat und Bruno Kreisky eine Einigung in der Südtirolfrage erzielt.[1096] Der österreichische Staatssekretär Bobleter fuhr Anfang Juli zum Parteikongress der DC nach Rom und führte mit Moro ein offenes Gespräch. Er wies ihn darauf hin, dass sich die DC für eine Besserung der Lage in Südtirol einsetzen solle, und riet dazu, dies nicht nur Außenminister Saragat allein zu überlassen.[1097] Kreisky schaltete sich in die Verhandlungen nicht mehr ein, da er nach der Ablehnung seines Autonomiestatutes von Südtirol genug hatte.

Gargitter nützte seine guten Beziehungen zu Moro. Dieser setzte sich für eine eigene Südtiroler Diözese ein, obwohl nationalistische Kreise auf staatlicher und kirchlicher Seite in Rom weiterhin auf der kirchlichen Teilung Südtirols beharrten.[1098] Am 2. Juli erklärte der österreichische Nuntius Rossi, dass die Regelung der Diözesanfrage in Südtirol gleichzeitig mit der Errichtung der Diözese Innsbruck erfolgen werde.[1099]

Am 6. Juli berichtete die Wiener „Presse", dass in Rom der Durchbruch erzielt worden sei: Eine Diözese „Brixen-Bozen" unter Oberhirte Joseph Gargitter würde geschaffen. Die Zeitung vermerkte, dass es bei den italienischen Stellen keinerlei Widerstand gebe.[1100] Der Vatikan dementierte dies jedoch sofort, diese Information sei „völlig aus der Luft gegriffen!" In einem Aktenvermerk an Landeshauptmann Wallnöfer befürchtete man bereits, dass sich die ganze Regelung verzögern könnte, falls die italienische Presse weiter hetzen würde.[1101]

Dazu sollte es nicht kommen: Am 10. Juli ließ Bischof Gargitter über Alois Pupp Landeshauptmann Wallnöfer mitteilen, dass die Errichtung der Diözese Bozen-Brixen eine vollendete Tatsache sei. Der Vatikan hatte bereits mit der italienischen Regierung eine feste Abmachung getroffen. Weiters könne nun Wallnöfer ohne Bedenken über die geplante Diözese Innsbruck verhandeln.[1102]

Der „Alto Adige" betonte am 11. Juli, dass in kirchlichen Kreisen hervorgehoben werde, dass diese Reform kein Alarmmotiv darstelle und nicht im Sinne dieser oder jener politischen These oder als Zugeständnis der Kirche an Tendenzen, die außerhalb streng religiöser Motive stünden, ausgelegt werden dürfe.[1103]

Am 6. August 1964 waren die Verhandlungen abgeschlossen; am 8. August verkündeten Gottardi und Gargitter, was der Vatikan zwei Tage vorher beschlossen hatte. Mit der päpstlichen Bulle „Quo aptius" wurde von der Diözese Trient jener Teil abgetrennt, der in der Provinz Bozen lag, und mit der Diözese Brixen zusammengelegt. Die neu geordnete Diözese erhielt nun die Bezeichnung „Diözese Bozen-Brixen“, die dem ebenfalls neu errichteten Metropolitansitz von Trient als Suffraganbistum zugewiesen wurde. Mit gleichem Datum wurde die bisherige Apostolische Administratur Innsbruck-Feldkirch durch die Bulle „Sedis Apostolicae“ zur eigenständigen Diözese erhoben und als Suffraganbistum dem Metropolitansprengel von Salzburg zugewiesen.

Bischof Gargitter verlas die Bekanntmachung, dort hieß es unter anderem:

> „Der Heilige Stuhl hat, in Berücksichtigung der seelsorglichen Bedürfnisse in unserem Gebiet, heute beschlossen,
> 1. die Kirchenprovinz Trient zu errichten und die Erzdiözese Trient zum Metropolitansitz zu erheben;
> 2. in Anwendung des Art. 16 des Konkordats zwischen dem Heiligen Stuhl und Italien ferner zu bestimmen:
> a) dass in den Provinzen Bozen und Trient die Diözesangrenzen mit den Provinzgrenzen übereinstimmen sollen.“[1104]

Am 1. September 1964 wurde durch den Patriarchen von Venedig Kardinal Urbani die Verfügung der päpstlichen Bulle vollzogen, sodass Bischof Joseph Gargitter als der erste Bischof der neu errichteten Diözese Bozen-Brixen aufschien.[1105]

Die Pfarreien der Diözese Trient, die im Gebiet der Provinz Bozen lagen, also die deutschsprachigen Pfarrgemeinden, wurden der bisherigen Diözese Brixen angeschlossen.

Für den Klerus und die Gläubigen italienischer Sprache wurde innerhalb der Diözese Bozen-Brixen ein eigener Generalvikar bestellt.[1106] Außerdem wurde der Weihbischof der Erzdiözese Trient, Heinrich Forer, zum Weihbischof der Diözese Bozen-Brixen ernannt.[1107]

Die Neuordnung der kirchlichen Verhältnisse bedeutete auch das Ende der Ära Josef Kögl, des langjährigen Administrators des „deutschen Anteils“, der deshalb nicht zu den Befürwortern der Grenzänderungen gehörte.[1108]

Der Vatikan hatte sich damit endlich zur Neuregelung der kirchlichen Grenzen in Südtirol durchgerungen. Die Regelung berief sich auf Art. 16 des Konkordats zwischen dem Vatikan und Italien, der vorsah, dass die Kirche ihre Diözesangrenzen mit den italienischen Provinzgrenzen in Einklang bringen solle.[1109]

Gargitter kommentierte die neue Gebietsregelung folgendermaßen:

> „Seit Jahrzehnten war die Neuregelung der Diözesangrenzen in Südtirol ein Anliegen geworden, das immer dringlicher eine geeignete Lösung erheischte. Einerseits war die Diözese Brixen, die nur mehr einen kleinen Restteil ausmachte von der ehemaligen großen Diözese, zu klein, um als Diözese auf die Dauer lebensfähig und für die Erfüllung der einer Diözese eigenen pastoralen Sendung in der Kirche geeignet zu sein. Andererseits war Bozen immer mehr gewachsen, war Provinzhauptstadt und Sitz der autonomen Landesregierung geworden; dies brachte eine Vielfalt von Problemen seelsorglicher, sozialer, wirtschaftlicher, kultureller Natur mit sich. […]“[1110]

Auch die italienische Regierung konnte der neuen Diözese Positives abgewinnen, denn es bedeutete de facto die kirchliche Anerkennung der Brennergrenze. Ähnliche Probleme gab es auch in Deutschland, in Berlin mit der DDR und an der Oder-Neiße-Linie mit Polen.

Einige Wermutstropfen trübten allerdings die Freude in Südtirol: In Südtirol wurde vielfach bedauert, dass die Dekanate Cortina und Buchenstein zum Bistum Belluno kamen und damit ihre letzte administrative Bindung zum alten Tirol verloren. Die dortigen Gläubigen erlebten dies als Verlust.[1111] Diese Gebiete wurden als „besonders blühende Seelsorgen“ der Diözese Brixen betrachtet, aus denen viele Geistliche hervorgegangen waren. Aber auch hier musste der Artikel 16 des Konkordats zwischen dem Vatikan und Italien angewendet werden, dass die Diözesangrenzen mit den Provinzgrenzen in Einklang gebracht werden sollten.[1112]In Debatten zwischen Nord- und Südtiroler Politikern herrschte jedoch vor der Diözesanregelung die einhellige Meinung vor, dass man anstreben müsse, die altösterreichischen Gebiete Cortina und Buchenstein an die Provinz Belluno abzutreten, da sie zu 99% von Italienern bewohnt würden: „Diese 7.000 Seelen verschlechtern das Volkstumsverhältnis in der Diözese Bozen-Brixen.“[1113] Das Bedauern der Politiker wegen des Verlustes war also nicht ernst gemeint.

Die Stadt Brixen verlor nach Jahrhunderten ihren Status als Bischofssitz. Die neue Diözese hieß Bozen-Brixen, wobei die Landeshauptstadt zum Zentrum wurde. 1972 verließ Gargitter die Brixner Hofburg und zog nach Bozen.[1114]

Die Einrichtung der neuen Diözese beendete auch die kirchlichen Verbindungen zwischen Nord- und Südtirol. Bis 1964 war die Apostolische

Administratur de jure von Brixen abhängig, jetzt erst anerkannte der Vatikan definitiv die Brennergrenze und errichtete die Diözese Innsbruck. Darauf machte der Journalist Giovanni Russo in einer Artikelserie im „Corriere della sera“ aufmerksam.[1115] Auch Österreich anerkannte indirekt die Brennergrenze, da für kirchliche Grenzänderungen innerhalb Österreichs die Zustimmung der Regierung notwendig war. Die Kirche in Tirol hatte sich immer für die Anliegen der Südtiroler eingesetzt und stimmte einer Unabhängigkeit erst dann zu, wenn die Südtiroler eine eigene Diözese bekommen würden.[1116]

Kirchenrechtlich war das neue Bistum Bozen-Brixen als Suffraganbistum dem Bistum Trient untergeordnet. Als Metropolit der neuen Kirchenprovinz Trient war Erzbischof Gottardi jedoch dem Bischof von Bozen-Brixen kirchenrechtlich in gewissen Beziehungen vorgeordnet.[1117] Außerdem bedeutete die Neuregelung, dass Südtirol in die italienische Kirchenorganisation eingegliedert wurde.[1118]

Der Vatikan wollte die politische Bedeutung der Änderung der Diözesangrenzen der italienischen Öffentlichkeit vorenthalten: die Tageszeitung der katholischen Aktion „Il Quotidiano“ stufte die politische Bedeutung der Geschehnisse herab und bezeichnete die kirchlichen Maßnahmen in der Region Trentino-Tiroler Etschland (Südtirol hieß bis 1972 offiziell Tiroler Etschland) als Anfang einer Neuorganisation der italienischen Diözesen. Die übrigen italienischen Zeitungen äußerten sich nicht zum Thema.[1119] In Deutschland wurde die Neuregelung wie folgt gesehen:

> „Für die italienische Regierung stellt diese kirchliche Neuordnung einen politischen und moralischen Erfolg dar. Der Vatikan pflegt die Neuregelung der Bistumsgrenzen erst nach reiflichen Überlegungen regelmäßig erst dann vorzunehmen, wenn er die politischen Verhältnisse für konsolidiert hält. Die Deutschen in Südtirol gewinnen dabei den Vorteil, dass sie einer einheitlichen kirchlichen Leitung unterstehen. Politisch ergibt sich für die deutschen Südtiroler mehr denn je die Konsequenz, dass die Lösung ihrer Probleme nicht von außen her mit Hilfe Österreichs, sondern innerhalb Italiens zwischen Bozen und Rom gesucht werden muss. Die Maßnahmen des Vatikans stellen einen unmissverständlichen Fingerzeig dar, sich auf die gegebenen Tatsachen einzustellen.“[1120]

Erzbischof Gottardi richtete anlässlich der Abtretung des deutschen Teils der Diözese Trient einen Abschiedsbrief an Klerus und Gläubige dieser Dekanate. Er verwies auf das Konkordat, das eine Angleichung der Bistumsgrenzen an die Provinzgrenzen wolle. Verschiedene Gründe hätten eine frühere Regelung stets verhindert. Die neue Lage habe nun aber verlangt, dass allen Gläubigen, insbesondere jenen der Provinz Bozen, „eine mehr unmittelbare und zeitgemäße seelsorgliche Betreuung" zuteil werde. Trient habe daher auf die alte Tradition der Diözesaneinheit mit einigen Teilen Südtirols verzichtet, damit Südtirol eine organischere und tatkräftigere Kirchengemeinschaft erhalte. Der Dank dafür sei die hohe Ehre der Erhebung seines Bischofsitzes Trient zum Metropolitan-Bistum. So würde auch weiterhin eine Verbindung mit Südtirol bestehen.[1121] Die neue Diözese Bozen-Brixen war hingegen mit 7.400 Quadratkilometern die größte Italiens.[1122]

Die „Dolomiten" feierten die Änderung der Bistumsgrenzen mit einer Sonderausgabe am Sonntag, den 9. August. Die Überschrift auf der ersten Seite lautete: „Südtirol zu einer Diözese vereint". Natürlich hoben die Redakteure den politischen Aspekt der Neuordnung hervor. Trotzdem schrieb der Kommentator, dass für den Vatikan die seelsorglichen Aspekte im Vordergrund stünden, während politische Gesichtspunkte für den Vatikan nicht so wichtig gewesen seien. Wahrscheinlich wollte der Kommentator den Heiligen Stuhl vor den Italienern nicht brüskieren. Ein sehnlicher Wunsch der Südtiroler sei endlich in Erfüllung gegangen, hieß es weiter. Weiters sei für die wichtige und in letzter Zeit stark gewachsene Stadt Bozen eine „aktivere Präsenz der Kirche" notwendig. Deshalb werde Gargitter seinen Sitz nach Bozen verlegen, sobald die äußeren Voraussetzungen dafür gegeben seien. Außerdem ließ der Name der neuen Diözese bereits erkennen, dass Bozen Brixen bald den Rang ablaufen würde.

Den Entschluss des Vatikans hatte die gute Zusammenarbeit von Gottardi und Gargitter ermöglicht und er war besonders durch das Verständnis von Gottardi erleichtert worden. Auch die optimistischsten Südtiroler hätten noch vor kurzer Zeit nicht auf eine so klare Lösung gehofft, da seit längerer Zeit Kompromissvorschläge zirkulierten, z.B. die Schaffung einer Apostolischen Administratur für den deutschen Anteil des Bistums Trient.[1123]

Die „Dolomiten" und der „Alto Adige" stimmten in ihrer positiven Wertung der Änderung der Bistumsgrenzen ausnahmsweise überein. Dazu hatte wohl auch die Erklärung von Bischof Gottardi beigetragen, der sein Vertrauen in Bischof Gargitter bekräftigte und dessen mäßigenden Einfluss auf die Südtiroler Bevölkerung betonte.[1124]

Ein weiterer Vorteil der neuen Regelung war, dass die katholischen Verbände wie der KVW, die italienische Arbeiterbewegung ACLI, der Katholische Familienverband, der Katholische Lehrerbund und die Katholische Männer-, Frauen- und Jugendbewegung in Südtirol nun einheitlich geführt werden konnten.[1125]

Die Entscheidung des Vatikans für die Änderung der Bistumsgrenzen war unter dem politischen Gesichtspunkt aufgrund ihrer Minderheitenfreundlichkeit sicher zu begrüßen. Sie stellte ein kluges Entgegenkommen an die Südtiroler dar. In politischer Hinsicht konnte nun in einer Zeit schwerster politischer Auseinandersetzungen in Südtirol die kirchliche Führung in einer Person für das ganze Land auftreten. Dies hat sicher zur Lösung der Südtirolfrage beigetragen. Das Einverständnis der italienischen Regierung zeigte auch deren guten Willen zur Lösung der Südtirolproblematik.

Das apostolische Schreiben, das die Diözesanregelung beinhaltete, sah noch keine Verlegung des Bischofssitzes vor. Gargitter residierte nach 1964 abwechselnd in Bozen und Brixen, Weihbischof Forer hingegen immer in Bozen. Im Sommer 1972 übersiedelte Gargitter schließlich endgültig nach Bozen. Bozen war in Vergangenheit zwar nie Sitz eines Fürsten oder eines Bischofs gewesen, war aber eine bedeutende Handelsstadt von alters her.[1126] Bei einem Empfang der Südtiroler Journalistenvereinigung am 24. Jänner 1973 erklärte Gargitter, dass er nach Bozen gekommen sei, weil der kirchliche Schwerpunkt in der Landeshauptstadt sein müsse. Am 3. Mai 1974 begründete er bei einem Gottesdienst noch einmal seinen Umzug: Da Bozen das Zentrum Südtirols sei, müsse der Diözesanbischof auch dort leben und arbeiten. Brixen bleibt aber das Herz der Diözese: Dort befinden sich das Priesterseminar, die Hofburg (die nun in ein Diözesanmuseum umgebaut wurde) der Dom, die Philosophisch-Theologische Hochschule, das Vinzentinum, das Domkapitel und die Cusanus-Akademie. Deshalb werde der Bischof auch in Zukunft oft nach Brixen kommen. Viele Brixner nahmen es ihm trotzdem übel, dass er den alten Bischofssitz „klammheimlich“ und ohne offizielle Geste verlassen hatte.[1127]

In den nächsten Jahren gelang es Bischof Gargitter, die ehemalige Diözese Brixen und den ehemaligen deutschen Anteil der Diözese Trient trotz wirtschaftlicher und kultureller Unterschiede zu einer inneren Einheit zu verbinden, die heute selbstverständlich erscheint.

XI. Das Ende der „Brixner Richtungen“

1. Das Ende der „Pianischen Epoche“ in Südtirol

Mitte der 1950er Jahre befand sich die katholische Kirche weltweit auf dem Höhepunkt ihrer Macht. Noch nie in der Weltgeschichte hatte ein einzelner Mensch, Papst Pius XII., über so großen religiösen Einfluss verfügt: Bei einer Weltbevölkerung von ca. zwei Milliarden Menschen gab es 1958 laut vatikanischen Angaben 509 Millionen Katholiken. Nach dem Zweiten Weltkrieg verzeichnete die Kirche nicht nur in Südtirol einen Aufschwung, sondern vervielfachte weltweit ihre Aktivitäten. Man konnte nun wirklich von einer Weltkirche sprechen. Papst Pius XII. befand sich bei seinem Tod am Zenit seiner Macht: Er sah sich als alleiniger Stellvertreter Christi auf Erden. Die Kongregationen, Tribunale und sonstigen kirchlichen Ämter berieten den Papst nicht, sondern sie interpretierten nur seine Befehle und gehorchten aufs Wort. Außerdem wachte das Heilige Offizium über Ketzerei und Irrtümer. Die Kongregation für die Propagierung des Glaubens leitete die missionarischen Aktivitäten der Kirche, die sich überall auf der Welt abspielten.[1128] Die 1950er Jahre bedeuteten aber nicht nur den Höhepunkt, sondern auch das Ende der „Pianischen Epoche“ (1850–1950), als die Gläubigen der Römischen Kirche folgten wie nie zuvor in der Geschichte des Christentums.

Auch in Südtirol setzte allmählich eine verstärkte Säkularisierung ein. Die Kirche verlor in einer zunehmend mobilen Gesellschaft ihre traditionelle Rolle als Kontrollinstanz. Die Gründe lagen vor allem in der Modernisierung der Lebensstile und in der Arbeitsmigration ins Ausland und in größere Städte. Der Politologe Ronald Inglehart beschrieb diesen globalen Prozess folgendermaßen: Die prägenden Erinnerungen der älteren Generation unterschieden sich fundamental von denen der jüngeren Generation, da seit 1945 wirtschaftliche Stabilität eingetreten sei. Diese neue wirtschaftliche und physische Sicherheit führte zu einer Verschiebung der Prioritäten von materialistischen zu postmaterialistischen Bedürfnissen.

von neuen Herausforderungen. Modernisierung, Materialisierung und Konsumgesellschaft waren die Aufgaben, die es zu bewältigen galt. Bischof Gargitter äußerte sich anlässlich einer Studientagung der Südtiroler Hochschülerschaft zu diesem Thema:

> „Auch unser Volk und Land [sind] hineingestellt in die der heutigen Zeit eigenen Gefahren und Zeiterscheinungen, die bei uns dann selbstverständlich eine Färbung und Tongebung erhalten. Wenn also die Kirche heute in der Auseinandersetzung steht mit dem Materialismus, dem Liberalismus, dem Naturalismus und wie sonst alle diese modernen ‚Ismen' heißen, so wissen wir, dass wir auch bei uns in diesen Zeiterscheinungen die geistige Auseinandersetzung zu suchen haben. […]
> Nunmehr strömt der Geist der großen Welt […] in unsere Städte, Täler und Dörfer und findet Menschen, die häufig nicht vorbereitet sind, oder besser, die dringend reif gemacht werden müssen für diese Auseinandersetzungen. […]
> Es ist kein Zweifel, dass eine materialistische Lebensauffassung sehr rasch zur Verschleppung und zum Untergang unserer Berghöfe und Bergdörfer führen würde und dass die stärkste Kraft unseres Volkes, das gesunde Bauerntum, einen tödlichen Stoß bekäme durch den Verlust der religiösen Schau des Lebens.
> Die Gefahr ist nicht zu unterschätzen: die Sucht zu verdienen, rasch zu Geld zu kommen, das Verlangen, zu genießen und die Vorteile des städtischen Lebens mitzumachen und das Verlangen genügend, möglichst viel freie Zeit zu haben: Diese Dinge kehren ein beim Bergbauern und, rein materialistisch gesehen, ist er dumm, wenn er sich diese Vorteile entgehen lässt; er verlässt den Hof und geht in die Fabrik. […]
> Der Fortschritt, in sich zu begrüßen und selbstverständlich nach Kräften zu fördern, bedeutet für den Bauern eine Gefährdung, der man begegnen und die man überwinden muss: Der Eindruck, dass die Maschine vom Herrgott unabhängiger macht: mehr Fortschritt, weniger Religion. […]
> Darüber hinaus hält der praktische Lebensmaterialismus seinen Einzug in unser Volk durch eine großaufgezogene Vergnügungsindustrie, die in ihren verschiedenen Erscheinungsformen – vom Sportgötzen bis zur sittlichen Ausgelassenheit – den Menschen völlig gefangenzunehmen droht."[1130]

Die Kirche erkannte also den Fortschritt als notwendig und nützlich für die Beseitigung der Armut, wollte aber einen Machtverlust vermeiden, der ebenfalls zwangsläufig mit dem Fortschritt zu kommen schien. Er ließ sich aber nicht mehr vermeiden, sondern zeigte sich vor allem daran, dass die meisten Südtiroler die politische Autorität des Bischofs ablehnten.

Die Abwanderung junger Südtiroler wurde für Politik und Kirche Anfang der 1960er Jahre immer mehr zum Problem. Bischof Gargitter sagte im Fastenhirtenbrief 1961:

> „Als außergewöhnlich dringend erweist sich bei uns die Schaffung von neuen Arbeitsplätzen und Verdienstmöglichkeiten, damit unsere Arbeitskräfte in der eigenen Heimat ihr Brot verdienen, eine Familie gründen und ein redliches Fortkommen finden. [...]
> In diesem letztvergangenen Jahr aber hat plötzlich eine wahre Lawine der Abwanderung junger Menschen eingesetzt, so dass die Zahl der abgewanderten Arbeitskräfte in diesen Monaten um ein Vielfaches gestiegen ist [...] Diese Abwanderung bedeutet gegenwärtig eine starke Bedrohung und Gefährdung für den religiösen, sozialen und kulturellen Bestand unseres Volkes. Deswegen muss dieser Abwanderung in geeigneter wirksamer Weise entgegengearbeitet werden.
> Um auch in diesen Anliegen ihre konkrete Hilfe zu geben und um ähnliche Initiativen anzuregen und zu ermuntern, wird die Diözese die Sorge übernehmen für die Ausbildung mehrerer junger Kräfte und für die Beschaffung der nötigen Kapitalien zur Errichtung einer Heimindustrie in einem unserer Bergtäler.“[1131]

Tabelle 2: Bevölkerungsentwicklung in der Provinz Bozen

	Bevölkerung	Geburtenbilanz	Wanderungssaldo
1956	357.666	+ 3.663	- 23
1957	360.964	+ 3.863	- 565
1958	364.401	+ 3.997	- 560
1959	368.730	+ 4.519	- 190

Es entstand der Topos der „Heimatfremden", die in Deutschland, Österreich, der Schweiz und anderen italienischen Provinzen ihren Lebensunterhalt verdienen mussten. Die Auswanderer hatten aber selten Heimweh, sondern es war eher der Fall, dass die in der Heimat Gebliebenen den besseren Lebensverhältnissen der Abgewanderten nachtrauerten. Die meist jungen und männlichen Auswanderer schätzten nicht nur den besseren Lohn im Ausland, sondern auch den moderneren Lebensstil. Außerdem gab es dort keine soziale Kontrolle durch die Dorfgemeinschaft und die Kirche.[1132]

Wenn die jungen Auswanderer in Südtirol auf Besuch waren, erweckten sie oft Neidgefühle, da sie „es geschafft" hatten, aber bei den in der Heimat Gebliebenen gab es Hoffnungen, dass der Fortschritt auch nach Südtirol kommen würde. Die Gesellschaft Südtirols war bis dahin durch die Option künstlich reagrarisiert worden, denn vor allem besitzlose Städter waren ausgewandert.[1133] In einem Memorandum für den Nordtiroler Landeshauptmann Eduard Wallnöfer stand 1961:

> „Über 70% der Südtiroler sind in der Landwirtschaft tätig. Absinken auf mindestens die Hälfte ist unvermeidlich. Die Schaffung von Dauerarbeitsplätzen für die aus der Landwirtschaft freiwerdenden Kräfte und den Bevölkerungsüberschuss, die Verhinderung von deren Abwanderung in das deutsche Sprachgebiet ist das entscheidende Problem. Das Problem muss innerhalb 5-10 Jahren gelöst werden. Zum Unterschied von Nordtirol wird die Umwandlung Südtirols vom vorindustriellen Stadium zur modernen Gesellschaftsform rascher ablaufen und daher problematischer werden. Hilfe zumindest Österreichs unbedingt erforderlich."[1134]

Tabelle 3: Beschäftigungsstrukturen in Südtirol 1951–1981

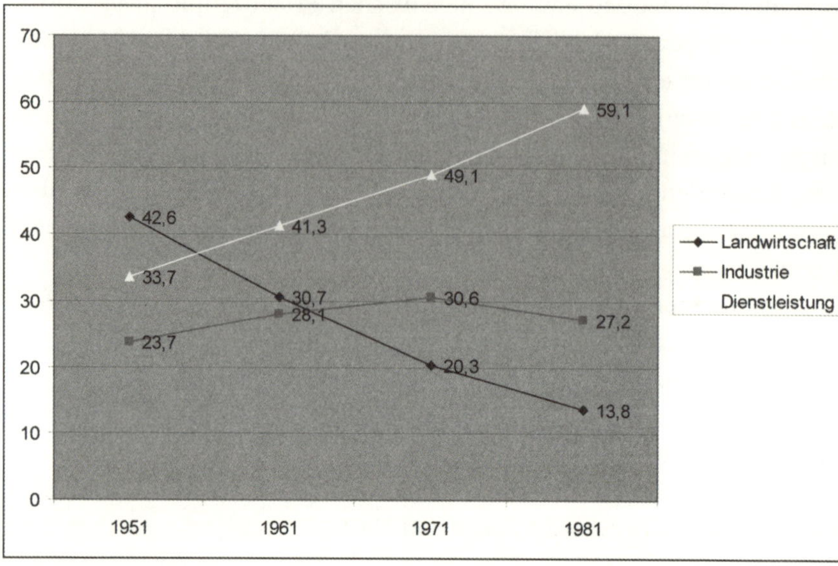

Quelle: Holzer, SVP, 100.

In den 1960er Jahren kam es dann zu der erhofften Modernisierung in Südtirol, vor allem der Tourismus und die Industrie waren die Motoren des wirtschaftlichen Aufschwungs. Der anrollende sozioökonomische Wandel trug erhebliche Dynamik in die junge Südtiroler Gesellschaft. Anfang der 1960er Jahre waren erstmals in der Geschichte Südtirols mehr Menschen in der Industrie als in der Landwirtschaft beschäftigt. 1971 waren 40% der gesamten Südtiroler Bevölkerung jünger als 24 Jahre. Die Eltern dieser Generation waren unter schweren Bedingungen aufgewachsen, sie gehörten zur Generation der „Soldaten". Sie waren es gewohnt, für ein höheres Ziel Verzicht zu üben, hatten aber aus den Erfahrungen von Krieg und Option eine große Ausdauer und Zähigkeit mitgenommen. Die junge Generation der SVP und vor allem des katholisch-konservativen Lagers in Südtirol. Kirche und SVP mussten sich dieser neuen Herausforderung stellen.

In den 1960er Jahren kam es zu einem Wertewandel. Die allgemeine Entwicklung verstärkte die Nivellierungs- und Zentralisierungstendenzen; dies führte zu einer Angleichung der Subkulturen. Ideologische Differenzen, die bei der Entstehung der Subkulturen noch eine wichtige Rolle gespielt hatten, verloren an Bedeutung und hatten bald nur noch symbolischen Charakter. Im späten 19. Jahrhundert tobten noch „Kulturkämpfe" auf religiös-politischer Basis und auch nach dem Ende des Zweiten Weltkrieges gab es aufgrund der beschriebenen besonderen Situation in Südtirol noch große gesellschaftliche Bruchlinien. Natürlich wurden religiöse Gefühle und weltanschauliche Fragen dabei immer wieder als Vorwand genommen, wenn es um Machtfragen ging. Nun begann eine Gewichtsverlagerung in der Südtiroler Politik, ihre Ökonomisierung setzte ein: Individuelle Anreize drängten kollektive Anreize in den Hintergrund und wirtschaftliche Aspekte wurden in der Politik wichtiger. Die katholische Identität der Bevölkerung verlor nun für die Mobilisierung der katholischen Südtiroler an Bedeutung.

Die Entideologisierung der Politik führte zu einem langsamen Ausgleich zwischen den traditionellen Gegenspielern. Ein neuer „weltanschaulicher Gegner" wartete bereits, wofür es die vereinten Kräfte brauchte: Die sozialdemokratische Politik formierte sich in Südtirol wieder neu. Sie war bisher immer in den Nationalitätenkonflikten zerrieben worden. Außerdem waren bei der Option von 1939 hauptsächlich Besitzlose und Arbeiter, die Hauptklientel der Sozialdemokraten, ausgewandert, sodass ihre personelle Basis weggebrochen war. 1968 trat erstmals die „Soziale Fortschrittspartei" des SVP-Dissidenten Egmont Jenny bei Parlamentswahlen an. Sie erreichte 2,4% der Stimmen, konnte zwar keinen Sitz erlangen, schwächte aber trotzdem die SVP. Diese hatte im Wahlkampf eine soziale Besserstellung der Bevölkerung versprochen und wollte sich mehr für eine soziale Marktwirtschaft einsetzen.[1136] Erstmals musste sich die SVP dem Linksschwank in der Südtiroler Gesellschaft stellen.

Hervorheben muss man, dass die SVP die Krise des katholischen Milieus gut bewältigen konnte. Viele waren überrascht davon, dass der lautlose Auszug der Katholiken aus der Kirche nicht eine gleich starke Abwendung von der bisherigen Katholikenpartei SVP zur Folge hatte. Die ethnische Bruchlinie blieb dominierend.

In Südtirol konnte man die Verbindung von Staat und Kirche seit den 1970er Jahren nur noch beschränkt als „katholische Hegemonie" bezeichnen, weil die Kirche vor allem in der städtischen Bevölkerung an Einfluss verloren hatte. 1984 kam es auch de jure zu einer Trennung von Kirche und Staat in Italien und damit auch in Südtirol: Der Katholizismus war nicht mehr Staatsreligion, die Kirche verzichtete auf ihre Privilegien und der Staat auf seine Mitspracherechte in innerkirchlichen Angelegenheiten, wie z.B. Bischofsernennungen. Der Religionsunterricht an öffentlichen Schulen war nicht mehr obligatorisch. Per Volksentscheid waren bereits das Recht auf Ehescheidung (1974) und die Liberalisierung der Abtreibung (1978, 1980) durchgesetzt worden.

2. Die Kurie verabschiedet sich aus der Tagespolitik

> „Die Südtiroler Volkspartei ist die politische Vereinigung aller heimattreuen Südtiroler zum Zwecke, die allgemeinen und besonderen Interessen der Südtiroler mit allen gesetzlichen Mitteln zu vertreten, gemäß dem nach christlichen Grundsätzen ausgerichteten Programm.“[1137]

Mit diesen Worten begann das Parteistatut von 1964. Nicht einmal im Statut von 1947, als der Einfluss von Generalvikar Pompanin und Kanonikus Gamper groß war, war im Parteiprogramm die Rede von christlichen Grundsätzen.[1138] Deren Aufnahme ins Parteiprogramm ging von den katholisch-konservativen Kreisen aus, die 1957 die innerparteiliche Macht übernommen hatten. Dies täuscht jedoch über die wahren Verhältnisse hinweg, denn die Kirche hatte damals den Zenit ihrer politischen Macht in der Nachkriegszeit bereits überschritten. Das Parteistatut von 1964 bedeutete dann einen Machtverlust für die Kirche: Die SVP wurde nun eine Partei mit einer starken Organisation, die es erschwerte, die Partei von außen zu beeinflussen, wie es vor allem Pompanin und Gamper so gern getan hatten. Außerdem bildeten sich mehrere politische Machtzentren in Südtirol, da die Verbände aus den Parteigremien verbannt wurden. Auch sie entwickelten nun eine stärkere Organisation und wurden zum Rekrutierungsbecken für die SVP. Außerdem nahm die SVP durch die gestiegenen Mitgliederzahlen mehr Mitgliedsbeiträge ein und wurde finanziell unabhängiger.

Die Parteireform machte die SVP zwar kirchenunabhängiger, aber dies war nicht der eigentliche Grund für den Machtverlust der Kirche, sondern verstärkte den Prozess „nur“, ebenso wie der Verlust der Medienmacht. Der wichtigste Grund lag im Fehlen der gesellschaftlichen Voraussetzungen. Bereits in den 1950er Jahren bröckelte das katholische Milieu, nun ging es drastisch zurück: Ab Mitte der 1960er Jahre empfanden viele Jugendliche in Südtirol stärkeres Unbehagen über die Familie, Schule und den Alltag. Südtirol wurde oft als „graue Provinz" erlebt, wo ständig auf den Volkstumskampf hingewiesen wurde und es zudem eine starke klerikale Bevormundung gab.[1139] Junge Frauen und Männer litten oft unter den vielfach erstarrten Verhältnissen und der Gefangenheit in Traditionen. Von Norden und Süden drangen hingegen Botschaften von Konsum, Motorisierung und Reisen ins Land. In Südtirol aber war eine asketische Politikergeneration an der Macht. Außerdem hatte das Wort des Pfarrers immer noch großes Gewicht.[1140]

Nicht nur in Südtirol veränderte sich die Gesellschaft, sondern in ganz Europa. Um dem Wandel Rechnung zu tragen, wurde das Zweite Vatikanische Konzil einberufen, das die Erneuerung der Kirche vorantrieb. Bischof Gargitter war der Vertreter Südtirols in Rom. Während aufgeschlossene Geistliche in Südtirol auch Liberalität aufbrachten, wirkte Gargitter entrückt. Kirchenpolitisch war er ein Reformer, wie er bei der Regelung der Diözesangrenzen bewiesen hatte, aber gegenüber dem modernen Leben blieb er skeptisch.[1141] Er blieb tief geprägt vom Konzil und seinen Erneuerungsbestrebungen. Vor dem Beginn des Konzils wurde Gargitter in eine der zehn Vorbereitungskommissionen gewählt. Er war auch Mitglied der Arbeitsgruppe „Über die Bischöfe und die Leitung der Diözesen". Gargitter selbst wünschte sich aber keine demokratische, kulturell offene Volkskirche, die pluralistische Lebensentwürfe tolerierte. Er fürchtete, dass die Kirche den notwendigen Wandel verpassen und bei den Gläubigen an Einfluss verlieren könnte. Er war zwar für soziale Fragen aufgeschlossen und nahm für seine gemäßigte Position im Südtirolkonflikt Anfeindungen in Kauf, aber ein Gespräch mit Jugendlichen und links gerichteten politischen Kräften fiel ihm schwer. Er wandte sich gegen jede auch noch so kleine Öffnung nach links. Eine notwendige Debatte über die Rolle der Frau in der Kirche fand ebenfalls nicht statt.[1142]

Das Vatikanum betonte den Verzicht auch der katholischen Weltanschauung auf ihren umfassenden Absolutheits- und Totalitätsanspruch. Nach der modernen christlichen Soziallehre lassen sich keine sicheren Handlungsmaximen für die Politik ableiten. Außerdem anerkannte die Kirche die Laizität und Autonomie der Politik, bekannte sich zum Meinungspluralismus in der Politik. Mit der Liberalisierung veränderte sich auch die Theologie: Die Theologie der „Angst und Schuld" verschwand, an ihre Stelle trat die Eigenverantwortlichkeit des einzelnen Gläubigen.[1143]

Trotzdem ging die Erneuerung der Kirche vielen jungen Menschen nicht weit genug. Viele bedauerten die Enzyklika „Humanae Vitae" (1968) von Papst Paul VI., die jegliche Form der Verhütung ablehnte. Die katholische Kirche blieb für viele Menschen realitätsfremd und zu sehr alten Denkmustern verhaftet.[1144] Außerdem dauerte es einige Zeit, bis sich die Reformen des Konzils in der Peripherie auswirkten.[1145]

Der Historiker Hans Heiss urteilt, dass Bischof Gargitter in dieser Zeit „Angst vor der Welt" hatte und überall das Böse in Form des Kommunismus witterte. Die Jugend spürte dies und entfremdete sich dem Bischof.[1146] Zu Pfingsten 1963 hatten noch ca. 20.000 Jugendliche beim „Bekenntnistag" am Bozner Waltherplatz eingefunden, einige Jahre später steckte die katholische Jugendarbeit in einer schweren Krise.[1147]

Das zweite Merkmal des Auflösungsprozesses betraf die soziale Organisation. Auch die soziale Organisation des Katholizismus verlor ihre Geschlossenheit. Die verschiedenen katholischen Vereine machten nun offenen Organisationen Platz, zum Beispiel bei der Jugendarbeit.[1148]

1968 war ein Jahr des Aufruhrs in der gesamten westlichen Welt: Martin Luther King und Robert Kennedy, zwei Hoffnungsträger der Jugend, wurden ermordet, der Anführer der deutschen Studenten Rudi Dutschke wurde ebenfalls angeschossen, es kam das Ende des „Prager Frühlings" und in Vietnam eskalierte der Krieg. In vielen amerikanischen und europäischen Städten fanden Friedensdemonstrationen und Krawalle von Studenten statt, die die „verkrustete Gesellschaft" aufbrechen wollten. Leitfiguren von „1968" waren die Philosophen der Frankfurter Schule, Herbert Marcuse, Theodor W. Adorno, Jürgen Habermas und Max Horkheimer.[1149] Diese verstärkten Säkularisierungsphänomene wurden als eine Art „Zweite Aufklärung" immer stärker. Es entstand eine gesellschaftliche Atmosphäre, in der es vielen christlichen Eltern immer schwerer fiel, ihren Glauben über eine christliche Sozialisation an ihre Kinder weiterzugeben.[1150]

In Südtirol war der Aufbruch nur mäßig spürbar, da das Land immer noch agrarisch geprägt war.[1151] Nun probten auch in Südtirol kleine Gruppen den Aufstand, aber sie stießen bald an ihre Grenzen[1152]; Südtirol und „1968" ist kein spektakuläres Thema.[1153] In Südtirol blieb die Studentenbewegung klein – auch weil es noch keine Universität gab –, aber der jahrzehntelange Volkstumskampf, der ethnische Gruppenzwang und der Konservatismus ergaben ein rabiates Protestpotential.[1154] Die Südtiroler Kirche wurde als Hort des Konservatismus unter anderem eine Zielscheibe der Studentenbewegung: Viele Studenten forderten, dass sich die Kurie im Sinne des Zweiten Vatikanischen Konzils aus dem Athesia-Verlag zurückziehen sollte.[1155] Der „Skolast", die Zeitung der einst klerikalen Südtiroler Hochschülerschaft, zählte die Südtiroler Kirche immer wieder zu den kapitalistischen, konservativen und alles beherrschenden Monopolkräften.[1156] Was die Studenten nicht wussten (oder nicht zur Kenntnis nehmen wollten), war, dass die Kirche die Macht im Verlag längst an die Familie Ebner abgegeben hatte.

Für die Kirche bedeutete „1968" die schmerzhafte Erkenntnis, dass sie über die Jugend nicht mehr die Macht hatte wie noch eine Generation zuvor. Dementsprechend schmolz auch ihr politischer Einfluss.[1157] Diese Distanz wurde in der lingua franca des politischen Alltages vereinfachend, aber falsch als „Äquidistanz" bezeichnet.[1158] Die wohl nicht mehr rückgängig zu machenden Entwicklungen wurden in der Aufbruchstimmung der 1960er Jahre zwar als Fortschritt betrachtet, stellten die Kirche aber vor eine neue Herausforderung. Es wurde deutlich, dass in Südtirol gegen die katholische Kirche und ihren Willen Politik nicht nur gemacht, sondern auch durchgesetzt werden kann, obwohl die überwiegende Mehrheit der Südtiroler der katholischen Kirche angehört.

Nicht nur bei der Jugend verlor die Kirche an Bedeutung, die Neuerungen des Konzils verunsicherten das ganze gläubige Volk, besonders aber die älteren Menschen. Manche Seelsorger gingen zwar mit bestem Willen vor, stießen aber unabsichtlich viele ältere Leute durch Neuerungen ab, ohne die jüngere Generation für sich zu begeistern. Gläubige und Priester fühlten sich stark verunsichert; innerhalb von 15 Jahren verließen ca. 50 meist junge Priester ihr Amt. Der Priester, in Tirol fast wie ein übermenschliches Wesen geachtet und geehrt, „fiel nun vom Sockel", wie der Priester und Journalist Josef Innerhofer schrieb.[1159]

In Südtirol geriet nun eine bis dato selbstverständliche Sozialform der Religiosität in eine Krise: die „Leutereligion" (nicht die gelehrte und gelernte Religion, sondern die Religion, wie sie im Bewusstsein der Südtiroler gegenwärtig war), die in den vergangenen Jahrhunderten eine enge Symbiose mit dem Katholizismus eingegangen war. Es gab starke Anzeichen, dass sich Teile der „Leutereligion" aus dieser Symbiose lösten, sich neue gesellschaftliche Behausungen suchten und sich mehr dem Konsum widmeten.[1160]

Auch zwischen den religiösen Südtirolern und ihrer Kirche gab es nun größere Unterschiede in moralischen Lebensfragen (z.B. Scheidung, Abtreibung), wobei es der Kirche nicht mehr gelang, ihre Mitglieder in Weltanschauung und Lebensstil bei der Stange zu halten. Die obrigkeitlichen Zuweisungen des Katholizismus gingen damit auch in Südtirol zu Ende.[1161]

Der Auflösungsprozess des katholischen Milieus erwuchs damit aus einer Kette von Modernisierungsphänomenen. Wichtig ist dabei der Einfluss der Massenmedien: Die Schaffung einer über die Grenzen des unmittelbaren Lebensbereichs hinausgehenden Öffentlichkeit löste die Geschlossenheit des subkulturellen Milieus zunehmend auf. Ferner trug die durch Bildungsexpansion und die Arbeitsmarktunabhängigkeit bedingte soziale und geographische Mobilisierung dazu bei, die Grenzen des katholischen Milieus aufzubrechen.[1162]

Ferner wurde die Position der Kirche durch den modernen Wohlfahrtsstaat schwächer, denn dieser übernahm zu einem großen Anteil die sozialen Aufgaben der Kirchen. Die Ironie dabei ist, dass gerade katholische Politiker den Wohlfahrtsstaat mitaufgebaut hatten, z.B. im KVW.

Die gesellschaftlichen Veränderungen bewirkten einen Rückzug des Südtiroler Klerus aus der Tagespolitik: Der Rückhalt der Gläubigen war stets die Stärke der Kirche, wenn sie sich in die Politik einmischte. Gegen die Kurie konnte man in Südtirol bis Mitte der 1960er Jahre nicht regieren. Nun hatte die Kirche aber massive innere Probleme, die sie vor hohe Herausforderungen stellte und wenig Zeit für die Südtiroler Tagespolitik ließ. Sie konnte auch nicht mehr für „die Gläubigen" Südtirols sprechen, denn das Konzil und die gesellschaftlichen Veränderungen teilten die Bevölkerung in „Progressive" und „Bewahrer". Außerdem gab es für das Südtirol-Problem Licht am Ende des Tunnels: Nachdem die SVP 1969 das „Paket" angenommen hatte, bekam Südtirol eine neue Autonomie. Das große Ziel war erreicht und die Südtiroler Gläubigen waren „politisch befriedet", sodass die Kirche nicht mehr in der „hohen Politik" mitmischen musste.

1975 betonte Gargitter allerdings, dass christliche Gesinnung auch weiterhin wichtig in der Politik bleibe, das Paket allein könne das Südtirolproblem nicht lösen:

> „Für manche mag nun mit den abschließenden Verhandlungen über die Durchführungsbestimmungen des so genannten Paketes, die wir möglichst bald herbeisehnen, das Südtirolproblem gelöst und der Friedensbeitrag der Kirche beendet erscheinen. Wir wissen jedoch alle, dass politische Verträge allein nie imstande sind, den Frieden zu schaffen. In diesem Sinne ist das so genannte Paket nur ein Instrument, das höchstens einen Weg für ein friedliches Zusammenleben weisen kann, vorausgesetzt, dass es in gerechter Weise und im Geiste, aus dem heraus es entstanden ist, angewendet wird.
> Der Weg des Friedens aber muss von uns allen gemeinsam jeden Tag

> neu gebaut werden. Bei diesem Werk hat die Kirche auch in Zukunft ihre ganz besondere Aufgabe, weil sie wie niemand sonst die Herzen der Menschen aller drei Volksgruppen mit derselben Botschaft Christi erfüllen kann, in der Nächstenliebe und Solidarität die erste Stelle einnehmen. Die künftige Aufgabe für den Frieden in unserem Lande wird der Kirche nicht weniger Mühe und Opfer abverlangen. Wenn dieser Dienst vielleicht weniger ins Auge fällt, so muss er doch mit umso mehr Feingefühl und in vielen kleinen Schritten erfolgen. [...]
> Friede kann die Frucht des Sieges der einen Volksgruppe über die andere sein. Ein so zustandegekommener Friede würde unweigerlich neue Spannungen schaffen und im unterlegenen Teil das Gefühl, verkauft und verraten zu sein, hervorrufen. [...]“[1163]

Danach ging Gargitter auf das Verhältnis Kirche-Politik ein:

> „Wir dürfen uns nicht von einer Gruppe zum Schaden der anderen Gruppe vereinnahmen lassen. Vielmehr sehen wir unsere Aufgabe darin, über den Parteien und Interessengruppen zu stehen und auf die für alle gültigen Werte des Evangeliums hinzuweisen. [...] Die Kirche ist an keine Partei oder Interessengruppe gebunden, sondern einzig und allein auf das Evangelium. Sie ist bereit, mit all jenen zusammenzuarbeiten, die sich ehrlich um Freiheit, Gerechtigkeit und Liebe bemühen.“[1164]

In der Aufbruchstimmung nach dem Zweiten Vatikanischen Konzil kam es innerhalb der Südtiroler Kirche zu unkonventionellen Aktionen: Im Sommer 1969 absolvierten zwölf Südtiroler Priester ein Praktikum in den vier großen Betrieben der Bozner Industriezone (Magnesiumwerke, Aluminiumwerke, Stahlwerke und Iveco), um die Probleme der Lohnabhängigen besser zu verstehen. Sie hatten die Erlaubnis von Bischof Gargitter; zwei Priester durften sogar nach dem Praktikum weiterarbeiten und erhielten bei der Iveco einen befristeten Arbeitsvertrag. Nach sieben Monaten wurde das Experiment abgebrochen und keine Verlängerung mehr gewährt. Priester in Arbeiterkleidung waren dem Bischof wohl doch zu viel.[1165]

Bischof Gargitter kündigte 1968 an, dass ein offenes Forum über aktuelle Fragen in der Kirche entstehen sollte. Die Synode sollte Antworten auf die zunehmende Säkularisierung in der Südtiroler Gesellschaft erarbeiten. 1970 war es dann so weit: Befürworter und Gegner der kirchlichen Reformen erwarteten dringend die Synode. Am 24. Oktober 1970 trafen sich die Synodalen zum ersten Mal in der Brixner Nikolaus-Cusanus-Akademie. Mit dabei waren 155 Männer und Frauen, Priester und Laien, Deutsche, Italiener und Ladiner. Gargitter hörte aufmerksam hin und nahm die eigene Meinung oft zurück. Innerkirchliche Demokratie war für ihn wichtig, wenn auch nicht immer einfach nachzuvollziehen. Soziale Fragen bildeten das wichtigste Thema bei der Synode; Pfarrgemeinde, Familie und Kirche in der Welt der Arbeit waren zentral. Vor allem bei letztgenanntem Thema kam es zu Meinungsverschiedenheiten: Eine kleinere Gruppe vertrat eine antikapitalistische Haltung, die die Mehrheit ablehnte. Ein Schlussdokument zu sozialen Fragen kam nicht zustande, weil man zu keiner Einigung fand. Trotzdem war die Synode grundlegend für die Südtiroler Kirche: Sie öffnete der Mitarbeit von Laien die Tür und förderte die innerkirchliche Demokratie.[1166] Außerdem wurde die Synode zu einer Schule des „Miteinander" der drei Sprachgruppen.[1167]

Die Kirche befand sich um 1970 in einer Reformwelle. Nach dem Zweiten Vatikanischen Konzil wurden um 1969 Reformtheologie, veränderte Seelsorgepraxis und stärkere Miteinbeziehung von Laien zu einem wichtigen Thema. Viele Katholiken durchlebten eine innere Krise, auch die Priesterweihen gingen immer mehr zurück.[1168] Nun entstanden parallel zu den kirchenrechtlichen Organen wie den Pfarrgemeinden überall Räte: Seelsorgeräte, Priesterräte, Pfarrgemeinderäte.[1169]

Trotzdem zeigte sich 1974, dass die Kirche in der Südtiroler Gesellschaft ihren ehemals dominierenden Einfluss verloren hat. 1970 war in Italien die Ehescheidung eingeführt worden, nun gab es auf Betreiben der katholischen Kirche und der DC ein Referendum, ob man diese wieder abschaffen solle. Die einst so katholische SVP sprach sich nicht für die Aufhebung des Gesetzes aus, sondern ließ ihren Wählern Gewissensfreiheit.[1170] Zwanzig Jahre früher wäre dies undenkbar gewesen. In Südtirol war das Erstaunen groß, als die Befürworter der Ehescheidung das Referendum knapp gewannen: 116.861 waren dafür, 115.100 wollten die Ehescheidung wieder abschaffen. Das katholische Südtirol hatte sich für die Säkularisierung entschieden.[1171] Die „Dolomiten" mutmaßten aber, dass viele Wähler das Gesetz abschaffen wollen, aber das falsche Feld angekreuzt hatten. Das Interesse am Referendum war sehr groß, die Wahlbeteiligung lag in Südtirol bei knapp 90%, für ein Referendum ein sehr hoher Wert. Sogar das ehemals geistliche Zentrum Tirols, Brixen, sprach sich für eine Beibehaltung des Scheidungsgesetzes aus, allerdings mit einer minimalen Mehrheit von acht Stimmen. Hier war die Wahlbeteiligung gigantisch, da 99% ihrer

Bürgerpflicht nachkamen.[1172] Der Südtiroler Milieukatholizismus hatte – als er sich für bestimmte integrale Forderungen, für die Übertragung kirchlicher Moralvorstellungen in staatliches Recht – einsetzen wollte, seinen Minderheitenstatus einsehen müssen. Die Kirche machte die schmerzhafte Erfahrung, dass sie auch im ehemaligen „Heiligen Land Tirol" nicht mehr den Einfluss von früher hatte, obwohl sich die meisten Südtiroler weiterhin als Katholiken bezeichneten. Der Kirche geriet auch zum Nachteil, dass sie immer eng an die SVP gebunden war. Gerade weil Katholiken zu Stammwählern der SVP gehörten, sah die SVP keine Notwendigkeit, Inhalte des integralen Katholizismus anzusprechen. Das spezifisch Katholische innerhalb der SVP zog sich nun immer mehr zurück.[1173]

Zu den Themen, die ab den 1980er Jahren Gegenstand politischer Mobilisierung wurden, etwa die Ökologie, fehlte eine einheitliche kirchliche Position. Der schrumpfende Milieukatholizismus war durch sein verengtes soziales Umfeld, durch die Beschränkung auf die dörflich-bäuerliche Umgebung gekennzeichnet.[1174]

Die politische Entwicklung in Südtirol ab den 1970er Jahren aber gab der Südtirolpolitik von Bischof Gargitter Recht, was allmählich auch mehr Südtiroler einsahen. 1975 bekam Gargitter den Pressepreis für seinen Einsatz für den Frieden, den sozialen Fortschritt und die Erneuerung der Kirche in Südtirol. Am 20. Februar 1976 folgte das Ehrenzeichen des Landes Tirol für seinen Einsatz um eine friedliche Lösung der Südtirolfrage.[1175] Auch mit der SVP versöhnte sich Gargitter. Zu seinem 60. Geburtstag 1977 lobte der „Volksbote" Gargitters Politik in den 1960er Jahren.[1176]

Auch Bischof Wilhelm Egger, der Gargitter 1986 nachfolgte, wollte den Ausgleich der Sprachgruppen fortsetzen. 1992 lieferte er eine Grundsatzposition:

> „Die Geschichte unseres Landes war in den letzten Jahrzehnten vom Bemühen um das gerechte und friedliche Zusammenleben der drei Volks- und Sprachgruppen geprägt. Zur Bewältigung der Probleme ist eine – zum Teil geschriebene, zum Teil ungeschriebene – ‚Hausordnung' entstanden, die das Zusammenleben erleichtert. Ein Teil dieser ‚Hausordnung' ist das Autonomiestatut, Zeichen einer Kultur des Friedens und des Dialogs. Die Ortskirche war, besonders auch durch das Wirken von Bischof Joseph Gargitter, maßgeblich am Bemühen um den Frieden beteiligt. Die Kirche hat sich für die Respektierung der Rechte und kulturellen Eigen-heiten der verschiedenen Volksgruppen eingesetzt; sie hat sich um Gewaltlosigkeit und fried-

liches Zusammenleben bemüht. Viele Männer und Frauen haben sich um die Beendigung des Streites und um das Zustandekommen eines tragfähigen Kompromisses in Südtirol bemüht, sie verdienen Anerkennung und Dank. Wenn manche mit dem Abschluss nicht zufrieden sind, ist das ein Aufruf, dass alle Teile sich bemühen, das Vertrauen zu stärken.

Durch diese Bemühungen um den Frieden haben sich Strukturen entwickelt, die der Wahrung der eigenen Identität dienen, wie auch Strukturen, die den Dialog fördern. Die Auseinandersetzungen über das Zusammenleben der Volksgruppen haben viele Kräfte gebunden, die nun für die großen Aufgaben, die das Zusammenleben Europas und die globalen Probleme stellen, eingesetzt werden müssen."[1177]

Als erster Südtiroler Bischof setzte sich Egger auch speziell für die kleinste Minderheit Südtirols, die Ladiner, ein. Auch sie sollten von nun an das Recht auf einen Gottesdienst in ihrer Sprache haben, da bisher nur Deutsch und Italienisch verwendet wurde.[1178]

Trotz aller Säkularisierungstendenzen sind aber auch heute noch Staat und Kirche in Südtirol verflochten, und zwar durch

- das Nebeneinander von staatlichen und privaten (vor allem religiösen) Schulen, die vom Staat finanzielle Unterstützung bekommen;
- den staatlich anerkannten und finanzierten Religionsunterricht, bei dem die Kirche allein die Inhalte bestimmt;
- autonome Nischen im öffentlich-rechtlichen Fernsehen von Südtirol (RAI Sender Bozen), bei denen die Kirche allein die Inhalte bestimmt;
- eine staatliche Finanzierung der Kirchen aller Religionsgemeinschaften (jeder kann freiwillig 0,8% seiner Steuern einer der staatlich anerkannten Religionsgemeinschaften geben), die aber der katholischen Kirche am meisten zugute kommt.[1179]

Alle diese Privilegien legen eine Präferenzschiene zugunsten der Kirche.[1180]

3. Die SVP: Von „externer" zu „interner Legitimation"

Der Politologe Angelo Panebianco verwendet in Bezug auf Parteien den Begriff „externe Legitimation". Dabei handelt es sich um Parteien, die von einer externen Organisation stark gefördert werden. Ein Beispiel ist der italienische PCI, der von der Komintern aufgebaut wurde. Die britische Labour Party wurde von den Gewerkschaften aufgebaut. Die katholische Kirche half der DC massiv.[1181] Auch die SVP hatte eine externe Legitimationsstütze, wie aus dem vergangenen Kapitel klar geworden ist: die Südtiroler Kirche.

Die Förderung durch die Kirche hatte für die SVP auch zur Folge, dass die Parteiorganisation schwach blieb und sich die Partei zu einer Honoratiorenpartei entwickelte. Eine schwache Parteiorganisation begünstigt die Bildung von einzelnen Lagern in der Partei; in unserem Fall die Katholisch-Konservativen und die Liberalen. In der DC, ebenfalls von der Kirche gefördert, finden wir genau die gleiche Situation vor: Bereits beim zweiten Kongress in Neapel 1947 wurde das Problem der „correnti" (die internen Strömungen) diskutiert. Interessant sind die Parallelen zwischen Erich Amonn und Giuseppe Dossetti. Beide waren die Führungsfiguren der kirchenkritischen Fraktion innerhalb ihrer Parteien und beide sahen sich schließlich zum Rücktritt gezwungen, da sich die politische Linie der Kirche als stärker erwies.[1182]

Nach der „Aufbau"-Episode hatte die Parteispitze der SVP gemerkt, wie leicht sie ihre Macht wieder verlieren konnte. Auch sie selbst war 1957 wohl nur deshalb an die Macht gekommen, weil die Partei schlecht organisiert war. Mitte der 1960er Jahre sanken die Mitgliederzahlen immer tiefer und die Bezirksorganisationen waren nicht sehr aktiv.

Peter Brugger schlug 1963 erstmals eine tief greifende Statutenreform vor: Der Parteiapparat sollte gestärkt und ausgebaut werden, dadurch sollten die Bezirke und die Ortsgruppen besser verbunden und die vertikale Loyalität verbessert werden. Politische Entscheidungen sollten zentralisiert werden, administrative Entscheidungen hingegen dezentralisiert. Diese organisatorische Hierarchisierung und Kompetenzgliederung des Parteiapparates zielte nicht nur auf Effizienzsteigerung der Parteiarbeit, sondern auf Stabilisierung der innerparteilichen Machtverhältnisse und sollte die Parteiführung machtpolitisch absichern. Außerdem hielt Brugger die Parteidisziplin für verbesserungsbedürftig.

Auch Egmont Jenny machte Vorschläge, wie man die Parteiorganisation stärken könne.

Er zog Bilanz über die bisherige Arbeit der SVP:

> „Ein systematischer organisatorischer Aufbau der Partei war kaum möglich. So entstand statt einer eigentlichen Partei ein Wählerverband, in welchem eine kleine Gruppe von Personen die Führungsstellen einnahmen. Durch dieses lockere Gefüge verfügte dieser Personenkreis über Machtpositionen und hatte somit relativ große Freiheit in der Gestaltung der politischen Aktion.“[1183]

Auch der Machtwechsel von 1957 hatte nichts an den Missständen geändert. Jenny erblickte zwischen den peripheren Gliederungen und der Parteileitung eine große Lücke, die geschlossen werden musste. Auch er sprach sich für die Zentralisierung der Entscheidungsprozesse aus. Ziel sollte eine Machtverschiebung von den Mandataren zum Parteiapparat sein.[1184]

Neben der schlechten Organisation und den unsicheren innerparteilichen Machtverhältnissen führten folgende Gründe zur Parteireform von 1964:

- Die zentrale und hegemoniale Stellung der Partei in der Gesellschaft sollte in der Phase des Übergangs von traditionellen zu moderneren Sozial- und Wirtschaftsstrukturen beibehalten und ausgebaut werden. Der soziale Wandel sollte kanalisiert und verlorenes Terrain in der deutschen und ladinischen Volksgruppe wieder wettgemacht werden.[1185]
- Da sich die SVP nach ihrem Auszug aus der Regionalregierung ihrer Schwäche bewusst wurde, sollten so neue Karrierewege und Machtpositionen entstehen.
- Die Kandidatur von Josef Raffeiner bei den Parlamentswahlen 1964 außerhalb der SVP hatte relativ großen Erfolg. Konkurrierende Parteien sollten besser bekämpft werden.[1186]
- Die Parteispitze um Magnago wollte ihre Macht absichern, was ihnen schlussendlich gelang.

Die außerordentliche Landesversammlung vom 22. Februar 1964 genehmigte ein völlig neu überarbeitetes Parteistatut. Im ersten Absatz kamen neue Grundsätze bereits sehr deutlich zum Ausdruck: „Die Südtiroler Volkspartei ist die politische Vereinigung aller heimattreuen Südtiroler.“[1187] Die Partei wollte damit wohl zum Ausdruck bringen, dass die Spaltungsversuche und Machtkämpfe der letzten Jahre „ketzerisch“ waren und dass am „Primat der Einheit“ festgehalten werden müsse. Wer nicht in der Partei war, war auch nicht heimattreu. Um diesem hohen Anspruch besser als in der Vergangenheit gerecht zu werden, wurden die Organisationsstruktur verbessert und äußere Einflüsse auf die Partei beschränkt. An der grundsätzlichen Struktur der Partei änderte sich zwar nichts, aber die einzelnen Organe und ihre Aufgaben wurden genauer definiert. Um den gesellschaftlichen Veränderungen der 1960er Jahre gerecht zu werden, wurde eine Frauenbewegung gegründet und die Einsetzung von Ortsjugendreferenten beschlossen. Durch das neue Statut wurden die innerparteilichen Entscheidungsprozesse viel stärker formalisiert, die innerparteilichen Hierarchien gestärkt.[1188] 1968 wurde diese Entwicklung weitergeführt: Nach Beendigung des Streits mit der Kirche wegen einer Parteijugend wurde die „Junge Generation in der SVP“ gegründet.

Auch der Umgang mit verschiedenen Parteiströmungen wurde genauer definiert: Der Obmann muss Acht geben, dass sich das „demokratische Kräftespiel“ zwischen den einzelnen Richtungen entfalten kann. Sobald eine Entscheidung von der Mehrheit getroffen sei, müsse sich die Minderheit daran halten.[1189] Der Parteiapparat sollte zwar durch verschiedene neue Richtungen die Gesellschaft besser repräsentieren, aber den Richtungen wurde im neuen Statut ausdrücklich untersagt, selbstständige Organisationen zu bilden.[1190] Das Ziel war, die Partei gegenüber den Interessenverbänden wieder in die dominante Position zu bringen. Es sollten parallele, aber nicht unabhängige Institutionen geschaffen werden, externe institutionalisierte Interessenverbände wie der KVW sollten aus den Parteigremien verbannt werden.

Nach den Merkmalen Alter und Geschlecht (Jugend- und Frauenorganisation) folgte der Ausbau des Parteiapparates nach berufsständischen Kriterien.[1191] Auslöser war dafür wohl vor allem der unerwartete Erfolg der 1972 gegründeten Sozialdemokratischen Partei Südtirols. 1975 folgte die Gründung der „Arbeitnehmer in der SVP“, die sich als Vertretung der Arbeiter und der sozial Schwächeren begriffen. Sie setzten sich für die Sozialpartnerschaft ein; auf ihren Kandidatenlisten fanden sich neben Arbeitern auch Beamte. Seit April 1978 ist es den Arbeitnehmern erlaubt, in den einzelnen Gemeinden Parteiausschüsse zu gründen.

Die Gründung der SVP-Arbeitnehmerorganisation schwächte den parteiexternen KVW als Ansprechpartner der sozial Schwächeren. Die SVP-Arbeitnehmer orientierten sich aber weniger an der Sozialdemokratie, sondern an den Arbeiterorganisationsmodellen der christlich-sozialen Parteien wie der CDU.[1192]

Trotzdem fanden auch deklarierte Sozialdemokraten wie Sepp Kusstatscher in der Partei ihren Platz.

Der Ausbau des modernen Parteiapparates war Ende der 1970er Jahre weitgehend abgeschlossen. Die SVP wurde innerhalb von 15 Jahren zu einer finanzkräftigen, professionell geführten, kapillar durchorganisierten modernen Massenpartei.[1193] Sie konnte ihre dominierende Stellung im Südtiroler Parteiensystem halten, obwohl Ende der 1960er Jahre die Autonomie erreicht wurde und damit der Kitt, der die Sammelpartei bis dahin verbunden hatte, bröckeln konnte. Die SVP verstand es allerdings stets, die Bevölkerung zu überzeugen, dass noch nicht die volle Autonomie erreicht sei, nur gemeinsam könne man dahin arbeiten. Tatsächlich traf es zu, dass sich die Verabschiedung der Durchführungsbestimmungen immer wieder verzögerte.

Seit 1970 war also die SVP eine moderne Massenpartei. Sie begriff sich zwar seit ihrer Entstehung als Sammelpartei, entsprach aber erst jetzt jenem Profil, das der Politologe Otto Kirchheimer „Catch-all"-Parteien zuschreibt:[1194]

- Drastische Reduzierung der Ideologie: Der Konflikt zwischen Katholisch-Konservativen und Liberalen in der Partei war nun vorbei. Es trat zwar nun der Gegensatz Kapital-Arbeit stärker in den Vordergrund, doch dies wurde nie eine Auseinandersetzung wie jene zwischen Katholisch-Konservativen und Liberalen.
- Eine Stärkung der Führungsklasse: Dies geschah durch die Parteireform.
- Eine Schwächung des einfachen Mitgliedes: Es klingt zwar paradox, aber je mehr Mitglieder eine Partei hat (und die SVP verzeichnete ja Ende der 1960er Jahre einen großen Mitgliederaufschwung), umso weniger hat das einzelne Mitglied zu sagen. Außerdem wurden Mitglieder der Parteileitung nicht mehr gewählt, sondern bekamen ihre Ämter aufgrund ihrer Funktion.
- Der Zugang zu verschiedenen Interessengruppen soll erleichtert werden: Durch die Vielzahl von Ausschüssen in der SVP waren viele Interessengruppen in der Partei vertreten.

Die Auswirkungen der Parteireform und der Säkularisierung veranschaulicht das folgende Diagramm:

Tabelle 4: Wandel der SVP in den 60er Jahren

Institutionalisierung		
stark	schwach	
	SVP bis Mitte der 1960er Jahre	externe Legitimierung
SVP ab Mitte der 1960er Jahre		interne Legitimierung

Quelle: Modell nach Panebianco, Modelli, 129, eigene Adaptierung auf die SVP.

4. Die Athesia und der Schwund des kirchlichen Einflusses

Nachdem der Amtsantritt von Joseph Gargitter 1952 die erste Zäsur im Verhältnis der Brixner Kurie zur SVP darstellte, war auch der Tod von Kanonikus Michael Gamper folgenreich. Sein politisches Vermächtnis lautete – wie bereits erwähnt - folgendermaßen: „Ein Volk, das um nichts anderes kämpft als um sein natürliches und verbrieftes Recht, wird den Herrgott zum Bundesgenossen haben.“[1195]

Zu kaum einem anderen Kapitel in der Geschichte der „Athesia“ gibt es so unterschiedliche Darstellungen wie zur Nachfolgeregelung von Gamper.[1196]

Gamper erfuhr erst kurz vor seinem Tod von seiner unheilbaren Krebserkrankung. Trotzdem hatte er sich schon konkrete Gedanken über seine Nachfolge im Athesia-Verlag gemacht. Er vertrat die Meinung, dass er aus zwei Gründen einen Nachfolger bestimmen könnte: Einerseits war er der größte Anteilseigner des Verlags, andererseits glaubte er wegen seiner großen Verdienste das Recht zu haben, einen Nachfolger bestimmen zu können.[1197] Gampers Wille dürfte aber zum Schluss keine große Rolle mehr gespielt haben.[1198]

Obwohl Gamper mit Ebner durchaus politische Differenzen hatte, führte bei der Nachfolgeregelung kein Weg am Aldeiner mehr vorbei. Friedl Volgger, die andere langjährige Vertrauensperson des Kanonikus, bekam nichts von dessen Erbe. „Zwischen den Zeilen" schrieb Volgger in seiner Autobiographie, dass dies auf eine Intrige der Familie Ebner zurückzuführen sei.[1199] Martha Ebner bestreitet dies in ihren Memoiren.[1200] Tatsache ist aber, dass Ebner nach dem Tod des Kanonikus zum Direktor von Athesia und „Dolomiten" wurde (das Testament hatte Ebner in der letzten Lebensphase des Kanonikus verfasst). Die Verwandten Gampers unterschrieben eine Verzichtserklärung, was die Athesia-Anteile anging.[1201]

Laut Martha Ebner wies Kanonikus Gamper in einem Brief von 1953 Bischof Gargitter daraufhin, dass er beabsichtige, Toni Ebner als seinen Nachfolger einzusetzen. Der Bischof habe dies praktisch gleichgültig hingenommen und nur bemerkt, dass dies keine leichte Aufgabe sei.[1202]

Nach 1956 war Toni Ebner Direktor des Athesia-Verlags und der „Dolomiten"; der bisherige Vize-Präsident der Athesia, Franz Kemenater, wurde Präsident des Verlages. Erstmals in der Geschichte standen dem Unternehmen zwei Laien vor, was einen großen Machtverlust für den Klerus darstellte (in der ersten Hälfte der 1940er Jahre stellte die Kurie noch drei von vier Vorstandsmitgliedern).[1203]

Die Brixner Kurie war von dieser Entwicklung überrascht. Obwohl vorauszusehen war, dass der todkranke Kanonikus bald sterben würde, hatte die Kurie keinen Erfolg bei der Mitsprache um die Nachfolge des Kanonikus. Dies überrascht, denn von der Brixner Kurie war immer ein großer Einfluss auf die Athesia ausgegangen. Gamper konnte zwar nicht unmittelbar bei seiner Arbeit beeinflusst werden, doch er bemühte sich, Konfrontationen mit der Hofburg zu vermeiden. Bis zum Abschied Geislers aus dem Bischofsamt vertrat er sowieso die „offizielle Politik" der Kurie, aber auch danach vertraten die „Dolomiten" trotz eines – in den Augen Gargitters – übertriebenen Ethno-Nationalismus natürlich katholisches Gedankengut.

Der Diözese wurde auch zum Verhängnis, dass sie bis 1985 keine juridische Person war und deshalb selbst keine Anteile halten konnte. Dennoch stellten die Beteiligungen der Brixner Geistlichen und ihrer Institutionen wie das Vinzentinum und das Priesterseminar den größten Anteil am Verlag. Dass der Laie Toni Ebner zur zentralen Figur des Verlags und der „Dolomiten" wurde, war für die Kurie keineswegs selbstverständlich. Interessanterweise gab es beim Klerus die Auffassung, dass Gamper sich nicht Toni Ebner, sondern Fritz Ebner (nicht verwandt mit Toni Ebner) als Nachfolger wünschte.

Nach dem Tode Gampers hatten die „Dolomiten" eine Doppelspitze: Toni Ebner wurde Präsident der Athesia und Friedl Volgger verantwortlicher Redakteur. Die beiden gehörten zu verschiedenen politischen Lagern: Ebner gehörte zu den Liberalen, während Volgger der radikalen Linie anhing. Dies hatte zur Folge, dass es keine einheitliche Blattlinie mehr gab. Die „Dolomiten" schwankten nun zwischen gemäßigter und radikaler Berichterstattung. Dies änderte sich erst, als Volgger 1961 durch Vinzenz Oberhollenzer ersetzt wurde: Nun distanzierten sich die „Dolomiten" eindeutig von den Anschlägen und unterstützten die Richtung „Aufbau".[1204]

Toni Ebner löste sich bald aus dem Einfluss der Kurie und fuhr eine eigene Politik. Zwischen der Kurie und Toni Ebner begann eine Phase der Rivalität, zudem vor dem Hintergrund der Palastrevolte in der SVP 1957, in der die alte Garde der Partei die Macht verlor. Zu den Entmachteten gehörte auch Toni Ebner, obwohl er bei den Parlamentswahlen von 1958 wieder ins Abgeordnetenhaus gewählt wurde. Nach dem Wunsche Gargitters hätte er nicht mehr kandidieren sollen.[1205] Da Ebner noch relativ jung war, dachte er nicht daran, seine politischen Ambitionen aufzugeben. Da er in der SVP entmachtet wurde, wurden die „Dolomiten" und der Athesia-Verlag umso wichtiger für ihn.

Die Rivalität zwischen Kurie und Ebner war eigentlich unnötig, denn die Politik der beiden Kontrahenten war eine ähnliche. Ebner gehörte zu der gemäßigten Richtung der Partei, zu der Gargitter den Schulterschluss suchte. Die dominierende Rolle Ebners wurde auch durch die Schwäche des Athesia-Vorstandes erleichtert, der schon zu Gampers Zeiten ein „Ja-Sager"-Verein war und nun auch kein Profil entwickelte. Außerdem waren die Geistlichen im Vorstand überfordert, da sie nur auf Weisung des Bischofs und nicht auf eigene Initiative zum Verlag gekommen waren. Während Ebner und seine Vertrauensleute den Verlag in- und auswendig kannten, waren die Geistlichen oft nicht über grundlegende Dinge wie die Kapitalstruktur informiert.

Joseph Gargitter selbst war 1951/52 Mitglied des Verwaltungsrats der Athesia. Ebner hingegen verstand es vorzüglich, Positionen im Verlag mit Vertrauensleuten zu besetzen.[1206] Außerdem wurden die im Verlag verbliebenen Geistlichen durch eine Firmenumstrukturierung in eine unbedeutende Position abgeschoben.[1207]

Wenn sich das Verhältnis zwischen Ebner und Bischof Gargitter zunehmend verschlechterte, lag dies vor allem daran, dass Ebner seit 1961 politisch immer unberechenbarer wurde. Außerdem unterstützte Ebner nicht den Wunsch nach Versöhnung zwischen den Sprachgruppen.

Gargitter wurde von den „Dolomiten" manchmal als regelrechter Volkstumsverräter dargestellt. Dagegen wurde in der Öffentlichkeit paradoxerweise hinter dem Anti-SVP-Feldzug des immer noch beleidigten Toni Ebner der Bischof vermutet. Radikale Kreise munkelten sogar, der Bischof wolle wegen seiner Italienerfreundlichkeit das Südtiroler Volk spalten.[1208] Bei den Südtirolern herrschte noch vielfach die Meinung, der Bischof bestimme die Linie der „Dolomiten", und das Verhältnis zwischen Bischof und Verlag wurde noch schwieriger.[1209]

Selbst die Kirchenzeitung Südtirols, das „Katholische Sonntagsblatt", drohte dem Einflussbereich der Kirche zu entgleiten. 1948 schien es noch im Besitz des bischöflichen Ordinariats auf, plötzlich aber war die Athesia der Eigentümer – auch dies ein Ergebnis der Konzentrationspolitik von Kanonikus Gamper. Nicht lange, dann war auch das „Katholische Sonntagsblatt" auf Ebner-Linie gebracht.[1210]

Trotz der Gegensätze mit dem Bischof war Ebner nicht gleichgültig gegenüber religiösen Angelegenheiten oder gar antiklerikal. Er erkannte Religion als eine wichtige ideologische Klammer, die die Südtiroler Bevölkerung zusammenhielt. Allerdings war Ebner gegen die religiösen Neuerungen des Zweiten Vatikanischen Konzils, während Gargitter dem Konzil positiv gegenüberstand.[1211]

Auch das Verhältnis zwischen SVP und „Dolomiten" wurde immer schlechter. Nach der Unterstützung der Richtung „Aufbau" kam es zu einer Aussprache und das Verhältnis schien sich kurzfristig zu bessern.[1212] Dies sollte allerdings nicht eintreten:

Die „Dolomiten" veröffentlichten alle Artikel, in denen die Parteiführung angegriffen wurde, ihre Autoren wurden sogar als „Freunde Südtirols" bezeichnet, während Artikel von Magnago oft nicht veröffentlicht wurden.[1213]

Außerdem berichteten die „Dolomiten" negativ und einseitig über die Landesversammlung der SVP und über die Regionalräte der SVP. Dies ging sogar so weit, dass der „Alto Adige" einfach „Dolomiten"-Artikel übernehmen konnte, um die SVP zu diskreditieren. Zu Lebzeiten von Kanonikus Gamper wäre dies nicht möglich gewesen, kommentierte Magnago die Situation.[1214]

Kemenater antwortete auf das Schreiben, dass man das Verhältnis SVP-Athesia-Volksbote wohl neu definieren müsse.[1215] Außerdem seien die „Dolomiten" politisch an keine Partei gebunden und die Zeitung könne, schreiben was sie für richtig befinde. Wichtig sei allein ihre katholische Ausrichtung. Dies müsse die SVP als demokratische Partei akzeptieren.[1216]

Anlässlich der Parlamentswahlen 1963 bat SVP-Obmann Magnago Ebner, dass die „Dolomiten“ die Kandidatur von Josef Raffeiner ignorieren sollten.[1217] Ebner antwortete, dass er dieser Bitte nicht entsprechen könne.[1218] Magnago kommentierte dies folgendermaßen:

> „Ich sage Dir offen und ehrlich in aller Freundschaft, dass ich es als unverantwortlich betrachte, so wie die „Dolomiten“ heute vorgeht. Die Folgen dieser Haltung in der Presse könnten sich in Zukunft für Südtirol verheerend auswirken und es scheint Dir gar nicht bewusst zu sein, was Du alles heraufbeschwörst.“[1219]

Die „Dolomiten“ veröffentlichten bald darauf einen Aufruf der Altobmänner der SVP Erich Amonn und Josef Menz-Popp, Otto von Guggenberg und Franz Innerhofer-Tanner, Raffeiner zu wählen.[1220]

Auch der „Volksbote“, das Parteiblatt, veröffentlichte Anti-SVP-Artikel. Silvius Magnago reagierte mit einem Brief an Athesia-Präsident Franz Kemenater:

> „Sie werden vielleicht wissen – und wenn nicht, so möchte ich es Ihnen jetzt sagen – dass der Wunsch nach einer neuen Presse für die Südtiroler Leser mir des öfteren nachdrücklich nahegelegt wurde. Ich habe mich immer dagegen gewehrt, und bis jetzt mit Erfolg, weil ich mir als Katholik auch bewusst bin, welch große Bedeutung die katholische Presse und der katholische Verlag ‚Athesia‘, der allein die Presse in Südtirol hat, für die Gegenwart und die Zukunft unserer Heimat darstellen.
> Wenn man aber so eine Monopolstellung ausnützt, die sonst an und für sich begrüßenswert ist, wegen der ideologischen Zielsetzung der Verlagsanstalt, dann darf man sich nicht wundern, wenn doch eine neue Presse entstehen könnte.“[1221]

Obwohl die SVP im Wahlkreis Brixen, wo Raffeiner kandidierte, vier Prozent verlor, wurde dieser nicht gewählt. Ein Jahr später gründete Raffeiner die „Tiroler Heimatpartei“ und wurde in den Südtiroler Landtag gewählt. Die „Dolomiten“ hatten ihn im Wahlkampf unterstützt und im Faksimile der Anleitung „Zum richtigen Wählen“ nicht mehr das Edelweiß angekreuzt.[1222]

Raffeiner wurde allerdings von der DC als möglicher Partner nicht gefördert und nun wurde klar, dass der katholische Standpunkt einer verstärkten Zusammenarbeit mit der DC nichts brachte. 1968 kandidierte Raffeiner nicht mehr, womit der letzte „Altösterreicher" die aktive Politik verließ.[1223]

Trotzdem bedeutete die Episode „Tiroler Heimatpartei" das Ende einer Ära – der alleinigen Vertretung der Südtiroler im Landtag durch die SVP. Die große Macht der „Dolomiten" war klar hervorgetan: Die SVP hatte es zu einem großen Anteil der Wahlpropaganda von Kanonikus Gamper zu verdanken, dass früher Oppositionsparteien keine Chance bei Südtiroler Landtagswahlen hatten. Als die Kurie der SVP die Unterstützung entzog, ging die einigende Klammer „Religion" verloren.

Nach den Parlamentswahlen 1963 bot Magnago Ebner folgendes „Abkommen" zwischen SVP und „Dolomiten" an (auch Bischof Gargitter wurde davon informiert):

> „1. Die ‚Dolomiten' nimmt eine wohlwollende Haltung gegenüber der Südtiroler Volkspartei ein.
>
> 2. Sie wird jedem Spaltungsversuch, von welcher Seite er auch kommen mag, entgegentreten.
>
> 3. Sie soll nicht das Tagblatt einer Richtung innerhalb der Südtiroler Volkspartei sein, sondern hält sich aus den Richtungskämpfen innerhalb der Partei heraus.
>
> 4. Es soll ein Gremium geschaffen werden oder im gemeinsamen Einvernehmen eine Person bestimmt werden, die Artikel, welche gegen obige Richtlinien verstoßen, vor der Veröffentlichung inkriminieren kann, so dass es zu einem zweiten Zeitpunkt ein einvernehmlich bestelltes Schiedsgericht über die Veröffentlichung oder Nichtveröffentlichung zu entscheiden hat.
>
> 5. Dies soll alles verträglich festgelegt werden, wobei der abzuschließende Vertrag für die ersten zwei Jahre keine Kündigungsmöglichkeit hat und dann immer stillschweigend für zwei Jahre verlängert werden soll, falls nicht ein Jahr vorher von einem der Vertragspartner die Kündigung angemeldet wird."

Im September (oder Anfang Oktober) 1963 kam es zu einem Treffen zwischen Vertretern der SVP (Hans Dietl, Karl Mitterdorfer und Peter Brugger) und Vertretern der Athesia (Franz Kemenater, Johann Gamerboni und Graf Forni). Beide Seiten bekräftigten ihren Willen zu politischen Einheit Südtirols und wollten die Vorschläge Magnagos bezüglich des Verhältnisses SVP-„Dolomiten“ näher verhandeln.[1224]

Die Parteien konnten sich auf folgenden Entwurf einigen:[1225]

> „Die gefertigten Vertreter der SVP und der Athesia haben sich getroffen, um über Möglichkeiten und Wege einer Bereinigung der zwischen SVP und ‚Dolomiten‘ schwebenden Schwierigkeiten zu beraten. Man ist zu folgendem Ergebnis gekommen.
> Die ‚Dolomiten‘ sind ein politisch nicht parteigebundenes Tagblatt der Südtiroler. Sie unterstützen im Interesse unseres Volkes die Anstrengungen der SVP, welche in ihrer Eigenschaft als Sammelpartei die politische Vertreterin des Südtiroler Volkes ist. Sie werden keine Tendenzen und Initiativen unterstützen, die darauf ausgehen, die notwendige Einigkeit zu gefährden.
> Das Einvernehmen wird durch periodische Aussprachen innerhalb eines Gremiums von je drei autorisierten Vertretern gewährleistet; eine seiner vordringlichsten Aufgaben ist die Bestellung eines Vertreters der Partei zwecks ständiger gegenseitiger Information zwischen SVP und Direktion der ‚Dolomiten‘ in politischen Angelegenheiten.“

Der Parteiausschuss der SVP genehmigte das Übereinkommen am 2. Dezember 1963 einstimmig und auch der Vorstand der Athesia nahm es am 27. Jänner 1964 an.[1226]

Die SVP nominierte Peter Brugger, Hans Dietl (er wurde im Mai 1964 durch Alfons Benedikter ersetzt[1227]) und Karl Mitterdorfer für das vorgesehene Gremium[1228], während die Athesia Josef Graf Forni, Paul von Toggenburg und Toni Ebner ernannte.[1229]

Allerdings konnte auch das Gremium die Schwierigkeiten zwischen SVP und „Dolomiten“ nicht bereinigen, und am 14. Mai 1965 trat Alfons Benedikter aus dem Gremium zurück.[1230] Auch Peter Brugger trat am 14. Juni 1965 zurück, weil die Zusammenarbeit mit der Athesia nicht funktionierte.[1231] Immer wieder musste Magnago um Richtigstellungen in den „Dolomiten“ bitten.[1232] In einem Schreiben an Ebner übte er bittere Kritik:

> „Die Südtiroler Volkspartei bedauert es aufrichtig, dass es die ‚Dolomiten‘ trotz dieser Zusage an Unterstützung der SVP fehlen ließen.

Wir haben Verständnis dafür, wenn die Tageszeitung auch an dem Vorgehen auch manchmal aufbauende Kritik übt. Wir verlangen keinen blinden Konformismus. Die SVP hätte aber auch erwarten dürfen, dass die Zeitung mitunter die Anstrengungen der Partei positiv beurteilt hätte. Wir haben aber in den Seiten der ‚Dolomiten' nie auch nur ein einziges anerkennendes Wort für irgendeine Tat auf irgendeinem Gebiete der Politik oder der Wirtschaft gelesen. Wir haben dies umsomehr bedauert, weil wir die Bedeutung der einzigen Tageszeitung Südtirols für die Aufklärung und Willensbildung der Bevölkerung nicht verkennen. Das Ansehen der Partei in der Bevölkerung hat durch dieses Verschweigen alles Positiven selbstverständlich beträchtlich gelitten.
Die ‚Dolomiten' haben aber nicht bloß der Tätigkeit der Partei nie Hilfe geleistet, sie haben bei nicht wenigen Gelegenheiten die Haltung der Parteiführung ungerechtfertigt in den Augen der Leserschaft in ein schlechtes Bild gerückt. […]"[1233]

Ebner hingegen betonte, dass er zum Abkommen stehe und dass die Schuld an den Unstimmigkeiten bei der SVP liege.[1234] Die SVP ernannte keine neuen Mitglieder für das Gremium, da es aus ihrer Sicht zwecklos war.[1235]

Neben der SVP lag die „Athesia" auch mit der Kurie auf Konfliktkurs: Im Streit um das „Katholische Sonntagsblatt" setzte sich die Kurie allerdings gegen die Athesia durch. In den 1960er Jahren war das Blatt mehr und mehr auf Ebner-Linie gebracht worden, 1967 gab der Priester Josef Innerhofer im Auftrag von Bischof Gargitter dem Blatt wieder ein eigenständiges Profil, das manchmal auch gegen die SVP war.[1236] Das Blatt wurde zum Forum für intensive Debatten, mit denen Innerhofer den innerkirchlichen Dialog förderte. Es wurde teilweise als zu fortschrittlich und linkslastig, aber auch manchmal als zu bürgerlich und konservativ kritisiert. Trotz aller Kritik konnte es in den 1960er und 1970er Jahren seine Auflage steigern.[1237] Bischof Gargitter sicherte Innerhofer immer Pressefreiheit zu, auch wenn er mit der Berichterstattung nicht immer einverstanden war.[1238] Innerhofer wurde innerhalb der Athesia häufig angefeindet. 1968 wurde die Zeitschrift „Il segno" begründet, eine Kirchenzeitschrift für die Italiener. Sein Chefredakteur Don Giorgio Cristofolini wurde zu einem wertvollen Berater von Gargitter für die italienischsprachigen Gläubigen in Südtirol.[1239]

Auch in der „Dolomiten"-Redaktion kam es zu Veränderungen, so 1967, als das letzte geistliche Mitglied der Redaktion, Peter Zelger, die Zeitung verließ. Er war für die religiösen Themen in der Zeitung zuständig. Ebner wünschte, dass er sich zu tagespolitischen Themen äußern solle, um der Südtiroler Öffentlichkeit zu zeigen, dass es keinen Meinungsunterschied zwischen der Kirche und der „Dolomiten" gebe. Die Kurie wollte allerdings nicht als Garantin für die politischen Ansinnen Ebners dienen, sodass es zum Konflikt zwischen Gargitter und Ebner kam. Zelger war seit 1967 nur noch als freier Mitarbeiter für die „Dolomiten" tätig.[1240]

Damit war Ende der 1960er Jahre die Trennung von Kirche und Presse abgeschlossen, die nach Gampers Tod begonnen hatte: Die Athesia war de facto in ihrer politischen Linie unabhängig, obwohl die Kurie immer noch viele Anteile besaß (trotzdem waren damals viele Kreise in der Bevölkerung immer noch der Meinung, dass alles, was in den „Dolomiten" geschrieben wurde, den „Segen" des Bischofs hatte[1241]). Außerdem hatte die Kurie ihre eigene, auch von ihr kontrollierte Zeitung, das „Katholische Sonntagsblatt". Für die italienischsprachigen Gläubigen gab es die Kirchenzeitung „Il segno".

Da die Italiener in Südtirol aber weniger Bindung zur Kirche hatten als die deutschsprachigen Südtiroler, hatte das Blatt weder eine große Auflage noch besondere Bedeutung. Wegen der nicht so umfassenden Religiosität der Italiener in Südtirol war für den „Alto Adige" Religion als identitätsstiftende „Klammer" nie wichtig. Bis in die 1960er Jahre war er eher antiklerikal eingestellt (am Anfang wohl vor allem wegen der Politik Geislers und Pompanins), auch das „Deutsche Blatt" war kritisch zur Religion eingestellt.[1242]

Die Entwicklung bei der Presse zeigt, dass die Säkularisierung der Südtiroler Politik und der damit verbundene Rückgang des kirchlichen Einflusses auf die politischen Inhalte nur Teil eines umfassenden Säkularisierungsprozesses ist. Der historische politische Katholizismus, der das politische System Tirols bzw. später Südtirols so lange geprägt hatte, besaß keine prägende Kraft mehr. Die Kirche konnte nicht mehr politisch mobilisieren.[1243]

In den 1970er Jahren entspannte sich das Verhältnis zwischen Kurie und Verlag wieder. Mehrere Priester saßen im Aufsichtsrat und Verwaltungsrat der Athesia, der Priester Johann Gamberoni war sogar Vizepräsident des Verlags. Aber sie nahmen ihre Aufgaben im Verlag nur als Privatpersonen wahr und nicht mehr im Auftrag der Kirche. Die Athesia-Anteile im Besitz von kirchlichen Einrichtungen und Personen, die der Kirche nahe stehen, wurden immer geringer.[1244] Toni Ebner und Martha Flies kauften inzwischen systematisch und erfolgreich Athesia-Aktien im ganzen Land von kleineren Teilhabern auf.[1245]

Gargitters Nachfolger, Bischof Wilhelm Egger, hat sich mit der „Verweltlichung“ von Athesia und „Dolomiten“ abgefunden und betrachtet die Athesia als einen beliebigen Betrieb[1246], obwohl die Kirche auch heute noch zahlreiche Konzerngesellschafter stellt, darunter das Brixner Vinzentinum, den Deutschordenskonvent, das Johanneum, das Priesterseminar, das Kassian-Tschiderer-Werk, das Diuk und die Diözese Bozen-Brixen. Der größte kirchliche Aktionär ist das Vinzentinum mit 3,31%, die Diözse hält 2,45%, das Deutschordenskonvent 2,24% (die Zahlen beziehen sich auf das Jahr 2006).[1247]

Der Großteil der, Kurie anerkannte zwar, dass die sozialen Veränderungen der letzten Jahrzehnte zu einem Rückzug der Kirche aus dem Verlag führen mussten, wollte ihn aber trotzdem an die moralisch-religiösen Zielsetzungen gebunden wissen. Tatsächlich erhalten auch heute noch religiöse Themen in den „Dolomiten“ verhältnismäßig großen Raum und es gibt nie Kritik an der Kirche. Weiters werden als obszön empfundene Anzeigen nicht angenommen.

Dies sind allerdings die letzten Zugeständnisse der Athesia an die Kurie. Doch auch diese Zugeständnisse müssen immer öfter dem Profit-Denken weichen: Im Oktober 2006 gründete die Athesia „In Südtirol“, ein Lifestylemagazin, wo auch freizügige Playboy-Häschen zu sehen sind. Auch erotische Kalender hat die Athesia jahrelang – unter größter Geheimhaltung – gedruckt. In den Grundsätzen des Athesia-Konzerns heißt es zwar heute noch: „Athesia ist ein katholisches und weltanschaulich klar ausgerichtetes Medienhaus. Es ist den Prinzipien des christlichen Lebens verpflichtet.“[1248] Doch an erster Stelle steht klar der Profit. Wenn dieser mit dem katholischen Weltbild vereinbar ist, fein, wenn nicht, drücken die Verantwortlichen auch mal ein Auge zu.[1249]

Schlussbetrachtung

Die katholische Kirche und Religion hatten um 1945 in Südtirol eine starke und mentalitätsleitende Geltung. In der kleinbürgerlich-bäuerlichen Lebenswelt war die Katholizität, gestützt auf Priesterautorität und liturgische Jahreszyklen, trotz des Vordringens einer gesamtgesellschaftlichen Säkularisierung und säkularer Erfahrungen immer ein Fixpunkt im Leben der Menschen. Die Religion wurde durch ein „Arrangement an die Peripherie" des Kirchenfeldes in Gestalt des Verbands- und Parteikatholizismus und durch das katholische Staatskirchentum in Italien gestützt.[1250]

Rückblickend ist es erstaunlich, dass in Südtirol 1945 der politische Katholizismus ganz selbstverständlich in die höchsten Ämter hineinwirkte. In anderen europäischen Staaten wie Österreich, Frankreich oder Italien wurde dies nach 1945 abgeblockt. In Südtirol waren mehrere Faktoren für diese Entwicklung verantwortlich:

- der (vor allem laizistische) Elitenmangel;
- die Rolle der Kirche als Schutzmacht der Minderheit;
- die traditionelle, landesspezifische Kirchenbindung.[1251]

Die strenge katholische Weltanschauung stellte also das tragende Element dar, das das katholische Milieu vom liberalen Block unterschied. Außerdem umfasste die kulturelle Identität dieser katholischen Sondergesellschaft über den kirchennahen Katholizismus praktisch ein geschlossenes System von Wertvorstellungen, das dem einzelnen Katholiken nicht nur in seinem privaten Leben befolgen, sondern auch in seinem gesellschaftlichen Leben und politischen Tätigkeiten leiten sollte. Auf diese Weise etablierte sich der Katholizismus als politische Subkultur von Werten und Normen.[1252] Zu den Strukturmerkmalen der katholischen Weltanschauung gehörten:

- der Totalitätsanspruch (das Deutungssystem des politischen Katholizismus gilt nicht nur für den religiös-kirchlichen, sondern auch für den politisch-weltlichen Bereich);
- der Absolutheitsanspruch (die katholische Weltanschauung beanspruchte absolute Gültigkeit)[1253].

Die katholische Weltanschauung trennte also vielfach nicht Religion und Politik. Sie anerkannte die Autonomie des politischen Bereichs nicht und gab auch für den weltlich-politischen Bereich des Lebens Weisungen aus. Einheit und Geschlossenheit waren sehr wichtig. Die Brixner Kurie war auch gegen die Säkularisierung und plädierte für eine Neuordnung der Gesellschaft nach katholischen Gesichtspunkten.[1254]

Das katholische Milieu in Südtirol gründete also in seiner Blütezeit auf zwei wesentlichen Fundamenten:

1. auf der katholische Weltanschauung (sie bezog sich nicht nur direkt auf den Glauben, sondern auch auf den weltlichen Teil des politischen und gesellschaftlichen Lebens);
2. auf sozialen Organisationen wie z.B. den KVW (diese schützten gleichzeitig die katholische und Südtiroler Kultur).[1255]

Der Organisationsgrad war in den einzelnen gesellschaftlichen Bereichen verschieden: für die Massenmedien höher als für den Bereich der Schule, für die Arbeiter und Bauern stärker als für die Industriellen und Gewerbetreibenden. Allgemein kann man sagen, dass er die unteren Sozialschichten stärker erfasste als die Eliten. Katholische Arbeiter waren eher in einer katholischen Gewerkschaft vertreten als katholische Unternehmer in katholischen Unternehmerverbänden. Ein Grund dafür ist, dass katholische Arbeiter und Bauern stärker auf die Hilfestellung der Kirche angewiesen waren als bürgerliche Kreise.[1256]

Die katholische Sondergesellschaft funktionierte als effektive organisatorische Kontrolle, die den einzelnen Katholiken durch ein gutes Kommunikationssystem von oben herab ständig erreichen und mobilisieren konnte. Außerdem wurde beim einzelnen Katholiken durch die Gemeinschaft immer wieder die Konformität gefördert. Dieses Netz sollte eine Gewähr dafür sein, dass er sich an die Normen und Werte der Kirche hielt, außerdem wurde der Wunsch nach Gruppensolidarität befriedigt.

Politisch entschloss sich die Kirche zum Verzicht auf den Wiederaufbau eines katholischen Lagers, sie unterstützte hingegen die neu gegründete Sammelpartei der Südtiroler, die SVP, auf die sie freilich einen großen Einfluss ausübte. Ohne die Unterstützung der Kirche hätte die Erfolgsgeschichte der SVP nicht so reibungslos begonnen. Vor allem Generalvikar Pompanin beschränkte sich aber nicht darauf, sich nur in religiösen Grundsatzfragen in die SVP einzumischen, vielmehr wollte er auch oft in der Tagespolitik mitreden. Von einer Trennung von Staat und Kirche hielt er nichts. Auch Kanonikus Michael Gamper mischte sich immer wieder in die Tagespolitik ein. Da er die einzige deutschsprachige Tageszeitung

„Dolomiten" kontrollierte, hatte er auch die politische Macht dazu. Allzu oft zeigte sich aber, dass diese Kleriker letztlich keine Politiker waren. Ihr Einfluss war meistens schädlich und sie konnten die politische Lage oft nicht richtig einschätzen. Es war kein Wunder, dass der SVP-Obmann Erich Amonn manchmal fast verzweifelte. Er wollte frühzeitig über eine Autonomie für Südtirol mit Italien verhandeln, was der politisierte Klerus verhindern konnte. Damals wäre die Position Südtirols noch stärker gewesen und vielleicht hätte Südtirol schon sofort nach dem Zweiten Weltkrieg eine bessere Autonomie erreichen können. Als auch die Geistlichen einsahen, dass man mit Italien über eine Autonomie verhandeln musste, war es bereits zu spät für eine weitgehende Autonomie, da Italien nun die besseren Karten hatte. Dies hinderte Pompanin in völliger Verkennung der Lage jedoch nicht daran, völlig unrealistische Forderungen zu stellen, z.B. die De-facto-Vertreibung der meisten Italiener aus Südtirol.

1952 änderte sich die politische Lage in Südtirol. Der neue Bischof Joseph Gargitter wollte im Unterschied zum Ethno-Nationalismus seines Vorgängers ein Bischof für alle Sprachgruppen sein. Dass er in einer seiner ersten Amtshandlungen 1952 Generalvikar Pompanin nicht mehr bestätigte, zeigte erstmals seinen neuen Kurs. In der Bevölkerung Südtirols kam er im Streben nach „Ausgleich zwischen Deutschen und Italienern" nicht an. Was man damals aber nicht wusste, war, dass wohl nur Gargitter mit seiner moderaten politischen Einstellung Bischof von Brixen werden konnte. Kein anderer Südtiroler war für einflussreiche Geistliche im Vatikan wie z.B. den späteren Papst Paul VI. als Bischof von Brixen tragbar, denn einen zweiten „Nazibischof" wie Geisler wollte niemand, wie der österreichische Botschafter im Vatikan einmal in einem Brief schrieb. Wäre Gargitter nicht Brixner Bischof geworden, so wäre die Wahl auf einen Italiener gefallen. Bischof Gargitter setzte sich in der politischen Auseinandersetzung um Südtirol für die Diplomatie, das Gespräch und für Verhandlungen ein. Er nahm immer entschieden gegen alle Gewaltakte auf beiden Seiten Stellung. Nach Gampers Tod kam der katholische Verlag Athesia in weltliche Hände, dies bedeutete einen großen Machverlust für die Kirche. Auch die kirchlichen Vorfeldorganisationen spielten eine eher negative Rolle in der Politik. Vor allem der katholische KVW wollte von einem Kampf um eine bessere Autonomie nichts wissen, seine Vertreter hofften in völliger Verkennung der Lage auf den guten Willen der Italiener. Auch mit der säkularisierten Athesia-Presse trug SVP-Obmann und Landeshauptmann Silvius Magnago so manchen Streit aus. Der Historiker Rolf Steininger schreibt, dass Magnago immer in Hochform war und dass ohne ihn nichts lief.[1257]

Dieses Urteil kann ich nach der Auswertung der Akten nur bestätigen.

Als es um die Änderung der Diözesangrenzen ging, war die Zusammenarbeit zwischen Politik, Politikern in Nord- und Südtirol besonders wichtig. Hier gebührt vor allem den Nordtiroler Politikern ein Lob: In Nordtirol und vor allem Vorarlberg war der Druck groß, endlich zu einer eigenen Diözese zu gelangen. Die Nordtiroler Politiker aber stellten ihre eigenen Forderungen für die Südtiroler zurück (wenn Nordtirol de jure von der Diözese Brixen unabhängig geworden wäre, wäre es für Brixen viel schwerer gewesen, den deutschen Anteil der Diözese Trient zu bekommen). Erst als sicher war, dass die Diözese Brixen um den deutschsprachigen Anteil der Diözese Trient erweitert wird, kam aus Nordtirol die Zustimmung zur unabhängigen Diözese Innsbruck.

Die spätere Entwicklung sollte dem Bischof in seinem Einsatz für ein friedliches Zusammenleben der drei Volksgruppen in Südtirol Recht geben. Wenn Konflikte weiter zurückliegen und Kontrahenten älter werden, versöhnen sie sich meist wieder. So war es auch zwischen Gargitter und der SVP.

Ab den 1960er Jahren schrumpfte die politische Macht der Kirche: Die Rolle des kirchentreuen Katholiken, die bis in die 1950er Jahre integral war, begann sich durch außerkatholische Beziehungen zu segmentieren. Dies lag vor allem an der Modernisierung Südtirols. Die Dichte und Reichweite des katholischen Milieus nahm nun ab. Außerdem verlor die Hilfs- und Ordnungsleistung der Kirche mit dem zunehmenden Wohlstand der Bevölkerung an Bedeutung. Die die Lebenswelt durchdringende Katholizität ging nun merklich zurück. Früher war diese Subkultur noch scharf umgrenzt, nun wurde sie durchlässiger. All diese Vorgänge erfolgten zunächst zögerlich und langsam, aber sie waren nicht mehr zu ändern. Die Kirche wurde zunehmend unsicher und versuchte im Zweiten Vatikanum, der modernen Gesellschaft gerecht zu werden. Dennoch ging die Kirchlichkeit mehr und mehr zurück. In der SVP begann in den 1950er Jahren eine Emanzipierung von der Kirche. Durch ein neues Parteistatut (1964) verbesserte sie ihren Organisationsapparat. Die Kirche verabschiedete sich nun von der Politik, teilweise verlor sie auch die Unterstützung der Bevölkerung.

Eine Frage blieb offen: Kann es Aufgabe der Kirche sein, sich für eine Minderheit, und damit nur für einen Teil der Bevölkerung einzusetzen? Diesen Konflikt gab es im Laufe der Geschichte immer wieder, man denke nur an die zwei Schienen der Reformation: Martin Luther sagte, man müsse sich der weltlichen Obrigkeit unterwerfen, Thomas Müntzer predigte hingegen die Revolution. Man kann hier verschiedener Meinung sein, aber die direkte Einmischung der Kirche in die Tagespolitik hat in Südtirol praktisch immer geschadet. Nützlich war hingegen die Unterstützung für die Politik (logistische und finanzielle Unterstützung der jungen SVP unter Geisler, die vielen Gespräche Gargitters hinter den Kulissen). Prinzipiell sollte sich die Kirche aber aus der Politik heraushalten.

Heute kann man die SVP nicht mehr als katholische Partei im engeren Sinne betrachten. Das Bekenntnis zur katholischen Weltanschauung steht zwar auch heute noch im Parteiprogramm, aber Religion ist Privatsache der einzelnen Politiker, von denen einige religiöse Anliegen mehr, andere weniger unterstützen.

Wie überall in Europa ist auch Südtirol stark säkularisiert, die Religion hat nicht mehr viel Einfluss in der Politik. Dies scheint heute selbstverständlich in einer reifen Demokratie, aber diesbezüglich ist Europa die Ausnahme, nicht die Regel. In den beiden großen Demokratien neben Europa, den USA und Indien, sind Werte und Religion sehr wichtig in der Politik. Bei den US-Präsidentschaftswahlen 2004 zeigte sich, dass viele Europäer nur sehr schwer begreifen, dass in der amerikanischen Gesellschaft kollektive Anreize (Religion, Werte) oft wichtiger sind als individuelle Anreize (Wirtschaft). So liegt die Vermutung nahe, dass es in modernen Gesellschaften Zyklen gibt, in denen manchmal kollektive Anreize wichtiger sind, manchmal individuelle Anreize. Vielleicht kommt es so auch in Südtirol wieder irgendwann zu einer wichtigen politischen Bedeutung der Kirche.

Trotzdem ist die Zeit des alten katholischen Milieus unwiderruflich vorbei. Was folgt, bleibt offen. Ein geschlossener Milieukatholizismus wird nicht mehr zurückkehren, dass aber religiöse Werthaltungen in Südtirol neuerdings politikbestimmend sein werden, lässt sich nicht ausschließen.

Anmerkungen

1 Zit. nach Ebner, Lebensbild, 4.
2 Gelmi, Kirchengeschichte, 23.
3 Ebd., 80.
4 Ebd., 88.
5 Kolb, Priester, 128 f.
6 Widmoser, Südtirol, G-Ko, 194.
7 Noflatscher, Heilig, 360.
8 Schreiner, Messianismus, 18-22.
9 Noflatscher, Heilig, 360.
10 Widmoser, Südtirol, G-Ko, 194.
11 Noflatscher, Heilig, 368 f.
12 Ebd.
13 Widmoser, Südtirol, G-Ko, 194.
14 Noflatscher, Heilig, 371.
15 Ebd., 370.
16 Widmoser, Südtirol-Brevier, 25 f.
17 Ebd.
18 Gelmi, Kirchengeschichte, 162-171.
19 Noflatscher, Heilig, 370.
20 Schober, Katholizismus, 603.
21 Ebd., 604.
22 Gelmi, Kirchengeschichte, 190.
23 Ebd.
24 Gelmi, Kirchengeschichte, 190.
25 Heiss, Entstehung, 11.
26 Gelmi, Kirchengeschichte, 190.
27 Heiss, Entstehung, 11.
28 Ebd.
29 Gelmi, Kirchengeschichte, 192.
30 Ebd.
31 Ebd.
32 Fontana, Kulturkampf, 416 f.
33 Hanisch, Grundlagen, 22.
34 Ebd.
35 Holzer, SVP, 38.
36 Ebd., 40.
37 Gelmi, Kirchengeschichte, 195 f.
38 Schober, Katholizismus, 612.
39 Ebd.
40 Holzer, SVP, 40.
41 Schober, Katholizismus, 613.
42 Holzer, SVP, 41.
43 Vgl. Schober, Katholizismus, 617 f.
44 Fontana, Neubau, 302.
45 Bauer, Religion, 112.
46 Holzer, SVP, 42.
47 Schober, Katholizismus, 620.
48 Ebd., 131.
49 Gelmi, Kirchengeschichte, 228.
50 http://www.ecclesiabz.com/geschichte.htm. Oktober 2004.
51 Steininger, Diplomatie, Band 3, 218.

52 Steurer, Südtirol 1918–1945, 217.
53 Innerhofer, Südtirol, 7 f.
54 Metz, Wesenszüge, 19.
55 Ebd.
56 http://www.ecclesiabz.com/geschichte.htm. Oktober 2004.
57 Steininger, Diplomatie, Band 3, 219.
58 Ebd., 218.
59 Steininger, Diplomatie, Band 3, 218.
60 http://www.ecclesiabz.com/geschichte.htm. Oktober 2004.
61 Steininger, Diplomatie, Band 3, 218.
62 http://www.ecclesiabz.com/geschichte.htm. Oktober 2004.
63 Steininger, Diplomatie, Band 3, 218.
64 Steurer, Südtirol 1918–1945, 217.
65 Ebd.
66 Ebd.
67 http://www.ecclesiabz.com/geschichte.htm. Oktober 2004.
68 Steininger, Diplomatie, Band 3, 219.
69 Heiss, Schutzmacht, 402.
70 http://www.ecclesiabz.com/geschichte.htm. Oktober 2004.
71 Ebd.
72 Gelmi, Kirche, 446.
73 Heiss, Schutzmacht, 402.
74 http://www.ecclesiabz.com/geschichte.htm. Oktober 2004.
75 Gelmi, Kirche, 446.
76 Adler, Minderheitenpolitik, 136.
77 Steurer, Option, 87.
78 http://www.ecclesiabz.com/geschichte.htm. Oktober 2004.
79 Gelmi, Kirchengeschichte, 247.
80 Ebd., 250.
81 Vgl. Amonn, Option, 97.
82 Hillebrand, Medienmacht, 52.
83 Steurer, Südtirol 1918–1945, 218.
84 Holzer, SVP, 47.
85 Schiemer, Priesterleben, 47-49.
86 Holzer, SVP, 124.
87 Schiemer, Priesterleben, 51 f.
88 Holzer, SVP, 124 f.
89 Gelmi, Kirche, 447 f.
90 Hillebrand, Medienmacht, 52.
91 Blessing, Deutschland, 22.
92 Hillebrand, Medienmacht, 52.
93 Adler, Minderheitenpolitik, 132.
94 Steurer, Südtirol 1918–1945, 220.
95 Hillebrand, Medienmacht, 52.
96 Holzer, SVP, 50.
97 Ebd., 56.
98 Ebd., 55.
99 Steurer, Option, 87.
100 Steurer, Südtirol 1918–1945, 221.
101 Gelmi, Kirchengeschichte, 244.
102 Holzer, SVP, 56.
103 Steurer, Berlin, 391.
104 Heiss, Jahr, 278.
105 Steurer, Berlin, 391.
106 Holzer, SVP, 50.

107 Gelmi, Kirchengeschichte, 264.
108 Steurer, Südtirol 1918–1945, 221 f.
109 Steurer, Berlin, 392.
110 Gelmi, Südtiroler Kirche, 141.
111 Gelmi, Kirchengeschichte, 264.
112 Steurer, Südtirol 1918–1945, 304 f.
113 Unterkircher, Stellung, 16.
114 Steurer, Berlin, 392.
115 Steurer, Südtirol 1918–1945, 304 f.
116 Ebd., 222.
117 Steurer, Berlin, 393.
118 Gelmi, Südtiroler Kirche, 141.
119 Gelmi, Kirchengeschichte, 267.
120 Ebd.
121 Ebd., 393.
122 Gelmi, Kirchengeschichte, 268.
123 Steurer, Berlin, 394.
124 Steurer, Südtirol 1918–1945, 222.
125 Ebd.
126 Lun, NS-Herrschaft, 243.
127 Gelmi, Südtiroler Kirche, 141.
128 Gelmi, Kirchengeschichte, 269.
129 Heiss, Jahr, 277.
130 Ebd.
131 Gelmi, Kirchengeschichte, 278.
132 Lun, NS-Herrschaft, 247.
133 Ebd., 246.
134 Steurer, Südtirol 1918–1945, 304.
135 Lun, NS-Herrschaft, 248 f.
136 Ebd., 245.
137 Heiss, Brixen, 557.
138 Gelmi, Kirchengeschichte, 278.
139 Lun, NS-Herrschaft, 244.
140 Gelmi, Fürstbischof, 93-104.
141 Gelmi, Kirchengeschichte, 282.
142 Lepsius, Parteiensystem, 371-393.
143 Mooser, Milieu, 61.
144 Heiss/Königsrainer, Brixen, 218.
145 Parschalk, Brixen, 333.
146 Vgl. Schematismus, 69.
147 Heiss/Königsrainer, Brixen, 218.
148 Parschalk, Brixen, 333.
149 Heiss/Königsrainer, Brixen, 218.
150 Parschalk, Brixen, 333.
151 Sparber, Kirchengeschichte, 98.
152 Blessing, Deutschland, 7.
153 Ebd.
154 Parschalk, Brixen, 336.
155 Ebd., 335.
156 Katholisches Sonntagsblatt, 12.5.1946.
157 Raffeiner, Tagebücher, 116.
158 Gelmi, Brixen 435.
159 Ebd.
160 Baur, Priesterseminar, 88-90.
161 Ebd.

162 Katholisches Sonntagsblatt, 21.10.1945.
163 Baur, Priesterseminar, 88-90.
164 Blessing, Deutschland, 17.
165 Pollack, Individualisierung, 66.
166 Blessing, Deutschland, 17.
167 Klinkhammer, Italien, 90.
168 Egarter, Herz-Jesu-Bund, 5.
169 Hillebrand, Auferstehung, 287.
170 Gatterer, Kampf, 774 f, 1303.
171 Altermatt, Fanal, 110.
172 Ebd., 103.
173 Blessing, Deutschland, 62.
174 Heiss, Brixen, 558.
175 Katholisches Sonntagsblatt, 30.12.1945.
176 Vgl. Blessing, Deutschland, 66.
177 Altermatt, Religion, 41.
178 Altermatt, Fanal, 105.
179 Pollack, Individualisierung, 66 f.
180 Katholisches Sonntagsblatt, 16.9.1945.
181 Ebd., 28.4.1946.
182 Ebd.
183 Ebd., 7.7.1946.
184 Amonn, Option, 117.
185 Gelmi, Kirchengeschichte, 296.
186 Katholisches Sonntagsblatt, 18.11.1945.
187 Hillebrand, Auferstehung, 291.
188 Ebd.
189 Raffeiner, Tagebücher, 164.
190 Dolomiten, 24.1.1959.
191 Katholisches Sonntagsblatt, 18.11.1945.
192 Ebd., 9.12.1945.
193 Vgl. Blessing, Deutschland, 94.
194 Vgl. ebd.
195 Hillebrand, Auferstehung, 298.
196 Euler, Gamper, 13.
197 Gatterer, Kampf, 1305.
198 Vgl. Raffeiner, Tagebücher, 79 und 84.
199 Vgl. ebd., 107.
200 Gehler, Selbstbestimmung, 115.
201 Heiss, Jahr, 277.
202 Ebd., 278
203 Hillebrand, Auferstehung, 296.
204 Parschalk, Brixen, 339.
205 Heiss, Weg, 277.
206 Hillebrand, Auferstehung, 296.
207 Vgl. Cornwell, Pius, 9-11.
208 Blessing, Deutschland, 7.
209 Schreiben von Generalvikar Pompanin an einen unbekannten Empfänger vom 23.8.1947. SLA, SVP-Archiv (Landesleitung), Nr. 109 (Ordinariat Brixen – Trient).
210 Ebd., 125.
211 Hillebrand, Auferstehung, 292.
212 Hillebrand, Medienmacht, 80.
213 Euler, Gamper, 218 f.
214 Heiss, Jahr, 277.
215 Hillebrand, Medienmacht, 71 f.

216 Vereinbarung. SLA, SVP-Archiv (Landesleitung), Nr. 59 (Volksbote).
217 Pescoller, Volgger, 159.
218 Petition der SVP, 26.8.1945, in Steininger, Rom, 201-204.
219 Steininger, Rom, 26.
220 Ebd.
221 Volgger, Südtirol, 163.
222 Euler, Gamper, 221.
223 Mooswalder, Printmedienmarkt, 116.
224 Hillebrand, Medienmacht, 82.
225 Schreiben von Generalvikar Pompanin an den SVP-Obmannstellvertreter Friedl Volgger vom 11.5.1947. SLA, SVP-Archiv (Landesleitung), Nr. 1150 (Pfarrämter/Fürstbischöfliche Hofburg).
226 Schreiben von Kanonikus Michael Gamper an Friedl Volgger vom 22.2.1947. SLA, SVP-Archiv (Landesleitung), Nr. 304b (Kanonikus Michael Gamper).
227 Mooswalder, Printmedienmarkt, 128.
228 Stadlmayer, Kleingeld, 43.
229 Hillebrand, Auferstehung, 292.
230 Hillebrand, Medienmacht, 91.
231 Marzari, Kanonikus, 203.
232 Zit. nach Ebner, Lebensbild, 9.
233 Mooswalder, Printmedienmarkt, 117.
234 Stadlmayer, Kleingeld, 43.
235 Ebd., 43 f.
236 Hillebrand, Auferstehung, 292-295.
237 Lagebericht über die Situation in Südtirol, 1.7.1945, in: Gehler, Selbstbestimmung, 102.
238 Zit. nach Widmann, Südtirol, 250 f.
239 Ebd.
240 Gelmi, Fürstbischof, 117.
241 Zit. nach Gelmi, Geschichte, 424 f.
242 Gelmi, Südtiroler Kirche, 141.
243 Gelmi, Fürstbischof, 97.
244 Vgl. Bönisch, Papst, 152-159 und Habbe, Visier, 196-202.
245 Cornwell, Pius, 314.
246 Gelmi, Fürstbischof, 115.
247 Pallaver, Schlamm, 279.
248 Hillebrand, Medienmacht, 92.
249 Zit. nach Seberich, Schulgeschichte, 117.
250 Trafojer, Standpunkt, 16.
251 Ebd.
252 Steurer/Verdorfer/Pichler, Verfemt, 515.
253 Hillebrand, Medienmacht, 92.
254 Trafojer, Standpunkt, 20.
255 Vgl. Blessing, Deutschland, 71.
256 Vgl. Lun, NS-Herrschaft, 362-370.
257 Volgger, Südtirol, 62 f.
258 Schreiben von Hans Egarter an die Landesleitung der SVP vom 16.3.1948. SLA, SVP-Archiv (Landesleitung), Nr. 129 (Hans Egarter).
259 Steininger, Südtirol, 205 f.
260 Verdorfer, Faschismus, 59.
261 Schreiben von Hans Egarter an die Landesleitung der SVP vom 16.3.1948. SLA, SVP-Archiv (Landesleitung), Nr. 129 (Hans Egarter).
262 Dolomiten, 19.5.1945.
263 Gatterer, Kampf, 872.
264 Alto Adige, 6.6.1945.
265 Steininger, Südtirol, 205 f.

266 Schreiben von Hans Egarter an die Landesleitung der SVP vom 16.3.1948. SLA, SVP-Archiv (Landesleitung), Nr. 129 (Hans Egarter).
267 Trafojer, Standpunkt, 18.
268 Steininger, Südtirol, 205 f.
269 Schreiben von Hans Egarter an die Landesleitung der SVP vom 16.3.1948. SLA, SVP-Archiv (Landesleitung), Nr. 129 (Hans Egarter).
270 Steurer/Verdorfer/Pichler, Verfolgt, 511.
271 Trafojer, Standpunkt, 15.
272 Alto Adige, 2.6.1946; Dolomiten, 3.6.1946.
273 Beschluss des AHB vom 26.1.1947. SLA, SVP-Archiv (Landesleitung), Nr. 129 (Hans Egarter).
274 Raffeiner, Tagebücher, 264.
275 Hillebrand, Medienmacht, 111.
276 Ebd.
277 Trafojer, Standpunkt, 26.
278 Holzer, SVP, 78.
279 Verdorfer, Faschismus, 59.
280 Pallaver, Pichler, 60.
281 Ebd.
282 Ebd., 62.
283 Ebd.
284 Ebd.
285 Ebd., 66.
286 Ebd., 70.
287 Schreiben des Provinzialsekretariates der DC Bozen an den Schriftleiter des „Volksboten" Friedl Volgger vom 12.5.1947. SLA, SVP-Archiv (Landesleitung), Nr. 312 (Schriftwechsel mit verschiedenen Parteien).
288 Ebd.
289 Pallaver, Pichler, 112.
290 Süsterhenn, Kirche, 201.
291 Ansuchen betreff Neubesetzung des Bürgermeisteramtes in Lüsen, Lüsen, 8.6.1945. SLA, SVP-Archiv (Bezirk Brixen), Nr. 1 (Anfangszeit der SVP Brixen).
292 Delmonego, Entwicklung, 162.
293 Bericht über die Einsetzung des kommissarischen Bürgermeisters in Lüsen Dr. Joseph Gargitter, Brixen, 25.6.1945, gef. von Richard Holzeis. SLA, SVP-Archiv (Bezirk Brixen), Nr. 1 (Anfangszeit der SVP Brixen).
294 Vgl. Innerhofer, Südtirol, 12.
295 Delmonego, Entwicklung, 162.
296 Bericht über die Einsetzung des kommissarischen Bürgermeisters in Lüsen Dr. Joseph Gargitter, Brixen, 25.6.1945, gef. von Richard Holzeis. SLA, SVP-Archiv (Bezirk Brixen), Nr. 1 (Anfangszeit der SVP Brixen).
297 Frenes, Dienst, 145.
298 Delmonego, Entwicklung, 162.
299 Bericht über die Einsetzung des kommissarischen Bürgermeisters in Lüsen Dr. Joseph Gargitter, Brixen, 25.6.1945, gef. von Richard Holzeis. SLA, SVP-Archiv (Bezirk Brixen), Nr. 1 (Anfangszeit der SVP Brixen).
300 Delmonego, Entwicklung, 162.
301 Ebd., 297.
302 Ebd., 163.
303 Vgl. Blessing, Deutschland, 71.
304 Katholisches Sonntagsblatt, 18.11.1945.
305 Vgl. Blessing, Deutschland, 72 f.
306 Heiss, Jahr, 283.
307 Gehler, Selbstbestimmung, 584.
308 Gatterer, Kampf, 865.

309 Gelmi, Südtiroler Kirche, 141.
310 Ebd.
311 Raffeiner, Tagebücher, 41.
312 Gelmi, Südtiroler Kirche, 141.
313 Schreiben Geislers an De Gasperi, 4.1.1946, in: ebd., 326-329.
314 Katholisches Sonntagsblatt, 11.11.1945.
315 Stadlmayer, Kleingeld, 113.
316 Katholisches Sonntagsblatt, 11.11.1945.
317 Ebd., 2.12.1945.
318 Stadlmayer, Kleingeld, 113.
319 Gelmi, Südtiroler Kirche, 141.
320 Schreiben von Toni Ebner an Fürstbischof Geisler vom 24.4.1947. SLA, SVP-Archiv (Landesleitung), Nr. 109 (Ordinariat Brixen – Trient).
321 Aufruf an die Herren Seelsorger, Dokument im Besitz des Verfassers.
322 Andresen, Wohlfahrtspflege, 11.
323 Clementi, Erneuerung, 154.
324 Andresen, Wohlfahrtspflege, 12.
325 Clementi, Erneuerung, 154 f.
326 Andresen, Wohlfahrtspflege, 12.
327 Blessing, Deutschland, 90.
328 Altermatt, Fanal, 159.
329 Altermatt, Katholizismus, 116.
330 Messner, Bischof, 43.
331 Zit. nach Hillebrand, Auferstehung, 302.
332 Mittermaier, System, 609.
333 Messner, Sozialarbeit, 208.
334 Hillebrand, Auferstehung, 302.
335 Mittermaier, System, 609.
336 Messner, Sozialarbeit, 208.
337 Blessing, Deutschland, 71.
338 „Die Forderungen nach der kleinen Grenzberichtigung und die Südtiroler" von Kanonikus Gamper, abgedruckt in Gehler, Selbstbestimmung, 328 f.
339 Stürz, KVW, 17.
340 Blessing, Deutschland, 78.
341 Ebd.
342 Stürz, KVW, 11.
343 Messner, Bischof, 33.
344 Messner, Sozialarbeit, 210.
345 Ebd., 215.
346 Gatterer, Kampf, 989.
347 Zit. nach Messner, Sozialarbeit, 211.
348 Ebd., 213.
349 Hillebrand, Auferstehung, 303.
350 Messner, Bischof, 33.
351 Messner, Sozialarbeit, 216.
352 Mittermaier, System, 610.
353 Messner, Sozialarbeit, 216.
354 Messner, Bischof, 36.
355 Ebd.
356 Messner, Sozialarbeit, 216.
357 Ebd., 217.
358 Ebd., 221.
359 Zit. nach ebd.
360 Katholisches Sonntagsblatt, 8.1.1948.
361 Ebd., 5.6.1948.

362 Stürz, KVW, 9.
363 Messner, Bischof, 34.
364 Ebd.
365 Ebd., 35.
366 Zit. nach Messner, Sozialarbeit, 224.
367 Innerhofer, Hirtenstab, 29.
368 Zit. nach Messner, Sozialarbeit, 222.
369 Hillebrand, Auferstehung, 302.
370 Messner, Sozialarbeit, 222.
371 Ebd.
372 Hillebrand, Auferstehung, 303.
373 Gatterer, Kampf, 990.
374 Ebd.
375 Ebd., 999.
376 Stürz, KVW, 155.
377 Zit. nach Messner, Sozialarbeit, 225.
378 Mittermaier, System, 610.
379 Messner, Sozialarbeit, 228.
380 Mittermaier, System, 610.
381 Messner, Sozialarbeit, 227.
382 Messner, Bischof, 36.
383 Stürz, KVW, 24.
384 Zit. nach Messner, Sozialarbeit, 221.
385 Goller, Nebenregierung, 76.
386 Ferrari, Schulwesen, 224.
387 Seberich, Schulgeschichte, 116.
388 Vgl. Seberich, Schulgeschichte, 106.
389 Zit. nach ebd.
390 Ebd., 118 f.
391 Raffeiner, Tagebücher, 178.
392 Ebd., 43.
393 Widmoser, Südtirol, G-Ko, 385.
394 Hillebrand, Medienmacht, 104.
395 Seberich, Schulgeschichte, 281.
396 Hillebrand, Medienmacht, 105.
397 Schullian, Jugendarbeit, 123.
398 Heiss, Schutzmacht, 106 f.
399 Dejaco, berge, 46.
400 Ebd.
401 Gruber, Parteien, Teil 1, 298 f.
402 Beschwerdebriefe siehe SLA, SVP-Archiv (Landesleitung), Nr. 342 (Südtiroler Jugend-Verband).
403 Schreiben von Erich Amonn und Otto von Guggenberg an Provikar Kögl vom 21.2.1947. SLA, SVP-Archiv (Landesleitung), Nr. 208 (Südtiroler Jugend-Verband).
404 Der Südtiroler Jugendverband (geschrieben von Kanonikus Michael Gamper am 25.3.1947). Ebd.
405 Südtiroler Jugendverband. SLA, SVP-Archiv (Landesleitung), Nr. 208 (Südtiroler Jugend-Verband).
406 Schreiben von Otto von Guggenberg an die Bezirksobmänner der SVP vom 21.6.1947.
407 Gruber, Parteien, Teil 1, 298 f.
408 Raffeiner, Tagebücher, 85.
409 Gelmi, Fürstbischof, 107.
410 Lagebericht von Unbekannt aus Südtirol, 2.8.1945, und Aufzeichnung der Landesstelle für Südtirol, in: Gehler, Selbstbestimmung, 126.
411 Volgger, Südtirol, 300.

412 Petition des Bischofs von Brixen und der Südtiroler Seelsorger an die Alliierten, 1945, in: Egger, Kirche, 39.
413 Volgger, Südtirol, 21.
414 Der Sekretär des Bundesministers für Auswärtige Angelegenheiten, Dr. Coreth, an Dr. Karl Heinrich Mais, 19.4.1946, in: Gehler, Selbstbestimmung, 271.
415 SSU-Bericht, Thema: Information zur Südtirolfrage, in: Gehler, Selbstbestimmung, 230.
416 Volgger, Südtirol, 166 f.
417 Ebd.
418 Dolomiten, 11.2.1946.
419 Ebd.
420 Raffeiner, Tagebücher, 89.
421 Ebd., 95 f.
422 Gelmi, Südtiroler Kirche, 142.
423 Bericht „Die augenblickliche Lage in Südtirol" von Wolfgang Steinacker, 15.5.1946, in: Gehler, Selbstbestimmung, 311.
424 Raffeiner, Tagebücher, 121.
425 Schreiben von Friedl Volgger und Johannes Geisler an James Byrnes (Außenminister der USA), Georges Bidault (Außenminister Frankreichs), Wjateschlaw Molotov (Außenminister der UdSSR) und Ernest Bevin (Außenminister Großbritanniens) vom 22.5.1946. SLA, SVP-Archiv (Landesleitung), Nr. 452 (Auslandspraktiken).
426 Gelmi, Fürstbischof, 109.
427 Bericht über eine Fahrt nach Südtirol, 24.-26.4.1946, abgedruckt in Steininger, Rom, 262.
428 Dolomiten, 5.6.1946.
429 Raffeiner, Tagebücher, 89.
430 Gatterer, Kampf, 1304.
431 Raffeiner, Tagebücher, 115.
432 Ebd., 106.
433 Gelmi, Fürstbischof, 112.
434 Matzneller, Bischof, 23.
435 Steininger, Südtirol, 217.
436 Ebd., 220.
437 Stürz, KVW, 19.
438 Ebd., 21.
439 Stürz, KVW, 21.
440 Gatterer, Kampf, 990.
441 Katholisches Sonntagsblatt, 21.7.1946.
442 Ebd., 5.10.1947.
443 Ebd., 11.1.1948.
444 Ebd., 21.11.1948.
445 Ebd., 28.11.1948.
446 Ziegler, Verhältnis, 119.
447 Messner, Sozialarbeit, 214.
448 Ebd.
449 Steurer, Kriegsende, 162.
450 Hillebrand, Auferstehung, 295.
451 Schreiben von Generalvikar Pompanin an SVP-Generalsekretär Raffeiner vom 11.3.1946. SLA, SVP-Archiv (Landesleitung), Nr. 109 (Ordinariat Brixen – Trient).
452 Steurer, Kriegsende, 143 f.
453 Ebd., 178.
454 Ebd., 178-180.
455 Ebd., 180.
456 Schreiben von SVP-Obmann Amonn an Fürstbischof Geisler vom 3.1.1946. SLA, SVP-Archiv (Landesleitung), Nr. 109 (Ordinariat Brixen – Trient).
457 Schreiben von Generalvikar Pompanin an SVP-Generalsekretär Raffeiner vom 11.3.1946. Ebd.

458 Schreiben von SVP-Obmann Amonn an Generalvikar Pompanin vom 25.3.1946. Ebd.
459 Schreiben von Generalvikar Pompanin an SVP-Obmann Amonn vom 6.4.1946. Ebd.
460 Hillebrand, Auferstehung, 87.
461 Steurer, Kriegsende, 162.
462 SSU-Bericht: „Verschiedene Aspekte der Südtirolfrage", 23.7.1946, in: Gehler, Selbstbestimmung, 407.
463 „Eine Kompromisslösung für Südtirol" vom 15.8.1946, in: ebd., 426.
464 Steurer, Kriegsende, 188.
465 Zit. nach Gelmi, Südtiroler Kirche, 143.
466 Ebd., 142.
467 Ebd., 143 f.
468 Katholisches Sonntagsblatt, 17.2.1946.
469 An die Hochw. fb. Dekanalämter der Diözese Brixen, undatiert (Februar 1946). SLA, SVP-Archiv (Landesleitung), Nr. 109 (Ordinariat Brixen – Trient).
470 Schreiben von SVP-Generalsekretär Raffeiner an Generalvikar Pompanin vom 23.2.1946. Ebd.
471 Schreiben von Generalvikar Pompanin an SVP-Generalsekretär Raffeiner vom 24.2.1946. Ebd.
472 Raffeiner, Tagebücher, 93.
473 Hillebrand, Auferstehung, 293.
474 Zit. nach ebd.
475 Ebd.
476 Raffeiner, Tagebücher, 105.
477 Ebd.
478 Gruber, Parteien, Teil 1, 317-330.
479 Raffeiner, Tagebücher, 105.
480 Ebd., 94
481 Hillebrand, Auferstehung, 293.
482 Volksbote, 18.4.1946.
483 Ebd.
484 Zit. nach Katholisches Sonntagsblatt, 7.4.1946.
485 Raffeiner, Tagebücher, 96.
486 Ebd., 106 f.
487 Schreiben Otto von Guggenbergs an die Brixner SVP-Leitung, 27.4.1946, in Geisler, Fürst bischof, 347 f.
488 Schreiben von Otto von Guggenberg an Hans Schoefl vom 29.4.1956. SLA, SVP-Archiv (Landesleitung), Nr. 431 (Volkskundgebungen, Organisation).
489 Ebd.
490 „Der Tag von Brixen", unbekannter Autor, 5.5.1946. SLA, SVP-Archiv (Landesleitung), Nr. 432 (Volkskundgebungen. Berichte und Unterlagen).
491 Ebd.
492 Gruber, Parteien, Teil 1, 323.
493 „Wir wollen gehört werden", SLA, SVP-Archiv (Landesleitung), Nr. 432 (Volkskundgebungen. Berichte und Unterlagen).
494 Bericht über die augenblickliche Lage in Südtirol von Wolfgang Steinacker, in: Gehler, Selbstbestimmung, 377.
495 Zit. nach Baumgartner, Kämpfer, 76.
496 Raffeiner, Tagebücher, 117.
497 Ebd., 114.
498 Katholisches Sonntagsblatt, 7.7.1946.
499 Gelmi, Südtiroler Kirche, 147.
500 Gelmi, Fürstbischof, 112.
501 Bericht über die augenblickliche Lage in Südtirol von Wolfgang Steinacker, in: Gehler, Selbstbestimmung, 377.
502 Hillebrand, Medienmacht, 86.

503 Ebd., 87.
504 Altermatt, Katholizismus, 69.
505 Dolomiten, 3.5.1946.
506 Raffeiner, Tagebücher, 114.
507 Ebd., 114 f.
508 Steininger, Rom, 67-87.
509 Note der Bundesregierung an die Friedenskonferenz in Paris; in Steininger, Rom, 272.
510 Vgl. Steurer, Kriegsende, 150-152.
511 „Die Forderungen nach der kleinen Grenzberichtigung und die Südtiroler", von Kanonikus Gamper, 29.5.1946, in: Gehler, Selbstbestimmung, 328 f.
512 Ebd., 329 f.
513 Raffeiner, Tagebücher, 141.
514 Ebd.
515 Ebd., 143.
516 Ebd.
517 Ebd., 145.
518 Volgger, Südtirol, 161.
519 Gelmi, Südtiroler Kirche, 149.
520 Steininger, Rom, 398.
521 Hillebrand, Medienmacht, 86.
522 „Eine Kompromisslösung für Südtirol" vom 15.8.1946, in: Gehler, Selbstbestimmung, 426.
523 „Ein Brite und großer Freund Tirols": Edgeworth Murray Leslie, in: Gehler, Selbstbestimmung, 47.
524 http://www.ecclesiabz.com/geschichte.htm. Oktober 2004.
525 Gelmi, Kirchengeschichte, 296.
526 Volgger, Südtirol, 161.
527 Steininger, Los von Rom, 297.
528 Schreiben von Generalvikar Pompanin an Karl Tinzl vom 13.9.1946. SLA, SVP-Archiv (Landesleitung), Nr. 519 (Pfarrämter, Klerus).
529 Ebd.
530 Ebd.
531 Ebd.
532 Ebd.
533 Ebd.
534 Schreiben von Karl Tinzl an Generalvikar Pompanin vom 7.9.1946. Ebd.
535 Steurer, Kriegsende, 160-162.
536 Steininger, Rom, 399 f.
537 Reise von H. Thalhammer nach Südtirol, in: Steininger, Rom, 324.
538 Hillebrand, Medienmacht, 88.
539 Ebd., 88 f.
540 Ebd., 95.
541 Vergleichsweise Zusammenstellung der vorhandenen Autonomieentwürfe (eigenes Projekt, erster Entwurf Pompanin, zweiter Entwurf Pompanin, Entwurf Movimento Autonomista Regionale, Entwurf Movimento Autonomista Democratico Regionale, Entwurf Innocenti, Bemerkungen Baron Sternbach zu Projekt Innocenti). SLA, SVP-Archiv (Landesleitung), Nr. 1068 (Autonomie).
542 Ebd.
543 Raffeiner, Tagebücher, 163 f.
544 Hillebrand, Medienmacht, 95.
545 Ebd.
546 Steurer, Kriegsende, 186; Steininger, Diplomatie, Band 1, 409.
547 Widmann, Südtirol, 66 f.
548 Hillebrand, Medienmacht, 96.
549 Ebd.
550 Ebd.

551 Raffeiner, Tagebücher, 197.
552 Hillebrand, Medienmacht, 97.
553 Raffeiner, Tagebücher, 223.
554 Steininger, Diplomatie, Band 1, 35.
555 Schreiben von Karl Tinzl an Generalvikar Pompanin vom 3.5.1947. SLA, SVP-Archiv (Landesleitung), Nr. 519 (Pfarrämter, Klerus).
556 Schreiben von Generalvikar Pompanin an Karl Tinzl vom 5.5.1947. Ebd.
557 Steurer, Kriegsende, 194.
558 Ebd., 202.
559 Ebd., 206.
560 Steininger, Südtirol, 395-397.
561 Steininger, Diplomatie, Band 1, 65.
562 Steininger, Südtirol, 397.
563 Ebd., 252.
564 Ebd., 255.
565 Ebd., 260.
566 Hillebrand, Medienmacht, 97.
567 Raffeiner, Tagebücher, 307.
568 Steininger, Südtirol, 431 f.
569 Raffeiner, Tagebücher, 308.
570 Euler, Gamper, 232 f.
571 Hillebrand, Medienmacht, 98.
572 Raffeiner, Tagebücher, 328 f.
573 Steininger, Diplomatie, Teil 1, 91.
574 Hillebrand, Medienmacht, 99.
575 Raffeiner, Tagebücher, 328 f.
576 Dolomiten, 31.1.1948.
577 Steininger, Diplomatie, Teil 1, 94.
578 Hillebrand, Medienmacht, 95.
579 Hillebrand, Auferstehung, 297.
580 Ebd., 297 f.
581 Zit. nach Gatterer, Kampf, 985.
582 Ebd.
583 Raffeiner, Tagebücher, 202 f.
584 Zit. nach Ebner, Leben, 191 f.
585 Hillebrand, Medienmacht, 94.
586 Ebd.
587 Raffeiner, Tagebücher, 205.
588 Zit. nach Gatterer, Kampf, 985.
589 Raffeiner, Tagebücher, 200.
590 Ebd., 208 f.
591 Hillebrand, Medienmacht, 95.
592 Ebd.
593 Ebd., 202 f.
594 Widmoser, Südtirol, G-Ko, 147.
595 Raffeiner, Tagebücher, 214 f.
596 Hillebrand, Medienmacht, 95.
597 Trafojer, Voce, 161-165.
598 Wieser, Standpunkt, 5 f.
599 Trafojer, Standpunkt, 61.
600 Mooswalder, Printmedienmarkt, 116.
601 Der Standpunkt, 29.8.1947.
602 Trafojer, Standpunkt, 57.
603 Ebd., 76.
604 Der Standpunkt, 14.5.1948.

605 Ebd., 28.5.1948.
606 Trafojer, Standpunkt, 82.
607 Der Standpunkt, 11.6.1948.
608 Ebd., 20.1.1950.
609 Trafojer, Standpunkt, 158 f.
610 Ebd., 84.
611 Canavero, Cattolici, 261 f.
612 Hillebrand, Medienmacht, 100.
613 Ebd.
614 Raffeiner, Tagebücher, 335.
615 Zit. nach Hillebrand, Auferstehung, 298.
616 Hillebrand, Auferstehung, 298.
617 Raffeiner, Tagebücher, 343.
618 Hillebrand, Auferstehung, 298.
619 Raffeiner, Tagebücher, 335.
620 Hillebrand, Auferstehung, 298.
621 Zit. nach ebd., 299.
622 Raffeiner, Tagebücher, 370-374.
623 Schreiben von SVP-Generalsekretär Raffeiner an Otto von Guggenberg vom 2.4.1946. SLA, SVP-Archiv (Landesleitung), Nr. 519 (Pfarrämter, Klerus).
624 Raffeiner, Tagebücher, 364.
625 Ebd., 362.
626 Hillebrand, Medienmacht, 102.
627 Raffeiner, Tagebücher, 365.
628 Ebd., 379.
629 Volgger, Südtirol, 168.
630 Benedikter, Magnago, 44.
631 Mooswalder, Printmedienmarkt, 125.
632 Baumgartner, Kämpfer, 91.
633 Volksbote, 14.4.1948.
634 Raffeiner, Tagebücher, 382.
635 Baumgartner, Kämpfer, 91.
636 Volgger, Südtirol, 168.
637 Pallaver, Pichler, 112.
638 Blessing, Deutschland, 103.
639 Pallaver, Pichler, 112.
640 Dolomiten, 5.4.1948.
641 Raffeiner, Tagebücher, 374-376.
642 Hillebrand, Medienmacht, 102.
643 Dolomiten, 16.4.1948.
644 Ebd., 17.4.1948.
645 Pallaver, Pichler, 114.
646 Dolomiten, 18.4.1948.
647 Anonymer Leserbrief „Christliche Demokratie – Deutsche Gruppe“, in: Pallaver, Pichler, 116.
648 Dolomiten, 16.4.1948.
649 Trafojer, Standpunkt, 77 f.
650 Hillebrand, Medienmacht, 102.
651 Canavero, Cattolici, 264.
652 Vgl. Holzer, SVP, 72.
653 Zit. nach ebd.
654 Blessing, Deutschland, 107.
655 Pallaver, SVP, 59.
656 Trafojer, Standpunkt, 153-158.
657 Hillebrand, Auferstehung, 299.

658 Raffeiner, Tagebücher, 405.
659 Ebd., 389.
660 Ebd., 377 f.
661 Hillebrand, Medienmacht, 105.
662 Dolomiten, 12.21952.
663 Ebd., 5.2.1951.
664 Summerer, Landtagswahlen, 21.
665 Ebd., 23.
666 Dolomiten, 22.11.1948.
667 Summerer, Landtagswahlen, 23.
668 Hillebrand, Medienmacht, 104.
669 Marzari, Kanonikus, 186.
670 Canavero, Cattolici, 269.
671 Geisler, Fürstbischof, 118.
672 Ebd., 119.
673 http://www.ecclesiabz.com/geschichte.htm. Oktober 2004.
674 Schreiben des Bundesministeriums für auswärtige Angelegenheiten an den Tiroler Landeshauptmann Hans Tschiggfrey vom 9.4.1961. TLA, Kanzlei LH, Sammelakten 22: Diözese Innsbruck/Feldkirch/Brixen 1954–1984.
675 Frenes, Dienst, 73.
676 Gelmi, Kirchengeschichte, 301.
677 Ebd.
678 Dolomiten, 11.2.1959.
679 Gelmi, Kirchengeschichte, 301.
680 Hillebrand, Auferstehung, 296.
681 Zit. nach Gatterer, Kampf, 1314.
682 Ebd., 1315.
683 Ebd.
684 Innerhofer, Südtirol, 24 f.
685 Fontana, Kerschbaumer, 50 f.
686 Frenes, Dienst, 53.
687 Vgl. Parteli, Südtirol, 530.
688 Frenes, Dienst, 53.
689 Ebd., 52.
690 Ebd., 75.
691 Gelmi, Kirchengeschichte, 296.
692 Dolomiten, 26.10.1956.
693 Gatterer, Kampf, 1314.
694 Ebd., 1320.
695 Pallaver, SVP, 60.
696 Ebd.
697 Masala, DC, 355.
698 Widmann, Südtirol, 270.
699 Schreiben der SVP-Landesleitung an die Generalvikare Kögl und Untergasser vom 19.11.1953. SLA, SVP-Archiv (Landesleitung), Nr. 102 (Ordinariat Brixen–Trient).
700 Zit. nach Frenes, Dienst, 81.
701 „Christliche Grundlagen der Gemeinschaftsordnung in Südtirol" von Joseph Gargitter, in: Egger, Kirche, 43.
702 Gatterer, Kampf, 1316.
703 Ebd.
704 „Christliche Grundlagen der Gemeinschaftsordnung in Südtirol" von Joseph Gargitter, in: Egger, Kirche, 40.
705 Gatterer, Kampf, 1316.
706 Alto Adige, 9.1.1956.
707 Steininger, Diplomatie, Band 1, 354.

708 Schreiben von SVP-Obmann Magnago an Landeshauptmann Pupp vom 20.12.1960. SLA, SVP-Archiv (Landesleitung), Nr. 1150 (Pfarrämter/Fürstbischöfliche Hofburg).
709 Steininger, Diplomatie, Band 1, 453.
710 Dolomiten, 25.10.1952 und 15.11.1952.
711 Rieder, Flor, 124.
712 Steininger, Südtirol, 468-470.
713 Rieder, Flor, 126.
714 Dolomiten, 25.10.1952.
715 Summerer, Landtagswahlen, 31.
716 Gatterer, Kampf, 1032.
717 Rieder, Flor, 133.
718 Hillebrand, Auferstehung, 298.
719 Zit. nach ebd.
720 Gruber, Parteien, Teil 1, 300 f.
721 Pahl, Schicksal, 54.
722 Hillebrand, Auferstehung, 301.
723 Zit. nach Hillebrand, Auferstehung, 298.
724 Ebd.
725 Dejaco, berge, 53.
726 Zit. nach Euler, Gamper, 236.
727 Innerhofer, Medien, 50.
728 Dolomiten, 16.4.1976.
729 Vgl., Steininger, Diplomatie, Band 1, 175.
730 Marzari, Kanonikus, 201.
731 Zit. nach Euler, Gamper, 253.
732 Hillebrand, Medienmacht, 249.
733 Zit. nach Marzari, Kanonikus, 201.
734 Mooswalder, Printmedienmarkt, 127.
735 Hillebrand, Medienmacht, 107.
736 Zit. nach ebd., 202.
737 Zit. nach Ebner, Leben, 191 f.
738 Marzari, Kanonikus, 203.
739 Innerhofer, Medien, 51.
740 Dolomiten, 7.2.1985, Beilage, 2.
741 Hillebrand, Medienmacht, 115.
742 Euler, Gamper, 248.
743 Dolomiten, 5.10.1955.
744 Zit. nach Euler, Gamper, 243.
745 Flugblatt zu den Anschlägen vom 11./12.6.1961; in: Staffler/Hartungen, Geschichte, 218.
746 Hillebrand, Medienmacht, 107.
747 Matzneller, Bischof, 20.
748 Gatterer, Kampf, 1265.
749 Widmann, Südtirol, 204.
750 Il Pensiero Nazionale, 16.5.1959.
751 Heiss, Weg, 42.
752 Ebd., 8.5.1953.
753 Ebd., 23.6.1953.
754 Dolomiten, 8.5.1953.
755 Fontana, Kerschbaumer, 51.
756 Dolomiten, 4.3.1953.
757 Ebd.
758 Fontana, Kerschbaumer, 51.
759 Widmann, Südtirol, 289.
760 Offener Brief an die Brixner Wähler von Pepi Kustatscher, Kopie im Besitz des Verfassers.
761 Heiss, Weg, 281.

762 Bericht über die Gemeindewahlenvorbereitungsversammlung in St. Andrä am 12.4.1956. SLA, SVP-Archiv (Bezirk Brixen), Nr. 108 (Gemeindewahlen 27.V.1956. Bezirk Brixen und Klausen).

763 Ebd.

764 Offener Brief an die Brixner Wähler von Pepi Kustatscher. Kopie im Besitz des Verfassers.

765 Bericht über die Gemeindewahlenvorbereitungsversammlung in St. Andrä am 12.4.1956. SLA, SVP-Archiv (Bezirk Brixen), Nr. 108 (Gemeindewahlen 27.V.1956. Bezirk Brixen und Klausen).

766 Offener Brief an die Brixner Wähler von Pepi Kustatscher. Ebd.

767 Protokoll der Versammlung der Fraktionen Tils, Pinzagen, Greut, Untereben, Tötschling, Pairdorf, Tschötsch und Mahr in Tils vom 16.4.1956. Ebd.

768 Bericht über die Lage in Brixen, 21.4.1956. SLA, SVP-Archiv (Landesleitung), Nr. 498 (Weisse-Turm-Liste).

769 Steininger, Südtirol, 476-484.

770 Heiss, Weg, 284.

771 Schreiben von Brixner SVP-Ortsobmann Padele an Gottfried Masoner vom 11.4.1956. Ebd.

772 Ortsgruppe Brixen der SVP. Protokoll der Ausschusssitzung vom 21.4.1956. Ebd.

773 Ortsgruppe Brixen der SVP. Protokoll der Ausschusssitzung vom 23.4.1956. Ebd.

774 S.V.P.-Parteileitung. Abschrift für Georg Thaler, Bezirksobmann (26.4.1956). Ebd.

775 Undatiertes Schreiben von SVP-Generalsekretär Perathoner an Alois Paldele. Ebd.

776 Gatterer, Kampf, 1265.

777 Schreiben von Gottfried Masoner und Hans Kofler an SVP-Obmann Ebner und SVP-Ortsobmann Paldele vom 24.4.1956. SLA, SVP-Archiv (Bezirk Brixen), Nr. 108 (Gemeindewahlen 27.V.1956. Bezirk Brixen und Klausen).

778 Dolomiten, 8.5.1956.

779 Wahlbroschüre der „Weißen-Turm-Liste“ vom 18.5.1956. SLA, SVP-Archiv (Bezirk Brixen), Nr. 108 (Gemeindewahlen 27.V.1956. Bezirk Brixen und Klausen).

780 Ebd.

781 Flugzettel der „Weißen-Turm-Liste“ vom 22.5.1956. SLA, SVP-Archiv (Bezirk Brixen), Nr. 108 (Gemeindewahlen 27.V.1956. Bezirk Brixen und Klausen).

782 Vgl. Dolomiten, 8.5.1956.

783 Vgl. ebd.

784 Wahlbroschüre der „Weißen-Turm-Liste“ vom 18.5.1956. SLA, SVP-Archiv (Bezirk Brixen), Nr. 108 (Gemeindewahlen 27.V.1956. Bezirk Brixen und Klausen).

785 Offener Brief an die Brixner Wähler von Pepi Kustatscher. Ebd.

786 Gatterer, Kampf, 1265.

787 Schreiben von Valerius Dejaco an die SVP-Landesleitung vom 11.5.1956, SLA, SVP-Archiv (Landesleitung), Nr. 498 (Weisse-Turm-Liste).

788 Dolomiten, 15.5.1956.

789 Heiss, Weg, 285.

790 Widmann, Südtirol, 289.

791 Dolomiten, 15.5.1956.

792 Alto Adige, 1.5.1956.

793 Schreiben von Valerius Dejaco an die SVP-Landesleitung vom 11.5.1956. SLA, SVP-Archiv (Landesleitung), Nr. 498 (Weisse-Turm-Liste).

794 Weissenturm-Liste. Mitglieder der SVP. SLA, SVP-Archiv (Bezirk Brixen), Nr. 108 (Gemeindewahlen 27.V.1956. Bezirk Brixen und Klausen).

795 Schreiben von SVP-Obmann Toni Ebner an den Bezirksobmann der SVP-Brixen Georg Thaler vom 11.5.1956. SLA, SVP-Archiv (Landesleitung), Nr. 498 (Weisse-Turm-Liste).

796 Ebd.

797 Dolomiten, 15.5.1956 und Weissenturm-Liste. Mitglieder der SVP. SLA, SVP-Archiv (Bezirk Brixen), Nr. 108 (Gemeindewahlen 27.V.1956. Bezirk Brixen und Klausen).

798 Alpenpost, 26.5.1956.

799 Ebd.

800 Ortsgruppe Brixen der Südtiroler Volkspartei (10.2.1956). SLA, SVP-Archiv (Bezirk Brixen), Nr. 108 (Gemeindewahlen 27.V.1956. Bezirk Brixen und Klausen).
801 Heiss/Königsrainer, Brixen, 243-247.
802 Dolomiten, 15.5.1956.
803 Gatterer, Kampf, 1265.
804 Dolomiten, 19.5.1956.
805 Alto Adige, 22.5.1956.
806 Heiss, Brixen, 549.
807 Ebd., 557.
808 Alto Adige, 29.5.1956.
809 Ebd., 20.5.1956.
810 Ebd., 29.5.1956.
811 Il Pensiero Nazionale, 16.5.1959.
812 Alto Adige, 25.5.1956.
813 Heiss, Brixen, 560.
814 Ebd., 541.
815 Ebd., 560.
816 Ebd.
817 Alto Adige, 25.5.1956.
818 Schreiben von Natale Dander an Toni Ebner und Friedl Volgger vom 25.5.1956. SLA, SVP-Archiv (Landesleitung), Nr. 1328 (Dander, Brixen).
819 Dolomiten, 26.5.1956.
820 Alto Adige, 25.5.1956.
821 Dolomiten, 26.5.1956.
822 Widmann, Südtirol, 290.
823 Dolomiten, 28.5.1956.
824 Ebd., 29.5.1956.
825 Heiss, Brixen, 560.
826 Ebd.
827 Ebd., 285.
828 Zit. nach Messner, Sozialarbeit, 214.
829 Rieder, Flor, 139.
830 Dolomiten, 3.6.1953.
831 Ebd.
832 Ebd.
833 Ebd.
834 Ebd.
835 Matzneller, Bischof, 23.
836 Heiss, Gesellschaft, 73.
837 Zit. nach Hillebrand, Auferstehung, 301.
838 Hillebrand, Auferstehung, 302.
839 Katholisches Sonntagsblatt, 9.10.1955.
840 Widmann, Südtirol, 274 f.
841 Pahl, Schicksal, 39.
842 Steininger, Diplomatie, Band 3, 224.
843 Zit. nach ebd.
844 Ebd., 225.
845 Zit. nach Messner, Sozialarbeit, 214 f.
846 Steininger, Diplomatie, Band 3, 228 f.
847 Ebd., 227.
848 Ebd.
849 Mittermaier, System, 611.
850 Zit. nach Messner, Sozialarbeit, 230.
851 Stürz, KVW, 25.
852 Zit. nach Messner, Sozialarbeit, 226.

853 Zit. nach ebd.
854 Hillebrand, Auferstehung, 302.
855 Gatterer, Kampf, 999.
856 Stürz, KVW, 145.
857 Zit. nach ebd., 146.
858 Gatterer, Kampf, 999.
859 Betrachtungen zur Kampagne für die Parlaments- und Senatswahlen Mai 1958 von Hans Dietl. SLA, SVP-Archiv (Landesleitung), Nr. 666 (KVW – Parlamentswahlen 1958).
860 Widmann, Südtirol, 267.
861 Ebd.
862 Zit. nach Stürz, KVW, 144.
863 Zit. nach Hillebrand, Auferstehung, 303.
864 Gatterer, Kampf, 999.
865 Stürz, KVW, 145.
866 Hillebrand, Auferstehung, 303.
867 Ebd.
868 Stürz, KVW, 76 f.
869 Altermatt, Katholizismus, 113.
870 Aktenvermerk für Dr. Magnago betreffend KVW-Versammlung in Nals am 28.1.1958. SLA, SVP-Archiv (Landesleitung), Nr. 666 (KVW – Parlamentswahlen 1958).
871 Ebd.
872 Schreiben von SVP-Obmann Magnago an KVW-Präsident Kemenater vom 26.2.1958. Ebd.
873 Der Weg, 2/1958.
874 Volgger, Südtirol, 201.
875 Betrachtungen zur Kampagne für die Parlaments- und Senatswahlen Mai 1958 von Hans Dietl. SLA, SVP-Archiv (Landesleitung), Nr. 666 (KVW – Parlamentswahlen 1958).
876 Fontana, Kerschbaumer, 56.
877 Ramminger, Dolomiten, 89.
878 Jugendwacht, 10.5.1958.
879 Alto Adige, 20.5.1958.
880 Ebd., 16.5.1958.
881 Dolomiten, 23.5.1958.
882 Alto Adige, 23.5.1958.
883 Schreiben von unbekannt an den Pfarrer Anton Tschurtschenthaler vom 22.5.1958. SLA, SVP-Archiv (Landesleitung), Nr. 666 (KVW – Parlamentswahlen 1958).
884 Widmann, Südtirol, 425.
885 Undatiertes Schreiben von Hans Stanek an Bischof Gargitter. Ebd.
886 Schreiben von Georg Engelhart an Hans Stanek vom 10.5.1958. Ebd.
887 Schreiben von Johann Prenn an Hans Stanek vom 3.7.1958. Ebd.
888 Widmann, Südtirol, 425.
889 *„Was jeder ehrliche Südtiroler über das Resultat der Kammerwahlen wissen muss und was nicht in die Zeitung kommt!* SLA, SVP-Archiv (Landesleitung), Nr. 666 (KVW – Parlamentswahlen 1958).
890 Wahlbroschüre des KVW. SLA, SVP-Archiv (Landesleitung), Nr. 666 (KVW – Parlamentswahlen 1958).
891 Betrachtungen zur Kampagne für die Parlaments- und Senatswahlen Mai 1958 von Hans Dietl. Ebd.
892 Fontana, Kerschbaumer, 60.
893 Dolomiten, 21.5.1958.
894 Betrachtungen zur Kampagne für die Parlaments- und Senatswahlen Mai 1958 von Hans Dietl. SLA, SVP-Archiv (Landesleitung), Nr. 666 (KVW – Parlamentswahlen 1958).
895 Undatierter Vermerk ohne Titel. Ebd.
896 Der Weg 5/1958.
897 Ebd.

898 Vermerk für F.379. SLA, SVP-Archiv (Landesleitung), Nr. 666 (KVW – Parlamentswahlen 1958).
899 Widmann, Südtirol, 426.
900 Alto Adige, 21.5.1958.
901 Widmann, Südtirol, 426.
902 Ebd.
903 Zit. nach ebd., 428.
904 Entschließung des Parteiausschusses der SVP vom 9.6.1958. SLA, SVP-Archiv (Landesleitung), Nr. 666 (KVW – Parlamentswahlen 1958).
905 Betrachtungen zur Kampagne für die Parlaments- und Senatswahlen Mai 1958 von Hans Dietl. Ebd.
906 Ebd.
907 La Stampa, 13.10.1958.
908 Schreiben von Hans Dietl an Friedl Volgger und Silvius Magnago vom 17.10.1959. SLA, SVP-Archiv (Landesleitung), Nr. 684 (KVW).
909 Ausschnitt aus dem Protokoll der Parteileitungssitzung vom 19.10.1959. Ebd.
910 Schreiben von SVP-Obmann Magnago an KVW-Präsident Kemenater und den Obmann des Sozialwerkes KVW Paul Knoll vom 21.10.1959. Ebd.
911 Schreiben von SVP-Obmann Magnago an Bischof Gargitter vom 21.10.1959. Ebd.
912 Dolomiten, 29.10.1959 und Schreiben von KVW-Präsident Kemenater an SVP-Obmann Magnago vom 28.10.1959. Ebd.
913 Heiss, Zeit, 594.
914 Widmann, Südtirol, 604.
915 Dolomiten, 30.9.1961.
916 Solderer, Blumen, 172.
917 Gatterer, Kampf, 1264.
918 Ebd., 1262.
919 Steininger, Diplomatie, Band 2, 596.
920 Gatterer, Kampf, 1264.
921 Mooswalder, Printmedienmarkt, 131.
922 Solderer, Blumen, 174.
923 Schreiben des Meraner KVW-Obmannes Josef Gamper an den Bezirksobmann der SVP Meran vom 19.5.1963. SLA, SVP-Archiv (Landesleitung), Nr. 684 (KVW).
924 Schreiben des geschäftsführenden SVP-Generalsekretärs Hans Rubner an den Meraner KVW-Obmann Josef Gamper vom 24.7.1963. Ebd.
925 Gatterer, Kampf, 990 f.
926 Ebd., 999.
927 Ebd., 990 f.
928 Stürz, KVW, 149 f.
929 Widmoser, Südtirol, A-F, 20.
930 Kußtatscher, Arbeit, 160.
931 Gatterer, Kampf, 994.
932 Fontana, Kerschbaumer, 52.
933 Frenes, Dienst, 85.
934 http://www.calsky.com/lexikon/de/txt/t/th/theodor_innitzer.php. November 2004
935 Fontana, Kerschbaumer, 52.
936 Widmann, Südtirol, 332.
937 Steininger, Diplomatie, Band 1, 315.
938 Ebd.
939 Ebd., 316.
940 Ebd.
941 Widmann, Südtirol, 334
942 Gatterer, Kampf, 1306.
943 Zit. nach Widmann, Südtirol, 334.
944 Zit. nach Widmann, Südtirol, 459.

945 Ebd.
946 Vgl. Steininger, Diplomatie, Band 1, 797–864.
947 Ebd., 852.
948 Vgl. Steininger, Diplomatie, Band 1, 685 f.
949 Ebd.
950 Michaeler, Bischof, 5.
951 Ebd., 12.
952 Ebd., 15.
953 Ebd.
954 Ebd.
955 Ebd.
956 Matzneller, Bischof, 20.
957 Zit. nach Frenes, Dienst, 85.
958 Innerhofer, Medien, 59.
959 Widmoser, Bistumsgrenzen, 339.
960 Heiss, Weg, 286.
961 Zit. nach Frenes, Dienst, 91.
962 Schreiben des Bundesministeriums für auswärtige Angelegenheiten an den Tiroler Landeshauptmann Hans Tschiggfrey vom 9.4.1961. TLA, Kanzlei LH, Sammelakten 22: Diözese Innsbruck/Feldkirch/Brixen 1954–1984.
963 Vermerk vom 17.2.1958. SLA, SVP-Archiv (Landesleitung), Nr. 666 (KVW – Parlaments wahlen 1958).
964 Schreiben von Luzian Klun an die Landesleitung der SVP vom 25.3.1958. SLA, SVP-Archiv (Landesleitung), Nr. 666 (KVW – Parlamentswahlen 1958).
965 Gelmi, Brixen, 433.
966 Hillebrand, Auferstehung, 297.
967 Gatterer, Kampf, 1316.
968 Gelmi, Kirchengeschichte, 299.
969 Zit. nach ebd., 307.
970 Katholisches Sonntagsblatt, 19.4.1959.
971 Widmann, Südtirol, 462.
972 Ebd.
973 Steininger, Diplomatie, Band 1, 631.
974 Ebd., Band 2, 102.
975 „… um eine friedliche und gerechte Lösung der Südtirolfrage" von Joseph Gargitter, in: Egger, Kirche, 51. und „Gegen Hass und Gewalt – für Liebe und Gerechtigkeit", von Joseph Gargitter und Alessandro Maria Gottardi, in: ebd., 52.
976 Michaeler, Bischof, 16.
977 Steininger, Diplomatie, Band 2, 103.
978 Hartung/Kienesberger, Chronik, 145.
979 Katholisches Sonntagsblatt, 18.6.1961.
980 Dolomiten, 18.6.1961.
981 Hartung/Kienesberger, Chronik, 242.
982 Michaeler, Bischof, 16.
983 Hartung/Kienesberger, Chronik, 242.
984 Mayr, Kerschbaumer, 130.
985 Zit. nach Ermacora, Südtirol, 459.
986 Michaeler, Bischof, 16.
987 Frenes, Dienst, 119.
988 Steininger, Diplomatie, Band 2, 563.
989 Hartung/Kienesberger, Chronik, 242; vgl. „… um eine friedliche und gerechte Lösung der Südtirolfrage", von Joseph Gargitter, in: Egger, Kirche, 51.
990 Ermacora, Südtirol, 243.
991 Michaeler, Bischof, 17.
992 Hartung/Kienesberger, Chronik, 269.

993 Mumelter, Schreie, 87 f.
994 Volgger, Südtirol, 231 f.
995 Mayr, Helden, 172.
996 Dolomiten, 11.2.1962.
997 Michaeler, Bischof, 18.
998 Gatterer, Kampf, 1320.
999 Zit. nach Frenes, Dienst, 89.
1000 Steininger, Diplomatie, Band 2, 324.
1001 Ebd., 606.
1002 Hartung/Kienesberger, Chronik, 223 f.
1003 Schreiben von SVP-Obmann Silvius Magnago an Roland Riz vom 15.6.1962. SLA, SVP-Archiv (Landesleitung), Nr. 841 (Dr. Hans Stanek).
1004 Hartung/Kienesberger, Chronik, 324.
1005 Ebd., 223f.
1006 Briefwechsel zwischen SVP-Obmann Magnago und Roland Riz von 1962. SLA, SVP-Archiv (Landesleitung), Nr. 841 (Dr. Hans Stanek).
1007 Widmann, Südtirol, 583.
1008 Widmoser, Südtirol, O-Z, 248.
1009 Steininger, Diplomatie, Band 2, 496 f.
1010 Zit. nach Steininger, Diplomatie, Band 2, 498.
1011 Mayr, Konsequenz, 116 f.
1012 Schreiben von Sepp Kerschbaumer an Silvius Magnago vom 23.4.1958. SLA, SVP-Archiv (Landesleitung), Nr. 666 (KVW – Parlamentswahlen 1958).
1013 Mayr, Konsequenz, 116 f.
1014 Zit. nach ebd., 120.
1015 Ebd., 116 f.
1016 Steininger, Diplomatie, Band 2, 487.
1017 Zit. nach Mair, Konsequenz, 122 f.
1018 Steininger, Diplomatie, Band 2, 497.
1019 Wolfsgruber, Einigung, 207.
1020 Schreiben des Bundesministers für auswärtige Angelegenheiten Figl an den Landeshauptmann von Tirol Grauß vom 14.4.1954. TLA, Kanzlei LH, Sammelakten 22: Diözese Innsbruck/Feldkirch/Brixen 1954–1984.
1021 Alexander, Kirchen, 383.
1022 Michaeler, Bischof, 6.
1023 Undatiertes Schreiben von SVP-Generalsekretär Vinzenz Stötter an Landeshauptmann Grauß. TLA, Kanzlei LH, Sammelakten 22: Diözese Innsbruck/Feldkirch/Brixen 1954–1984.
1024 Tiroler Tageszeitung, 8.6.1954.
1025 Schreiben von Hans Trapp an Landeshauptmann Grauß vom 17.4.1955. TLA, Kanzlei LH, Sammelakten 22: Diözese Innsbruck/Feldkirch/Brixen 1954–1984.
1026 Tiroler Tageszeitung, 8.6.1954.
1027 Denkschrift von Kanzler Dr. Joseph Resch, Provikar Michael Weiskopf und der Dekane vom 26.8.1958 an die Tiroler Landesregierung. TLA, Kanzlei LH, Sammelakten 22: Diöze se Innsbruck/Feldkirch/Brixen 1954–1984.
1028 Ebd.
1029 Entwurf von Hans Stanek zum Diözesenproblem. TLA, Kanzlei LH, Sammelakten 22: Diözese Innsbruck/Feldkirch/Brixen 1954–1984.
1030 Schreiben von Silvius Magnago an Landeshauptmann Tschiggfrey. Ebd.
1031 Schreiben des Landeshauptmanns von Tirol Hans Tschiggfrey an den SVP-Obmann Silvius Magnago vom 29.11.1960. Ebd.
1032 Schreiben von Landeshauptmann Tschiggfrey an Unterrichtsminister Heinrich Drimmel vom 15.2.1961. Ebd.
1033 Ebd.
1034 Aktenvermerk über eine Besprechung mit Exzellenz Bischof Rusch am 18.4.1961. Ebd.

1035 Vgl. Alexander, Kirchen, 394 f.
1036 Michaeler, Bischof, 6.
1037 Dolomiten, 14.2.1956.
1038 Schritt zur kirchlichen Einheit Südtirols, 25.2.1956. SLA, SVP-Archiv (Landesleitung), Nr. 678 (Trennung der Diözesen).
1039 Schreiben von Kardinal Augustin Bea an den Landeshauptmann von Tirol Eduard Wallnöfer vom 26.9.1963. TLA, Kanzlei LH, Sammelakten 22: Diözese Innsbruck/Feldkirch/Brixen 1954–1984.
1040 Schreiben von Hans Stanek an Landesrat Aloys Oberhammer vom 29.12.1958. SLA, SVP-Archiv (Landesleitung), Nr. 678 (Trennung der Diözesen).
1041 Gelmi, Kirchengeschichte, 301.
1042 Perathoner, Entstehung, 23.
1043 Frenes, Dienst, 47.
1044 Michaeler, Bischof, 15.
1045 Frenes, Dienst, 47.
1046 Ebd., 49.
1047 Gelmi, Kirchengeschichte, 299.
1048 Steininger, Diplomatie, Band 3, 219.
1049 Heiss, Zeit, 133.
1050 Steininger, Diplomatie, Band 3, 219.
1051 Gelmi, Kirchengeschichte, 299.
1052 Michaeler, Bischof, 7.
1053 Frenes, Dienst, 49.
1054 Tiroler Tageszeitung, 1.2.1961.
1055 Schreiben des Bundesministeriums für auswärtige Angelegenheiten an den Tiroler Landeshauptmann Hans Tschiggfrey vom 9.4.1961. TLA, Kanzlei LH, Sammelakten 22: Diözese Innsbruck/Feldkirch/Brixen 1954–1984.
1056 Ebd.
1057 Ebd.
1058 Heiss, Zeit, 133.
1059 Michaeler, Bischof, 9.
1060 Ebd.
1061 Heiss, Zeit, 133.
1062 Matzneller, Bischof, 20.
1063 Zit. nach Frenes, Dienst, 49.
1064 Aktenvermerk für Landeshauptmann Wallnöfer vom 15.4.1964. TLA, Kanzlei LH, Sammelakten 22: Diözese Innsbruck/Feldkirch/Brixen 1954–1984.
1065 Undatiertes Schreiben des Landeshauptmanns von Tirol Tschiggfrey an Kardinal Franz König. Ebd.
1066 Michaeler, Bischof, 10.
1067 Ebd.
1068 Aktenvermerk für Landeshauptmann Tschiggfrey vom 16.5.1963. TLA, Kanzlei LH, Sammelakten 22: Diözese Innsbruck/Feldkirch/Brixen 1954–1984.
1069 Perathoner, Entstehung, 25.
1070 Michaeler, Bischof, 10.
1071 Vgl. Widmann, Südtirol, 474 f.
1072 Undatiertes Schreiben des Landeshauptmanns von Tirol Tschiggfrey an Kardinal Franz König. TLA, Kanzlei LH, Sammelakten 22: Diözese Innsbruck/Feldkirch/Brixen 1954–84.
1073 Michaeler, Änderungen, 360.
1074 Aktenvermerk für Landeshauptmann Tschiggfrey vom 16.5.1963. Ebd.
1075 Ebd.
1076 Aktenvermerk für Landeshauptmann Tschiggfrey vom 21.5.1963. Ebd.
1077 Michaeler, Bischof, 10.
1078 Aktenvermerk für Landeshauptmann Tschiggfrey vom 11.6.1963. TLA, Kanzlei LH, Sammelakten 22: Diözese Innsbruck/Feldkirch/Brixen 1954–1984.

1079 Michaeler, Bischof, 10.
1080 Alexander, Kirchen, 396.
1081 Schreiben von Kardinal Augustin Bea an den Landeshauptmann von Tirol Eduard Wallnöfer vom 26.9.1963. TLA, Kanzlei LH, Sammelakten 22: Diözese Innsbruck/Feldkirch/Brixen 1954–1984.
1082 Michaeler, Bischof, 10.
1083 Aktenvermerk für Landeshauptmann Wallnöfer vom 18.12.1963. TLA, Kanzlei LH, Sammelakten 22: Diözese Innsbruck/Feldkirch/Brixen 1954–1984.
1084 Schreiben von Landeshauptmann Magnago an Bischof Gargitter vom 27.1.1964. SLA, SVP-Archiv (Landesleitung), Nr. 678 (Trennung der Diözesen).
1085 Schreiben des österreichischen Botschafters im Vatikan Johannes Coreth an das Bundesministerium für auswärtige Angelegenheiten vom 5.2.1964. Ebd.
1086 Aktenvermerk für Landeshauptmann Wallnöfer vom 27.1.1964. Ebd.
1087 Von der Bischofskonferenz 3.2.1964. Promemoria. Ebd.
1088 Aktenvermerk für Landeshauptmann Wallnöfer vom 15.4.1964. Ebd.
1089 Ebd.
1090 Ebd.
1091 Ebd.
1092 Ebd.
1093 Notiz von Ludwig Steiner vom 20.6.1964. Ebd.
1094 FAZ, 20.5.1964.
1095 Alto Adige, 21.5.1964.
1096 Steininger, Diplomatie, Band 3, 219.
1097 Aktenvermerk für Landeshauptmann Wallnöfer vom 20.6.1964. TLA, Kanzlei LH, Sammelakten 22: Diözese Innsbruck/Feldkirch/Brixen 1954–1984.
1098 Michaeler, Bischof, 11.
1099 Aktenvermerk für Landeshauptmann Wallnöfer vom 3.6.1964. TLA, Kanzlei LH, Sammelakten 22: Diözese Innsbruck/Feldkirch/Brixen 1954–1984.
1100 Die Presse, 6.7.1964.
1101 Aktenvermerk für Landeshauptmann Wallnöfer vom 8.7.1964. TLA, Kanzlei LH, Sammelakten 22: Diözese Innsbruck/Feldkirch/Brixen 1954–1984.
1102 Schreiben von Alois Pupp an Landeshauptmann Wallnöfer vom 10.7.1964. Ebd.
1103 Alto Adige, 11.7.1964.
1104 Zit. nach Steininger, Diplomatie, Band 3, 217.
1105 http://www.ecclesiabz.com/geschichte.htm. Oktober 2004.
1106 Steininger, Diplomatie, Band 3, 217.
1107 Innerhofer, Südtirol, 11.
1108 Ebd., 12.
1109 Steininger, Diplomatie, Band 3, 217.
1110 Zit. nach Frenes, Dienst, 71.
1111 Heiss, Zeit, 134.
1112 Frenes, Dienst, 71.
1113 Aktenvermerk für Landeshauptmann Wallnöfer vom 15.4.1964. TLA, Kanzlei LH, Sammelakten 22: Diözese Innsbruck/Feldkirch/Brixen 1954–1984.
1114 Heiss, Zeit, 134.
1115 Steininger, Diplomatie, Band 3, 222.
1116 Heiss, Zeit, 134.
1117 Steininger, Diplomatie, Band 3, 217.
1118 Mannheimer Morgen, 11.8.1964.
1119 Steininger, Diplomatie, Band 3, 220.
1120 Mannheimer Morgen, 11.9.1964.
1121 Steininger, Diplomatie, Band 3, 220.
1122 Gelmi, Kirchengeschichte, 310.
1123 Dolomiten, 9.8.1965.
1124 Steininger, Diplomatie, Band 3, 221.

1125 Michaeler, Bischof, 11.
1126 Innerhofer, Südtirol, 20.
1127 Gelmi, Brixen, 434.
1128 Cornwell, Pius, 402.
1129 Inglehart, Modernisierung, 13 f.
1130 Zit. nach Clementi, Erneuerung, 145.
1131 Zit. nach Messner, Sozialarbeit, 235.
1132 Heiss, Gesellschaft, 65.
1133 Ebd.
1134 Zit. nach Gehler, Landeseinheit, 616.
1135 Heiss, Gesellschaft, 68 f.
1136 Pahl, Schicksal, 59.
1137 Holzer, SVP, 93.
1138 Ebd.
1139 Heiss, Gesellschaft, 72.
1140 Heiss, Zeit, 129.
1141 Heiss, Gesellschaft, 73.
1142 Heiss, Zeit, 133 f.
1143 Altermatt, Katholizismus, 175 f.
1144 Dejaco, berge, 32.
1145 Heiss, Gesellschaft, 72.
1146 Ebd., 73.
1147 Innerhofer, Kirche, 256 f.
1148 Dejaco, berge, 176.
1149 Vgl. Steininger, Geschichte, 250.
1150 Mantl, Entwicklung, 309.
1151 Dejaco, berge, 9.
1152 Ebd.
1153 Heiss, Gesellschaft, 59.
1154 Dejaco, berge, 141.
1155 Hillebrand, Medienmacht, 134.
1156 Innerhofer, Massenmedien, 95.
1157 Innerhofer, Südtirol, 56.
1158 Mantl, Entwicklung, 320.
1159 Innerhofer, Südtirol, 56.
1160 Vgl. Zulehner, Religion, 485.
1161 Ebd.
1162 Pollack, Individualisierung, 65.
1163 Zit. nach Frenes, Dienst, 93.
1164 Zit. nach ebd., 97.
1165 Kusstatscher, Arbeit, 168.
1166 Heiss, Zeit, 145 f.
1167 Frenes, Dienst, 73.
1168 Heiss, Zeit, 144 f.
1169 Altermatt, Katholizismus, 172.
1170 Dolomiten, 12./13.4.1970.
1171 Heiss, Zeit, 146.
1172 Dolomiten, 14.4.1970.
1173 Vgl. Pelinka, Hegemonie, 48.
1174 Vgl. ebd., 49.
1175 Gelmi, Kirchengeschichte, 311.
1176 Zit. nach ebd., 312.
1177 Friede und Dialog in unserer Heimat, von Wilhelm Egger, 1992, in: Egger, Kirche, 56.
1178 Die Verwendung des Ladinischen im kirchlichen Leben, von Wilhelm Egger, 1992, in: ebd., 60.

1179 Vgl. Pelinka, Hegemonie, 44.
1180 Ebd.
1181 Panebianco, Modelli, 229.
1182 Ebd., 235.
1183 Zit. nach Holzer, SVP, 87.
1184 Ebd.
1185 Pallaver, SVP, 41.
1186 Holzer, SVP, 89 f.
1187 Zit. nach Pallaver, SVP, 36.
1188 Holzer, SVP, 90.
1189 Ebd.
1190 Holzer, SVP, 91.
1191 Pallaver, SVP, 41.
1192 Pallaver, SVP, 42.
1193 Holzer, SVP, 96.
1194 Della Porta, Partiti, 76.
1195 Widmann, Südtirol, 284.
1196 Mooswalder, Printmedienmarkt, 128.
1197 Hillebrand, Medienmacht, 124.
1198 Mooswalder, Printmedienmarkt, 128.
1199 Volgger, Südtirol, 178-180.
1200 Ebner, Leben, 192.
1201 Hillebrand, Medienmacht, 128.
1202 Ebner, Leben, 192.
1203 Hillebrand, Medienmacht, 130.
1204 Ramminger, Dolomiten, 89.
1205 Steininger, Diplomatie, Band 1, 355.
1206 Hillebrand, Medienmacht, 131.
1207 Ebd., 136.
1208 Hillebrand, Medienmacht, 132.
1209 Innerhofer, Massenmedien, 88.
1210 Hillebrand, Medienmacht, 133.
1211 Ebd.
1212 Schreiben von SVP-Obmann Magnago an den Präsidenten der Athesia Kemenater vom 18.12.1962. SLA, SVP-Archiv (Landesleitung), Nr. 645 (Korrespondenz Dolomiten).
1213 Schreiben von SVP-Obmann Magnago an Toni Ebner vom14.2.1962. Ebd.
1214 Schreiben von SVP-Obmann Magnago an den Präsidenten der Athesia Kemenater vom 18.12.1962. Ebd.
1215 Schreiben vom Präsident der Athesia Kemenater an SVP-Obmann Magnago vom 21.12.1962. Ebd.
1216 Schreiben vom Präsident der Athesia Kemenater an SVP-Obmann Magnago vom 23.1.1963. Ebd.
1217 Schreiben von SVP-Obmann Magnago an Toni Ebner vom12.4.1963. Ebd.
1218 Schreiben von Toni Ebner an SVP-Obmann Magnago vom 19.4.1963. Ebd.
1219 Schreiben von SVP-Obmann Magnago an Toni Ebner vom 24.4.1963. Ebd.
1220 Vgl. Volgger, Südtirol, 242.
1221 Schreiben von Landeshauptmann Magnago an Athesia-Präsident Franz Kemenater vom 22.3.1963. SLA, SVP-Archiv (Landesleitung), Nr. 59 (Volksbote).
1222 Summerer, Landtagswahlen, 55.
1223 Pallaver, Aufbruch, 66.
1224 Schreiben von Athesia-Präsident Kemenater an SVP-Obmann Magnago vom 8.7.1963 und Schreiben von SVP-Obmann Magnago an Athesia-Präsident Kemenater vom 16.7.1963. SLA, SVP-Archiv (Landesleitung), Nr. 645 (Korrespondenz Dolomiten).
1225 Entwurf für ein Übereinkommen vom 19.10.1963. Ebd.
1226 Ebd.

1227 Schreiben von SVP-Obmann Magnago an Athesia-Präsident Kemenater vom 21.5.1964. Ebd.
1228 Schreiben von SVP-Obmann Magnago an Athesia-Präsident Kemenater vom 11.2.1964. Ebd.
1229 Schreiben von Athesia-Präsident Kemenater an SVP-Obmann Magnago vom 28.3.1964. Ebd.
1230 Schreiben von Alfons Benedikter an SVP-Obmann Magnago, Athesia-Präsident Kemenater und den Direktor der „Dolomiten" Ebner vom 14.5.1965. Ebd.
1231 Schreiben von Peter Brugger an SVP-Obmann Magnago, Athesia-Präsident Kemenater und den Direktor der „Dolomiten" Ebner vom 14.6.1965. Ebd.
1232 Zahlreiche Schreiben von SVP-Obmann Magnago an Toni Ebner. Ebd.
1233 Schreiben von SVP-Obmann Magnago an Athesia-Präsident Kemenater vom 18.5.1966. Ebd.
1234 Schreiben von Toni Ebner an SVP-Obmann Magnago vom 14.9.1965. Ebd.
1235 Schreiben von SVP-Obmann Magnago an Athesia-Präsident Kemenater vom 18.5.1966. Ebd.
1236 Ebd., 133.
1237 Innerhofer, Massenmedien, 91.
1238 Heiss, Zeit, 144.
1239 Hillebrand, Medienmacht, 133.
1240 Ebd., 134.
1241 Ebd.
1242 Vgl. Innerhofer, Massenmedien, 87, 94.
1243 Vgl. Pelinka, Hegemonie, 49.
1244 Innerhofer, Massenmedien, 88.
1245 Hillebrand, Medienmacht, 138.
1246 Ebd.
1247 ff 50/2006.
1248 Zit. nach ebd.
1249 Ebd.
1250 Blessing, Deutschland, 108.
1251 Heiss, Jahr, 273.
1252 Altermatt, Katholizismus, 109.
1253 Ebd.
1254 Ebd., 110.
1255 Vgl. ebd., 107.
1256 Ebd., 113 f.
1257 Steininger, Diplomatie, Band 1, 11.

Abkürzungsverzeichnis

ACLI	Associazioni cristiane lavoratori Italiani
AdO	Arbeitsgemeinschaft der Optanten
AGUS	Arbeitsgemeinschaft christlicher Unternehmer Südtirols
AHB	Andreas-Hofer-Bund
AMG	Allied Military Government
ASAR	Associazione Studi per l'Autonomia Regionale
BAS	Befreiungsausschuss Südtirol
CGIL	Confederazione generale italiana del lavoro
CISL	Confederazione Italiana Sindacati Lavoratori
CLN	Comitato Liberazione Nazionale
DDR	Deutsche Demokratische Republik
DC	Democrazia Cristiana
DV	Deutscher Verband
FPÖ	Freiheitliche Partei Österreichs
INA-Casa	Istituto Nazionale Aziende-Case
KB	Katholische Bewegung
KLS	Katholischer Lehrerbund Südtirols
KPI	Kommunistische Partei Italiens
KVW	Katholischer Verband der Werktätigen
NS	Nationalsozialismus/nationalsozialistisch
NSDAP	Nationalsozialistische Deutsche Arbeiterpartei
ÖVP	Österreichische Volkspartei
PCI	Partito Comunista Italiano
PNF	Partito Nazionale Fascista
SDV	Südtiroler Demokratischer Verband
SGB	Südtiroler Gewerkschaftsbund
SH	Südtiroler Hochschülerschaft
SLA	Südtiroler Landesarchiv
SPÖ	Sozialdemokratische Partei Österreichs
SS	Schutzstaffel
SVP	Südtiroler Volkspartei
THP	Tiroler Heimatpartei
TLA	Tiroler Landesarchiv
VKS	Völkischer Kampfring Südtirols

Quellenbestand

1. Aktenbestände

Südtiroler Landesarchiv
Archiv der Südtiroler Volkspartei – Landesleitung
Archiv der Südtiroler Volkspartei – Bezirk Brixen
Tiroler Landesarchiv
Kanzlei LH, Sammelakten 22 (Diözese Innsbruck, Feldkirch, Brixen; 1954–84)

2. Gedruckte oder edierte Quellen

AMONN, Erich: Rundschreiben, 16.5.1945, in: GRUBER, Klaus: Die Südtiroler politischen Parteien unter Berücksichtigung historischer Vorgegebenheiten, Band 2, phil. Diss., Innsbruck 1971, 102.

Anlage Nr. 1 „Eine Kompromisslösung für Südtirol" vom 15.8.1946, in: GEHLER, Michael (Hrsg.): Verspielte Selbstbestimmung? Die Südtirolfrage 1945/46 in US-Geheimdienstberichten und österreichischen Akten. Eine Dokumentation (Schlern-Schriften 302), Innsbruck 1996, 424-430.

ANOVEROS, Antonio: Die Rechte der Minderheiten, 1974, in: Kirche und ethnische Minderheiten, hg. von Kurt EGGER, Brixen 1997, 154-160.

AUTONOME PROVINZ BOZEN – LANDESINSTITUT FÜR STATISTIK (Hrsg.): Bevölkerungsstruktur und Haushalte in Südtirol 1997 (Astat-Schriftenreihe 56), Bozen 1998.

BECKEL, Albrecht u.a. (Hrsg.): Zweites Vatikanisches Konzil. Dokumente, Texte, Kommentare, Osnabrück 1963.

EGGER, Wilhelm: Die Verwendung des Ladinischen im kirchlichen Leben, 1992, in: Kirche und ethnische Minderheiten, hg. von Kurt EGGER, Brixen 1997, 59 f.

EGGER, Wilhelm: Friede und Dialog in unserer Heimat, 1992, in: Kirche und ethnische Minderheiten, hg. von Kurt EGGER, Brixen 1997, 54-58.

Flugblatt zu den Anschlägen vom 11./12.6.1961; in: STAFFLER, Reinhold/Christoph HARTUNGEN: Geschichte Südtirols. Das 20. Jahrhundert: Materialien – Hintergründe – Quellen – Dokumente, Lana 1985, 218.

GAMPER, Michael: Die Forderungen nach der kleinen Grenzberichtigung und die Südtiroler, 29.5.1946, in: GEHLER, Michael (Hrsg.): Verspielte Selbstbestimmung? Die Südtirolfrage 1945/46 in US-Geheimdienstberichten und österreichischen Akten. Eine Dokumentation (Schlern-Schriften 302), Innsbruck 1996, 326-330.

GARGITTER, Joseph: Christliche Grundlagen der Gemeinschaftsordnung in Südtirol, in: Kirche und ethnische Minderheiten, hg. von Kurt EGGER, Brixen 1997, 40-49.

GARGITTER, Joseph: „...um eine friedliche und gerechte Lösung der Südtirolfrage", in: Kirche und ethnische Minderheiten, hg. von Kurt EGGER, Brixen 1997, 50 f.

GARGITTER, Joseph/Alessandro Maria GOTTARDI: Gegen Hass und Gewalt – für Liebe und Gerechtigkeit, in: Kirche und ethnische Minderheiten, hg. von Kurt EGGER, Brixen 1997, 52.

Gemeinsames Wort der tschechischen und deutschen Bischöfe, 9.3.1995, in: Kirche und ethnische Minderheiten, hg. von Kurt EGGER, Brixen 1997, 129 f.

JOHANNES XXIII.: Die Behandlung der Minderheiten. Pacem in terris, Nr. 52, in: Kirche und ethnische Minderheiten, hg. von Kurt EGGER, Brixen 1997, 188 f.

JOHANNES XXIII.: Die ethnischen Besonderheiten nicht überbetonen. Pacem in terris, Nr. 53, in: Kirche und ethnische Minderheiten, hg. von Kurt EGGER, Brixen 1997, 189.

Lagebericht [von Unbekannt, Anm. J.G.] über die Situation in Südtirol, 1.7.1945, in: GEHLER, Michael (Hrsg.): Verspielte Selbstbestimmung? Die Südtirolfrage 1945/46 in US-Geheimdienstberichten und österreichischen Akten. Eine Dokumentation (Schlern-Schriften 302), Innsbruck 1996, 100-104.

Lagebericht von Unbekannt aus Südtirol, 2.8.1945, und Aufzeichnung der Landesstelle für Südtirol, in: GEHLER, Michael (Hrsg.): Verspielte Selbstbestimmung? Die Südtirolfrage 1945/46 in US-Geheimdienstberichten und österreichischen Akten. Eine Dokumentation (Schlern-Schriften 302), Innsbruck 1996, 124-127.
Memorandum betr. Stimmungsumschwung in Südtirol, 4.4.1946, in: STEININGER, Rolf: Los von Rom? Die Südtirolfrage 1945/46 und das Gruber-De Gasperi-Akommen (Innsbrucker Forschungen zur Zeitgeschichte 2), Innsbruck 1987, 252-255.
Note der Bundesregierung an die Friedenskonferenz in Paris, in: STEININGER, Rolf: Los von Rom? Die Südtirolfrage 1945/46 und das Gruber-De Gasperi-Akommen, Innsbruck 1987, 271-273.
Parteistatut der SVP, Bozen 1996.
Petition der SVP, 26.8.1945, in: STEININGER, Rolf: Los von Rom? Die Südtirolfrage 1945/46 und das Gruber-De Gasperi-Akommen (Innsbrucker Forschungen zur Zeitgeschichte 2), Innsbruck 1987, 201-204.
Petition des Bischofs von Brixen und der Südtiroler Seelsorger an die Alliierten, 1945, in: Kirche und ethnische Minderheiten, hg. von Kurt EGGER, Brixen 1997, 39 f.
PICHLER, August: Die Ungewissheit vergällt einem das Leben. Tagebuch aus dem Schweizer Exil 1944–1945, Bozen 2004.
RAFFEINER, Josef: Tagebücher 1945–1948, Bozen 1998.
Reise von H. Thalhammer nach Südtirol, in: STEININGER, Rolf: Los von Rom? Die Südtirolfrage 1945/46 und das Gruber-De Gasperi-Akommen (Innsbrucker Forschungen zur Zeitgeschichte 2), Innsbruck 1987, 323 f.
Schematismus des Sekular- und Regularklerus der Diözese Brixen für das Jahr 1945, Brixen 1945.
Schreiben des Sekretärs des Bundesministers für Auswärtige Angelegenheiten, Dr. Coreth, an Dr. Karl Heinrich Mais, 19.4.1946, in: GEHLER, Michael (Hrsg.): Verspielte Selbstbestimmung? Die Südtirolfrage 1945/46 in US-Geheimdienstberichten und österreichischen Akten. Eine Dokumentation (Schlern-Schriften 302), Innsbruck 1996, 271.
Schreiben Geislers an De Gasperi, 4. Jänner 1946, in: Südtirol – Stunde Null? Kriegsende 1945–1946, hg. von Hans HEISS/Gustav PFEIFER (Veröffentlichungen des Südtiroler Landesarchivs 10), Innsbruck 2000, 326-329.
Schreiben Otto von Guggenbergs an die Brixner SVP-Leitung, 27.4.1946, in: GELMI, Josef: Fürstbischof Johannes Geisler. Eines der dramatischsten Kapitel der Südtiroler Geschichte, Brixen 2003, 347-348.
Schreiben Pompanins an Karl Gruber, 2.1.1946, in: GELMI, Josef: Fürstbischof Johannes Geisler. Eines der dramatischsten Kapitel der Südtiroler Geschichte, Brixen 2003, 324.
Schreiben Pompanins an Eduard Reut-Nicolussi, in: GELMI, Josef: Fürstbischof Johannes Geisler. Eines der dramatischsten Kapitel der Südtiroler Geschichte, Brixen 2003, 330 f.
SSU-Bericht, Information zur Südtirolfrage, 22.2.1946, in: GEHLER, Michael (Hrsg.): Verspielte Selbstbestimmung? Die Südtirolfrage 1945/46 in US-Geheimdienstberichten und österreichischen Akten. Eine Dokumentation (Schlern-Schriften 302), Innsbruck 1996, 228-230.
SSU-Bericht: „Verschiedene Aspekte der Südtirolfrage", 23.7.1946, in: GEHLER, Michael (Hrsg.): Verspielte Selbstbestimmung? Die Südtirolfrage 1945/46 in US-Geheimdienstberichten und österreichischen Akten. Eine Dokumentation (Schlern-Schriften 302), Innsbruck 1996, 406-409.
STEINACKER, Wolfgang: Bericht über die augenblickliche Lage in Südtirol, 4.7.1946, in: GEHLER, Michael (Hrsg.): Verspielte Selbstbestimmung? Die Südtirolfrage 1945/46 in US-Geheimdienstberichten und österreichischen Akten. Eine Dokumentation (Schlern-Schriften 302), Innsbruck 1996, 376 f.
STEINACKER, Wolfgang: Bericht über die augenblickliche Lage in Südtirol, 15.5.1946, in: GEHLER, Michael (Hrsg.): Verspielte Selbstbestimmung? Die Südtirolfrage 1945/46 in US-Geheimdienstberichten und österreichischen Akten. Eine Dokumentation (Schlern-Schriften 302), Innsbruck 1996, 310 f.
STEINACKER, Wolfgang: Lagebericht über Südtirol von „Josef Noggler" [Wolfgang Steinacker], 11.7.1945, in: GEHLER, Michael (Hrsg.): Verspielte Selbstbestimmung? Die Südtirolfrage 1945/46 in US-Geheimdienstberichten und österreichischen Akten. Eine Dokumentation (Schlern-Schriften 302), Innsbruck 1996, 113-115.
SÜDTIROLER VOLKSPARTEI (Hrsg.): Programm und Statut der SVP, genehmigt auf der

Landesversammlung vom 11. Februar 1947, Bozen 1947.
„Zentralleitung des Andreas-Hofer-Bundes, Filipinum Meran II", aus der unmittelbaren Nachkriegszeit, in: STEURER, Leopold/Martha VERDORFER/Walter PICHLER: Verfolgt, verfemt, vergessen. Lebensgeschichtliche Erinnerungen an den Widerstand gegen Nationalsozialismus und Krieg. Südtirol 1943–1945, Bozen 1993, 527.

3. Interviews

KOFLER, Hans (22.1.1988, durchgeführt von Günther PALLAVER)

4. Zeitungen, Zeitschriften und Periodika

Alpenpost
Alto Adige
Der Nordschleswiger
Der Schlern
Der Standpunkt
Der Weg
Dolomiten
Frankfurter Allgemeine Zeitung
Geschichte und Region/Storia e Regione
Il Pensiero Nazionale
Jugendwacht
Katholisches Sonntagsblatt
Kölner Anzeiger
L'Adige
La Stampa
Mannheimer Morgen
Merkur - Deutsche Zeitschrift für europäisches Denken
Neues Österreich
Süd-Ost-Tagespost
Südtirol 24h
Tiroler Tageszeitung
Volksbote
Volkszeitung für Kärnten
Wiener Zeitung

5. Internet

http://www.calsky.com/lexikon/de/txt/t/th/theodor_innitzer.php. November 2004.
http://www.ecclesiabz.com/geschichte.htm. Oktober 2004.
http://www.provinz.bz.it/astat/downloads/mit17_02.pdf. März 2005.

6. Literaturnachweise

ADLER, Winfried: Die Minderheitenpolitik des italienischen Faschismus in Südtirol und im Aostatal 1922–1929, phil. Diss., Trier 1979.

ALEXANDER, Helmut: Kirchen und Religionsgemeinschaften in Tirol, in: Tirol. „Land im Gebirge": Zwischen Tradition und Moderne, hg. von Michael GEHLER (Schriftenreihe des Forschungsinstitutes für Politisch-Historische Studien der Dr.-Wilfried-Haslauer-Bibliothek, Salzburg 6,3), Innsbruck 1999, 379-486.

ALTERMATT, Urs: Das Fanal von Sarajevo, Zürich 1996.

ALTERMATT, Urs: Katholizismus: Antimodernismus mit modernen Mitteln? In: Moderne als Problem des Katholizismus, hg. von Urs ALTERMATT/Heinz HÜRTEN/Nikolaus LOBKOWICZ, Regensburg 1995, 33-50.

ALTERMATT, Urs: Katholizismus und Moderne. Zur Mentalitätsgeschichte der Schweizer Katholiken im 19. und 20. Jahrhundert, Zürich 1989.

ALTERMATT, Urs: Religion und Nation – Die Rolle der Religion bei der Nationalstaatenbildung Europas im 19. und 20. Jahrhundert, in: Religion und Politik, hg. von Dieter RULOFF, Zürich 2001, 27-52.

AMONN, Walther: Die Optionszeit erlebt, Bozen 1982.

ANDRESEN, Hans-Henning: Die freie Wohlfahrtspflege in Südtirol (Schriftenreihe des Südtiroler Wirtschafts- und Sozialinstitut Band 47), Bozen 1970.

BAUMGARTNER, Elisabeth: Der sensible Kämpfer, in: Silvius Magnago. Eine Biographie Südtirols, hg. von Gottfried SOLDERER, Bozen 1996, 11-118.

BAUR, Johannes: Das Brixner Priesterseminar, Brixen 1975.

BENEDIKTER, Hans: Silvius Magnago. Ein Leben für Südtirol, Bozen 1983.

BLESSING, Werner K.: „Deutschland in Not, wir im Glauben ..." Kirche und Kirchenvolk in einer katholischen Region 1933–1949, in: Von Stalingrad zur Währungsreform. Zur Sozialgeschichte des Umbruchs in Deutschland, hg. von Martin BROSZAT, München – Oldenburg 1990, 3-112.

BÖNISCH, Georg: Der Papst, der zur Judenvernichtung schwieg. Die unrühmliche Rolle Pius XII., in: Spiegel spezial 1/2001. Die Gegenwart der Vergangenheit. Die Spiegel-Serie über den langen Schatten des Dritten Reichs, 152-159.

CANAVERO, Alfredo: I cattolici nella Società italiana. Dalla metà dell'800 al Concilio Vaticano II, Brescia 1991.

CLEMENTI, Siglinde: Konservative Erneuerung. Von den Hilfspaketen zur Stillen Hilfe, in: Das 20. Jahrhundert in Südtirol. Band III. Totaler Krieg und schwerer Neubeginn, hg. von Gottfried SOLDERER, Bozen 2001, 131-155.

CORNWELL, John: Pius XII. Der Papst, der geschwiegen hat, München 1999.

DEJACO, Ingo: über die Berge schauen. Die Entwicklung der katholischen Jugendarbeit in Südtirol Ende der 60er Jahre unter dem Aspekt des postmodernen Wertewandels, phil. Dipl., Innsbruck 2003.

DELLA PORTA, Donatella: I partiti politici, Bologna 2001.

DELMONEGO, Ernst: Entwicklung des Gerichtes und der Gemeinde Lüsen von den Anfängen bis zur Gegenwart, in: Lüsen, Natur – Kultur – Leben, hg. von Ernst DELMONEGO, Brixen 1988, 61-176.

EBNER, Martha: Mein Leben zwischen Familie und Politik, Bozen 2002.

EBNER, Toni u.a.: Ein Lebensbild, in: Südtirol in Not und Bewährung. Eine Festschrift für Kanonikus Michael Gamper, hg. zu dessen 70. Geburtstag von Toni EBNER im Verein mit einem Freundeskreis des Jubiliars, Bozen 1955, 3-10.

EGARTER, Hans: Tirols Herz-Jesu-Bund. Eine Festschrift zum Jubeljahr 1946, Brixen 1946.

ERMACORA, Felix: Südtirol und das Vaterland Österreich, Wien – München 1984.

EULER, Alois: Michael Gamper. Hirte und Herold von Südtirol, Wien 1976.

FERRARI, Josef: Das Schulwesen in Südtirol, in: Südtirol. Versprechen und Wirklichkeit, hg. von Wolfgang PFAUNDLER, Wien 1958, 220-243.

FRENES, Alfred: Dienst am Glauben. Bischof Joseph Gargitter, Bozen 1995.

FONTANA, Josef: Der Kulturkampf in Tirol (Schriftenreihe des Südtiroler Kulturinstituts 6), Bozen

1978.
FONTANA, Josef: Vom Neubau bis zum Untergang der Habsburgermonarchie. 1848–1918. Geschichte des Landes Tirol. Band 3, Bozen 1987.
FONTANA, Josef/Hans MAYR: Sepp Kerschbaumer. Eine Biographie, Bozen 2000.
GATTERER, Claus: Im Kampf gegen Rom. Bürger, Minderheiten und Autonomien in Italien, Wien - Frankfurt - Zürich 1968.
GEHLER, Michael: Selbstbestimmung, geistig kulturelle Landeseinheit, Europaregion. Die Tiroler Landespolitik 1945–1998, in: Tirol. „Land im Gebirge“: Zwischen Tradition und Moderne, hg. von Michael GEHLER (Schriftenreihe des Forschungsinstitutes für Politisch-Historische Studien der Dr.-Wilfried-Haslauer-Bibliothek, Salzburg 6,3), Wien - Köln - Weimar 1999, 569-727.
GEHLER, Michael (Hrsg.): Verspielte Selbstbestimmung? Die Südtirolfrage 1945/46 in US-Geheimdienstberichten und österreichischen Akten. Eine Dokumentation, (Schlern-Schriften 302), Innsbruck 1996.
GELMI, Josef: Brixen und seine religiöse Ausstrahlung, in: Der Schlern 75 (2001), 407-437.
GELMI, Josef: Die Brixner Bischöfe in der Geschichte Tirols, Bozen 1984.
GELMI, Josef: Die Kirche Tirols seit 1918, in: Handbuch zur neueren Geschichte Tirols. Band 2. Zeitgeschichte. 2. Teil. Wirtschaft und Kultur, hg. von Anton PELINKA/Andreas MAISLINGER, Innsbruck 1993, 443-464.
GELMI, Josef: Die Südtiroler Kirche und das Ende des Zweiten Weltkrieges, in: Südtirol - Stunde Null? Kriegsende 1945–1946, hg. von Hans HEISS/Gustav PFEIFER (Veröffentlichungen des Südtiroler Landesarchivs 10), Innsbruck 2000, 141-151.
GELMI, Josef: Fürstbischof Johannes Geisler. Eines der dramatischsten Kapitel der Südtiroler Geschichte, Brixen 2003.
GELMI, Josef: Geschichte der Diözesen Bozen-Brixen und Innsbruck. Zeitgeschichte von 1919 bis heute, Kehl am Rhein 1998.
GELMI, Josef: Kirchengeschichte Tirols, Innsbruck - Wien - Bozen 1986.
GOLLER, Joachim: Die Brixner Nebenregierung. Der politische Einfluss des Bistums Brixen auf die SVP 1945–1964, phil. Dipl., Innsbruck 2004.
GRUBER, Klaus: Die Südtiroler politischen Parteien unter Berücksichtigung historischer Vorgegebenheiten, phil. Diss., Innsbruck 1971.
HABBE, Christian: Im Visier der Nazi-Jäger, in: Spiegel spezial 1/2001. Die Gegenwart der Vergangenheit. Die Spiegel-Serie über den langen Schatten des Dritten Reichs, 196-203.
HARTUNG VON HARTUNGEN, Erhard/Peter KIENESBERGER: Chronik 1959–1969, in: Chronik Südtirol 1959–1969. Von der Kolonie Alto Adige zur Autonomen Provinz Bozen, hg. von Otto SCRINZI (überarbeitet von Helmut GOLOWITSCH), Graz 1996, 113-736.
HEISS, Hans: Brixen 1943–1945. Ein Problemaufriss, in: Der Schlern (68) 1994, 238-260.
HEISS, Hans: Bewegte Gesellschaft: Südtirol 1968, in: Geschichte und Region/storia e regione, Jahrbuch der Arbeitsgruppe Regionalgeschichte, 7 (1998), 57-100.
HEISS, Hans: Jahr der Entscheidung. Zur Gründungsphase der Südtiroler Volkspartei, in: Tirol zwischen Diktatur und Demokratie (1930–1950), hg. von Klaus EISTERER, Innsbruck 2002, 267-290.
HEISS, Hans: Schutzmacht und Ohnmacht. Südtirols Kirche in der Zwischenkriegszeit, in: Das 20. Jahrhundert in Südtirol. Band II. Faschistenbeil und Hakenkreuz, hg. von Gottfried SOLDERER, Bozen 2000, 92-109.
HEISS, Hans: Der Weg in die Moderne. Brixen 1945–2004, in: Brixen. Die Geschichte, hg. von Barbara FUCHS/Hans HEISS/Carlo MILESI/Gustav PFEIFER, Bozen 2004, 275-325.
HEISS, Hans: Zeit der Bewegung. Gesellschaft in Südtirol 1960 bis 1979, in: Das 20. Jahrhundert in Südtirol. Band IV. Autonomie und Aufbruch, hg. von Gottfried SOLDERER, Bozen 2002, 126-155.
HEISS, Hans/Ulrike KÖNIGSRAINER: Brixen - Von der bischöflichen Residenz zur Kulturstadt, in: Kleinstadt - Bürgertum in der Habsburgermonarchie 1862–1914 (Bürgertum in der Habsburgermonarchie IX), hg. von Peter URBANITSCH/Hannes STECKL, Wien - Köln - Weimar 2000, 217-256.
HILLEBRAND, Leo: Auferstehung nach der Katastrophe. Die Kirche in der Nachkriegszeit, in: Das 20. Jahrhundert in Südtirol. Band III. Totaler Krieg und schwerer Neubeginn, hg. von Gottfried

SOLDERER, Bozen 2001, 285-304.
HILLEBRAND, Leo: Medienmacht & Volkstumspolitik. Michael Gamper und der Athesia-Verlag, Innsbruck 1996.
HOLZER, Anton: Die Südtiroler Volkspartei, Thaur 1991.
INNERHOFER, Josef: Die Massenmedien und die Kirche in Südtirol, in: Medienlandschaft in Südtirol, hg. von Leonhard PAULMICHL/Klaus DUBIS, Bozen 1979, 86-98.
INNERHOFER, Josef: Er lernte, mit den Medien umzugehen. Die Medienarbeit von Bischof Gargitter, in: Der Schlern 76 (2002), 50-59.
INNERHOFER, Josef: Südtirol unter dem Hirtenstab. 25 Jahre Diözese Bozen-Brixen, Bozen 1989.
INNERHOFER, Josef/Alfred FRENES/Josef MORODER: Mit Hirtenstab und Wünschelrute. Heinrich Forer. Weihbischof von Trient - Bozen - Brixen, Bozen 1998.
KLINKHAMMER, Lutz: Mussolinis Italien zwischen Staat, Kirche und Religion, in: Zwischen Religion und Politik. Studien zur Entstehung, Existenz und Wirkung des Totalitarismus (Schriften des Historischen Kollegs Kolloquien 59), hg. von Klaus HILDEBRAND, München 2003, 73-90.
KNOLL, August M.: Katholische Gesellschaftslehre. Zwischen Glaube und Wissenschaft, Wien - Frankfurt - Zürich 1966.
KOLB, Franz: Der Priester im Tiroler Volk, in: Südtirol in Not und Bewährung. Eine Festschrift für Kanonikus Michael Gamper, hg. zu dessen 70. Geburtstag von Toni EBNER im Verein mit einem Freundeskreis des Jubilars, Bozen 1955, 129-132.
KUSSTATSCHER, Sepp: Arbeit und soziale Absicherung. Der Kampf der Gewerkschaften, in: Das 20. Jahrhundert in Südtirol. Band IV. Autonomie und Aufbruch, hg. von Gottfried SOLDERER, Bozen 2002, 126-155.
LUN, Margareth: NS-Herrschaft in Südtirol. Die Operationszone Alpenvorland 1943–45 (Innsbrucker Forschungen zur Zeitgeschichte 22), Innsbruck 2004.
MARZARI, Walter: Kanonikus Michael Gamper. Ein Kämpfer für Glauben und Heimat gegen Faschistenbeil und Hakenkreuz in Südtirol, Wien 1974.
MASALA, Carlo: Die Democrazia Cristiana 1943–1963. Zur Entwicklung des partito nazionale, in: Christdemokratie in Europa im 20. Jahrhundert, hg. von Michael GEHLER/Wolfram KAISER/Helmut WOHNOUT, Wien - Köln - Weimar 2001, 348-370.
MATZNELLER, Josef: Bischof Joseph Gargitter als Mensch, in: Der Schlern 76 (2002), 19-25.
MAYR, Hans: „... Bis zur äußersten Konsequenz“, in: Feuernacht. Südtirols Bombenjahre. Ein zeitgeschichtliches Lesebuch, hg. von Elisabeth BAUMGARTNER/Hans Mayr/Gerhard MUMELTER, Bozen 1992, 97-139.
MAYR, Hans: Die Helden waren die Frauen, in: Feuernacht. Südtirols Bombenjahre. Ein zeitgeschichtliches Lesebuch, hg. von Elisabeth BAUMGARTNER/Hans Mayr/Gerhard MUMELTER, Bozen 1992, 158-168.
MAYR, Hans: Los von Trient, in: Silvius Magnago. Eine Biographie Südtirols, hg. von Gottfried SOLDERER, Bozen 1996, 119-168.
MESSNER, Johannes: Bischof Gargitter in der sozialen Auseinandersetzung, in: Der Schlern 76 (2002), 32-49.
MESSNER, Johannes: Kirchliche Sozialarbeit in der Nachkriegszeit in Südtirol. Der Katholische Verband der Werktätigen (KVW), in: Geschichte und Region/Storia e Regione, 2 (1993), Heft 1. Rerum Novarum, 207-239.
METZ, Friedrich: Wesenszüge der Südtiroler Kulturlandschaft, in: Südtirol in Not und Bewährung. Eine Festschrift für Kanonikus Michael Gamper, hg. zu dessen 70. Geburtstag von Toni EBNER im Verein mit einem Freundeskreis des Jubilars, Bozen 1955, 11-19.
MICHAELER, Josef: Bischof Joseph Gargitter, in: Der Schlern 7/2002, 5-18.
MITTERMAIER, Karl: Das politische System in Südtirol, in: Handbuch zur neueren Geschichte Tirols. Band 2. Zeitgeschichte. 1. Teil. Politische Geschichte, hg. von Anton PELINKA/Andreas MAISLINGER, Innsbruck 1993, 573-624.
MOOSER, Josef: Das katholische Milieu in der bürgerlichen Gesellschaft. Zum Vereinswesen des Katholizismus im späten deutschen Kaiserreich, in: Religion im Kaiserreich (Religiöse Kulturen der Moderne 2), hg. von Olaf BLASCHKE und Frank-Michael KUHLEMANN, Gütersloh 1996, 59-92.
MOOSWALDER, Raffael: Der Printmedienmarkt in Südtirol. Medienpluralismus und Medienkonzen-

tration, phil. Dipl., Innsbruck 2003.
MUMELTER, Gerhard: Schreie aus der Kaserne, in: Feuernacht. Südtirols Bombenjahre. Ein zeitgeschichtliches Lesebuch, hg. von Elisabeth BAUMGARTNER/Hans MAYR/Gerhard MUMELTER, Bozen 1992, 62-96.
NOFLATSCHER, Heinz: Heilig wie lang? Religion und Politik im vormodernen Tirol, in: Der Schlern 72 (1998), 358-375.
PAHL, Franz: Schicksal Südtirol 1945–79, Bozen 1979.
PALLAVER, Günther: Aufbruch zum Pluralismus. Südtirols Parteien und Parteiensystem, in: Das 20. Jahrhundert in Südtirol. Band IV. Autonomie und Aufbruch, hg. von Gottfried SOLDERER, Bozen 2002, 54-81.
PALLAVER, Günther: August Pichler (1898–1963): Ein politisches Portrait, in: Ich teile das Los meiner Erde. Condividerò la sorte della mia terra. August Pichler 1898–1963, hg. von Günther PALLAVER/Leopold STEURER, Bozen 1998, 12-133.
PALLAVER, Günther: Die Südtiroler Volkspartei. Ein Unikum unter Europas ethnoregionalen Parteien? Manuskript (Kopie im Besitz des Verfassers), Bozen 2002.
PALLAVER, Günther: Schlamm darüber, in: Südtirol – Stunde Null? Kriegsende 1945–1946, hg. von Hans HEISS/Gustav PFEIFER (Veröffentlichungen des Südtiroler Landesarchivs 10), Innsbruck 2000, 256-280.
PANEBIANCO, Angelo: Modelli di partito. Organizzazione e potere nei partiti politici, Bologna 1982.
PARSCHALK, Norbert: Brixen 1918–1939. Vom Ersten Weltkrieg bis zur Option, Brixen 2003.
PARTELI, Othmar: Südtirol (1918–1970). Geschichte des Landes Tirol. Band 4, Bozen 1988.
PELINKA, Anton: Von der Hegemonie zur Isolierung. Der integrale Katholizismus auf dem Weg ins Ghetto, in: Ostcharme mit Westkomfort. Beiträge zur politischen Kultur in Österreich, hg. von Peter BETTELHEIM/Robert HARAUER, Wien 1993, 42-54.
PERATHONER, Guido: Die Entstehung der Diözese Bozen-Brixen. Geschichtliche Entwicklung, in: Professorenkollegium der Philosophisch-Theologischen Hochschule Brixen: Konferenzblatt Nr. 11. Beiheft zum Konferenzblatt 4/1994, Brixen 1994.
PESCOLLER, Sigrid: Friedl Volgger. Ein Leben für Südtirol. Biographie, phil. Dipl., Innsbruck 2001.
RAMMINGER, Helmut: Dolomiten und Alto Adige. Ein Vergleich von Gestaltung und Inhalt der deutsch- und italienischsprachigen Volksgruppe in Südtirol von 1945–1972, Innsbruck 1983.
RIEDER, Klara: Silvio Flor – Eine Fallstudie zur Problematik Arbeiterbewegung und nationale Frage und ein biographischer Beitrag zur Geschichte der Südtiroler Arbeiterbewegung, phil. Dipl., Innsbruck 1989.
SCHIEMER, Albert: Ein Priesterleben. Kanonikus Gamper als Journalist, Verleger und Firmenpräsident, in: Südtirol in Not und Bewährung. Eine Festschrift für Kanonikus Michael Gamper, hg. zu dessen 70. Geburtstag von Toni EBNER im Verein mit einem Freundeskreis des Jubilars, Bozen 1955, 45-50.
SCHOBER, Richard: Politischer Katholizismus am Fallbeispiel Deutschtirols, in: Studi Trentini di Scienze Storiche, anno LXXII, sezione 1–4, Trient 1993, 601-634.
SCHULLIAN, Gerda: Die Jugendarbeit der SKJ (Südtirols Katholische Jugend). Versuch einer theoretischen Grundlegung und empirischen Untersuchung zum Selbstverständnis und Bildungsauftrag dieser Organisation, phil. Diss, Innsbruck 1979.
SEBERICH, Rainer: Südtiroler Schulgeschichte. Muttersprachlicher Unterricht unter fremdem Gesetz, Bozen 2000.
SOLDERER, Gottfried: „Blumen am Weg pflücken". Die wichtigsten Stationen auf dem steinigen Weg zum Paket, in: Silvius Magnago. Eine Biographie Südtirols, hg. von Gottfried SOLDERER, Bozen 1996, 169-204.
SPARBER, Anselm: Kirchengeschichte Tirols, Innsbruck – Wien – München 1957.
STADLMAYER, Viktoria: Kein Kleingeld im Länderschacher (Schlern-Schriften 302), Innsbruck 2002.
STAFFLER, Reinhold/Christoph HARTUNGEN: Geschichte Südtirols. Das 20. Jahrhundert: Materialien – Hintergründe – Quellen – Dokumente, Lana 1985.
STEININGER, Rolf: Los von Rom? Die Südtirolfrage 1945/46 und das Gruber-De Gasperi-Abkommen (Innsbrucker Forschungen zur Zeitgeschichte 2), Innsbruck 1987.
STEININGER, Rolf: Südtirol im 20. Jahrhundert, Innsbruck 1997.

STEININGER, Rolf: Südtirol zwischen Diplomatie und Terror, 3 Bände, Bozen 1999.
STEURER, Leopold: Option und Umsiedlung in Südtirol: Hintergründe – Akteure – Verlauf, in: Die Option. 1939 stimmten 86% der Südtiroler für das Aufgeben ihrer Heimat. Warum? Ein Lehrstück in Zeitgeschichte, hg. von Reinhold MESSNER, München 1989, 15-114.
STEURER, Leopold: Südtirol 1918–1945, in: Handbuch zur neueren Geschichte Tirols. Band 2. Zeitgeschichte. 1. Teil. Politische Geschichte, hg. von Anton PELINKA/Andreas MAISLINGER, Innsbruck 1993, 179-312.
STEURER, Leopold: Südtirol zwischen Rom und Berlin. 1919–1939, Wien-München – Zürich 1980.
STEURER, Leopold: Südtirol 1945–1948: Vom Kriegsende zum Ersten Autonomiestatut, in: Ich teile das Los meiner Erde. Condividerò la sorte della mia terra. August Pichler 1898–1963, hg. von Günther PALLAVER/Leopold STEURER, Bozen 1998, 134-204.
STEURER, Leopold/Martha VERDORFER/Walter PICHLER: Verfolgt, verfemt, vergessen. Lebensgeschichtliche Erinnerungen an den Widerstand gegen Nationalsozialismus und Krieg. Südtirol 1943–1945, Bozen 1993.
STÜRZ, Thomas: Der Katholische Verband der Werktätigen (KVW). Die Aufgaben und Leistungen im Laufe seiner Geschichte, phil. Dipl., Brixen 1994.
SUMMERER, Thomas: Landtagswahlen in Südtirol. Aggregatdatenanalyse 1948–1998, phil. Dipl., Innsbruck 1999.
SÜSTERHENN, Adolf: Kirche und Politik, in: Südtirol in Not und Bewährung. Eine Festschrift für Kanonikus Michael Gamper, hg. zu dessen 70. Geburtstag von Toni EBNER im Verein mit einem Freundeskreis des Jubilars, Bozen 1955, 199-202.
TRAFOJER, Philipp: Der Standpunkt. Politisch-historische Analyse über Funktion, Form und Wirkungsweise eines Propagandamediums, phil. Dipl., Innsbruck 1999.
TRAFOJER, Philipp: La Voce del Padrone. Der Standpunkt: ein italienisches Propagandamedium, in: Im Schatten der Geheimdienste. Südtirol 1918 bis zur Gegenwart, hg. von Gerald STEINACHER (unter Mitarbeit von Leopold STEURER), Bozen 2003, 161-186.
UNTERKIRCHER, Maria Theresia: Die Stellung der Kirche zur Option in den Jahren 1939–1940, phil. Dipl., Innsbruck 1986.
VERDORFER, Martha: Vertrauter Faschismus. In der Operationszone Alpenvorland, in: Das 20. Jahrhundert in Südtirol. Band III. Totaler Krieg und schwerer Neubeginn, hg. von Gottfried SOLDERER, Bozen 2001, 48-59.
VOLGGER, Friedl: Südtirol heute. Das Pariser Abkommen vom 5. September 1946 und seine Durchführung, in: Südtirol in Not und Bewährung. Eine Festschrift für Kanonikus Michael Gamper, hg. zu dessen 70. Geburtstag von Toni EBNER im Verein mit einem Freundeskreis des Jubilars, Bozen 1955, 211-264.
VOLGGER, Friedl: Mit Südtirol am Scheideweg. Erlebte Geschichte, Innsbruck 1997.
WIDMANN, Franz: Es stand nicht gut um Südtirol 1945–1972. Von der Resignation zur Selbstbehauptung. Aufzeichnungen einer politischen Wende, Bozen 1998.
WIDMOSER, Eduard: Die Bistumsgrenzen, in: Südtirol. Versprechen und Wirklichkeit, hg. von Wolfgang PFAUNDLER, Wien 1958, 336-339.
WIDMOSER, Eduard: Südtirol A–Z. Vier Bände, Innsbruck – München 1982–1995.
WIDMOSER, Eduard (Bearbeiter): Südtirol-Brevier von A bis Z, München – Innsbruck 1966.
WIESER, Elisabeth: Die Südtirolpolitik im Spiegel der Wochenzeitung „Der Standpunkt". Vom Pariser Abkommen bis zum Volkstag in Sigmundskron, phil. Dipl., Innsbruck 1996.
WOLFSGRUBER, Karl: Die kirchliche Einigung Südtirols, in: Der Schlern 4/1987, 203-219.
ZULEHNER, Paul: Religion und Kirche im „Heiligen Land Tirol", in: Handbuch zur neueren Geschichte Tirols. Band 2. Zeitgeschichte. 2. Teil. Wirtschaft und Kultur, hg. von Anton PELINKA/Andreas MAISLINGER, Innsbruck 1993, 465-532.